ESV
ERICH
SCHMIDT
VERLAG

STUDIENREIHE ROMANIA

Herausgegeben von Martina Drescher, Ingrid Neumann-Holzschuh, Silke Segler-Meßner und Roland Spiller

Band 28

Le parler acadien de l'Isle Madame / Nouvelle-Écosse / Canada

Cadre sociolinguistique et spécificités morphosyntaxiques

Von

Julia Hennemann

ERICH SCHMIDT VERLAG

Bibliografische Information der Deutschen Nationalbibliothek

Die Deutsche Nationalbibliothek verzeichnet diese Publikation
in der Deutschen Nationalbibliografie;
detaillierte bibliografische Daten sind im Internet
über http://dnb.d-nb.de abrufbar.

Weitere Informationen zu diesem Titel finden Sie im Internet unter
ESV.info/978 3 503 13778 7

Hinweis

Als zusätzliches Material finden Sie im Internet Sprechproben des im Band genutzten Korpus sowie die dazugehörigen Transkriptionen. Diese Daten sind urheberrechtlich geschützt und dürfen nur mit Genehmigung der Verfasserin weiterverwendet werden.

Weitere Informationen finden Sie unter http://parleracadien.ESV.info
Ticketcode: m3kebw-nfpa7d-6xt24t-2s2xqb

Die Arbeit wurde im Jahr 2012 von der Fakultät
für Sprach-, Literatur- und Kulturwissenschaften der Universität Regensburg
als Dissertation angenommen.
D 355

Gedrucktes Werk: ISBN 978 3 503 13778 7
eBook: ISBN 978 3 503 13779 4

Dieses Papier erfüllt die Frankfurter Forderungen der Deutschen Nationalbibliothek und der Gesellschaft für das Buch bezüglich der Alterungsbeständigkeit und entspricht sowohl den strengen Bestimmungen der US Norm Ansi/Niso Z 39.48-1992 als auch der ISO-Norm 9706.

Druck und buchbinderische Verarbeitung: Difo-Druck, Bamberg

Sommaire

Remerciements

Je tiens à remercier très chaleureusement ma directrice de thèse, Mme Neumann-Holzschuh, qui m'a accompagnée tout au long de ces sept années de travail, sans cesser de croire en moi et de me motiver dans les phases difficiles. Je dois également une grande reconnaissance à Mme Selig qui a accepté d'être membre du jury de thèse et de rédiger le deuxième compte-rendu.

Je suis très reconnaissante envers toutes les personnes dont j'ai fait la connaissance au cours de mes séjours en Acadie, qui m'ont accueillie chaleureusement, m'ont hébergée chez eux et m'ont fait découvrir leur culture : Charlie et Edna Landry à Petit de Grat / Isle Madame, Mary-Ann et Jean Gauvin à Pointe-de-l'Église / Baie Sainte-Marie, Denise et Steven D'Éon à Pubnico-Ouest-le-bas, Guy Daigle et Lynn Martin ainsi que Nal Daigle et Triva Landry à Moncton / Nouveau-Brunswick. Je remercie sincèrement tous mes interlocuteurs sans qui ce travail n'aurait pu être réalisé.

Un grand merci aussi à mes parents, qui m'ont toujours soutenue pendant cette période, non seulement financièrement au début, mais aussi en étant toujours là quand j'ai eu besoin d'eux. Merci à ma sœur, Kathrin, la meilleure sœur du monde, qui m'a encore écoutée longtemps après minuit. Je voudrais aussi adresser ma reconnaissance à celui qui m'a encouragée dans la phase difficile à la fin de mon travail, et qui a toujours été là pour moi : merci à toi, Frank, je t'aime !

Je remercie également Emmanuel Faure, qui a relu ma thèse en sa qualité de francophone et qui m'a donné plusieurs conseils précieux, surtout en ce qui concerne le français parlé. Merci aussi à Julia Mitko qui m'a fourni nombre d'informations intéressantes en relisant ma thèse.

Merci à tous mes amis sans qui je ne serais pas arrivée au bout du chemin : Albert, Anna, Christiane, Christina, Christine, Edith, Heidi, Katja, Lothar, Martina, Sarah, Sylvie et bien d'autres. Merci enfin à ceux qui m'ont apporté leur assistance technique, notamment Peter et Thomas.

Corpus en ligne

La transcription du corpus peut être consultée en ligne : http://parleracadien.ESV.info.

La langue parlée au Petit-de-Grat vient du vieux français qui s'est développé avec les siècles et qui a acquis chez-nous une saveur toute spéciale.
(Samson, B. 1990 : [5])

1 Introduction

1.1 Les Acadiens de la Nouvelle-Écosse

1.1.1 Les Acadiens : un peuple sans pays

La Nouvelle-Écosse est une province située à l'extrême est du Canada actuel, presque totalement entourée par l'océan Atlantique. Le nom de « Nouvelle-Écosse » ou (en anglais) « Nova Scotia » lui est donné en 1629 (cf. Flikeid 1997 : 261) par des colons venus d'Écosse. Le roi Charles VI d'Écosse et Ier d'Angleterre les y avait envoyés pour y fonder une colonie. Des traces de la culture et de la langue gaéliques se trouvent encore aujourd'hui sur la presqu'île du Cap Breton – redevenues plus vivantes ces derniers temps – et l'Écosse est aussi présente sur le drapeau officiel de la province.[1] Mais la présence britannique n'est qu'une des deux faces de l'histoire de cette province. Entre 1763 et 1769, la « Nouvelle-Écosse » englobe les trois provinces maritimes actuelles : la presqu'île néo-écossaise (y compris l'Isle Royale, appelée aujourd'hui île du Cap Breton), le Nouveau-Brunswick et l'Isle Saint-Jean[2] (cf. Massignon 1962 : 26) – donc une grande partie du territoire où sont dispersés les descendants des premiers colons venus de France métropolitaine.

En 1769, l'Isle Saint-Jean devient une entité administrative autonome. 15 années plus tard, en 1784, les autorités britanniques répondent au souhait de leurs colons et créent avec le Nouveau-Brunswick une structure coloniale séparée. Plus tard dans l'histoire, le 1er juillet 1867, l'Acte de l'Amérique du Nord britannique fait de la Nouvelle-Écosse, dirigée par le Premier ministre Charles Tupper, une des provinces fondatrice de la Confédération canadienne[3] – aux côtés du Québec, de l'Ontario et du Nouveau-Brunswick. L'Île-du-Prince-Édouard refuse alors d'y adhérer.

---

1 Sur le drapeau néo-écossais, la croix bleue sur fond blanc n'est autre que le drapeau écossais – en inversant les couleurs. De plus, les armes de l'Écosse – un lion rouge – sont également représentées au centre du drapeau.

2 L'Isle Saint-Jean est rebaptisée « Île-du-Prince-Édouard » à partir de 1799 en l'honneur d'Édouard, duc de Kent.

3 Entre 1784 et 1820, l'île du Cap Breton détint même le statut de province autonome (cf. cyberacadie.com, « L'enracinement dans le silence, 1763–1867 », 03/07/2007).

De nos jours, la province de Nouvelle-Écosse, avec environ 53 000 km^2, figure à l'avant-dernier rang des provinces canadiennes pour la superficie[4]. L'importance de la pêche, source essentielle, explique que les principales régions d'habitation se trouvent le long de la côte atlantique. Du point de vue linguistique, malgré le bilinguisme au niveau fédéral de l'État canadien, l'anglais reste toujours la seule langue officielle de la Nouvelle-Écosse – du moins au niveau provincial.

Par contre, l'Acadie n'existe plus aujourd'hui comme territoire géographiquement définissable. Pourtant le terme est encore courant pour désigner différentes régions – plus ou moins éloignées les unes des autres – où la culture acadienne continue à jouer un rôle parmi la population : la Nouvelle-Écosse fait partie de ce qu'on appelle *l'Acadie des Maritimes* (Nouvelle-Écosse, Nouveau-Brunswick et Île-du-Prince-Édouard) ainsi que de *l'Acadie de l'Atlantique* qui compte encore – outre les provinces appartenant à l'Acadie des Maritimes – les Îles-de-la-Madeleine ainsi que Terre-Neuve-et-Labrador (cf. Daigle 1993c : ii ; cf. Basque / Barrieau / Côté 1999 : 12). Mis à part les Acadiens qui vivent sur les lieux de l'Acadie historique, on trouve aussi ceux de la diaspora, comme en Louisiane, au Québec ou ailleurs dans le monde (cf. p. 30).

Le nom propre « Arcadie », se référant à l'origine à une des régions de la Grèce antique, est employé pour la première fois pour désigner une région d'Amérique du Nord par le navigateur italien Giovanni Verrazzano en 1524. Celui-ci remonta la côte depuis l'actuel État américain de Géorgie jusqu'à l'île du Cap Breton lors de son deuxième voyage initié et financé par le roi de France. Comme le veulent les stéréotypes des voyages de l'époque, Verrazzano souligne la gentillesse des autochtones ainsi que la splendeur de la nature. Dans son enthousiaste description du territoire visité destinée au roi de France, François Ier, on trouve la subordonnée suivante : « que nous nommâmes Arcadie[5], en raison de la beauté de ses arbres » (cf. www.cyberacadie.com, 10/06/2012). Ce terme fait allusion à l'endroit mythique situé en Grèce, synonyme de paradis sur terre. Le nom *Arcadie* est donc réservé au XVIe siècle à la région qu'on connaît aujourd'hui sous le nom de *Delmarva*, partagée actuellement entre les trois États du Delaware, du Maryland et de la Virginie. Mais à cause de la similitude avec la Nouvelle-Écosse il ne surprend pas que cette dénomination soit utilisée lors de la véritable colonisation de la Nouvelle-France par le navigateur français, Samuel de Champlain, dans son ouvrage « Des Sauvages » paru en 1604 (cf. Massignon 1962 : 17). Le problème de cette explication est de déterminer comment le *r* de A*r*cadie a finalement disparu. Or, la disparition du *r* dans des groupes consonantiques du français du XVIe siècle est bien attestée ; de plus, la langue des autochtones, le micmac, ne connaît pas de *r*.

Néanmoins ce mot pourrait aussi avoir une racine indienne : les attestations de divers étymons se trouvent dans la littérature : *Acadie* pourrait remonter à un

4 Chiffres de *Statistique Canada*. La superficie exacte est de 52 917,46 km^2 (cf. www.statcan.gc.ca, 02/07/2007).

5 Dans l'original, *Arcadie* est imprimé en caractères gras.

mot indien signifiant « la place » ou bien « la région » (cf. Geddes 1908 : 1, note). Ceci semble évident aujourd'hui car le suffixe *-cadie* ou *-quoddy* est assez courant dans des toponymes néo-écossais et néo-brunswickois comme *Shubenacadie*[6], *Tracadie*[7] ou *Passamaquoddy* ; celui-ci devrait trouver son origine dans la langue micmaque ou dans la langue malécite (cf. House 1979 : 93 et sq.). Wiesmath ajoute encore une précision à cette explication quant à l'apparition du préfixe *a-* d'*acadien* : selon les remarques qu'elle tire de P. Poirier (1993 : 8 et sq.), *cadien* serait la forme originale, et *acadien* résulterait de l'amalgame avec l'article défini (*la Cadie* > *l'Acadie*) (cf. Wiesmath 2001 : 151, note).

Personnellement, j'opte pour la coexistence des deux hypothèses étymologiques car elles ne semblent pas s'exclure mutuellement. Il serait possible que la désignation de Verrazzano et Champlain soit réinterprétée au contact des Mi'kmaq qui, sur la base de leur étymon *caddie*, en amuïssent le *r*. Quant au *a*, le terme *la Cadie* est finalement réanalysée (cf. explication de Wiesmath ci-dessus) et donne l'*Acadie*.

1.1.2 Bref aperçu de l'histoire événementielle des Acadiens

Le but du chapitre suivant est de résumer brièvement les étapes les plus importantes de l'histoire des Acadiens en Nouvelle-France afin de donner une impression de leur périple mouvementé au cours des trois derniers siècles.[8]

Selon les historiens, c'est en 1604 que le premier établissement permanent d'Européens est érigé en Nouvelle-France, plus précisément à l'Île Sainte-Croix[9] (cf. carte 1, p. 15). Ce village devient ainsi la première colonie française dans le Nouveau Monde. C'est aussi à cette année que les Acadiens se réfèrent aujourd'hui comme date fondatrice. En raison de l'hiver très rude en 1604–1605, qui coûte la vie à près de la moitié des 36 colons de l'Île Sainte-Croix, on décide d'établir le groupe à un autre endroit. La première habitation fortifiée sur la terre ferme néo-écossaise est alors construite : sous la direction de Samuel de Champlain, Port-Royal[10] sur la côte sud-ouest de la Nouvelle-Écosse voit le jour (cf. aussi illustration 1) :

---

6 Micmac pour « endroit où on cultive la pomme de terre indienne » (cf. www.nsplacenames.ca, 10/06/2012).

7 Micmac pour « établissement, campement » (cf. www.nsplacenames.ca, 10/06/2012).

8 Pour plus de détails, on renverra aux nombreux ouvrages traitant l'histoire acadienne de manière beaucoup plus approfondie, notamment (par ordre chronologique) : Daigle (1980), Roy (1981), Cazaux (1992), Daigle (1993a), Basque / Barrieau / Côté (1999), Landry / Lang (2001), Ross / Deveau (2001), Kolboom / Mann (2005). Ajoutons également le site web www.cyberacadie.com.

9 Cf. www.cyberacadie.com, 26/12/2010.

10 Aujourd'hui la région d'Annapolis Royal.

Illustration 1 : Plan de l'habitation de Port-Royal (source : http://www.ameriquefrancaise.org, 03/08/2014).

Cet endroit est généralement considéré comme le berceau de la population acadienne (cf. Massignon 1962 : 21). L'habitation de Port-Royal a également une signification symbolique considérable pour toute la période ultérieure de colonisation de la Nouvelle-France. Elle est directement située dans la sphère d'intérêt britannique, de façon que des conflits d'intérêt permanents entre la France et l'Angleterre sont déjà programmés. Le destin des Acadiens sera étroitement lié aux guerres coloniales entre ces deux pays (cf. Neumann-Holzschuh 2005a : 796). L'habitation de Port-Royal, incendiée elle-même par les Anglais en 1613, est non seulement le point de départ de toute la culture acadienne d'outre-mer, mais aussi la base des futures implantations dans toute l'ancienne Acadie (cf. carte 1 ci-dessous).

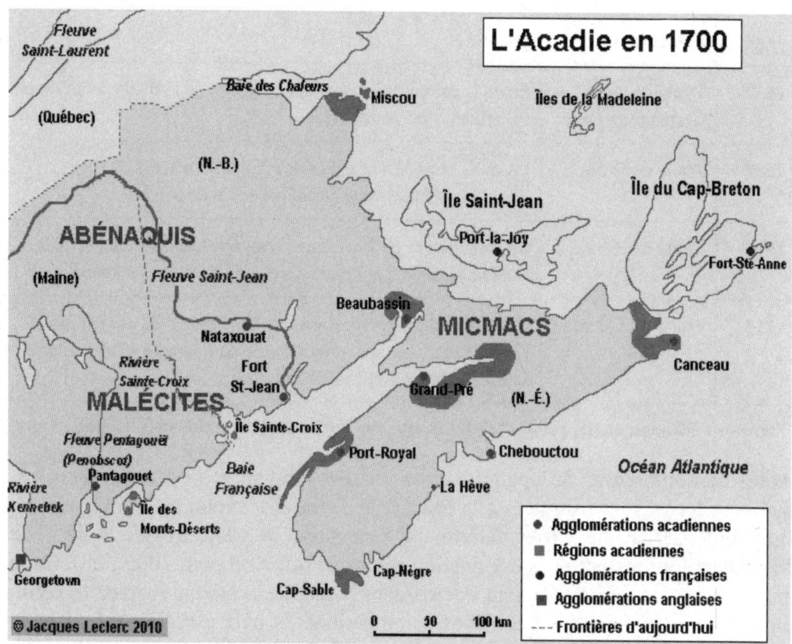

Carte 1 : La présence acadienne dans le Nouveau Monde en 1700 (source : www.tlfq.ulaval.ca/axl, 26/12/2010).

Ce sont notamment les conflits entre Anglais et Français qui déclenchent la migration des Acadiens vers d'autres régions ressemblant à celle de Port-Royal :

> Cette extension du peuplement le long de la Baie Française, à partir du Port-Royal, fut causée en partie par l'état d'insécurité de la population dont le village subissait les attaques incessantes des Anglais. S'établir ailleurs, c'était chercher la tranquillité et des espaces nouveaux à cultiver. (www.cyberacadie.com, 18/09/2012)

Cependant, comme la France subit encore les conséquences des Guerres de religion, la vraie colonisation ne commence que dans les années trente du XVIIe siècle, après le Traité de Saint-Germain-en-Laye. Le tableau 1 résume quelques-unes des dates les plus importantes pour l'évolution de la présence acadienne en Nouvelle-Écosse jusqu'en 1713 :

année	événement	résultat
1632	Traité de Saint-Germain-en Laye	fin de la colonisation écossaise, cession de l'Acadie à la France ⇒ nouvelle ère pour l'Acadie
1667	Traité de Bréda	l'Acadie tombée aux mains des Anglais en 1654 ⇒ soumission de l'Acadie au roi de France
1697	Traité de Ryswick	fin de la guerre en Amérique ; restitution de l'Acadie et de la Baie de Hudson à la France ; trêve de cinq ans seulement
1713	Traité d'Utrecht	fin de la Guerre de Succession d'Espagne (1702–1713) ; la France doit céder une grande partie de l'Acadie à l'Angleterre, sauf l'Isle Royale et l'Isle Saint-Jean

Tableau 1 : Chronologie, 1604–1713 (cf. Kolboom 2005 : 46–170) (tableau J. Hennemann).

Après de nombreuses occupations de la part des Anglais et des traités dans lesquels les terres sont restituées à la France, le Traité d'Utrecht, en 1713, cède définitivement l'Acadie à l'Angleterre – à l'exception de l'Isle Royale et de l'Isle Saint-Jean, qui restent sous domination française (cf. Kolboom 2005 : 68). Cette année représente un événement décisif dans l'histoire acadienne : avec le recul, on peut constater que c'est le début d'une période de paix assez durable dans la première moitié du XVIIIe siècle (cf. Wiesmath 2001 : 152). En outre, l'Acadie n'a presque plus accueilli de colons français à partir de cette date, le développement démographique accéléré sera dû au seul excédent naturel (cf. Massignon 1962 : 16 ; cf. figure 1 ci-dessous).

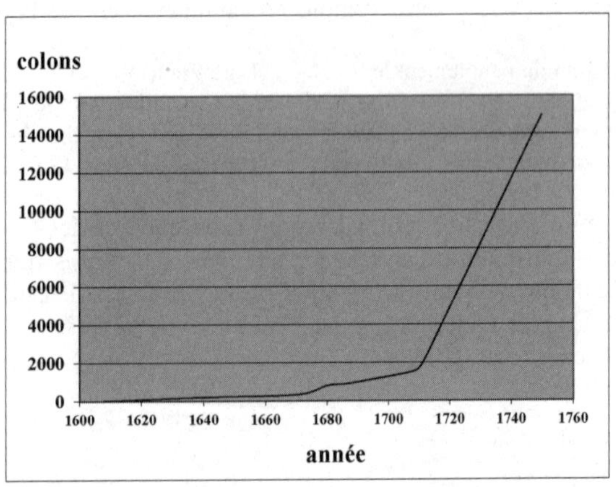

Figure 1 : Évolution démographique de l'Acadie entre 1600 et 1760 (schéma : J. Hennemann ; chiffres : cf. cyberacadie.com : L'Acadie d'hier).

Et finalement, les habitants commencent dès ce moment-là à adopter une nouvelle identité : on les appelle désormais *Acadiens* (cf. Neumann-Holzschuh 2005a : 796).

Bien que la plupart des Acadiens vivent désormais sous l'occupation anglaise, ils peuvent demeurer pour la grande majorité sur leurs terres. Les nombreux essais des Anglais d'obliger les Acadiens à prêter un serment d'allégeance sans réserve à la couronne britannique n'aboutissent pas. En 1730, les Acadiens obtiennent le droit de rester neutres en cas de nouveau conflit entre les Français et les Anglais. Les autorités britanniques les appellent désormais « French Neutrals » (cf. Wiesmath 2001 : 152, note ; cf. Daigle 1993b : 28). Comme la figure 1 sur l'évolution démographique l'a déjà montré, la population acadienne connaît une croissance rapide pendant cette première moitié du XVIIIe siècle, passant d'environ 2 500 colons en 1713 à quelque 14 000 personnes à la veille de la déportation de 1755 (cf. Massignon 1962 : 22 et sq.).

Pourtant, cette quarantaine d'années sous domination britannique comporte aussi beaucoup de difficultés pour les Acadiens. C'est à cette époque qu'ils développent cet esprit de résistance et de persévérance qui assurera la survivance de leur culture et qui les caractérise encore aujourd'hui. Mais malgré la neutralité des Acadiens dans les combats acharnés se déroulant devant Louisbourg, la question de leur sort devient de plus en plus virulente vers le milieu du XVIIIe siècle. C'est la fondation de l'actuelle capitale néo-écossaise Halifax en 1749 qui marque le tournant dans la politique anglaise :

> Alors qu'auparavant la politique anglaise visait surtout des objectifs mercantilistes (conquête de nouveaux marchés et de matières premières), elle comportait maintenant des visées impérialistes (possession de territoires).
> (cyberacadie.com, 27/08/2010)

Finalement, l'Acadie devient le jouet de la politique impériale agressive des deux grandes puissances. Par conséquent, la tension augmente de plus en plus en Nouvelle-Écosse. La neutralité acadienne n'est plus acceptée par les Anglais. Après une dernière vaine tentative de contraindre les Acadiens à signer un serment de fidélité inconditionnel envers le roi d'Angleterre (cf. Wiesmath 2001 : 152) et après le déclenchement des hostilités en Amérique, dans la vallée de l'Ohio, et quelques escarmouches militaires le long des frontières de la Nouvelle-France, les Anglais décident que le sort des Acadiens doit être réglé une fois pour toutes : le 28 juillet 1755, les officiers britanniques – sous la présidence du lieutenant-gouverneur de la Nouvelle-Écosse, Charles Lawrence – prennent la décision de déporter les Acadiens.

Il s'ensuit entre 1755 et 1763 ce qui est connu aujourd'hui sous la désignation euphémique de « Grand Dérangement », employée par les Acadiens eux-mêmes afin d'atténuer leur sort tragique : derrière ce terme se cachent l'expulsion massive des Acadiens surtout vers les États de la Nouvelle-Angleterre et l'Europe, ainsi que l'incendie systématique de leurs maisons et de leurs fermes sur le territoire néo-écossais (cf. Massignon 1962 : 23). Grand-Pré, un des premiers endroits où les Acadiens furent embarqués massivement sur les navires, deviendra plus tard le symbole de la déportation. Le nombre de déportés y est plus élevé qu'ailleurs, « non seulement parce que c'était l'établissement acadien le plus peuplé, mais également parce que c'était le centre agricole et commercial le plus important » (Ross / Deveau 2001 : 100). Mais c'est surtout la survivance de sources écrites de la déportation de Grand-Pré rédigées par le général Winslow qui fera de Grand-Pré le symbole par excellence de la déportation (cf. Kolboom 2005 : 95 et sq.).

On estime que sur la totalité des 15 000 Acadiens, environ la moitié est embarquée sur des bateaux britanniques au cours des années suivantes. Beaucoup d'entre eux périssent pendant le voyage à cause des mauvaises conditions sanitaires à bord, du manque d'eau et de nourriture ainsi que des naufrages. La plupart des survivants, environ 4 000, aboutissent finalement dans les colonies anglo-américaines (dont la Virginie, la Pennsylvanie, le Maryland, le Massachusetts, le Connecticut, New York, la Caroline du Sud, la Géorgie) souvent après une longue odyssée car l'accueil en Nouvelle-Angleterre n'est pas toujours chaleureux. En 1763, de nombreux Acadiens quittent les provinces maritimes mais aussi le Maryland et la Pennsylvanie pour s'installer en Louisiane.

2 000 autres sont déportés en Europe : une partie des exilés, dont quelques-uns ont été rejetés par les autorités de la Virginie, sont emmenés en Angleterre comme prisonniers de guerre (cf. Massignon 1962 : 24). Après la chute de Louisbourg en 1758, les établissements de l'Isle Royale ne sont plus épargnés par les activités destructrices des Anglais (cf. Massignon 1962 : 23). La majorité des évacués de l'Isle Royale sont envoyés en France : avec d'autres expulsés, ils y forment deux importants établissements agricoles, Belle-Isle en Mer, au large de la Bretagne, et Montoiron en Poitou. Pourtant, « à la veille de la Révolution française, la plupart des Acadiens avaient quitté la France et étaient revenus dans le Nouveau Monde » (Ross 2001 : 103).

Finalement, il y a aussi quelque 4 000 Acadiens qui ont pu s'échapper en se cachant dans les bois – souvent avec l'aide des Mi'kmaq – ou en se réfugiant vers d'autres territoires francophones, comme du moins au début l'Isle Royale et l'Isle Saint-Jean, mais aussi les îles françaises de Saint-Pierre-et-Miquelon, le Québec et – avec des détours – la France et la Louisiane (cf. Wiesmath 2001 : 152). Quelques Acadiens sont aussi emprisonnés à Halifax. Ces migrations forcées joueront un rôle décisif pour l'évolution linguistique future de la Nouvelle-Écosse.

C'est en 1763 que le Traité de Paris met fin à la Guerre de Sept Ans et ainsi aux hostilités entre les deux pays. Par cet accord, toutes les possessions françaises d'Amérique du Nord sont cédées à l'Angleterre. Les Acadiens cachés sur place et ceux qui rentrent peu à peu d'exil sont désormais obligés de vivre sous un régime britannique[11]. De plus, ils ne sont autorisés à former que des groupes de taille limitée. Mais leur ténacité est réelle : alors qu'en 1767, seules quelque

11 Les habitants de Saint-Pierre-et-Miquelon font exception car ces îles restent françaises jusqu'en 1778 (c'est en 1815 que l'archipel devient définitivement français).

1 300 personnes (cf. Massignon 1962 : 26) vivent encore dans toute l'ancienne Nouvelle-Écosse, avec le retour des exilés, la population acadienne est passé à 8 400 dans les provinces maritimes quatre ans plus tard (cf. Wiesmath 2006b : 26).

Néanmoins ils ne peuvent plus s'installer sur leurs terres ancestrales car celles-ci ont été confisquées par les autorités britanniques et ensuite redistribuées aux colons anglais. Deux régions néo-écossaises font exception : Pubnico, à l'extrémité sud-ouest de la péninsule, et l'Isle Madame, à l'entrée de l'île du Cap Breton. De plus, il est obligatoire pour les Acadiens de rester en groupes isolés pour éviter qu'ils se renforcent. Les Anglais les considèrent toujours comme une menace pour la sécurité de la colonie (cf. Ross / Deveau 2001 : 113). Le siècle suivant, jusqu'à l'entrée de la Nouvelle-Écosse dans la Confédération canadienne en 1867 (cf. p. 11), est aussi appelé période du « silence » ou plutôt – du point de vue actuel – de l'« enracinement » (Thériault 1993 : 46). Cette période voit l'émergence de deux facteurs importants influençant désormais l'évolution linguistique des parlers acadiens : « la dispersion des établissements acadiens et l'isolement dans lequel ils ont évolué » (Dubois, L. 2005 : 83).

1.1.3 L'acadien : caractère, genèse et différenciation historique

En général, la désignation *français acadien*

> refers to varieties of French spoken in North America (principally in New Brunswick, Nova Scotia, Newfoundland and Prince Edward Island in Canada and in Louisiana in the United States) which have their origin in the 'centre-ouest' of France (King 1991a : 35, note).[12]

Péronnet oppose la *langue acadienne* aux *parlers acadiens* : la langue française telle qu'elle est parlée dans les provinces Maritimes « est à la fois 'unique' par ses caractéristiques générales et 'diverse' par ses particularités régionales » (Péronnet 1986 : 69).[13] Pour la variété de la Nouvelle-Écosse, on trouve les désigna-

---

12 Cette définition doit être légèrement modifiée car selon les derniers résultats de recherche, le cadien, en Louisiane, n'est plus considéré comme une variété de l'acadien au sens strict : « le français louisianais apparaît comme un nouveau régiolecte, qui s'est formé graduellement sur la base de différentes variétés du français (dont l'acadien) et qui ne peut être englobé dans la diaspora acadienne qu'au sens très large. Avant tout, le français louisianais est une variété autonome du français d'Amérique du Nord » (cf. Neumann-Holzschuh / Hennemann 2010). Pour Klingler, le terme *cajun* n'est rien d'autre qu'un « label » (Klingler 2009 : 92), terme faussement généralisé pour désigner un parler qui n'a jamais été uniquement acadien. Klingler met plutôt l'accent sur le développement historique du français louisianais qui combine l'influence de plusieurs variétés différentes du français.

13 Voir aussi la discussion ci-dessous à propos de l'existence d'un « français acadien unifié » (cf. p. 25).

tions « parler acadien de la Nouvelle-Écosse » ou bien « acadien néo-écossais ».[14] Dans la suite de cette étude, je ne ferai pas de différence entre ces deux termes.

En ce qui concerne le statut de l'acadien dans la francophonie, il est classé dans la catégorie de la « diaspora 1 », c'est-à-dire une catégorie où les locuteurs actuels proviennent d'un mouvement de migration directe depuis la France (cf. Chaudenson / Mougeon / Beniak 1993 : 13). Pourtant le problème de l'évolution de la langue acadienne est loin d'être résolu. La question cruciale concernant la genèse de l'acadien traditionnel est celle qui a été formulée par Flikeid :

> L'unité linguistique de l'acadien, telle qu'elle existe, vient-elle d'une convergence sur place dans le Nouveau Monde ou est-elle héritière d'une langue régionale émergente, connue à l'Ouest de la France ? (Flikeid 1994 : 287)[15]

---

14 Voir aussi dans ce contexte la définition d'un « parler » distingué du « dialecte » proposée par Lerond (1968) : « 'Un *parler local* [est] un système linguistique oral, fonctionnant dans un point déterminé, couramment usité par le groupe humain qui habite ce point, et perçu par ses utilisateurs comme une entité différente de la langue centrale [...]. Pour les dialectologues, le mot [dialecte] recouvre ordinairement l'ensemble des parlers situés dans telle ou telle région historique » (Lerond 1968 : 88).

15 Pour la répartition des aires géolinguistiques dans les anciennes provinces de France cf. carte 2, p. 21.

Carte 2 : Aire géolinguistique des anciennes provinces de France (Cormier 1999 : 52).

Un fait qui n'est pas contesté dans ce contexte est l'origine des immigrants dans le Nouveau Monde, à savoir l'Ouest de la France. Les pourcentages diffèrent un peu selon les études, mais en se référant aux résultats de l'étude la plus détaillée, celle de Lortie en 1914, il est indéniable que la langue parlée par les colons qui sont arrivés de l'Ouest de la France à partir du XVIIe siècle constitue la base de l'acadien dit « traditionnel ». De plus, les colons de cette époque se distinguent du reste de la population par un certain esprit d'aventure car le choix de s'expatrier, de quitter la France d'un jour à l'autre exige beaucoup de courage.

Sur ces faits, les chercheurs sont d'accord. Cependant en ce qui concerne le moment de l'émergence de la koinè[16], il existe deux thèses plus ou moins opposées : selon la première théorie, développée d'abord par Massignon, la koinèisation est déjà avancée considérablement dans les ports de France avant le départ des colons (cf. Massignon 1962 : 72, 91). Elle est due à l'interaction des colons issus de différentes régions d'origine. Leurs variétés originelles se rapprochent de plus en plus, de façon qu'on peut même parler de nos jours d'une « unité initiale ». Charpentier, par exemple, fournit comme indice à l'appui de cette thèse « la disparition complète du pronom neutre de la troisième personne du poitevin » (Charpentier 1991 : 64), dont on n'aurait jamais trouvé de traces en acadien. La réduction linguistique aurait donc été voulue de la part des émigrants afin d'assurer la compréhension mutuelle et se serait effectuée pendant l'attente dans les ports et au cours des longues traversées. À l'arrivée des colons en Nouvelle-France, on peut donc – toujours selon Massignon – percevoir une identité acadienne qui s'est forgée et sur le plan démographique et sur le plan linguistique. Cette homogénéité aurait été rompue plus tard sous l'influence de plusieurs facteurs (cf. Flikeid 1991 : 196 et sq.).

Environ une décennie après la publication de l'œuvre de Massignon, Hull se rallie à sa théorie[17] ; selon lui, les variétés françaises d'Amérique du Nord remontent toutes à une variété initiale qu'il nomme « Maritime French ». D'après Hull,

> a maritime French *koiné* (MarF), spoken on board ships in the Atlantic trade and in the Atlantic coastal ports [La Rochelle et Nantes, mais pas Rouen et Le Havre ; JH] during the seventeenth and eighteenth centuries, underlay[s] the various dialects of North American French (NAmF) […]. (Hull 1974 : 59)

Cette variété maritime de français serait dérivée principalement d'un français standard encore très archaïque. Celui-ci était influencé par les patois de la côte atlantique, surtout sur le plan phonétique et lexical. Et Hull ajoute : « The particular synthesis of standard and dialect features which we find in NAmF and Cr [= créoles à base française ; JH] had its origin in the Old World, not the New » (Hull 1974 : 59). Pour Hull, les ressemblances inattendues entre les français en Amérique du Nord et quelques créoles à base francophone en sont la preuve incontestable. La variété acadienne, plus précisément, se baserait surtout sur une forme du français maritime tel qu'il était parlé dans le port de La Rochelle au cours du XVIIe siècle. Les régions d'origine des colons auraient joué un rôle secondaire dans le développement du français d'outre-mer :

---

16 Par « koinè », je comprends ici une « variété dé-régionalisée » qui a évolué à partir de plusieurs variétés locales de même statut pour aboutir à une variété dominante, suprarégionale et acceptée comme la variété standard (cf. Bußmann 2002 : s. v. *Koiné*). Dans le cas de l'Acadie, il s'agirait donc d'une variété standardisée développée sur la base des différents dialectes parlés par les colons.

17 Pourtant Hull adopte un point de vue plus général qui n'est pas uniquement centré sur l'Acadie.

> The geographical origins of the New World populations are less important in determining the form which their language took than has heretofore been thought. It is the date of their emigration (and of their loss of contact with the homeland) and the port from which they sailed which constitute the crucial factors. (Hull 1974 : 70)

La deuxième théorie présente un modèle d'évolution linguistique différent du premier : dans son ouvrage « Le choc des patois en Nouvelle-France », Barbaud entreprend de « démystifier » la question de l'unification linguistique de la Nouvelle-France (cf. Barbaud 1984). Ses affirmations reposent sur la notion de « statut linguistique » des premiers colons qu'il répartit en locuteurs *francisants*, locuteurs *semi-patoisants* et locuteurs *patoisants*. Le rôle décisif pour que le français s'impose aurait été joué par les femmes, qui étaient en majorité francisantes. Pourtant, plusieurs chercheurs expriment leurs critiques par rapport à cette thèse : « Une lecture critique du texte conduit cependant à la constatation qu'il est impossible d'évaluer le rôle joué par les femmes dans ce processus linguistique à partir des données reconstituées par l'auteur » (Poirier, C. 1985 : 94). Ainsi, « Barbaud met complètement de côté l'expérience linguistique vécue par les immigrants du 17e siècle entre le moment où ils ont pris la décision de venir au Canada et celui de leur arrivée au pays » (Poirier, C. 1985 : 94). De plus, Barbaud a totalement écarté de sa recherche les données linguistiques concrètes de l'époque ainsi que les témoignages métalinguistiques contemporains auxquels il n'accorde aucune valeur particulière. Finalement l'auteur ne prend pas en compte les recherches publiées depuis les années 1970 sur les créoles et les variétés de français qui se sont développés dans les anciennes colonies françaises :

> Exploitant la méthode comparative, les auteurs de ces travaux ont fait avancer considérablement les connaissances sur la formation du français nord-américain. On reconnaît, aujourd'hui comme hier, l'apport substantiel des patois de France dans la genèse du français québécois, mais on peut maintenant affirmer, avec beaucoup plus d'assurance qu'à l'époque de Rivard[18], qu'il n'y a pas eu véritablement choc des patois en Nouvelle-France. (Poirier, C. 1985 : 95)

En se référant à la situation de l'Acadie, Flikeid, elle aussi, est encline à modifier l'image de l'unité initiale ; elle conclut de ses recherches que l'unité n'était peut-être que partielle au début. Malgré le fait que les colons avaient sans aucun doute une origine surtout rurale et qu'ils appartenaient donc tous plus ou moins aux mêmes catégories sociales (cf. Chaudenson 2005a : 506), Flikeid refuse de parler d'une homogénéité presque complète des origines des premiers colons français : « la situation était certainement plus nuancée » (Flikeid 1991 : 198). En outre, elle énumère trois autres raisons pour lesquelles une unité initiale semble peu probable : la période pendant laquelle les émigrants étaient rassemblés dans les ports et sur les bateaux était relativement limitée ; leur parler était confronté à un apport linguistique constant de l'extérieur ; finalement, on peut encore au-

[18] Rivard (1914).

jourd'hui constater la préservation de quelques différences linguistiques originelles qui se sont maintenues depuis l'époque du départ vers le début du XVIIIe siècle.

À part ces données historiques, la théorie de la koinèisation elle-même rend plus plausible une unité partielle : la koinèisation n'est pas un mécanisme qui agit en quelques mois. Elle se déroule plutôt en différentes étapes, dont la première est un processus qui tend à éliminer ou à réduire la variabilité considérable qui devait régner parmi le groupe des colons : la variabilité se réduit à travers des processus de nivellement et de simplification. La dernière étape peut être la redistribution de variantes selon des critères stylistiques, géographiques ou autres. Et on suppose même que les colons de première génération ont apporté avec eux des cas de variation non encore résolus à cause de mouvements de migration à l'intérieur de la France elle-même[19]. Cette hypothèse est confirmée par les réflexions de Valdman et de Chaudenson (cf. Flikeid 1991 : 199 et sq.).

Neumann-Holzschuh et Chauveau adoptent une position plutôt intermédiaire entre les deux présentées ci-dessus. Neumann-Holzschuh reconnaît qu'il est difficile de prouver à quel moment ce processus de nivellement s'est déroulé : encore dans les ports de la France ou déjà dans le Nouveau Monde (Neumann-Holzschuh 2005a : 801) ? Pour les tenants de cette position intermédiaire, les gens parlaient pour la plupart le dialecte poitevin dont beaucoup de traits morphosyntaxiques se sont préservés en acadien. Cette « imprégnation dialectale » (Chauveau 2009 : 49), qui est encore bien sensible aujourd'hui, semble être un bon indice du fait que le poitevin n'était pas encore abandonné avant l'embarquement pour la Nouvelle-France. Pourtant, on peut aussi retracer l'influence d'autres dialectes, tous des parlers d'oïl, du Nord et du Centre. En fin de compte, les futurs colons connaissaient déjà une variété standardisée émergente de français même s'ils ne l'employaient pas encore activement, comme le confirme Chauveau :

> Si les futurs immigrants avaient parlé déjà le français avant leur départ de France pour l'Acadie, ce n'aurait sûrement pas été le français commun, mais le français de leur province. (Chauveau 2009 : 49)

Il existait donc déjà une certaine unité au niveau linguistique mais les processus de nivellement ne se sont déclenchés qu'après l'arrivée des colons sur le continent américain :

> Il est cependant plus probable, au vu des traces qu'en garde l'acadien, que le dialecte constituait leur usage linguistique premier et spontané, en même temps qu'ils connaissaient le français, et que leur émigration vers le Nouveau Monde les a conduits à dédialectaliser rapidement et quasi systématiquement leur usage linguistique. Cette élimination presque totale des spécificités dialectales aura été l'un des

---

19 Cf. par exemple le cas de variation entre la négation simple et la négation double, p. 179.

> éléments déterminants de leur intégration à la nouvelle communauté humaine qui se formait, dans la première moitié du 17e siècle, en Acadie. (Chauveau 2009 : 49)

Les Acadiens mettent environ un siècle pour s'acclimater à leur nouvel environnement avant d'être confrontés à l'événement décisif qui influencera aussi l'évolution de leur parler : le Grand Dérangement. Selon leurs présupposés théoriques respectifs, Massignon et Flikeid expliquent l'évolution linguistique ultérieure en Acadie d'une manière différente. Faisant l'hypothèse d'une unité initiale, Massignon soutient que même après la déportation, les réfugiés acadiens retournés de leur exil parlaient une langue commune qui ne s'est différenciée qu'après le regroupement des colons et la longue période d'isolement qui suivit. Divers mécanismes de diversification conduisent successivement à la diversité contemporaine des parlers acadiens. Selon Massignon, la dispersion des Acadiens engendre des évolutions divergentes dans chaque région : les locuteurs perdent successivement des traits linguistiques qui leur étaient communs. D'autres facteurs de différenciation sont constitués par le degré variable de la diffusion d'un français « correct » par l'école et l'Église selon la région ainsi que le degré variable de l'influence de l'anglais (cf. Flikeid 1994 : 288).

Selon Flikeid par contre, qui part du principe d'une unité partielle, il serait même inapproprié de parler d'une unité au milieu du XVIIIe siècle, donc juste avant la Déportation. Il existait plutôt des caractéristiques linguistiques ayant conduit à une unification mais aussi, par ailleurs, des traits de variabilité toujours non-résolus. L'« action unificatrice » consistait en des mécanismes de convergence, de nivellement et de focalisation de la variabilité ; pourtant elle était aussi freinée par des « mouvements démographiques d'expansion ». Donc, cette action unificatrice n'est pas nécessairement arrivée à son terme au moment de la Déportation. Pendant la dispersion et la période d'absence des colons de l'Acadie, diverses influences linguistiques ont exercé leur influence sur les groupes de colons à un degré variable – dépendant du lieu et de la durée de l'exil. (cf. Flikeid 1994 : 289) Étant donné qu'aujourd'hui encore, bien des cas de variation sont loin d'être résolus, je me rallie à cette thèse de l'unité partielle.

Par la suite, on abordera la question de la variation intralectale de la langue aujourd'hui : les deux pôles du continuum proposé sont baptisés « français acadien unifié » et « parlers acadiens hétérogènes ». Mentionnons d'abord l'aspect diatopique : malgré la « notion, largement répandue, d'un français acadien unifié, hérité directement d'un dialecte poitevin » (Valdman / Auger / Piston-Hatlen 2005 : 10), un coup d'œil sur une carte présentant la répartition des Acadiens aujourd'hui permet d'entrevoir que les conditions variables ont déclenché une différenciation successives des parlers. Cela ne veut pas dire qu'une gamme plus ou moins large de traits communs ou similaires n'existe pas : ces traits peuvent remonter à un état ancien de l'acadien, peut-être même avant la Déportation. Ils peuvent aussi être dus à des « développements indépendants mais parallèles » (Flikeid 1994 : 288).

Pourtant, il subsiste beaucoup de différences évidentes, souvent même surprenantes, même entre des régions assez proches les unes des autres. Il y a une panoplie de facteurs qui sont responsables de cette évolution. Selon L. Dubois, ces différences

> proviennent d'immigrations successives, de l'éparpillement de [l]a population suite au Grand dérangement, de la déportation et de la dispersion de la majorité de la communauté acadienne initiale, de l'isolement des communautés disséminées sur une vaste aire comprenant quatre entités politiques distinctes (Nouveau-Brunswick, Nouvelle-Écosse, Île-du-Prince-Édouard et Terre-Neuve), et de différentes manifestations du contact avec l'anglais. (Valdman / Auger / Piston-Hatlen 2005 : 10)

Ce sont donc des milieux sociolinguistiques divergents qui ont fait surgir les différences actuelles.

Cependant, le polymorphisme [20]que nous rencontrons aujourd'hui dans bien des domaines des parlers acadiens n'est pas uniquement le résultat « d'une variation interne considérable, mais aussi d'une instabilité et d'une insécurité linguistique » (Neumann-Holzschuh 2005b : 482). Ces deux derniers phénomènes proviennent surtout de la standardisation croissante des parlers due certainement en premier lieu à la possibilité, désormais acquise, d'une scolarité tout entière en français[21]. Le deuxième facteur est l'anglicisation qui, dans une province officiellement unilingue, joue un grand rôle, surtout dans les tranches d'âge inférieures à 60 ans. D'un point de vue diachronique, on peut donc constater dernièrement le développement d'une strate plus moderne, en comparaison de l'usage traditionnel qui – selon la définition de C. Poirier – « était pratiqué par des témoins ruraux âgés au début des années 1970 » (Poirier, C. 1994 : 76). Même si cette strate traditionnelle n'a pas encore complètement disparu du paysage linguistique, elle est loin d'être la variété représentative des parlers acadiens de nos jours. On peut donc conclure que « [l]e français acadien est loin d'être un tout homogène » (Péronnet 1996b : 124) ; cependant, étant donné la vivacité d'une culture qui sert de facteur identitaire, son unité ne semble pas menacée : l'acadien sait encore se démarquer dans son ensemble de ses voisins nord-américains, surtout de son grand « frère », le français québécois.

Le caractère particulier et donc autonome de l'acadien en Amérique du Nord ressort de la liste suivante des différences principales entre les sociétés acadienne et laurentienne. Comme l'a montré l'ouvrage de Massignon, les noms de famille québécois renvoient à d'autres régions d'origine que ceux des Acadiens. On estime aujourd'hui que les colons québécois étaient issus pour la plupart du Nord et du Nord-Ouest de la France actuelle. Par conséquent, c'est un substrat dialectal différent qui a formé la base du français québécois. Le substrat du québécois était aussi beaucoup moins homogène que celui de l'acadien (cf. Neumann-Holzschuh 2005a : 801). Sur le plan numérique, on remarque également une grande différence, qui a certainement dû influencer les développements linguistiques internes

[20] Cf. l'étude onomasiologique des prépositions et locutions prépositives exprimant le sens de « à côté de, près de », p. 234.

[21] Pour plus d'explications, v. p. 73.

des deux colonies. En 1671, par exemple, on comptait 440 Acadiens contre 5 000 personnes au Québec (cf. Flikeid 1991 : 198). Aujourd'hui, le Québec comprend environ 5,9 millions de francophones et seulement 575 000 anglophones. En comparaison avec les chiffres des provinces maritimes (cf. tableau 3, p. 64), on constate une supériorité numérique (absolue et relative) des francophones du Québec par rapport à l'Acadie. Même si ces chiffres ne mènent pas automatiquement à des différences linguistiques, on peut s'attendre à une plus grande influence de l'anglais sur la variété acadienne que sur le québécois, et à une insécurité linguistique de moindre importance chez les locuteurs québécois. Un dernier facteur est l'absence au Québec d'un événement décisif comparable à la Déportation des Acadiens. En conséquence, les Québécois ont bénéficié d'une plus grande continuité, sans mouvements de population forcés. Mais à cause de leur histoire moins troublée que celle de l'Acadie, ils ne jouissent pas d'une homogénéité sociale aussi exceptionnelle que celle qui s'est créée dans les provinces maritimes à travers la cohésion et la solidarité d'un peuple durement éprouvé (cf. Flikeid 1989a : 197).

En plus des écarts (socio-)démographiques, la situation de contact du français québécois diffère aussi de celle de l'acadien. Tout d'abord, il faut souligner que le contact entre les deux variétés elles-mêmes – au moins pendant les trois premiers siècles – est assez restreint, du fait de leur éloignement géographique : « Les capitales de ces deux colonies étaient situées à quatre cents lieues l'une de l'autre, et séparées par de vastes espaces couverts de forêts [...] » (Massignon 1962 : 15). Le Québec et l'Acadie se développent donc indépendamment, chaque colonie est dirigée par ses propres gouverneurs et possède sa propre administration. En ce qui concerne les relations avec la mère patrie, le contact entre l'Acadie et la France prend fin dès 1713, lorsqu'une grande partie de l'Acadie cesse d'être autonome à la suite du traité d'Utrecht. Par contre, la séparation du Québec n'a lieu que 50 ans plus tard, avec la conquête anglaise de 1763 (cf. Neumann-Holzschuh 2005a : 802 et Poirier, C. 1994 : 74). De plus, le contact entre le Québec et la France est renoué au XIXe siècle, alors que l'Acadie est exclue de la francophonie jusqu'au XXe siècle. Ceci a donc mené à une « focalisation indéniablement différente des deux variétés » (Flikeid 1994 : 316). L'acadien mène sa vie à l'ombre de son frère « aîné », le français québécois, qui jouit de loin d'un prestige plus élevé au sein de la francophonie mondiale.

En dernier lieu, les relations des Acadiens avec la population anglaise ont de tout temps été plus intenses, ce qui a continuellement augmenté l'influence de l'anglais sur la variété acadienne. Premièrement, la plus grande partie de l'Acadie était sous influence anglaise – comme on l'a dit – depuis le traité d'Utrecht, donc un demi-siècle avant l'annexion du Québec par les Anglais (cf. Melkersson 1979 : 169). En outre, les contacts entre les Anglais et les Acadiens étaient plus intenses, en raison des expériences individuelles dans les États de la Nouvelle-Angleterre lors de la Déportation ainsi que de multiples relations commerciales (cf. p. 58).

Dans le dernier tiers du XXe siècle, on pouvait encore dire que les Acadiens formaient une société plus ou moins « repliée sur elle-même » (Melkersson

1979 : 169), ayant assez peu de contacts avec son grand voisin francophone. Les tendances séparatistes de la province du Québec

> inspirent une certaine inquiétude aux francophones des Provinces Maritimes, qui, privés du support québécois, risqueraient de devenir une minorité insignifiante au sein d'une fédération massivement anglophone. Une telle situation hâterait sans doute le processus d'assimilation déjà en cours (Melkersson 1979 : 169 et sq.).

De telles craintes – décrites par Melkersson il y a une trentaine d'années – sont encore palpables aujourd'hui : partout en Nouvelle-Écosse le soulagement est sensible à la suite de l'échec des référendums d'indépendance au Québec en 1980 et 1995 (observation personnelle).

1.1.4 Les régions acadianophones actuelles en Amérique du Nord

La carte suivante donne une vue d'ensemble de la répartition des variétés de l'acadien dans l'Est du Canada :

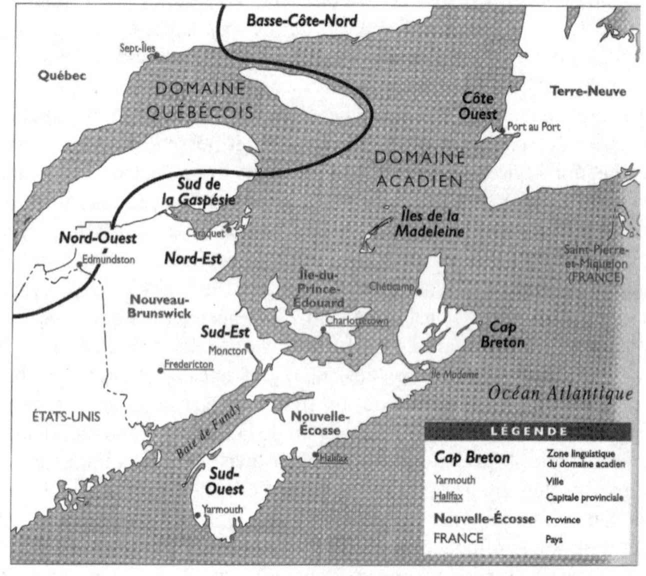

Carte 3 : Aire géolinguistique du domaine acadien (Cormier 1999 : 50).

Le domaine central de l'acadien reste l'Acadie des Maritimes[22] ; cependant le statut qui lui est accordé, le nombre d'habitants, la vitalité de la langue et de la

22 Cf. p. 12 pour la définition de ce terme.

culture ainsi que les fondements sociolinguistiques varient considérablement d'une région à l'autre. Le Nouveau-Brunswick est de nos jours la seule province du Canada dont la constitution garantit le bilinguisme.[23] Les Acadiens y forment, avec environ 238 000 locuteurs[24], un tiers de la population. Les francophones sont établis majoritairement dans trois grandes régions : dans le Nord-Ouest du Nouveau-Brunswick, entre la frontière avec l'État américain du Maine et le Québec, se trouve la région du Madawaska[25]. Les habitants se sont forgé leur propre identité, très forte, ils ne se considèrent pas tous comme Acadiens mais plutôt comme Madawaskayens. L'influence québécoise sur le parler y est très grande, du fait non seulement de la proximité géographique du Québec mais aussi de l'immigration importante de Québécois dans la région (cf. Wiesmath 2006b : 44). Le peuplement du Nord-Est de la province (désigné aussi sous le nom de « Péninsule acadienne ») est avant tout dû au mouvement d'exode entraîné par la Déportation tout au long de la deuxième moitié du XVIIIe siècle (cf. cyberacadie.com, 27/12/2010). À partir de 1751, la région du Sud-Est avait attiré des Acadiens car les forts Beauséjour et Gaspareau offraient une certaine sécurité au plus fort des conflits entre Anglais et Français. Suite à une organisation paroissiale meilleure que dans le Nord, c'est à partir de cette région qu'a lieu l'éveil national des Acadiens, événement qui a marqué la deuxième moitié du XIXe siècle chez les Acadiens des provinces maritimes.

L'Île-du-Prince-Édouard a été peuplée dès 1720 par des Acadiens qui quittaient leurs villages de la Nouvelle-Écosse péninsulaire à cause des tensions croissantes entre Anglais et Français dans cette province. Depuis le traité d'Utrecht en 1713, les Anglais étaient en effet en possession de presque toute l'Acadie, sauf l'Isle Saint-Jean et l'Isle Royale. Ces Acadiens se joignirent à quelques colons francophones venus directement de France. Avec la menace grandissante de la déportation, de plus en plus d'Acadiens se réfugièrent sur l'île. Néanmoins la population acadienne de l'Île-du-Prince-Édouard ne fut pas épargnée par ce sort : sur près de 5 000 colons, environ 3 000 ont été déportés, les autres purent se réfugier sur la terre ferme ou simplement se cacher dans les bois de l'île. Après le traité de Paris en 1763, l'île a été repeuplée par de petits groupes d'Acadiens en provenance du Sud de la Gaspésie (la Baie-des-Chaleurs), du Sud-Est du Nouveau-Brunswick, de Saint-Pierre-et-Miquelon et de la France (cf. www.cyberacadie.com, 31/12/2010). Après plusieurs mouvements de population, cinq régions de l'Île-du-Prince-Édouard sont actuellement désignées

---

23 Cf. p. 97. Par ailleurs, selon la *Loi sur les langues officielles du Nunavut* (adoptée le 4 juin 2008), ce territoire canadien reconnaît trois langues comme langues officielles, à savoir l'anglais, le français et la langue inuit (inuktitut et inuinnaqtun) (cf. http://langcom.nu.ca, 19/09/2012).

24 Ce chiffre est tiré du recensement de 2006 et se réfère aux personnes ayant appris le français comme langue maternelle. Pour plus de détails concernant la composition linguistique de la population dans les provinces maritimes, cf. tableau 3, p. 64.

25 Cette région est aussi connue sous le nom populaire d'« Acadie des terres et forêts » à cause de l'importance du secteur agricole et de l'industrie forestière.

comme acadiennes : Prince-Ouest, Summerside-Miscouche, Rustico, Kings et Évangéline dont seule la dernière est restée entièrement francophone jusqu'à présent, grâce à sa relative homogénéité. Dans les autres villages, l'assimilation est déjà largement avancée et souvent, seules les personnes âgées (comme à Rustico ou à Miscouche) savent encore parler acadien. Une communauté acadienne se trouve aussi à Charlottetown, la capitale de la province.

À Terre-Neuve, c'est surtout dans la partie occidentale de l'île, sur la péninsule de Port-au-Port, qu'on trouve des villages francophones isolés, dont Cap-Saint-Georges, La Grand'Terre et L'Anse-aux-Canards – Maisons-d'hiver, et dans la capitale de la province, St. John's. Après la découverte officielle de l'île en 1497 (cf. Kolboom 2005 : 906), on trouve des peuplements sporadiques de francophones sur l'île, le statut de colonie française a été attribué à Plaisance (aujourd'hui Placentia) en 1666 (cf. Landry, N. / Lang, N. 2001 : 65, note). Après le traité d'Utrecht en 1713 qui a entraîné la cession de Terre-Neuve aux Anglais, on essaie d'attirer des francophones de Terre-Neuve à l'Isle Royale ; pourtant cette politique semble vouée à l'échec : « Seulement 67 familles sur 500 environ émigrent dans cette colonie française entre 1713 et 1734 » (Landry, N. / Lang, N. 2001 : 67). Depuis la fin du XVIIIe siècle, des familles saint-pierraises et acadiennes (venus de l'Isle Royale) ont renforcé de nouveau la communauté francophone le long de la « côte française ». Les derniers immigrants francophones sont des pêcheurs originaires du nord de la France dans les années 1890 (cf. Magord 1992 : 16–52). Localement, on les appelle aujourd'hui les « vieux Français » (cf. Brasseur 1996 : 295). Peu après, avec la construction de la voie ferrée, l'arrivée de plus en plus d'industries a fait basculer l'équilibre démographique entre francophones et anglophones en faveur des derniers : « Toutes ces activités ont emmené dans leur sillage de nombreux étrangers de langue anglaise et l'assimilation a été massive » (FCFA 2000 : 5).

D'un point de vue structurel, le franco-terre-neuvien a gardé des similarités avec les variétés anciennes du français à travers l'acadien, surtout dans sa variété néo-écossaise (cf. Brasseur 1996 : 303). Il convient de mentionner avant tout les points communs avec le parler acadien de l'île du Cap Breton, un fait dû à l'origine néo-écossaise de la majorité de la population terre-neuvienne (cf. Brasseur 1997 : 143). À cause de ces ressemblances, le français terre-neuvien est considéré comme une variété du français acadien (cf. King 1989 : 226, note). Malgré de nombreux efforts effectués en vue de la promotion du bilinguisme et du biculturalisme, le franco-terre-neuvien jouit d'un prestige très peu élevé parmi la population insulaire (cf. King 1989 : 230 et sq.).

En outre, l'acadien est encore parlé dans quelques zones appartenant géographiquement à la province du Québec comme la Baie-des-Chaleurs, la Basse-Côte-Nord et les Îles-de-la-Madeleine. Dans ce dernier archipel, la présence acadienne est très forte : d'après le recensement de 2006, 11 820 habitants sur 12 560 parlent l'acadien (cf. Falkert 2010 : 38).

Aux États-Unis, on trouve encore quelques Acadiens dans les États américains de la Nouvelle-Angleterre le long de la côte atlantique, comme au Massachusetts (cf. Szlezák 2010). Même si l'acadien n'y est que très rarement en usage, la conscience de la culture acadienne semble persister. En Louisiane, enfin, la réalité linguistique est très complexe : depuis plusieurs siècles, il y existe une « cohabitation » entre Acadiens, Français de métropole et locuteurs du créole, la situation se caractérise par une « diversité linguistique et une hétérogénéité culturelle » (cf. Neumann-Holzschuh 2005a : 799). Le nivellement linguistique y est déjà beaucoup plus avancé qu'en Acadie, on parle donc d'un caractère plus progressif du français cadien louisianais par rapport au français *a*cadien des provinces maritimes. Par ailleurs, on constate aussi une « proximité plus grande avec le français de référence » (cf. Neumann-Holzschuh 2005b : 481). Mais vu leur relation historique, les liens entre les Acadiens de Nouvelle-Écosse d'aujourd'hui et ceux de la Louisiane sont forts : ils ont les mêmes ancêtres, dont une partie a dû subir la Déportation et ses lourdes conséquences. Ainsi, on peut effectuer certaines comparaisons pour trouver l'état de l'acadien « au moment de la séparation des deux branches » ; cependant, il faut toujours tenir compte des évolutions internes du français louisianais après l'installation des colons dans cette région (cf. Flikeid 1994 : 294).

Régions acadiennes / acadianophones de la Nouvelle-Écosse

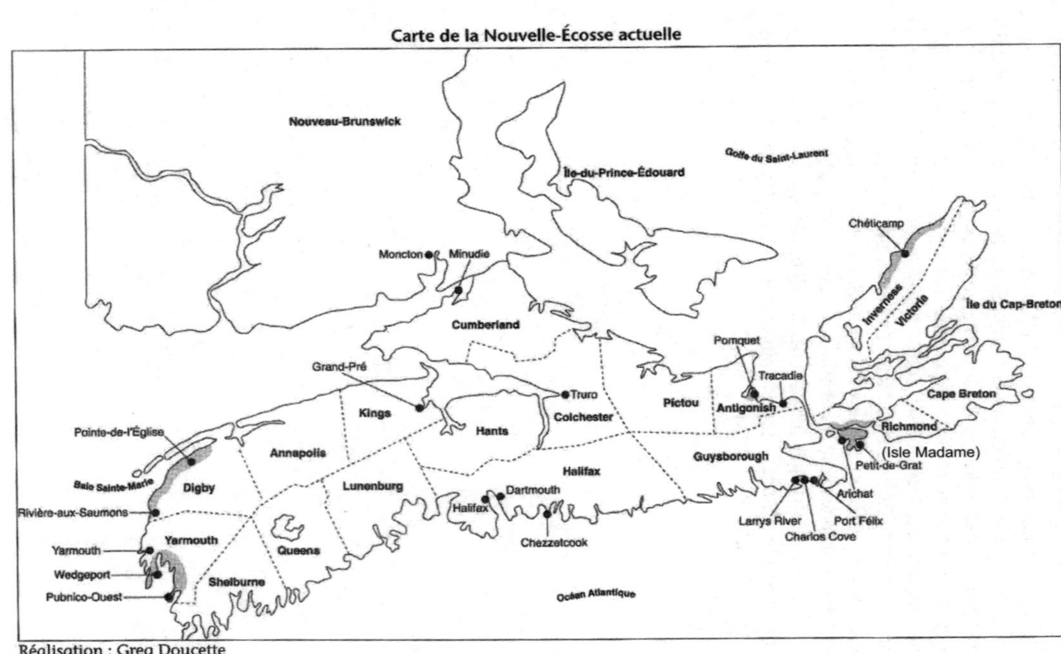

Carte 4 : Carte de la Nouvelle-Écosse actuelle comportant les noms des villages acadiens les plus importants (source : Ross 2001 : 10; réalisation : Greg Doucette).

À en juger par les chiffres bruts des francophones lors des recensements, on trouve de nos jours huit régions *acadiennes* en Nouvelle-Écosse mais cinq au maximum peuvent encore être désignées comme *acadianophones* au sens strict :

1) La Baie Sainte-Marie (municipalité de Clare, comté de Digby), située dans le Sud-Ouest, est aujourd'hui la plus grande région acadienne de Nouvelle-Écosse, en termes à la fois de population et d'extension géographique. On y trouve une culture très vivante, visible dans la grande variété d'événements culturels, historiques, musicaux et même culinaires ayant un rapport direct avec les us et coutumes acadiens. Toutefois les Acadiens ne s'y sont installés qu'à partir de 1768, après en avoir reçu l'autorisation du gouvernement de la Nouvelle-Écosse cinq ans avant. La plupart de ces colons étaient nés et avaient grandi dans la région de Port-Royal (cf. Flikeid 1994 : 297). Parmi ceux qui avaient été déportés, presque tous avaient passé cette période dans le Massachusetts (cf. p. 60). À leur retour, leurs anciennes terres avaient été distribuées aux loyalistes anglais. En compensation, on leur a concédé des propriétés le long de la Baie Sainte-Marie. Aujourd'hui les villages acadiens[26], tous situés sur une ligne continue le long de la côte, ainsi que quelques collectivités[27] dans l'arrière-pays sont aussi appelés la « ville française » à cause de leur proximité géographique et de leurs affinités linguistiques. C'est une région très homogène et par conséquent, la langue française y joue toujours un grand rôle et dans la vie quotidienne et au niveau administratif local. La région de Clare est la seule municipalité de Nouvelle-Écosse où le français soit employé comme langue de travail à égalité avec l'anglais : 46,3 % des actifs l'utilisent contre 47,5 % pour l'anglais.[28] La variété francophone y est considérée comme une variété vernaculaire de l'acadien avec la désignation d'*akadjonne*[29], reflétant une des particularités phonétiques locales

---

[26] Ce sont St-Bernard, Anse-des-Belliveau, Grosses-Coques, Pointe-de-l'Église, Petit-Ruisseau, Comeauville, Saulnierville, La Butte, Meteghan-Centre, Meteghan, St-Alphonse, Mavillette et Rivière-aux-Saumons.
Le toponyme « Meteghan » vient du micmac *mitihikan* et signifie « roches bleues ». La coopération entre Mi'kmaq et Acadiens à la Baie Sainte-Marie était très étroite. Lors de l'arrivée des Acadiens dans la région, les Mi'kmaq vivaient dans des villages saisonniers. À partir de 1820, le gouvernement leur a octroyé des réserves, dans la région de la Baie Sainte-Marie, on trouve aujourd'hui encore une centaine de Mi'kmaq à Bear River.

[27] Il s'agit de Hectanooga, Saint-Martin, Maxwellton, Corberrie, New Tusket et Concessions.

[28] 10 % utilisent les deux langues et 0,2 % une autre langue. Les chiffres proviennent du recensement de 2006 (cf. www.statcan.gc.ca, 03/08/2008). Pour des chiffres plus détaillés concernant la composition linguistique des différentes régions acadiennes en Nouvelle-Écosse cf. tableau 5, p. 68.

[29] Quant à l'akadjonne cf. entre autres Dubois, L. (2005 : 87) et Boudreau, A. (2005 : 448–451).
On trouve aussi l'orthographe avec *c* : *acadjonne* ; pourtant, la forme avec *k* semble plus répandue dans la littérature.

qui consiste à transformer la terminaison -[ɛ̃] en -[ɔn][30] dans des contextes phonétiques précis.

2) La région de Pubnico (municipalité d'Argyle, comté de Yarmouth) est également située à l'extrémité sud-ouest de la Nouvelle-Écosse, à environ 100 kilomètres de la Baie Sainte-Marie. La région[31] revendique aujourd'hui l'honneur d'être la région acadienne la plus ancienne, le premier établissement permanent d'Acadiens, à savoir *Pobomcoup*[32], datant de 1653 (cf. Ross / Deveau 2001 : 118). Mise à part la période de la Déportation, la région est peuplée de manière continue depuis le milieu du XVIIe siècle. En dehors de Pubnico[33], il y a actuellement encore d'autres villages acadiens avoisinants dans le comté : Wedgeport, Tusket, Ste-Anne-du-Ruisseau, Quinan et l'Île Surette. La grande différence en comparaison avec la Baie Sainte-Marie est l'hétérogénéité de la population : villages francophones et anglophones se côtoient.[34] Les deux causes principales de cette dispersion sont les données géologiques (littoral extrêmement échancré et irrégulier) et la façon dont les terres ont été concédées aux Acadiens par les autorités anglaises (cf. Ross / Deveau 2001 : 118). La conséquence en est que les deux groupes de population n'y ont jamais vraiment été dissociés, ce qui fait que, jusqu'à nos jours, l'influence exercée par l'anglais y est beaucoup plus grande qu'à la Baie Sainte-Marie.[35] De cet impact témoigne également à Pubnico le développement d'une forme de *chiac* similaire à celui de la région de Moncton au Nouveau-Brunswick et très répandu parmi les adolescents et jeunes adultes.[36]

3) West Chezzetcook et Grand Désert (situés dans le comté d'Halifax) se trouvent à une trentaine de kilomètres à l'est de Dartmouth. Les Acadiens de

---

30 Cf. par exemple *à matonne* pour *à matin* « ce matin » (cf. Thibodeau 1988 : 83), *d'autchonne* pour *d'aucun* « quelqu'un » (cf. Thibodeau 1988 : 38) ou *ponne* pour « pain » (cf. Thibodeau 1988 : 104).

31 La région de Pubnico est appelée aujourd'hui communément « par en bas » pour la distinguer de « par en haut », la Baie Sainte-Marie.

32 Il existe d'ailleurs une quinzaine de transcriptions pour ce toponyme micmac, dont *Pobomcoup* semble être la plus courante (cf. D'Entremont, C.-J. 2000 : 6).

33 En parlant de Pubnico par la suite, je me réfère à la péninsule où se trouvent les villages majoritairement acadianophones de Pubnico-Ouest, Pubnico-Ouest-le-centre et Pubnico-Ouest-le-bas. Les villages de Pubnico Head et de Pubnico-Est sont presque complètement anglophones.

34 Dans ce contexte, Flikeid parle de « checkerboard settlement pattern » (Flikeid 1999 : 163). Elle utilise également cette expression pour la situation géolinguistique de l'Isle Madame.

35 Cf. à ce sujet aussi le tableau 5, qui montre la différence nette entre le taux d'assimilation de la Baie Sainte-Marie et celui de Pubnico.

36 À titre d'exemple, je mentionne ici l'énoncé « Je neede point ça. », recueilli lors de mon séjour à Pubnico en 2005 auprès d'un jeune de 16 ans. Cette phrase montre bien les différents éléments qui constituent le chiac : *needer*, verbe d'origine anglophone, *point* qui représente les éléments archaïques de l'acadien et finalement *ça*, une composante du langage familier.

cette région avaient des origines différentes : une partie des colons avaient été emprisonnés à Halifax au cours de la Déportation et après leur mise en liberté en 1763, ils se sont installés dans la région de Chezzetcook où quelques habitants de l'Isle Royale s'étaient déjà réfugiés vers 1760 (cf. Ross / Deveau 2001 : 191). À partir de 1774, des familles acadiennes ont habité à Chezzetcook de façon temporaire (cf. p. 61). Nombre de ces colons ont été déplacés par la suite au profit de loyalistes anglais et se sont établis à Larry's River, Charlos Cove et Havre Molasse (aujourd'hui Port Félix), plus tard aussi à Lundy[37] (cf. www.cyberacadie.com, 01/01/2011). Malgré la présence actuelle de noms de famille[38] français sur les portes, la langue acadienne a complètement disparu de la vie de tous les jours à Chezzetcook. Beaucoup de gens sur place se souviennent encore de leur ascendance française, on trouve encore un petit « Musée de la maison acadienne », inauguré en 2001, ainsi que des drapeaux acadiens ici et là. Mais à part cela, ni la culture ni la langue ne continuent à exister.[39] Comme ailleurs, la force d'attraction d'un grand centre urbain, la région métropolitaine d'Halifax et de Dartmouth en l'occurrence, a contribué à pousser nombre d'habitants à quitter l'ancienne région acadienne.

4) Dans le cas de Pomquet (comté d'Antigonish), il s'agit de la plus petite des cinq régions acadianophones actuelles en termes d'extension géographique. Le long de la baie Saint-Georges les villages de Pomquet, de Tracadie et de Havre-Boucher forment cette aire linguistique. Entre 1772 et 1790, ils ont été colonisés par des Acadiens revenus d'exil (dont des descendants de colons acadiens de l'Isle Royale) et par plusieurs immigrants français (cf. Ross / Deveau 2001 : 187). Au cours du temps, le lien avec les autres régions acadiennes du Nord-Est de la province s'est renforcé aux niveaux culturel et économique, le détroit de Canso pouvant encore être utilisé comme voie commerciale à cette époque. Comme les trois villages ne se trouvent pas en voisinage direct et qu'ils ne comprennent pas de population exclusivement acadienne, l'assimilation culturelle et linguistique des francophones s'est fait sentir très tôt (cf. Ross / Deveau 2001 : 188 et sq.) : « Comme c'était le cas dans d'autres communautés dispersées et multiethniques, la situation de la langue française dans cette région de la Nouvelle-Écosse s'affaiblissait considérablement de génération en génération » (Ross / Deveau 2001 : 190 et sq.). Toutefois il existe depuis l'an 2000 une école entièrement francophone qui offre à présent une formation complète en français à 216 élèves de la maternelle à la douzième classe (cf. aussi carte 7).

---

37 Ces quatre villages sont situés dans l'actuel comté de Guysborough en Nouvelle-Écosse (cf. aussi carte 4).

38 Les noms de famille français les plus fréquents dans cette région sont Boudreau, Bellefontaine, Lapierre et – malgré toute apparence – Wolfe (un prisonnier à Halifax originaire d'Alsace) (cf. Ross / Deveau 2001 : 192).

39 Tout comme les deux grandes villes d'Halifax (→ 7) et de Sydney (→ 8), cette région ne figure plus dans l'énumération des « cinq régions principales où les Acadiens sont concentrés de nos jours » (Flikeid 1989b : 178).

5) En se rendant plus vers le Nord-Est de la Nouvelle-Écosse, on arrive, à quelques kilomètres à l'est de l'entrée de l'île du Cap Breton, à l'Isle Madame (comté de Richmond). Une description détaillée de son développement historique ainsi que de la situation sociolinguistique se trouve au chapitre 0 ci-dessous.

6) La région de Chéticamp (comté d'Inverness) le long du Golfe du Saint-Laurent, dans le Nord-Est de l'île du Cap Breton, a été peuplée assez tardivement à partir de 1782 par des « Acadiens qui ont vécu longtemps en transit, soit en Bretagne ou dans d'autres régions côtières de France, soit dans la région de la baie des Chaleurs (Nord-Est du Nouveau-Brunswick actuel) » (Flikeid 1994 : 298). La colonisation s'étendant sur une longue période de temps (jusqu'à 1829), la région a vu successivement l'arrivée de nouveaux colons, situation qui a favorisé de nombreux contacts linguistiques. Aujourd'hui on trouve des Acadiens sur une ligne continue de villages le long de la mer[40]. D'habitude cette région est désignée aujourd'hui sous le nom de « Chéticamp », qui en est l'agglomération principale.

7) La communauté acadienne de la municipalité régionale d'Halifax est un phénomène relativement récent. Elle s'est constituée à la suite de flux de migration croissants de francophones vers les grandes villes à prédominance anglophone (cf. Dubois, L. 2005 : 89). Rien qu'entre 1981 et 1991, la population acadienne y a augmenté de 22,5 % (cf. Dubois, L. 2005 : 88). Aujourd'hui, on estime la part des Acadiens de la population totale de cette région à environ 10 000 (cf. http://patrimoineacadiendelanouvelleecosse.ca, 30/09/2012).

8) À Sydney, plus grande ville de l'île du Cap Breton avec environ 26 000 habitants, on trouve également une petite communauté d'Acadiens. La ville, ainsi que les villes avoisinantes de North Sydney, Sydney Mines et Sydney Harbour, font partie du comté de Cap Breton dans lequel habitent environ 1 100 personnes d'expression française[41] au total. On y a même établi un centre scolaire francophone qui, pendant l'année scolaire 2010/11, était fréquenté par 212 élèves.[42] Mais depuis une cinquantaine d'années la ville souffre d'une grave crise économique, avec la fermeture successive des mines de charbon et l'effondrement de l'industrie sidérurgique. Depuis cette époque, la région connaît un exode important de la population, touchant aussi les francophones (cf. www.thecanadianencyclopedia.com, 30/09/2012).

La précédente vue d'ensemble des régions acadiennes de la Nouvelle-Écosse démontre l'évolution et les caractéristiques très divergentes de chaque localité ; il ne serait donc guère réaliste de parler d'un « parler acadien néo-écossais » unique. Cette idée est aussi reprise dans l'article entier de Gesner (1989) sur l'état de la recherche scientifique : on a donc affaire à une variation intralectale sensible à l'intérieur de la province, même si ce fait n'exclut certainement pas la

---

40 Ces villages sont les suivants : Margaree et Belle-Côte (deux villages également habités par des Écossais), Terre-Noire, Cap-le-Moine, St-Joseph-du-Moine, Grand-Étang, Point Cross, Plateau, Belle-Marche, Chéticamp, Petit-Étang et Cap-Rouge.

41 Cf. www.statcan.gc.ca chiffres, 11/05/2009.

42 Cf. http://csap.ednet.ns.ca, 28/08/2011.

possibilité que les parlers régionaux partagent un fond lexical et grammatical commun et qu'ils affichent des similarités plus ou moins évidentes dans certaines catégories morphosyntaxiques, phonétiques, phonologiques ou dans leurs particularités lexicologiques. Parmi les facteurs importants du développement d'une variété locale à travers les quatre derniers siècles, on trouve : la date de la première colonisation et (le cas échéant) la date de la recolonisation après la Déportation, le lieu ainsi que la durée de l'exil, les origines des colons et leur itinéraire pendant les années de la Déportation, le degré d'isolement et d'homogénéité ethnique, les contacts linguistiques sur place et avec la norme.[43]

La Nouvelle-Écosse ne compte que deux régions déjà colonisées avant la Déportation, les alentours de Pubnico ainsi que l'Isle Madame. Dans le cas où les Acadiens sont retournés après la Déportation sur les lieux d'origine, on parle de « continuité géographique ».[44] On observe également qu'en général, le Sud-Ouest de la province a été habité plus tôt de manière durable que le Nord-Est. Ceci est en grande partie dû aux structures commerciales des zones géographiques respectives : dans le Nord-Est, c'était avant tout la pêche qui dominait. On parle souvent de la « communauté du Golfe » pour désigner les riverains du Golfe du Saint-Laurent et ceux qui y pratiquaient la pêche, les déplacements par voie maritimes y étant privilégiés (ce qui n'était pas le cas pour le Sud-Ouest !) (cf. Flikeid 1994 : 298). De plus, les compagnies de pêche jersiaises favorisaient aussi le déplacement continu de la population active ; le Sud-Ouest, par contre, était plutôt orienté vers le commerce avec la Nouvelle-Angleterre (cf. Flikeid 1994 : 298). Les colons du Nord-Est furent donc confrontés à près de quarante ans de déplacement, de brassage et de contact linguistique (cf. Flikeid 1994 : 298 et sq.).

En outre, la façon dont s'est déroulée la déportation dans les différentes régions déjà habitées à cette époque a également influencé de manière durable les caractéristiques du parler. Ainsi, le caractère conservateur de l'acadien dans le Sud-Ouest est aussi dû au fait que ces régions ont été peuplées très tôt après la Déportation – une décennie en moyenne après l'expulsion ; il s'agissait de personnes venant des colonies anglo-américaines ou emprisonnées dans les forts de Nouvelle-Écosse (cf. Flikeid 1994 : 297). De plus, ceux qui ont repeuplé le Sud-Ouest n'avaient presque aucun contact avec d'autres communautés linguistiques francophones lors de la dispersion (seulement avec des anglophones).

Comme on l'a dit, la répartition entre anglophones et francophones dans une région dite acadienne est également d'importance : à la Baie Sainte-Marie et à Chéticamp, on trouve une grande homogénéité de la population, le peuplement s'est fait de manière plus uniforme en comparaison avec le « peuplement en 'mosaïque' » (Flikeid 1989b : 184) autour de Pubnico, à Pomquet ainsi qu'à l'Isle Madame.

---

43 À ces facteurs s'ajoutent ensuite ceux qui influencent la vitalité ethnolinguistique sur place (cf. chapitre 2.3).

44 À part ces deux régions, c'est le cas de Memramcook et d'autres régions du Sud-Est du Nouveau-Brunswick ainsi que de quelques zones de l'Île-du-Prince-Édouard (cf. Flikeid 1997 : 258).

Par la suite, les contacts entre les groupes d'Acadiens dispersés en Nouvelle-Écosse ont été presque inexistants pendant deux siècles ; pour cette raison, on trouve toujours plus de différences entre les différents isolats que par exemple au Nouveau-Brunswick (cf. Flikeid 1991 : 197). De plus, ils ont subi moins d'influence de l'extérieur – mais à des degrés variables – que les Acadiens du Nouveau-Brunswick. Ceci a pour conséquence que les variétés de la Nouvelle-Écosse ont pu conserver de nombreux traits archaïques et « différenciés au maximum à la suite d'un manque d'interaction séculaire » (Flikeid 1991 : 195) ; globalement, elles révèlent aussi des traits plus conservateurs que celles de la province avoisinante (cf. tableau 16, p. 114). Toutes ces explications contribuent à souligner la position particulière de l'acadien de la Nouvelle-Écosse dans l'ensemble des variétés acadiennes.

1.2 Objectifs de ce travail et état actuel de la recherche linguistique

1.2.1 Plan

Sur la base des résultats de mes deux séjours de recherche en Nouvelle-Écosse, je commencerai tout d'abord par l'analyse de la situation sociolinguistique à l'Isle Madame sous forme d'une étude de cas. Cette analyse s'appuiera sur un modèle théorique de la vitalité ethnolinguistique intégrant les facteurs influençant la vitalité d'une communauté linguistique (cf. chapitre 2). S'y ajoute une étude détaillée de quelques particularités morphosyntaxiques de la variété acadienne telle qu'elle est parlée à l'Isle Madame, notamment la phrase verbale (cf. chapitre 3.3), la négation (cf. chapitre 3.4), le système prépositionnel (cf. chapitre 3.5) ainsi que les structures interrogatives (cf. chapitre 3.6).

1.2.2 Questions directrices et objectifs de l'ouvrage

L'objectif de ce travail est une description empirique qui vienne apporter sa contribution à l'édifice de la recherche linguistique sur les parlers acadiens. Jusqu'à présent aucun ouvrage, ni même aucun article n'a été dédié à l'acadien de l'Isle Madame. C'est la raison pour laquelle je voudrais combler cette lacune. Ce sont des aspects sociolinguistiques et morphosyntaxiques qui se trouvent au centre de mes analyses. Au cours de mon étude, j'essaierai d'apporter des réponses aux questions suivantes :

(1) Dans quelle mesure la situation sociolinguistique diffère-t-elle de celles des autres communautés acadiennes et francophones – en Amérique du Nord en général et en Nouvelle-Écosse en particulier ?
(2) Quelles conclusions peut-on tirer de ce bilan sociolinguistique pour la vitalité future du parler acadien à l'Isle Madame ?
(3) Quelles particularités la morphosyntaxe de la variété orale présente-t-elle en comparaison avec les autres parlers d'Amérique du Nord et avec le français

parlé actuellement dans l'Hexagone (qui reste à définir plus loin, cf. p. 113) ? En recueillant et en analysant des matériaux linguistiques à l'Isle Madame, je voudrais aussi contribuer à faciliter les comparaisons interdialectales. Ainsi, les analyses obtenues pour d'autres communautés linguistiques[45] pourront être vérifiées peu à peu en faisant la comparaison avec l'Isle Madame, entre autres.

(4) Quelles sont alors les tendances[46] lourdes du système grammatical de ce parler ?

(5) Quelles conclusions peut-on finalement en tirer concernant la localisation du parler acadien de l'Isle Madame dans un continuum interlectal ?

(6) Dans quelle mesure peut-on repérer des indices d'érosion linguistique des données morphosyntaxiques ?

Mon premier but est la documentation linguistique. Comme il n'y a qu'environ 1 000 personnes qui parlent l'acadien à l'Isle Madame le plus souvent à la maison, et que leur âge moyen est assez élevé, il est important de documenter ce parler afin de collecter des données pour des analyses comparatives. Un tel travail empirique est le point de départ d'une analyse plus profonde des spécificités structurales de cette variété non-hexagonale.

Ce qui manque encore dans la recherche scientifique sur les variétés acadiennes de la Nouvelle-Écosse, c'est une vue d'ensemble sur les spécificités d'une communauté linguistique, sa situation sociolinguistique ainsi que les phénomènes particuliers qui se trouvent dans son parler. De plus, bien des études se focalisent sur les parlers néo-écossais appartenant à la catégorie III[47], considérée comme la plus conservatrice, à savoir la Baie Sainte-Marie et le comté d'Argyle dans le Sud-Ouest. Même si l'on trouve ici et là des articles qui apportent des informations importantes sur le parler de l'Isle Madame, celles-ci sont souvent très dispersées et pas toujours actuelles.

45 Outre les recherches sur d'autres communautés acadiennes, ce sont aussi les études sur les créoles à base lexicale française qui pourraient profiter des résultats présentés ci-dessous. On trouve de nombreux travaux qui soulignent l'importance des études sur les variétés francophones nord-américaines pour les recherches en matière de créoles français : Chaudenson (1973, 1998, 2001, 2002, 2003, 2005a, 2005b), Chaudenson / Mougeon / Beniak (1993), Brasseur (1997) ainsi que Bollée / Neumann-Holzschuh (1998, 2002) (cf. Neumann-Holzschuh 2008 : 358, note).

46 Barbaud définit un « trait linguistique » comme un phénomène simple et restreint à un certain sous-système de la grammaire. Par contre, selon lui « une tendance est constituée par un faisceau de traits convergents » (Barbaud 1998 : 21). C'est ainsi qu'on utilisera ces deux termes par la suite.

47 Pour des explications plus détaillées, cf. l'extrait du classement des régions acadiennes selon Flikeid, p. 114.

1.2.3 État actuel de la recherche linguistique concernant les parlers franco-acadiens de la Nouvelle-Écosse

Quant aux sources linguistiques disponibles pour l'ensemble de l'Acadie, Baronian constate en 2006 :

> C'est peut-être en Acadie qu'on retrouve le meilleur équilibre entre recherche sur des corpus existants et collecte de nouvelles données, mais on ne saurait trop encourager de nouveaux étudiants à se consacrer à ce coin stratégique de la francophonie nord-américaine. (Baronian 2006 : 18)

Pour ce qui est de la Nouvelle-Écosse, cet équilibre n'existe que pour le Sud-Ouest de la région. Les articles et les quelques monographies dépouillant ces sources se concentrent avant tout sur la Baie Sainte-Marie[48] et parfois la région de Pubnico. Pour pallier ces insuffisances, Flikeid (Université Saint Mary à Halifax) avait commencé à entreprendre une vaste étude sur le parler acadien néo-écossais : deux projets avaient bénéficié de subventions du Conseil de recherches en sciences humaines du Canada ; Flikeid s'y réfère sous la désignation *Étude comparative des parlers acadiens de la Nouvelle-Écosse* (1984–1987) et *Dimension de variation en français acadien*[49] (cf. Flikeid 1994 : 280, note). Le corpus comparatif, d'une visée surtout sociolinguistique, constitue – avec un total de plus de 800 000 mots graphiques – la plus vaste collection de données linguistiques pour l'acadien de Nouvelle-Écosse[50] ; néanmoins, il n'est pas accessible pour des recherches ultérieures. Malgré un bon nombre d'articles qui en découlent, ces études n'ont pas été terminées et le matériel existant – mais non-accessible – ne semble pas avoir été complètement dépouillé.

Quant aux collections de matériaux linguistiques, il en existe différents types, auxquels se réfèrent les chercheurs. Même si les enregistrements de conversations orales l'emportent de loin, des scénarios de films acadiens, des journaux et des contes sont également dépouillés. En voici une brève synthèse :

Pour les corpus oraux de l'acadien, je m'appuie sur un tableau détaillé élaboré par Wiesmath (2008) auquel on ajoute quelques informations supplémentaires et actualisées :

48 Gesner constate il y a déjà une vingtaine d'années que « les chercheurs ont nettement privilégié jusqu'à présent la région de la baie Sainte-Marie » (Gesner 1989 : 179).

49 On ne trouve pas d'indications sur la durée officielle de ce projet. En 1994, il était toujours « en cours » (Flikeid 1994 : 280, note).

50 Des renseignements additionnels sur le corpus de Flikeid se trouvent dans le tableau 2.

Auteurs (emplacement de la description du corpus)	**Région(s)**	**Locuteurs**	**Remarques**
Gesner (1979a : 9 et sq.)	Baie Sainte-Marie	8 locuteurs (34 à 89 ans)	Discours libre, recueilli chez les informateurs et toujours en présence d'autres Acadiens, en décembre 1975 et juillet / août 1976 ; 2 000 mots graphiques de chaque locuteur ont été retenus (corpus de base de 16 000 mots graphiques).
Ryan (1981 : 114 et sq.)	Baie Sainte-Marie	1 locutrice (+ 9 locuteurs)	Idiolecte d'une dame âgée de 89 ans, considéré comme typique de l'acadien le plus conservateur de la région ; discours libre d'une durée d'environ 3 heures. Corpus complété par 9 locuteurs appartenant à la même catégorie socioculturelle (vendeuses, pêcheurs, coiffeurs…), classés en 5 tranches d'âge (toutes les générations entre 9 et 85 ans) = échantillons de 10 à 15 minutes. Tous les enregistrements ont été transcrits au moyen de l'alphabet phonétique international (API).
Starets (1986 : VII-VIII)	Chéticamp, Isle Madame, Pubnico, Baie Sainte-Marie	Enfants acadiens fréquentant l'école élémentaire	« enfants élevés dans leur région acadienne dont les parents exercent des métiers typiques de la région (pêche, travail à l'usine, petit commerce) et qui parlent à la maison le parler régional » (Starets 1986 : VII)
Flikeid (1991 : 201)	Ensemble des régions acadiennes de Nouvelle-Écosse	Près de 200 informateurs, échantillon stratifié par âge, sexe et région	Corpus réuni entre 1984 et 1987, représentant différents groupes sociaux et niveaux d'instruction. 130 entrevues effectuées par des enquêteurs de la

Auteurs (emplacement de la description du corpus)	Région(s)	Locuteurs	Remarques
			même communauté que les informateurs. Pour une comparaison stylistique, une deuxième série d'entrevues a été menée auprès des mêmes locuteurs par un enquêteur extérieur à la communauté acadienne. L'ensemble des doubles entrevues a été transcrit sur ordinateur. Flikeid a elle-même effectué 148 entrevues en Nouvelle-Écosse (Flikeid 1989a : 187). Dans Flikeid (1989b), l'auteure mentionne 120 doubles entrevues exploitées, correspondant à un total de 800 000 mots.
Cormier (1999 : 389)	pour la NÉ : Sud-Ouest de la Nouvelle-Écosse ; île du Cap Breton		Enquêtes linguistiques effectuées principalement en 1998 par Yves Cormier (= Collection Yves Cormier).
Comeau (2006) : Butler Grosses Coques Sociolinguistic Corpus (1989–1990)	Baie Sainte-Marie (village de Grosses-Coques)	1) Entrevues (individuelles et en groupe) ; stratifié par âge et sexe ; 2) complété en 2005 avec des personnes âgées de 22 à 99 ans	1) Entrevues sociolinguistiques effectuées en 1990 sous la supervision de Gary Butler (Université de York) par des locuteurs natifs (cf. aussi Comeau 2005 : [1]) ; 2) complété en 2005 par Comeau.
Arrighi (2005a : 65–69)	Ensemble des provinces maritimes	Toutes les tranches d'âge entre 20 et plus de 70 ans NB : 24 locuteurs NÉ : 4 locuteurs ÎPÉ : 8 locuteurs	1) Enregistrements effectués par l'auteure (accompagnée d'Acadiens) lors d'un séjour à Moncton de janvier 2002 à juillet 2003, essentiellement auprès d'Acadiens néo-brunswickois. Conversations informelles auprès de locuteurs présentant différents niveaux d'instruction

Auteurs (emplacement de la description du corpus)	**Région(s)**	**Locuteurs**	**Remarques**
			(15 informateurs ont entamé des études supérieures, sont en cours de formation supérieure ou ont achevé des études secondaires ou formations professionnelles ; 19 informateurs ont arrêté leurs études avant ou au milieu du secondaire (5e–8e année)). 2) Enregistrements mis à disposition par le *Centre d'Études acadiennes*, effectués entre 1980 et 1990 (à l'Île-du-Prince-Édouard et en Nouvelle-Écosse) : discours libre et contes folkloriques.
White (2006 : 30) ; White / Boudreau (2004 : 333)	Ensemble de l'Acadie des provinces atlantiques	Chéticamp : 20 informateurs (« prominent community personalities »)	Entretiens menés par l'équipe de *Prise de parole* composée de sociolinguistes de l'Université de Moncton. Entretiens semi-directifs d'une durée de 30 à 45 minutes chacun. Les enquêtes menées à Chéticamp ont eu lieu en été 1999 auprès de personnes dont les activités professionnelles relèvent des domaines de l'éducation, de la langue, de la culture, de l'art et de l'économie. 10 entrevues ont été effectuées auprès d'employées de la *Coopérative artisanale*.
Wiesmath (2008 : 4 et sq.)	Toutes les régions acadianophones de la NÉ, surtout le Nord-Est	Plusieurs interviews individuelles	Dans les années 2005 et 2006.
Fritzenkötter	Surtout à la Baie Sainte-Marie, aussi à Pubnico	Élèves des écoles secondaires et étudiants	Corpus linguistique basé sur des questionnaires et entrevues d'une vingtaine de minutes dans le but de

Auteurs (emplacement de la description du corpus)	Région(s)	Locuteurs	Remarques
			relever l'emploi de mots et expressions anglais ainsi que des spécificités morphosyntaxiques (recueilli en 2011) (c. p. de Stefanie Fritzenkötter).

Tableau 2 : Corpus linguistiques des parlers acadiens de Nouvelle-Écosse (sur la base de Wiesmath 2008 ; tableau légèrement modifié et complété).

En plus des corpus basés sur des entretiens, Brasseur a recueilli des enregistrements d'émissions radiophoniques de la radio communautaire du Sud-Ouest, CIFA, diffusées en novembre 2003. Ceux-ci ne sont toutefois pas publiés (cf. Brasseur 2005 : 261).

En outre, des chercheurs comme Gesner s'appuient également sur des corpus écrits reflétant le langage parlé. Gesner se sert du scénario d'un film du réalisateur Phil Comeau en 1978 à la Baie Sainte-Marie, « Les gossipeuses ».[51] Sur la base de ce corpus écrit et fictif, Gesner essaie de confirmer ou le cas échéant d'infirmer certaines hypothèses. D'autres témoignages de la langue parlée sont fournis par des textes narratifs rédigés par des auteurs locaux : mentionnons à titre d'exemple les histoires « Marc et Philippe » et « Mélonie et Philomène » de Félix E. Thibodeau (cf. Thibodeau 1976 ; cf. Thibodeau 1978), de Pointe-de-l'Église à la Baie Sainte-Marie. Dans ces dialogues inventés, on glane en passant de nombreuses informations sur la vie quotidienne et la culture de cette région francophone.

Les ouvrages de Marie-Colombe Robichaud appliquent le même principe, même si l'auteure insère encore une perspective diatopique dans ses dialogues fictifs. Dans « Ain p'tit brin du passé avec Zabeth et Cazimir d'la Baie Sainte-Marie, et Philomène et Thimothée de Chéticamp », petites histoires parues d'abord dans l'hebdomadaire *Le Petit Courrier de la Nouvelle-Écosse*, l'auteure cherche à représenter ses propres observations linguistiques à Chéticamp, son lieu de naissance, et à la Baie Sainte-Marie, sa région d'adoption.

Mais même si ces sources peuvent servir d'appui, il faut toujours avoir à l'esprit deux aspects :

1) il faut garder « une certaine réserve à l'égard de la littérature en tant que miroir fidèle de la langue parlée » (Melkersson 1979 : 170).

---

51 Ce film parle des aventures de trois femmes qui se mêlent de tout et qui sont surtout intriguées par le nouveau prêtre de la paroisse. Parmi les autres films se proposant refléter l'acadien « authentique » de la Baie Sainte-Marie, on trouve « La cabane » (1977) et « Le secret de Jérôme » (1994), tous les deux réalisé par Phil Comeau.

2) la comparaison de corpus oraux et écrits n'est pas toujours possible (cf. aussi Jagueneau 1991 : 136).

Dans les années 1970/80, on a assisté à un essor de la recherche sur les parlers acadiens néo-écossais. Cependant, la plupart des études se sont focalisées sur des aspects phonétiques/phonologiques ou lexicaux. Des recherches sur la morphosyntaxe et la pragmatique existent, mais dans une bien moindre mesure. Les paragraphes suivants donnent une présentation historique et thématique de l'état actuel de la recherche :

La recherche linguistique sur les parlers acadiens a commencé au début du XXe siècle avec l'ouvrage de Pascal Poirier « Le parler franco-acadien et ses origines », publié en 1928. C'est surtout la première phrase de sa préface, dans laquelle il annonce l'intention de son ouvrage, qui a assuré sa notoriété : « Ceci est un essai de réhabilitation du parler franco-acadien » (Poirier, P. 1928 : 7). Il semble donc être conscient du fait que la réputation de l'acadien n'est pas très bonne dans le monde francophone de cette époque. Il essaie de justifier la « présence » de ce parler en cherchant d'abord son origine dans le français parlé en France au cours des siècles précédents. C'est alors en montrant les liens de parenté de l'acadien avec la langue française que P. Poirier veut rendre la fierté aux Acadiens (cf. Péronnet 1986 : 69). Suit une description des spécificités phonétiques et morphosyntaxiques de sa langue maternelle – P. Poirier est originaire de Shédiac, au Nouveau-Brunswick. Finalement il aborde des « expressions particulières » dans divers champs sémantiques comme la nature ou les habitudes de vie. Dans son ouvrage, on trouve aussi les premières attestations scientifiques d'anglicismes dans le parler acadien. D'un point de vue lexical, il faut aussi nommer un autre ouvrage de P. Poirier, à savoir *Le Glossaire acadien*, « publié[...] par fascicules entre 1925 et 1926 » (Dubois, L. 2005 : 90). Malgré la valeur indéniable pour le lecteur intéressé, on doit constater quelques faiblesses méthodologiques dans les travaux de P. Poirier telles que l'absence d'enquêtes ainsi que le manque de transcription phonétique (cf. Péronnet 1986 : 70).

Il a fallu plus de 30 ans pour qu'un autre chercheur traite de ce sujet. Le travail minutieux et détaillé de la linguiste française Geneviève Massignon, publié en 1962, présente la deuxième étape importante dans la description de ces parlers. Massignon s'est concentrée en premier lieu sur la provenance des colons ainsi que sur le répertoire lexicologique de différentes zones acadianophones. En faisant des recherches empiriques sur place (dans les années 1946/47) ainsi qu'en indiquant la transcription phonétique des mots respectifs, elle comble les lacunes de P. Poirier (cf. Péronnet 1986 : 70). Parmi les 18 points d'enquête fondamentaux, cinq se trouvent en Nouvelle-Écosse. Quant aux résultats de l'étude, Massignon constate que le conservatisme (termes archaïques et vieillis), les termes populaires et employés dans un sens différent par rapport au français standard ainsi que l'adaptation aux réalités nord-américaines (nouvelles créations, emprunts à d'autres langues) sont les caractéristiques principales du lexique acadien (cf. Dubois, L. 2005 : 90 et sq.). L'ouvrage de Massignon peut donc être considéré comme fondamental « à tous points de vue » (Gesner 1989 : 176).

À partir des années 1970/80, on peut parler plus précisément de la recherche sur la situation linguistique en Nouvelle-Écosse car de plus en plus de chercheurs se sont consacrés à l'acadien en général.

B. Edward Gesner s'est consacré dans une dizaine de travaux à l'analyse de plusieurs phénomènes morphosyntaxiques, surtout dans le Sud-Ouest de la Nouvelle-Écosse. Dans sa thèse de doctorat, publiée en 1979, il s'intéresse à la Baie Sainte-Marie où il étudie avant tout les écarts dans les systèmes verbal et prépositionnel (cf. Gesner 1979a). Pour la région de Pubnico, il établit une analyse de la morphologie verbale pour laquelle il tire la conclusion que « l'acadien réalise une économie assez importante sur le plan thématique et désinentiel » (Gesner 1985 : 1975). Il s'ensuit des études d'aspects grammaticaux détaillés comme l'emploi des auxiliaires *avoir* et *être* (cf. Gesner 1978), l'emploi du passé simple (cf. Gesner 1979b), le comportement de *tout* (cf. Gesner 1982a), les désinences verbales (cf. Gesner 1982b ; cf. Gesner 1985), les structures interrogatives (cf. Gesner 1984/85) et les pronoms personnels sujets de la première personne (cf. Gesner / Richard 1991). Pour ses observations, il s'appuie sur un corpus de quelque 16 000 mots graphiques collectés le long de la Baie Sainte-Marie (cf. p. 41). De plus, il a souvent recours aux scénarios de différents films locaux (cf. p. 44).

Pierre Gérin livre quelques articles, d'une dizaine de pages chacun, dans lesquels il analyse surtout des documents écrits reflétant la langue parlée. Parmi ces derniers, on trouve « Les lettres de Marichette » (cf. Gérin / Gérin 1979) ainsi que les récits de Félix Thibodeau dans lesquels celui-ci raconte par la voix de deux personnages fictifs la vie quotidienne à la Baie Sainte-Marie. À l'aide de ce corpus écrit, Gérin réfléchit sur plusieurs aspects morphosyntaxiques des parlers acadiens comme les constructions transitives et passives (cf. Gérin 1982c), le mode dans certaines propositions subordonnées (cf. Gérin 1979 ; cf. Gérin 1982a) et les locutions conjonctives exprimant une concession (cf. Gérin 1982b). En même temps, Gérin procède à d'utiles comparaisons avec le français dit populaire (ou avancé) et le français classique. Pourtant il faut constater que ce corpus écrit diffère considérablement de la langue parlée et surtout de l'état actuel de celle-ci.

Dans sa thèse de doctorat, soutenue en 2005, Laurence Arrighi présente une synopsis de différents aspects morphosyntaxiques pour plusieurs régions acadiennes, parmi lesquelles aussi des points d'enquête en Nouvelle-Écosse (cf. Arrighi 2005a). Mais même si elle a quatre informateurs néo-écossais dans son corpus, une nette préférence est donnée aux informateurs du Nouveau-Brunswick et de l'Île-du-Prince-Édouard (cf. p. 42). Récemment, c'est surtout Philip Comeau qui continue l'analyse morphosyntaxique de certains traits saillants du parler acadien de sa région natale, la Baie Sainte-Marie. Après un article sur l'intégration des mots anglais *back*, *about* et *tight* dans ce parler (cf. Comeau 2005) et une conférence sur l'emploi de *-ti* dans le Sud-Ouest de la Nouvelle-Écosse, il a fini sa thèse de doctorat en 2011 (cf. Comeau 2011) : sur la base de deux corpus de la Baie Sainte-Marie, Comeau se concentre sur l'emploi du subjonctif et l'expression du futur. Son intérêt continue à se focaliser sur la phrase verbale : avec King et Butler, Comeau vient de publier un article sur la « rivalité ancienne » entre le passé composé et le passé simple (cf. Comeau / King / Butler 2012). En ce moment, il participe à un projet à l'Université d'Ottawa sur le développement du français acadien du XVIIe siècle jusqu'à nos jours (c. p. de Philip Comeau).[52]

Un autre projet de recherche comparatiste est la *Grammaire comparée du français acadien et louisianais* (*GraCoFAL*) sous la direction d'Ingrid Neumann-Holzschuh (Ratisbonne). L'objectif en est de décrire les divergences ainsi que les convergences entre français acadien et louisianais dans la morphosyntaxe.[53]

Neumann-Holzschuh, elle-même, a rédigé plusieurs articles qui traitent de phénomènes morphosyntaxiques concrets dans les parlers acadiens et le cadien en Louisiane dans une optique comparative : par ex. l'emploi du subjonctif (cf. Neumann-Holzschuh 2005c) ou les marqueurs discursifs (cf. Neumann-Holzschuh 2009a). Elle thématise le contact linguistique et son influence sur les parlers acadiens et le cadien en Louisiane (cf. Neumann-Holzschuh 2009b). Dans d'autres articles, elle analyse d'une façon critique la désignation de « continuum » pour situer les différents parlers les uns par rapport aux autres (cf. par ex. Neumann-Holzschuh / Wiesmath 2006).

En outre, il faut encore mentionner de nombreux recueils publiés à la suite de colloques consacrés aux variétés francophones en dehors du Québec, surtout depuis le tournant du millénaire (cf. Neumann-Holzschuh 2009c : 26 et sq.) : les colloques d'Avignon (cf. Brasseur 1998 ; cf. Brasseur / Falkert 2005), de Moncton (cf. *Revue de l'Université de Moncton, n° 37,2*) et les colloques sur *Les français d'ici* à l'Université Queen's de Kingston (2006) et celle d'Ottawa (2008).

En plus de la synopsis des études sur la morphosyntaxe des parlers acadiens présentée ci-dessus, je renvoie également aux résultats du dépouillement de la littérature scientifique concernant deux des chapitres suivants de ce travail sur les prépositions (à partir de la page 182) et les structures interrogatives (à partir de la page 247).

Quant à la phonétique et à la phonologie, John Garner a rédigé sa thèse de doctorat sur la phonologie du français acadien (cf. Garner 1952) ; deux des six points d'enquête se trouvent en Nouvelle-Écosse (cf. Gesner 1989 : 172). Dans le travail de Massignon (1962), on trouve également de nombreuses remarques à propos des différentes prononciations. Dans un article paru plus tôt, elle avait déjà analysé un phénomène particulier, le « traitement des voyelles nasales finales dans les parlers français du Sud de la Nouvelle-Écosse » (cf. Massignon 1949). C'est Robert Ryan qui rédige en 1981 la première étude phonologique détaillée d'un parler acadien de la Nouvelle-Écosse, celui de la Baie Sainte-Marie en l'occurrence (cf. Ryan 1981). Dans un article de 1982, il poursuit son analyse phonologique en se penchant sur le « système des voyelles nasales » à Meteghan

---

[52] L'étude de King (2013) sur la variation diatopique et diachronique de l'acadien n'était pas encore disponible au moment de l'impression de ce travail.

[53] Cf. quelques articles publiés au cours de ce projet, comme Neumann-Holzschuh (2005b), Neumann-Holzschuh (2005c), Neumann-Holzschuh / Wiesmath (2006), Neumann-Holzschuh (2009a).

(BSM) (cf. Ryan 1982). La même année, F. Landry analyse un trait assez saillant du système phonétique du Sud-Ouest, à savoir la « diphtongaison des nasales » à la Baie Sainte-Marie (cf. Landry, F. 1982). Les voyelles nasales du parler de l'Isle Madame sont thématisées dans une communication de Patterson (1975), dans laquelle celui-ci se penche notamment sur la nasale [ɛ̃ŋ] (cf. Gesner 1989 : 174). Un autre trait saillant du Sud-Ouest est décrit dans l'article de Wrenn (1985), l'accentuation des syllabes, mots et phrases en acadien. Finalement on trouve encore des articles ici et là sur des phonèmes spécifiques, comme la variation allophonique de /ɛ/ (cf. Wrenn 1981) ou l'opposition /ɔ̃/-/ɑ̃/ (cf. Flikeid 1984).

Ce sont surtout la lexicologie et la lexicographie qui « ont toujours constitué deux piliers de la linguistique franco-canadienne » (Neumann-Holzschuh 2009c : 22). Après l'œuvre pionnière de Massignon (1962) dans le domaine de la lexicologie acadienne, c'est une équipe de l'Université Sainte-Anne (Baie Sainte-Marie) qui établit un corpus oral recueilli auprès d'enfants âgés de sept à douze ans à Chéticamp et à l'Isle Madame ainsi que dans le Sud-Ouest. L'objectif en est une étude lexicale comparée du français acadien néo-écossais et du français standard (cf. Starets et al. 1982). Selon Gesner, lui-même participant au projet, la *Description des écarts lexicaux, morphologiques et syntaxiques* (cf. Starets 1986) est une « version remaniée et augmentée » (Gesner 1989 : 177) de l'étude lexicale précédente. Depuis lors, on trouve des études plutôt limitées d'un point de vue régional qui se basent souvent sur des corpus oraux recueillis sur place. Dès 1961, Gaston Dulong a composé une liste des mots et expressions utilisés à Chéticamp (cf. Dulong 1961). Il fournit en même temps la transcription phonétique des entrées ainsi que quelques commentaires d'ordre comparatif et étymologique (cf. Gesner 1989 : 177). Souvent, des non-linguistes établissent de telles listes, qui livrent néanmoins des données précieuses sur le vocabulaire et les aspects phonétiques : Thibodeau (1988) pour la Baie Sainte-Marie et É. Boudreau (1988) pour Rivière-Bourgeois (île du Cap Breton).

Dans le domaine de la sociolinguistique, c'est avant tout Karin Flikeid dont il faut souligner les mérites. Combinant souvent sociolinguistique avec lexicologie, c'est elle qui a essayé pour la première fois d'établir une classification des différents parlers acadiens dans les provinces maritimes selon leur degré de conservatisme (cf. Flikeid 1997 : 264–269). Ce classement systématique sera abordé dans la partie morphosyntaxique de mon travail. En outre, Karin Flikeid a analysé les phénomènes de contact entre le français et l'anglais, comme l'alternance des codes chez les locuteurs acadiens et l'emprunt de certaines catégories de mots en acadien et ses causes (cf. Flikeid 1989b). À ces fins, elle a établi – avec l'aide de son équipe de recherche – un vaste corpus linguistique d'un total de 800 000 mots. Afin de représenter la variation interne du parler acadien, l'échantillon comporte des locuteurs de presque toutes les localités acadiennes de la Nouvelle-Écosse – y compris l'Isle Madame (cf. p. 41).[54] Pour le domaine de

[54] Ces enregistrements ne sont généralement pas accessibles aux autres chercheurs en linguistique.

la sociolinguistique, il faut également mentionner le travail d'une équipe de recherche en Nouvelle-Écosse : Kenneth Deveau, vice-recteur à l'enseignement et à la recherche à l'Université Sainte-Anne, Réal Allard et Rodrigue Landry[55] ont publié une trentaine d'articles dans lesquels ils analysent de plus près la donne sociolinguistique des régions francophones néo-écossaises, entre autre l'identité ethnolinguistique, le comportement ethnolangagier de la population acadienne ainsi que la vitalité de leurs parlers.

1.3 Approche méthodologique

1.3.1 Le corpus

Du fait du manque de documents écrits et faute d'un standard écrit, la recherche en matière des parler acadiens s'est appuyée dès le début surtout sur des données orales enregistrées et souvent transcrites par la suite. Comme les corpus oraux sont les plus aptes à représenter la variation linguistique et les innovations, ils conviennent parfaitement à mon objectif. Le corpus auquel j'aurai recours pendant les études morphosyntaxiques suivantes contient plusieurs sources. La raison en est que je crois utile de ne pas baser mon travail uniquement sur une seule source recueillie par mes propres soins. Pour éviter les erreurs d'analyse, des entrevues enregistrées il y a une trentaine d'années serviront de témoins. Parfois on repère dans son propre corpus des phénomènes dont on n'a pas encore trouvé d'attestations scientifiques. Il peut alors être avantageux de jeter un coup d'œil à cette collection de données plus anciennes. Si l'on y retrouve aussi ce phénomène, cela peut être une confirmation de ses propres hypothèses ou de la bonne transcription de l'enregistrement correspondant. En revanche, l'absence d'un certain phénomène donné n'est pas concluante. À cause de l'ampleur limitée de chaque corpus, il peut arriver qu'un phénomène moins connu ne s'y retrouve pas. Ou bien il peut s'agir d'un développement assez récent dans la variété linguistique étudiée, qui n'existait peut-être pas encore sous cette forme il y a une trentaine d'années.

La première partie, plus ancienne, de l'ensemble du corpus comprend des données datant du début des années 1980. Il s'agit d'entrevues menées par un groupe du chercheur Ronald Labelle pour le Centre d'études acadiennes à l'université de Moncton. C'est au Centre « La Picasse » de Petit de Grat que j'ai pu accéder aux transcriptions archivées de ces entretiens. La source sonore ne m'a pas été accessible. Il s'agit d'environ 300 pages imprimées avec plusieurs dizaines d'interviews dont la plupart ont été faites à Petit de Grat. La transcription suit l'orthographe du français standard, les emprunts de l'anglais ainsi que les passages d'alternance de code en anglais sont soulignés. Les thèmes de ces enregistrements à but sociologique étaient la vie quotidienne, les légendes locales

[55] Toutes les indications bibliographiques dans lesquelles figure *Landry*, sans initiale, se réfèrent à Rodrigue Landry.

ainsi que les traditions acadiennes. Les exemples respectifs portent l'appellation *corpus Labelle*.

De plus, j'ai également trouvé dans les archives de La Picasse des cassettes dont j'ai sauvegardé les enregistrements sur mon ordinateur sous forme de fichiers mp3. C'est la Société historique acadienne de l'Isle Madame (SHAIM) qui a fait ces entrevues dans les années 1980. Dans ce travail, je me réfère à ces entrevues avec l'indication *corpus SHAIM.*

La partie « contemporaine » de mes données d'analyse a été recueillie par mes propres soins. Elle se compose de 43 entrevues d'une durée totale d'environ 56 heures sauvegardées sur 37 mini-disques. La collecte des données s'est faite à partir d'entrevues semi-dirigées enregistrées lors d'un voyage de recherche en Nouvelle-Écosse entre début août et début décembre 2005. Pendant ce séjour, je me suis concentrée sur trois régions acadianophones : la Baie Sainte-Marie, Pubnico et l'Isle Madame. Dans ces trois régions, j'ai pu compter sur l'aide active de mes familles d'accueil pour trouver des interlocuteurs appropriés :

À la Baie Sainte-Marie, mon hôtesse était gérante du centre sportif de l'Université Sainte-Anne à Pointe-de-l'Église et connaissait par conséquent un grand nombre de francophones le long de la Baie. À Pubnico-Ouest-le-bas, où j'ai également eu accès aux coordonnées de mes informateurs par l'intermédiaire de mon hôtesse, celle-ci était employée comme institutrice à l'école élémentaire de Pubnico-Ouest. Grâce à son travail et à ses activités dans la communauté, elle connaissait beaucoup de personnes parlant l'acadien dans cette région. À l'Isle Madame, j'ai eu la chance d'être accueillie par un couple de retraités. Ainsi, mon hôtesse a accepté de m'accompagner chez la plupart de mes interlocuteurs, ou d'être présente quand ceux-ci venaient chez elle. Pour cette raison, les entrevues de l'Isle Madame comptent parmi les plus authentiques de mon corpus.

Comme je me concentre sur la variété acadienne telle qu'elle est parlée aujourd'hui à l'Isle Madame, seules certaines transcriptions de cette partie du corpus sont publiées avec ma thèse. La composition de l'ensemble de mes informateurs à l'Isle Madame, les informations sociologiques correspondantes (âge, durée de scolarisation, métier, langue(s) maternelle(s), langue des parents, langue du conjoint) ainsi que quelques données supplémentaires sur l'entrevue (durée, lieu, circonstances) peuvent être consultées en ligne. En choisissant mes informateurs, j'ai veillé à bien représenter les circonstances sociodémographiques et socioprofessionnelles de l'Isle Madame. Ainsi, leur courbe d'âge correspond de manière approximative à la répartition par âge de la population francophone de l'Isle Madame (cf. figure 2 ci-dessous).

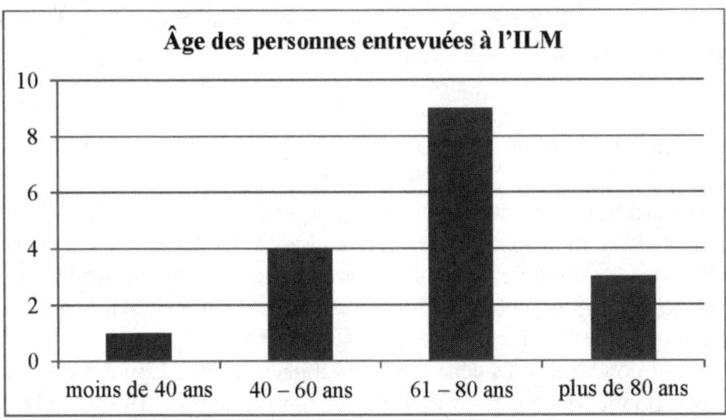

Figure 2 : Répartition de mes interlocuteurs à l'Isle Madame selon leur âge au moment de l'entrevue (figure : J. Hennemann).

La durée des entrevues varie entre 45 minutes et deux heures. Les sujets sont pris dans la vie quotidienne et les expériences personnelles de mes informateurs. Je n'ai pas procédé selon un plan fixe et invariable, les sujets se concrétisaient plutôt en fonction des réponses de mes partenaires. Cette façon de procéder me permettait de m'adapter à mes interlocuteurs autant que possible et d'obtenir ainsi le langage le plus authentique possible tout en m'appuyant sur les hypothèses laboviennes.[56]

Bien sûr, je suis consciente du fait qu'avec ma présence ininterrompue lors des entrevues, il est presque impossible d'obtenir un style informel complètement spontané et authentique chez mes interlocuteurs (cf. aussi Flikeid 1989a : 184). Mes entrevues se situent sur une échelle de continuum dont les deux pôles sont la régionalisation (« acadien traditionnel ») et la standardisation (« français standard acadien »[57]). Quant au contexte acadien concret, un bon indicateur du niveau de régionalisation des énoncés est, selon King / Nadasdi / Butler (2004 : 251), la fréquence avec laquelle le locuteur utilise des mots qui – d'après sa propre impression – sont d'origine anglaise.

Pour compléter mes données linguistiques, j'ai également pris des notes pendant mes deux séjours en Nouvelle-Écosse dans des situations quotidiennes.

---

56 King / Nadasdi / Butler (2004 : 251) : « […] recalling that in Labovian methodology, the elicitation of narratives of personal experience is a technique for getting at the interviewee's informal style. »

57 La désignation « langue standard régionale », dont le « français standard acadien » est une des formes possibles, est définie par Péronnet / Kasparian (2000 : 109) : « La notion de 'langue standard régionale' peut s'appliquer au français soutenu qui est en usage actuellement en Acadie, en situation de communication formelle. » [La notion de « langue standard régionale » a été développée par Thelander (1982) (cf. Péronnet / Kasparian 2008 : 199).]

Je me réfère à celles-ci par la mention *corpus oral* figurant à la suite des exemples respectifs.

1.3.2 La transcription

Pour la transcription de mes données acoustiques[58], la méthode HIAT[59] exposée par Ehlich (1993) m'a semblé appropriée. Selon l'auteur, les caractéristiques principales de ce modèle sont la lisibilité, la compréhensibilité, l'utilité, l'authenticité ainsi que l'interprétabilité (cf. Ehlich 1993 : 124), aspects qui me paraissaient importants pour les buts de ma transcription.

En ce qui concerne l'aspect visuel des transcriptions, Ehlich prône la clarté ainsi qu'une bonne visualisation de l'interaction (cf. Ehlich 1993 : 125). J'ai essayé de mettre en pratique ces exigences plutôt théoriques en appliquant une notation linéaire.[60] L'interaction des locuteurs est en partie visible ; néanmoins, n'est pas tout à fait représenté dans mon schéma de transcription le chevauchement de leurs énoncés ; cela n'aurait pas apporté d'informations indispensables supplémentaires à mon analyse morphosyntaxique.

En ce qui concerne la graphie de ma transcription, je me base – selon les propositions d'Ehlich – sur l'orthographe standard du français, modifiée selon les besoins spécifiques du corpus. Mais afin d'éviter la perte d'informations acoustiques importantes, je cherche à représenter la plupart des traits caractéristiques phonétiques du système linguistique dans la transcription, par ex. *chouse* au lieu de *chose*, *tchelle* au lieu de *quelle* ou *je vas* au lieu de *je vais*. Mis à part les écarts phonétiques mentionnés ci-dessus, je prendrai aussi en compte des prononciations « ad hoc » que je considère comme importantes afin de donner une représentation plus appropriée de la réalisation acoustique (cf. Ehlich 1993 : 126). La prononciation respective sera indiquée dans une note en bas de page, réalisée selon l'API. Les actions para-verbales ou non-verbales sont indiquées entre parenthèses doubles, par ex. ((le téléphone sonne)).

Les différents textes de la transcription seront précédés d'une introduction résumant les données sociolinguistiques sur le / la ou les interlocuteur(s) ainsi que les circonstances précises de l'interview. Par le choix du système transcriptif, je m'adapte aux grandes lignes des autres corpus transcrits du français nord-américain, comme ceux de Flikeid, Brasseur ou Wiesmath. Ainsi, il sera plus facile d'établir une certaine comparabilité entre les données.

---

58 La transcription du corpus peut être consultée en ligne : http://parleracadien.ESV.info.

59 HIAT est l'acronyme de Halbinterpretative Arbeitstranskription (transcription de travail semi-interprétative).

60 Ehlich lui-même propose une vraie « score notation » (Ehlich 1993 : 125).

1.3.3 Particularités phonétiques et phonologiques de l'Isle Madame

Comme les particularités phonétiques ne sont pas au centre du présent travail mais qu'elles apparaissent de temps à autre dans les analyses syntaxiques, voici une brève synthèse des traits particuliers de l'acadien à l'Isle Madame[61] dont la plupart sont répandus dans toute l'Acadie (cf. Péronnet 1995 : 405–411, 430).

Quant à la prononciation des voyelles, on trouve bien des cas d'ouisme, c'est-à-dire des lexèmes dans lesquels /o/ est remplacé par /u/ ; dans le corpus cette prononciation est représentée par la graphie *ou* :

[1] Veux-tu / veux-tu un **chouse**[62] ? Un… (ILM, texte 1)
[2] Pis a voulait m'nir faire la culture sus l'Isle Madame, pis en a là qui me c**oun**-naissont pis i l'ont envoyée che nous. (ILM, texte 1)

Ce trait phonétique, beaucoup plus répandu en Acadie qu'au Québec, est particulièrement fréquent dans certains environnements phoniques : devant *z* et *s* [1][63], devant les consonnes nasales [2] et dans certains autres lexèmes.

Deuxièmement, on constate l'ouverture de [ɛ] en [a], surtout devant *r* :

[3] tu couveris la vue pour **charcher** une certaine personne. Tu marchais dans la noirceur, c'était un jeu (ILM, texte 2)
[4] Ben, c'était aïder à / à ésherber / vouter[64] l'**harbe** dedans ce / les légumes qu'étaient plantés pis après ça moi j'ai coummencé à brocher quanT j'avais sept ans. (ILM, texte 2)

Cette ouverture se trouve également en finale absolue surtout au niveau des terminaisons de l'imparfait, si bien qu'il devient parfois difficile de distinguer des formes verbales : *il lava* vs *il lavait* (cf. aussi Falkert 2005 : 76). Dans ces cas, la transcription suit la forme du standard pour ne pas créer de malentendus. On transcrit alors : *il allait.*

La prononciation de la diphtongue [wɛ] au lieu de [wa] est très courante en Acadie, surtout devant *l* [5] et *r* [6] :

[5] parce que les vieux d'auparavant, i alliont par les **étoèles** (ILM, texte 2)
[6] Ben j'y ai dit : as / t'as-tu emporté une BOWL ou un gobelet ou tchaque affaire pour le **boère** ? (ILM, texte 9)

Pour reproduire cette prononciation particulière dans la graphie, le digraphe *oi* est remplacé par *oè* : *étoile → étoèle*, *boire → boère.*

---

61 Bien sûr, la plupart des traits qui seront abordés par la suite ne sont pas uniquement spécifiques de l'Isle Madame mais ils se retrouvent souvent dans d'autres régions acadianophones de la Nouvelle-Écosse, de l'Acadie ou même ailleurs. Ce sont plutôt la combinaison et l'intensité des traits qui varient d'une région à l'autre.

62 Les passages imprimés en caractères gras sont expliqués dans le texte.

63 Les numéros entre crochets renvoient aux numéros des attestations du corpus.

64 *Vouter* = « enlever, ôter » (cf. Cormier 1999, s. v. *louter*).

Un autre trait vocalique dans le corpus est la tendance à la fermeture des voyelles en syllabe accentuée devant *r*, parfois aussi *l* et *t*. Ainsi [ɛ], [ɔ] et [œ] deviennent [e], [o] et [ø], ce qui n'est pas visible dans la graphie.

La diphtongaison est beaucoup plus répandue dans le Sud-Ouest que dans le Nord-Est, du moins chez les locuteurs plus âgés. Les locuteurs plus jeunes de l'Isle Madame, par contre, semblent utiliser plus de diphtongues.

L'un des traits consonantiques les plus typiques du français acadien est la réalisation des affriquées [tʃ] et [dʒ] : « Les vélaires /k/ et /g/ et les dentales /t/ et /d/ se palatalisent sous la forme d'affriquées mi-occlusives [tʃ] [dʒ] devant une voyelle ou une semi-voyelle palatale » (Lucci 1973 : 132) :

[7] Jusqu'à **tchelle** heure qu'a travaille ? (ILM, texte 3)
[8] Oui, oui, **tchiens** icitte là. (ILM, texte 1)

[tʃ] correspond à la transcription *tch*. Malgré la fréquence de ce phénomène dans l'acadien traditionnel, Flikeid (1989a : 191) remarque que cette caractéristique est aussi l'un des traits phonétiques les plus susceptibles de correction, ce qui coïncide avec les observations faites pour les informateurs plus proches du standard dans le corpus de l'Isle Madame. Au contraire, le phénomène québécois d'assibilation des dentales est très rare en Nouvelle-Écosse.

De plus, l'acadien conserve le *h aspiré*, signalé par un *h* minuscule gris dans la transcription :

[9] La pêche au / au **homard**. Et pis / euh / au maquereau… (ILM, texte 11)

L'acadien accorde même un statut phonématique au *h*, la paire minimale étant *haut / eau* [ho] vs [o].[65]

Une autre spécificité pouvant influencer l'analyse morphosyntaxique est la prononciation fréquente du *s* et du *t* finaux :

[10] Ils sortont **pluS**, tu sais. (ILM, texte 1)
[11] Nous-autres, on a **touT** té nés chez nous. SO j'étions sept nous-autres, on a touT né dans la maison. (ILM, texte 1)

Les *s* et *t* finaux bien perceptibles sont marqués par un S ou un T majuscules dans la transcription du corpus.

---

[65] La prononciation aspirée d'autres lexèmes, comme [he] pour « je » (cf. Péronnet 1995 : 409) est plus caractéristique de la Baie Sainte-Marie dans le Sud-Ouest de la province, ce que confirme un locuteur de Pubnico :
[] Nous-autres je disons *j'avons été*, le monde de par en haut dit ***h'avons hété***. (PUB, texte 23)
Voici des exemples de la Baie Sainte-Marie :
[] Coumme l'hiver passé h'avons point eu de POWER pour quatre cinq jours. (BSM, texte 18)
[] Les derniers trois ans oui, h'avons eu beaucoup de neige mais n'a des années h'en attrapons point un pied. (BSM, texte 18)

1.3.4 Les méthodes d'analyse

Comme on l'a vu ci-dessus, la base de mes recherches est formée par des données empiriques d'un corpus oral constitué d'interactions en face à face. Celles-ci sont utilisées non seulement dans l'étude morphosyntaxique mais souvent aussi pour illustrer les explications de la partie sociolinguistique.

Après la lecture de la littérature scientifique, après mes séjours dans les régions acadiennes et la transcription et le dépouillement du corpus, j'ai sélectionné quelques phénomènes grammaticaux spécifiques[66] qui seront alors traités dans le chapitre 2. Une première étape sera toujours la description de l'état du trait respectif sélectionné dans la variété de l'Isle Madame, tel qu'il se trouve dans mon corpus. Dans un but différentiel, le phénomène est donc comparé à une variété qui sert de point de référence et qui reste à définir ci-dessous (cf. p. 113). Finalement, il y aura une analyse variationnelle comparant l'écart à d'autres variantes repérées dans les différentes régions. Pour analyser la distribution géographique, je me servirai des études et des corpus qui sont à ma disposition.[67] De temps à autre, quand un approfondissement diachronique s'avèrera bénéfique, j'ajouterai des informations historiques sur l'emploi et le développement antérieurs de certains traits. Ce qui sera important aussi, c'est de mentionner l'aspect quantitatif qui s'exprimera à travers de nombreux tableaux basés sur mon corpus tout en prenant aussi en considération les limites aussi quantitatives d'un tel corpus.

L'approche différentielle est également préconisée par Léard : selon lui, il faut déterminer avant d'aborder la grammaire d'une variété linguistique, si on l'aborde dans son entier, ce qui présente un projet énorme et irréalisable à court terme. Ou bien on ne prend en considération que les phénomènes qui présentent des différences par rapport à une autre variété, laquelle doit être bien déterminée (cf. Léard 1995 : 9 ; cf. aussi Starets 1986 : III). Gesner donne une définition de ce qu'il considère comme un *écart* :

> Par écart, nous entendons toute unité relevée dans le corpus qui nous paraît ne pas correspondre au 'français standard familier', c'est-à-dire à un français qui semble le mieux refléter les usages les plus *fréquents* du français que l'on parle actuellement en France. (Gesner 1979 : 124, note)

Je n'approfondirai pas ici la notion de *français standard familier*, mais je procèderai de la même manière : ce qui est connu dans la variété de référence ne suscitera pas mon intérêt et ne sera mentionné explicitement que dans quelques rares

---

66 Bien sûr, je ne suis pas en mesure de décrire toutes les différences qui se manifestent dans la variété acadienne de l'Isle Madame. Il s'agira plutôt de « morceaux choisis ». Pour les raisons de la sélection des aspects morphosyntaxiques cf. p. 115.

67 À part les nombreux travaux dépouillés afin de trouver des informations sur les phénomènes traités, j'ai eu recours aux corpus de Wiesmath (2006a) pour le Nouveau-Brunswick, de Stäbler (1995a) et de Valdman (2003) pour la Louisiane.

cas. Barbaud va dans le même sens quand il explique ses démarches concernant l'analyse de la variété laurentienne : « [a]utrement dit, un fait de langue ne saurait caractériser davantage le français québécois si ce même fait de langue s'observe aussi en français hexagonal » (Barbaud 1998 : 21).

2 Étude sociolinguistique : l'Isle Madame – une étude de cas

2.1 Aspects socio-historiques de l'Isle Madame : peuplement et histoire

L'Isle Madame est une île de seize kilomètres de long sur de onze kilomètres de large, située au sud-ouest de l'île du Cap Breton. Elle est reliée – de manière durable – à la terre ferme par un pont, construit à partir de 1916 et inauguré en 1919, qui enjambe le détroit du passage Lennox (cf. Ross / Deveau 2001 : 185). L'Isle Madame, connue avant sous le nom d'*Isle de la Marquise*, porte son nom probablement depuis le XVIIIe siècle : on suppose qu'on lui a attribué cette appellation en l'honneur de Madame de Maintenon, née en 1635 sous le nom de Françoise d'Aubigné (cf. www.islemadame.com, 03/02/2007), anoblie en 1674 et épousée secrètement en 1683 par le roi de France Louis XIV.[68]

Carte 5 : L'Isle Madame (panneau se trouvant à l'entrée de l'île ; photo : J. Hennemann).

En ce qui concerne le peuplement historique de l'île, on peut supposer que suite à leurs mouvements migratoires, les Mi'kmaq, une tribu algonquienne, sont arrivés

68 Ceci est l'explication courante qu'on trouve dans la littérature. Pourtant, il reste des doutes car sous l'Ancien régime, *Madame* était le titre donné à la fille aînée du roi ou à la femme du frère aîné du roi (c. p. d'Emmanuel Faure).

dans la région bien avant le XVIe siècle.[69] Depuis l'arrivée des premiers colons français, la coopération entre les deux peuples était assez étroite à l'île du Cap Breton (cf. Johnston 2004 : 20). Encore de nos jours, on trouve quelques Mi'kmaq dans le comté de Richmond, l'importante communauté d'Eskasoni se trouve non loin de l'Isle Madame, sur l'île du Cap Breton.[70] Les premières traces acadiennes, dans l'actuel comté de Richmond, sont attestées vers le milieu du XVIIe siècle : c'est en 1653 (cf. cyberacadie.com, L'Acadie d'hier : 14) que l'entrepreneur Nicolas Denys obtient le privilège de pêche dans la région et en conséquence, de nombreux pêcheurs français commencent à s'installer autour du village principal de Saint-Pierre[71] (cf. Ross / Deveau 2001 : 169). Les marins commencent à construire des cabanes dans de nombreuses anses le long de la côte, mais on n'a pas encore de signe d'habitation permanent au XVIIe siècle (cf. Samson, L. et al. [n. n.] : 5).

En 1713, le traité d'Utrecht met fin à la guerre de succession d'Espagne en Europe, la France est obligée de céder une grande partie de l'Acadie à l'Angleterre (cf. chapitre 1.1.2). Parmi les possessions qui restent soumises au roi de France se trouve l'Isle Royale.[72] Cette île – elle n'est reliée à la Nouvelle-Écosse continentale par la chaussée de Canso (*Canso Causeway*) qu'en 1955[73] – est désormais protégée par l'énorme forteresse française de Louisbourg, érigée à partir de 1720, surtout en vue de la reconquête espérée de la Nouvelle-Écosse par les Français. Cette construction ainsi que l'établissement d'une industrie de pêche importante ont attiré un peuplement important. L'extrait suivant témoigne de la vocation plutôt maritime ainsi que du poids commercial considérable de la forteresse :

> Très tôt, **Louisbourg** devint un important entrepôt de commerce international. Alors que 31 navires accostaient à Louisbourg en 1717, plus de 100 bateaux déchargèrent leurs cargaisons en 1723. De la France arrivaient vêtements, draps, objets de quincaillerie, sel et vin. De son côté, la Nouvelle-France expédiait céréales,

---

69 Les Mi'kmaq appelaient l'île du Cap Breton *Unama'ki* (on lit aussi *Onamag*), elle constituait une des sept régions constituant le territoire micmac à l'époque et faisait fonction de capitale (cf. Johnston 2004 : 16).

70 Cf. www.multiculturaltrails.ca, 02/02/2007. Il y a encore une collectivité amérindienne plus petite à Chapel Island. À l'Isle Madame même, il n'y a plus d'habitants qui indiquent le micmac comme étant leur langue maternelle (recensement de 2011).

71 Plus tard, le village fut appelé *Port-Toulouse*, aujourd'hui il porte le nom de *St. Peter's*.

72 Les deux autres régions sont l'Île Saint-Jean et les côtes de l'actuel Nouveau-Brunswick (cf. Massignon 1962 : 22).

73 La construction du pont-chaussée raccourcissait la durée des voyages, si bien que les échanges sont devenus plus intenses. Avec l'augmentation du nombre de voitures, l'isolement relatif de l'Île du Cap Breton est devenu « une chose du passé » (Ross 2001 : 100).

animaux vivants (chevaux, bœufs, moutons), bois et légumes. Des Antilles provenaient sucre, mélasse, rhum, café et tabac.

L'influence des pêcheries de **l'Île Royale** fut telle qu'elle amena le déclin de l'industrie de la pêche des colonies de la Nouvelle-Angleterre, les pêcheurs préférant apporter leur poisson à Louisbourg avant qu'il soit réexpédié ailleurs. (www.cyberacadie.com ; L'Acadie d'hier : « La concurrence de Louisbourg », 12/01/2010)

Afin de défendre l'Isle Royale contre d'éventuelles attaques anglaises, la France essaie désormais d'attirer des colons français installés dans d'autres régions comme le long de la Baie de Fundy. Pour des raisons diverses, cette invitation reste sans grand écho, la migration vers l'Isle Royale demeure assez restreinte. Entre 1713 et 1734, seules 67 familles décident de venir s'installer à l'Isle Madame. Aujourd'hui presque chaque insulaire peut faire remonter son arbre généalogique jusqu'à une de ces familles fondatrices (cf. Ross / Deveau 2001 : 170). Alors qu'auparavant, c'étaient surtout l'agriculture et l'élevage du bétail qui prédominaient dans cette région comme ailleurs en Nouvelle-Écosse, les colons venus d'autres parties de l'Acadie sont avant tout des pêcheurs (cf. Massignon 1962 : 22). Petit de Grat aussi, aujourd'hui le principal village acadien de l'Isle Madame, est déjà habité par les Français avant la Déportation : selon une tradition orale transmise de génération en génération, l'Acadien Gabriel Samson, un pêcheur de Louisbourg, et sa femme Jeanne sont désignés comme étant les premiers habitants de Petit de Grat en 1714 (cf. Boudrot 2004a : 99)[74] où ils sont censés avoir élevé 32 enfants (cf. Samson, B.[75] 1990 : [1]).

Contrairement à la Baie Sainte-Marie ou à Pubnico, c'est déjà avant la Déportation que les habitants de l'Isle Madame sont plus exposés à l'influence du français de France et à d'autres langues : plusieurs Français viennent dans la région afin de travailler pour deux marchands français, Hiriat et d'Aroupet (cf. www.acadian-home.org, 04/11/2012). En outre, il y a aussi des pêcheurs basques qui s'établissent de façon durable à l'île tout en s'assimilant aux familles acadiennes. Des noms de famille comme Goyètche ou Baccardax témoignent encore aujourd'hui de cette présence.

On peut donc conclure qu'à l'aube des événements tragiques de la Déportation, on trouve un « peuplement mixte » (Charpentier 1991 : 57) à l'Isle Madame et que la population y est beaucoup plus confrontée à d'autres variétés de français ainsi qu'à d'autres langues que celle des isolats du Sud-Ouest de la Nouvelle-Écosse.

Une estimation pour l'année 1752 dénombre 35 familles acadiennes et quelques Français pour l'Isle Madame (cf. Ross / Deveau 2001 : 170). Ceci concorderait avec la constatation de Massignon selon qui en 1753 on rencontrait

74 Samson, L. et al. ([n. n.] : 6) donnent 1713 comme année d'arrivée.

75 Les numéros de page de ce livre sont mis entre crochets car l'original n'est pas paginé.

quelques centaines d'Acadiens sur l'ensemble de l'Isle Royale (cf. Massignon 1962 : 22).

Comme partout en Nouvelle-Écosse, la Déportation représente un événement décisif et lourd de conséquences pour les Acadiens de l'Isle Madame. C'est essentiellement après la chute définitive de Louisbourg en 1758 que les Acadiens ont dû quitter l'île. D'un point de vue linguistique, deux questions sont surtout intéressantes (cf. Flikeid 1997 : 259) : Quels sont la durée et le lieu de l'exil ? Est-ce que ce sont les mêmes colons qui reviendront quelques années plus tard à l'île du Cap Breton ou est-ce qu'on a affaire à un mélange des variétés ?

Pour les réfugiés de l'Isle Madame, il y a trois destinations principales : une partie arrive à se cacher soit dans les forêts de l'île du Cap Breton soit dans une autre colonie française, Saint-Pierre-et-Miquelon. Ceux qui se sont réfugiés à Louisbourg sont embarqués violemment sur des bateaux à destination de la France. Pourtant certains documents témoignent du fait que l'Isle Madame n'est pas complètement délaissée pendant la Déportation. (cf. Ross / Deveau 2001 : 171 et sq.)

La durée et le lieu de l'exil de ceux qui reviennent vont marquer de façon décisive le caractère des nouvelles régions acadiennes (cf. p. 36–38). Pour ce qui est de l'Isle Madame, la nouvelle population est moins homogène que celle de la Baie Sainte-Marie. Alors que tous ceux qui ont survécu à la déportation de Grand-Pré et de Port-Royal et qui ont passé leur exil dans le Massachusetts se sont installés le long de la Baie Sainte Marie (cf. Flikeid 1997 : 259), le retour à l'Isle Madame après environ sept ans d'exil (souvent même davantage) est plus hétérogène : outre les gens ayant déjà vécu à l'Isle Madame avant la Déportation, on peut aussi trouver des personnes ayant passé leur exil en France, à Belle-Île ou à Cherbourg, pendant de longues années (cf. Ross / Deveau 2001 : 175 et sq.). Je partage la thèse de Charpentier, selon qui, par conséquent, le parler acadien du Sud-Ouest est ressorti moins modifié par cet événement crucial que celui du Nord-Est (cf. Charpentier 1991 : 66). Aujourd'hui l'aire linguistique de l'Isle Madame représente donc une des rares régions acadiennes de continuité géographique (cf. p. 37), c'est-à-dire un endroit ayant hébergé des colons acadiens avant *et* après la Déportation.

D'un point de vue institutionnel, deux aspects marquent la période immédiate après la fin de la Déportation à l'Isle Madame. À première vue, ceux-ci pourraient sembler de moindre importance, pourtant ils seront lourds de conséquences – aussi sur le plan linguistique : premièrement, on constate l'absence d'un clergé francophone, c'est pourquoi l'Église n'est pas encore institutionnalisée comme à la Baie Sainte-Marie, par exemple. En deuxième lieu, les Acadiens n'ont pas le droit d'occuper des emplois publics, ils ne peuvent donc pas travailler comme enseignants.

C'est entre autres grâce à la fondation d'un établissement de pêche[76] à Arichat par les Robin, pêcheurs et marchands de Jersey, en 1763[77], que beaucoup de

---

[76] Cet établissement de pêche existera jusqu'en 1910 (cf. www.islemadame.com, 03/02/2007).

familles acadiennes, qui se trouvaient alors en Europe, sont revenues à l'Isle Madame (cf. Samson, B. 1990 : [10], cf. cyberacadie.com, « L'enracinement dans le silence, 1763–1867 ») à condition qu'ils prêtent serment d'allégeance aux autorités – tout comme le reste de la population francophone (cf. Ross / Deveau 2001 : 176).

En raison de la Guerre d'indépendance en Amérique, les Acadiens seront obligés de quitter l'Isle Madame en 1775[78] parce qu'ils étaient menacés par des attaques américaines. Seules six familles restèrent à Petit de Grat. Le reste dut déménager à Chezzetcook. Plus tard, plusieurs revinrent et s'établirent à nouveau dans divers endroits de l'île (cf. Samson, L. et al. [n. n.] : 7). Il convient de mentionner également un autre afflux de population : entre 1792 et 1793, plusieurs centaines d'Acadiens s'étant établis à Saint-Pierre-et-Miquelon ont émigré pour la plupart en direction de l'Isle Madame à cause de leur mécontentement vis-à-vis de la nouvelle constitution républicaine française (cf. Ross / Deveau 2001 : 177).

Pendant les premières années du XIXe siècle, les Acadiens s'implantent également dans les alentours de l'île, à L'Ardoise et à Rivière-Bourgeois près de Port-Toulouse (aujourd'hui St. Peter's). Ces mouvements migratoires ont aussi contribué à la déshomogénéisation de l'aire linguistique. Mais comme il n'y avait plus de lots de terres habitables au bord de la mer, l'arrivée de colons cessa au début du XIXe siècle (cf. Ross / Deveau 2001 : 174 et sq.). Selon un recensement, en 1811, le comté de Richmond comptait 1 703 habitants, dont la plupart étaient d'origine française (Samson, L. et al. [n. n.] : 7). On peut constater que même au début de leur implantation, la zone de colonisation des Acadiens ne constituait pas une aire linguistique cohérente. Ils vivaient plutôt côte à côte avec les anglophones. Cela représente également une différence décisive quand on compare la région à la Baie Sainte-Marie, par exemple. Comme il n'y avait plus de monopole sur la pêche – alors que c'était le cas à Chéticamp –, de plus en plus d'Anglais et d'Irlandais étaient attirés à l'Isle Madame par la perspective du profit. Comme les Acadiens n'avaient presque pas de formation scolaire, ce sont avant tout les protestants qui occupaient les postes judiciaires, administratifs et militaires. L'essor économique, qui ne se fit pas attendre, attira encore plus de colons, venus d'Irlande[79], d'Angleterre et d'Écosse (cf. Ross / Deveau 2001 : 180). La construction navale, notamment, était florissante à Arichat autour de 1830. Les familles venues de France continuaient également à affluer. Mais c'est surtout l'intégration des Irlandais qui présentait des difficultés : ceux-ci ont gardé leur identité plus longtemps que d'autres groupes ethniques immigrés.

Dans la deuxième moitié du XIXe siècle, le déclin économique s'ensuivit. Les raisons en étaient multiples ; au premier chef, les progrès techniques se révélèrent défavorables à l'économie de l'île, tels la construction du canal de Saint-

---

77 Samson, L. et al. ([n. n.] : 7) parle de 1764.

78 Boudrot (2004a : 100) donne l'année 1776 comme début de l'exode.

79 Des noms de famille d'origine irlandaise comme Hennessy, Barret, Power, Phalen, Madden et Tyrrel datent de cette époque.

Pierre (1854–1890) et l'extension du réseau ferroviaire ; en outre, les bateaux à vapeur n'avaient plus besoin de faire escale à l'Isle Madame. En conséquence, les salaires et revenus diminuèrent et bientôt l'argent commença à manquer pour de nouveaux investissements. En 1885, le bateau qui reliait l'île à la terre ferme fut détruit par le feu et les insulaires durent attendre jusqu'en 1916[80] avant qu'un pont soit construit (cf. Ross / Deveau 2001 : 185 et www.islemadame.com, 03/02/2007). Dès cette époque – vers les années 1860 –, on peut constater une émigration graduelle de l'Isle Madame notamment vers les États-Unis, entraînant un recul du français et la fermeture d'écoles, faute d'enfants (cf. Ross 2001 : 52 et sq.). Cet exode continue – avec des hauts et des bas – jusqu'à nos jours.

La diminution de la population s'aggrave encore vers les années 1960 avec la baisse du taux de natalité (cf. Ross 2001 : 53). La dépression économique locale continue est aussi la raison de l'exode d'un nombre croissant de jeunes actifs qui quittent aujourd'hui l'Isle Madame – à la recherche d'un emploi. D'un côté, ceux qui abandonnent l'île durablement pour tenter leur chance par exemple en Ontario, deviennent vulnérables à l'assimilation linguistique. De l'autre, ceux qui se sont trouvé un emploi dans les industries lourdes de Port Hawkesbury rentrent le soir (cf. aussi p. 87). Mais étant donné que la langue de travail y est l'anglais, ils sont aussi de plus en plus anglicisés. Ce procès d'exode rural continue encore de nos jours. La pêche reste la source de revenu la plus importante à l'île, grâce notamment au système de coopératives (cf. Ross / Deveau 2001 : 185 et sq.). En outre, au cours du XXe siècle, de plus en plus de Terre-Neuviens viennent s'installer de manière permanente sur l'île, se mariant souvent avec des Acadiennes. Ils s'intègrent mais gardent leur langue anglaise. On observe donc une première hausse des mariages exolingues, qui contribue à une perte progressive de la langue française dans les familles (cf. p. 65).

Pour résumer cet aperçu historique, et d'un point de vue linguistique, on peut dire que

1. le français de l'Isle Madame est resté isolé pendant une longue période des influences normatives du français standard (cf. Flikeid 1997 : 256), même si l'influence était relativement plus grande que par exemple dans le Sud-Ouest de la Nouvelle-Écosse,

2. la pression de la langue majoritaire (souvent pratiquée au travail) a augmenté de plus en plus, menant ainsi à des phénomènes de contact surtout du côté du parler acadien,

3. une perte continue de la langue en a résulté chez les Acadiens (cf. Flikeid 1997 : 256).

Tout cela constitue l'arrière-plan de la situation linguistique actuelle à l'Isle Madame telle que je l'ai rencontrée lors de mes deux voyages de recherche en 2005 et 2007.

---

80 Boudrot note l'année 1917 pour le commencement de la construction du « Lennox Passage Bridge » (Boudrot 2004b : [10]).

2.2 Données sociodémographiques de base concernant l'Isle Madame

Dans ce chapitre, de premières données statistiques seront présentées. L'Isle Madame est le principal centre d'intérêt, mais comme beaucoup de facteurs exigent des données comparées, l'attention se portera également vers les autres régions acadianophones de la Nouvelle-Écosse, ainsi que sur la situation sociodémographique au niveau provincial.

2.2.1 La démographie et la langue

Ce paragraphe contient des informations concernant la colonne de gauche du modèle sur la vitalité ethnolinguistique présenté ci-dessous (cf. tableau 10, p. 78)[81], à savoir les facteurs démographiques. Au-delà des chiffres bruts, leur importance vient également de l'influence considérable qu'ils exercent sur le pouvoir politique relatif d'un groupe (cf. Allard / Landry / Deveau 2006 : 88). De plus, les chiffres servent également à justifier, par exemple, des mesures administratives ou politiques.

2.2.1.1 Données démographiques pour la Nouvelle-Écosse

Selon les données de *Statistique Canada*, le nombre total des habitants de la Nouvelle-Écosse en 2006 s'élevait à environ 900 000 personnes[82] dont 170 185 déclaraient avoir des origines françaises. 35 000 avaient indiqué le français comme langue maternelle.[83] En ce qui concerne l'usage du français au foyer, les chiffres des autres provinces faiblement francophones (TN et ÎPÉ) montrent que la Nouvelle-Écosse a un pourcentage comparativement élevé, tout en restant très bas dans l'absolu. Cela dit, c'est le Nouveau-Brunswick qui a de loin le plus grand nombre de personnes de langue maternelle française et surtout le pourcentage le plus élevé de personnes qui parlent le français à la maison (30,0 %) :

---

81 On examine tous les facteurs, sauf le dernier, « Territoire historique / ancestral de L_1 » qui a été traité dans l'introduction (cf. chapitre 1.1.1, *Les Acadiens : un peuple sans pays*) ainsi que dans le chapitre 2.1, *Aspects socio-historiques*.

82 Pour les chiffres de 2006 mentionnés cf. www.statcan.gc.ca, 11/05/2009.

83 Voici le détail des chiffres pour la Nouvelle-Écosse :
langue maternelle : français seulement : 32 540,
langue maternelle : français et anglais : 2 100,
langue maternelle : français et langue non-officielle : 140,
langue maternelle : français, anglais et langue non-officielle : 145
⇒ total de 34 925 personnes ayant le français comme langue maternelle.

	TN-L	ÎPÉ	NÉ	NB[84]
nombre total d'habitants (de la province)	500 610	134 205	903 090	719 650
origines ethniques françaises[85]	30 680 (≙ 6,1 %[86])	30 870 (≙ 23,0 %)	170 185 (≙ 18,8 %)	206 345 (≙ 28,7 %)
personnes ayant le français comme langue maternelle[87]	2 220 (≙ 0,4 %)	5 875 (≙ 4,4 %)	34 925 (≙ 3,9 %)	237 575 (≙ 33,0 %)
personnes parlant encore le français à la maison	830 (≙ 0,2 %)	2 830 (≙ 2,1 %)	18 580 (≙ 2,1 %)	216 120 (≙ 30,0 %)

Tableau 3 : Diffusion du français dans les provinces maritimes (recensement de 2006, www.statcan.gc.ca, 11/05/2009).

En comparant les chiffres des sept recensements réalisés entre 1991 et 2011 pour la seule Nouvelle-Écosse, on constate une diminution constante pour les catégories « origine ethnique française », « personnes ayant le français comme langue maternelle », « personnes parlant encore le français à la maison » et « personnes parlant le français le plus souvent au travail », alors que le nombre total d'habitants de la province est en légère hausse (sauf de 2001 à 2006) :

84 Les données pour le Nouveau-Brunswick se trouvent sur www.statcan.gc.ca, 11/05/2009.

85 Dans cette catégorie, nous comptons les réponses sous « origine ethnique » → « French origins » (réponses uniques et multiples prises ensemble).

86 Les pourcentages entre parenthèses de ce tableau sont calculés par rapport au nombre total des habitants de la province.

87 On entend par « langue maternelle » la langue parlée au foyer pendant l'enfance et qui est toujours comprise au moment du recensement (cf. Wiesmath 2001 : 152 et sq., note).

Nouvelle-Écosse	1991	1996	2001	2006	2011
Nombre total d'habitants	899 940	899 970	908 010	903 090	910 615
Origine ethnique française	179 180	171 500		170 185	
Personnes ayant le français comme langue maternelle	39 425	37 600	35 380	34 925	34 585
Personnes parlant encore le français à la maison	23 120	21 465	19 790	18 580	
Personnes parlant le français le plus souvent au travail / Total de la population de 15 ans et plus ayant travaillé (depuis [année respective])			9 490 / 485 595 (depuis 2000)	9 245 / 504 425	

Tableau 4 : Évolution du taux de francophones en Nouvelle-Écosse entre 1981 et 2011.
(Sources : chiffres de 2011 tirés de www.statcan.gc.ca, 01/11/2012 ; chiffres de 2006 tirés de www.statcan.gc.ca, 11/05/2009 ;
chiffres de 1991 repris à Flikeid (1997 : 262) (Including Multiple Responses with French Component) ; chiffres des FMT 2001 : Roy (1993), Landry / Rousselle (2003) ;
chiffres de 1996 tirés de www.statcan.gc.ca, 04/01/2010) ;
les chiffres manquants n'étaient pas disponibles sur Internet.)

On indiquera encore quelques taux qui sont révélateurs de la situation linguistique des francophones en Nouvelle-Écosse : l'indice de transmission intergénérationnelle indique dans combien de cas une langue – le français en l'occurrence – est transmise aux enfants d'un couple. Un taux de 1,0 signifie que tous les enfants des mariages endogames et la moitié de la progéniture des couples exogames parlent le français dans leur enfance. Pour la Nouvelle-Écosse, ce taux ne s'élève qu'à 0,6 (cf. Allard / Landry / Deveau 2003 : 92). Bien sûr, les taux à l'échelle provinciale paraissent souvent beaucoup plus frappants que dans les différentes régions acadianophones car seul un tiers de la population acadienne vit dans la région métropolitaine de Halifax et dans les alentours de la capitale, où l'assimilation est beaucoup plus avancée que dans les isolats eux-mêmes. Néanmoins cet indicateur signale déjà un des grands problèmes (au moins au sens démolinguistique), l'exogamie, plus précisément l'apprentissage linguistique d'enfants naissant du mariage entre un(e) francophone et un(e) non-francophone. En Nouvelle-Écosse, un(e) francophone sur deux[88] se marie avec un partenaire non-francophone, et donc anglophone dans la plupart des cas. Le risque pour la vitalité ethnolinguistique se manifeste aussi dans les chiffres indi-

88 Selon Allard / Landry / Deveau (2003 : 92), le taux précis d'exogamie s'élève à 48 %.

quant le pourcentage d'enfants entre zéro et 17 ans qui parlent encore le plus souvent le français au foyer : alors que le chiffre relativement bas des couples exogames (taux de 9,3 %) est prévisible, même dans les familles où les deux partenaires ont appris le français comme langue maternelle, seuls 31,1 % des enfants néo-écossais parlent encore le français à la maison (cf. Allard / Landry / Deveau 2003 : 93).

2.2.1.2 *Données démographiques pour l'Isle Madame*

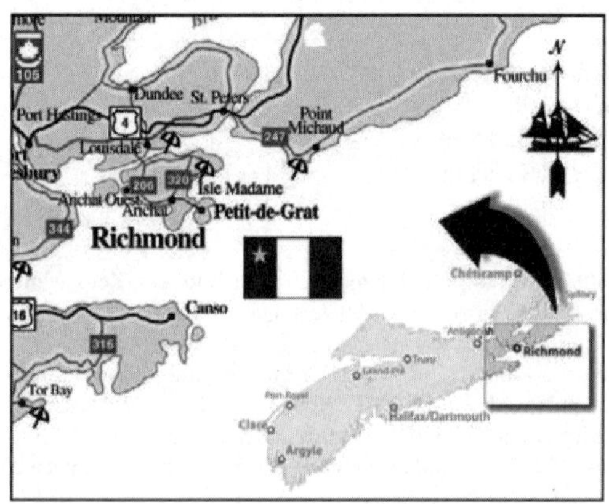

Carte 6 : Aire linguistique acadienne dans le comté de Richmond (Joyce 2005 : 8).

La zone linguistique francophone de l'« Isle Madame » comprend en premier lieu plusieurs villages situés sur l'île elle-même, comme Petit de Grat, Boudreauville, Little Anse et Arichat.[89] S'y ajoutent quelques villages établis sur la terre ferme de l'île du Cap Breton : L'Ardoise, Rockdale, Grand Grève, Lower L'Ardoise, Point Michaud et Rivière-Bourgeois.[90] Toutefois, le nombre des francophones, dans ces deux dernières régions, s'est considérablement réduit et diminue d'année en année. Ces endroits situés à l'extérieur de l'Isle Madame sont néanmoins intéressants, avant tout d'un point de vue phonologique car – selon les observations de Flikeid – des formes plus conservatrices ont pu s'y maintenir[91] (cf. Flikeid 1994 : 299). La raison en est que la population était moins hétérogène et qu'elles n'entretenaient pas autant de contacts avec l'extérieur qu'à l'Isle Ma-

[89] Néanmoins on trouve plusieurs villages à caractère anglophone comme Arichat-Ouest, Poulamond et D'Escousse.

[90] Le parler de Rivière-Bourgeois est documenté dans le volume d'Éphrem Boudreau (1988).

[91] Ainsi, à Rivière-Bourgeois, par exemple, on trouve encore le [ʃ] « saintongeais » et ses voyelles « représentent une étape très ancienne par rapport à l'évolution de l'ensemble » (Flikeid 1994 : 300).

dame (cf. Flikeid 1994 : 300). Dans mon corpus, les sites francophones hors de l'Isle Madame sont représentés par deux locuteurs de L'Ardoise et de Rockdale.[92] Néanmoins l'accent de l'analyse est mis sur l'Isle Madame.

Les chiffres démolinguistiques sont toujours très importants pour la classification d'un isolat linguistique ; il faut pourtant les traiter avec une grande prudence car leur exactitude est difficile à prouver. La valeur explicative de cette catégorie repose en premier lieu sur le fait que le déclin, de la catégorie « origine française » à « français parlé à la maison » (FHL[93]), en passant par « français comme langue maternelle » (FMT[94]), montre le taux d'assimilation dans le présent et dans le passé (cf. Flikeid 1997 : 262). Flikeid a établi la règle générale suivante : plus les chiffres absolus sont élevés et plus le groupe est homogène, moins le taux d'assimilation est élevé (cf. Flikeid 1997 : 262).

Les tableaux suivants présentent les chiffres des recensements de 2006 et de 2011 pour l'Isle Madame et les quatre autres régions acadiennes néo-écossaises et le calcul de la proportion des francophones au niveau de la communauté ainsi que du taux d'assimilation :

92 La transcription du corpus ne contient qu'un extrait de la conversation avec l'informatrice de Rockdale.

93 FHL = French Home Language.

94 FMT = French Mother Tongue (il s'agit d'abréviations qui se trouvent également dans les articles de Flikeid et autres ; pour cette raison, je garde la forme anglaise).

Communautés principales (NÉ)	**Clare (BSM)**	**Argyle (Pubnico, Wedgeport)**	**Isle Madame**	**Chéticamp, Margaree**[95]	**Pomquet**[96]
comté	Digby	Yarmouth	Richmond	Inverness	Antigonish
nombre total d'habitants (de la communauté)	8 813	8 656	3 455	5 859	6 509
FMT[97] (proportion dans la communauté)	5 820 (66,0 %)	4 100 (47,4 %)	1 635 (47,3 %)	2 480 (42,3 %)	370 (5,7 %)
FHL[98]	5 545 (62,9 %)	2 990 (34,5 %)	1 050 (30,4 %)	2 040 (34,8 %)	85 (1,3 %)
Taux d'assimilation actuelle	0,05	0,27	0,36	0,18	0,77

Tableau 5 : Données démolinguistiques des cinq principales communautés acadianophones de Nouvelle-Écosse (sur la base du recensement de 2006).

Communautés principales (NÉ)	**Clare (BSM)**	**Argyle (Pubnico, Wedgeport)**	**Isle Madame**	**Chéticamp, Margaree**	**Pomquet**
comté	Digby	Yarmouth	Richmond	Inverness	Antigonish
nombre total d'habitants (de la communauté)	8 319	8 252	3 286	5 280	6 439
FMT (proportion dans la communauté)	5 075 (61,0 %)	3 725 (45,1 %)	1 435 (43,7 %)	2 045 (38,7 %)	380 (5,9 %)
FHL	4 710 (56,6 %)	2 640 (32,0 %)	800 (24,3 %)	1 695 (32,1 %)	130 (2,0 %)
Taux d'assimilation actuelle	0,07	0,29	0,44	0,17	0,66

Tableau 6 : Données démolinguistiques des cinq principales communautés acadianophones de Nouvelle-Écosse (sur la base du recensement de 2011).

95 Chéticamp et Margaree font partie de la circonscription *Inverness, subdivision A*.

96 Pomquet fait partie de la circonscription *Antigonish, subdivision B*.

97 Le chiffre se compose des personnes ayant indiqué comme langue maternelle « français seulement » et « français et anglais ».

98 Le chiffre se compose des personnes ayant indiqué comme langue parlée le plus souvent à la maison « français seulement », « anglais et français », « français et langue non-officielle », « anglais, français et langue non-officielle ».

À l'aide de ces chiffres actuels, on peut effectuer des comparaisons entre les différentes régions et – en se référant au tableau de Flikeid (1997 : 163)[99] – on peut même y ajouter quelques aspects diachroniques. En ce qui concerne le chiffre absolu de locuteurs de langue maternelle française, l'Isle Madame ne se range qu'au quatrième rang (pour 2006 et 2011). Bien sûr, ce fait constitue une faiblesse non-négligeable dans l'évaluation de la vitalité ethnolinguistique. Néanmoins, en prenant en compte le pourcentage de l'exogroupe (les anglophones en l'occurrence), la situation se présente différemment : derrière la région de Clare où les deux tiers de la population sont des francophones de naissance, l'Isle Madame se retrouve au même rang qu'Argyle et même devant Chéticamp (2006). Les chiffres se sont légèrement détériorés pour 2011. Avec une proportion relative de 47,3 % en 2006 et 43,7 % en 2011, près d'un habitant de l'Isle Madame sur deux est toujours de langue maternelle française. Pourtant, d'un point de vue diachronique, le taux de l'Isle Madame a considérablement décliné : il était encore de 55,7 % en 1991, à Chéticamp par contre le taux a baissé plus lentement, passant de 46,2 % en 1991 à 42,3 % en 2006. Jusqu'à ce recensement, il fallait encore souligner que la constance était plus grande à Chéticamp. Au dernier recensement de 2011 par contre, on y remarque une chute considérable du taux des personnes ayant le français comme langue maternelle : de 42,3 % en 2006 à 38,7 % en 2011 ! Même si l'Isle Madame devance encore Chéticamp dans les tableaux ci-dessus, cet ordre est probablement appelé à s'inverser à long terme (si l'on considère la baisse considérable du taux à Chéticamp comme un incident unique).

Enfin, le taux d'assimilation linguistique est révélateur de la situation actuelle d'une communauté. En calculant ce taux, on met en relation le nombre des locuteurs natifs dont le français n'est plus la langue principale du foyer avec le nombre total de locuteurs natifs. On obtient alors un indicateur de la perte du français. Ce taux tend traditionnellement vers zéro autour de la Baie Sainte-Marie, même s'il est déjà passé de 0,01 en 1991 à 0,05 en 2006 et à 0,07 en 2011. La région d'Argyle a, malgré un nombre absolu très élevé de locuteurs natifs, un taux d'assimilation s'élevant à 0,27 en 2006 et à 0,29 en 2011. Pour reprendre les remarques faites ci-dessus dans la description de la région (cf. p. 34), le manque d'homogénéité du peuplement dans cette région pourrait bien en être responsable. À Chéticamp par contre, où l'habitat francophone est très regroupé, il n'y a que 18 % des francophones (en 2006) qui abandonnent leur langue maternelle au cours de leur vie. Une fois de plus, la différence par rapport à l'Isle Madame est bien visible : le chiffre s'y élève au double, soit 0,36 (en 2006).[100] En tenant compte de la règle générale de Flikeid (cf. ci-dessus p. 67), on voit donc que le chiffre absolu relativement bas exerce une influence. Enfin, à Pomquet la situa-

---

99 Chez Flikeid (1997 : 263), on trouve un tableau similaire pour les quatre premières régions, c'est-à-dire sans la région de Pomquet. Son tableau a servi de modèle au mien.

100 Dans le recensement de 2011, le facteur est même en train de tripler.

tion est très précaire : avec un taux de 0,77 (en 2006), plus des trois quarts des francophones passent à l'anglais.[101]

Pour évaluer mieux encore la situation démolinguistique de l'Isle Madame, il s'avère utile d'analyser le développement de la répartition des classes d'âge. Le fait le plus frappant est la régression considérable du nombre d'habitants, particulièrement prononcée pendant les deux dernières décennies :

Richmond, Subdivision C	**1991**	**1996**	**2001**	**2006**	**2011**
nombre total d'habitants	4 330	4 160	3 850	3 455	3 286
variation par rapport au recensement précédent		-3,9 %	-7,5 %	-10,3 %	-4,9 %

Tableau 7 : Évolution du nombre d'habitants à l'Isle Madame entre 1991 et 2011.

Bien que dans ce tableau, les populations francophone et anglophone soient prises dans leur ensemble, la tendance pour les deux ethnies est nettement visible : en 20 ans, la population a baissé de 24,1 %. De plus, les pourcentages indiquant la variation par rapport au recensement précédent démontrent l'accélération spectaculaire de la diminution de la population : de -3,9 % en 1996 à -7,5 % et même -10,3 % en 2006. Parallèlement, le taux de locuteurs natifs francophones a baissé de 17,6 % de 2001 à 2006. Cela permet de conclure que les francophones sont probablement encore plus concernés par cette vague d'émigration, ou du moins que ces circonstances pourraient être jugées fortement favorables à une assimilation linguistique progressive.

Le décalage vers la pointe de la pyramide des âges me semble constituer une des plus grandes menaces pour la vitalité ethnolinguistique à l'Isle Madame. Le tableau suivant montre la répartition des groupes d'âge entre 1996 et 2011. Les données de comparaison à la dernière ligne sont celles de la province de Nouvelle-Écosse pour 2011 :

101 À titre de comparaison, donnons deux autres chiffres : pour les francophones du Nouveau-Brunswick, Landry / Deveau / Allard attestent une valeur de 0,1 en 2002, pour les francophones de la Saskatchewan, le taux se situe autour de 0,75 (cf. Landry / Deveau / Allard 2006 : 38).
[Remarque : taux d'assimilation = 1 - le taux de continuité linguistique dont il est question dans cet article.]

groupe d'âge		- 15 ans	15–24 ans	25–54 ans	55–65 ans	+ 65 ans
1996 ILM	(%)	18,8	15,1	41,4	8,9	16,0
2001 ILM	(%)	17,1 ↓[102]	12,1 ↓	42,1 ↑	11,3 ↑	17,1 ↑
2006 ILM	(%)	14,6 ↓	11,4 ↓	39,4 ↓	15,6 ↑	19,1 ↑
2011 ILM	(%)	13,2 ↓	10,8 ↓	36,4 ↓	17,8 ↑	22,1 ↑
NÉ 2011	**(%)**	**15,0**	**12,7**	**40,8**	**14,9**	**16,6**

Tableau 8 : Répartition de la population par classe d'âge ; Isle Madame, 1996–2011. Les chiffres de 1996 et 2001 ont été fournis par Joyce (2005 : 13), ceux de 2006 sont repris à www.statcan.gc.ca, 30/12/2009, et ceux de 2011, à www.statcan.gc.ca, 01/11/2012.

On devine déjà le vieillissement croissant de la population en constatant que le pourcentage des deux premières catégories (-15 ans et 15–24 ans) est en baisse constante. Le pourcentage des classes d'âge entre 55 et 65 ans et « plus de 65 ans » ne cesse par contre d'augmenter. Ainsi, une personne sur cinq a plus de 65 ans à l'Isle Madame.

Deux chiffres qui montrent de manière encore plus saisissante l'évolution démographique en cours sont ceux de la moyenne d'âge et du taux de vieillissement : l'âge moyen de la population de l'île s'élevait encore à 37,9 ans en 1996, pour passer à 41,7 ans en 2001 (cf. Joyce 2005 : 13). Selon les chiffres du recensement de 2006 (cf. www.statcan.gc.ca, 09/05/2010), il a maintenant atteint 46,0 ans, et même 49,3 ans en 2011. Cela signifie donc qu'en l'espace de 15 ans, la moyenne d'âge a augmenté de 11,4 ans. Le taux de vieillissement de la population se calcule en établissant le rapport des plus de 65 ans et des moins de 15 ans (cf. Landry / Deveau / Allard 2006 : 38). En se référant aux données du tableau 8, ce taux est le suivant pour l'Isle Madame : 0,85 (1996), 1,0 (2001), 1,31 (2006) et 1,67 (2011).[103]

Si cette tendance démographique se poursuit, non seulement le nombre de francophones continuera à baisser à l'Isle Madame, mais l'acadien lui-même risque fortement de disparaître de cette région de Nouvelle-Écosse. Et les effets de l'assimilation mentionnés ci-dessus pourraient encore accélérer ce processus.[104]

---

102 La flèche montante ↑ indique que le pourcentage a augmenté par rapport au recensement précédent, la flèche descendante ↓ signifie que le pourcentage respectif a baissé.

103 Voici des données de comparaison : province de la Nouvelle-Écosse 1,10, francophones de la Saskatchewan (probablement 2001) : 4,14 (cf. Landry / Deveau / Allard 2005 : 4).

104 Cf. également à ce sujet le constat de Flikeid : « Thus, when the combined effects of declining fertility rates and ongoing assimilation are taken into account, it becomes clear that many of the smaller groups are threatened » (Flikeid 1997 : 263 et sq.).

2.2.2 La relation entre le français et l'anglais – quelques réflexions

La situation de l'acadien a toujours été caractérisée par un contact plus ou moins insense avec l'anglais et le français de référence : dès leur arrivée au début du XVIIe siècle et jusqu'à la fin du XIXe siècle, la plupart des Acadiens ont vécu dans une situation d'isolement, même si celui-ci était moins marqué dans le Nord-Est que dans le Sud-Ouest de la province (cf. p. 36). Cet isolement était double : premièrement, entre les communautés acadiennes elles-mêmes et deuxièmement, vis-à-vis du français de référence (cf. Flikeid 1999 : 161). Flikeid présente deux variables dont dépendait cet isolement : le degré d'ouverture d'une région ainsi que sa cohésion interne (cf. Flikeid 1992 : 17 et sq.).

Pour ce qui est du premier facteur, on peut dire que plus une région était imperméable aux influences extérieures, moins il y a eu par exemple de nivellement lors de la transmission de particularités syntaxiques (cf. Flikeid 1992 : 17). La période de la Déportation a représenté une époque d'ouverture non-voulue pour les Acadiens, durant laquelle les processus de nivellement ont pu s'accélérer.[105] L'autre variable est ce que Flikeid appelle « network type », c'est-à-dire le degré de cohésion interne d'une région linguistique. Cette cohésion est moins grande à l'Isle Madame que dans les autres régions, ce qui est certainement aussi dû à l'hétérogénéité géographique, favorisée entre autres par les répercussions de la Déportation. Ainsi, le parler de l'Isle Madame est moins conservateur que celui de la Baie Sainte-Marie, par exemple. Mais comme jusqu'à maintenant l'acadien a pu survivre à l'Isle Madame, des facteurs comme une certaine ouverture vers l'extérieur, la cohésion interne et l'homogénéité ont dû contribuer à la préservation de la langue, en comparaison avec d'autres régions (cf. Flikeid 1999 : 161) comme Chezzetcook.

Cette situation d'isolement commence à changer pour les Acadiens vers le tournant du XIXe siècle :

> Avec le début de l'urbanisation au 20e siècle, la majorité d'entre eux ont vécu une situation de diglossie classique telle que définie par Ferguson (1959) et Fishman (1967), c'est-à-dire que leurs deux langues se partageaient différentes fonctions. (Boudreau, A. 2005 : 443, note)

La différenciation fonctionnelle était clairement perceptible : la variété basse, en l'occurrence l'acadien, était employée dans les situations informelles (famille, travail sur place), alors que l'anglais était réservé aux échanges avec l'extérieur (cf. Péronnet 1995 : 402). On avait donc affaire à une situation diglossique stable. Mais cette diglossie a rapidement évolué en une situation de bilinguisme social, c'est-à-dire que, notamment au foyer, la communication était de plus en plus imprégnée par l'anglais à partir des années 1960. Ceci est dû en grande partie à l'arrivée de la télévision de langue anglaise (cf. aussi p. 109). Les frontières entre l'usage des deux langues sont devenues de plus en plus floues. Mais elles

---

105 Cf. aussi le chapitre 3.4.1 au sujet de la disparition de *point* à l'Isle Madame.

n'étaient que semi-perméables, en ce sens que l'anglais prenait de plus en plus de place, alors que l'acadien était en recul dans tous les domaines. Aujourd'hui, à l'Isle Madame, l'acadien est encore un moyen de communication dans les familles endogames et il est langue maternelle des enfants (à côté de l'anglais) dans les familles exogames dont la mère est francophone. En dehors de la maison, on parle acadien seulement avec des voisins / amis dont on est sûr qu'ils sont aussi francophones. Enfin, on a gardé encore un certain milieu francophone à l'église, lorsqu'il y a encore des messes en français (cf. aussi p. 90), et à l'école. Néanmoins cette situation de bilinguisme social est souvent perçue – ce qui n'est d'ailleurs pas étonnant – comme une diglossie, voire une triglossie (cf. Boudreau, A. / Dubois, L. 1992 : 5) par les Acadiens.

C'est dans ce contexte que se développe l'insécurité linguistique, une « insécurité rattachée aux représentations diglossiques [ou triglossiques ; JH] infériorisant la langue dominée » (Boudreau, A. 2005 : 447). Le fait qu'il existe un lien direct entre une situation jugée diglossique (ou triglossique) et l'insécurité linguistique des locuteurs est montré par la citation suivante :

> Ici, tout de suite, il ont un / j'ais pas comment de dire ça : un / un / une crise d'identité. [...] Parce que c'qui est arrivé, c'est que dans les années cinquante, l'éducation en français était inter/ interdite. Par contre, ben c'tait en 1864, je pense, que la loi Tupper[106] avait passé, qui interdisait le / l'éducation en français. Alors, dans les années cinquante / euh / ici au Petit de Grat, c'tait ju/ c'tait dans les années cinquante que les Terre-Neuviens sont venus de Terre-Neuve pour faire la pêche ici. Alors, quanT qu'ils sont venus, tout ce qu'i se parlait ici, c'tait français. Alors quanT que l'éducation a été offerte, c'tait offert en anglais, pis les gens rentraient pis c'tait « THE LITTLE RED BOOK» pis « THE LITTLE BLUE BOOK ». Pis t'as pas de choix-là. T'sais comme tu peux être francophone si tu veux. Ton éducation se passe en anglais pis c'est pas notre problème.
>
> Alors c'qui est arrivé dans ce temps-là, c'est que, il y avait aussi beaucoup de personnes d'ici qui / qui étaient sensibilisés aux opportunités économiques qui existaient en Ontario ou à / à Montréal ou au Qu/ au Québec en général à cause des / des bateaux de lac, on appelle ça des LAKE BOATS. SO par exemple un francophone d'ici s'en allait à Montréal, il revenait pis disait : « J'ai attaché mon bateau au quai. » TandiS qu'ici, on disait : « J'ai amarré mon bat/ mon canot au quai[107]. » T'sais comme alors tout de suite dans les années cinquante, on s/ se faisait dire par quelqu'un qu'allait à Montréal / il y a quelqu'un qui revenait pis qui disait : « Votre français, il est pas bon ! » Alors les gens ici trouvaient que leur français, le français

---

106 « Pendant plusieurs années, l'éducation en français était absente en Nouvelle-Ecosse. En 1864, la Loi Tupper tenta de mettre sur pied un système d'éducation publique dans la province mais, malheureusement, cette Loi a eu pour effet d'interdire l'éducation en français. Après de nombreuses interventions par les Acadiens et francophones, le gouvernement provincial proclame une Loi permettant l'établissement des écoles acadiennes » (Joyce 2005 : 18).

107 [tʃa].

> acadien, était pas / j'sais pas comment dire en français UP TO PAR[108] avec le français du Québec. Pis là tout c'qu'on apprenait à l'école, c'tait en anglais. Alors dans les années soixante-dix, c'que nous, on appelait comme par exemple *le plancher*, c'tait *la place*, *le plafond*, c'tait *grenier*, *le mur*, c'tait *rembris*. Alors ((rires)), *le plancher* ou *la place* est devenu *la FLOOR*, pis *le rembris* est devenu *la WALL* et puis *le grenier* est devenu *la CEILING*. Pis on *drive un CAR*, t/ t'sais on / on *conduit pas un automobile*, on *drive un CAR*. Ça fait c'est comme si que le système éducatif contournait la société pis là maintenant, on est rendu à un point où est-ce que / on a droit d'étudier en français, on peut étudier les sciences, on peut étudier l'histoire, on peut touT étudier en français, mais dans la cour d'école, ça se parle en anglais. [...]
> Et puis, ça c'est une / comme une grosse raison pour ça c'est à cause des Terre-Neuviens qui sont venus ici pour exploiter le poisson. [...]
> Eux-autres qui sont venus ici, pis là maintenant on a c'qu'on appelle des familles exogames, je pense que c'est appelé. Où est-ce que t'as un Acadien ou une Acadienne avec un Terre-Neuvien ou une Terre-Neuvienne. Pis c'qui arrive, c'est que souvent ils vont utiliser l'anglais parce que pendant des décennies, on a été dit que notre français était pas bon quand même. SO pourquoi utiliser un français qui est pas ((rires)) / qui est pas normal ? On va utiliser l'anglais parce que tout le monde co/ comprend l'anglais. (ILM, texte 3)

Pour ce qui est du type de bilinguisme, le concept du bilinguisme de nature additive et soustractive s'avère particulièrement intéressant dans la perspective de la description de la situation des Maritimes. Ce concept a été repris par Dubois 2005 :

> plus on utilise l'anglais (par ex. comme langue de travail et/ ou comme langue des communications usuelles) et plus le français est restreint au foyer, à l'école et aux activités qui entourent la communauté immédiate. Ce phénomène de bilinguisation est lié à une autre tendance sociale, l'urbanisation des francophones des provinces Maritimes [sic]. (Dubois, L. 2005 : 88)

Selon mes observations, à l'Isle Madame, il s'agit d'un bilinguisme de type soustractif – au moins à partir des années 1960 : cela signifie que plus l'anglais est utilisé dans les communications de tous les jours avec les voisins, dans les magasins, dans les médias audiovisuels, plus les locuteurs ont tendance à employer l'anglais à la maison, place auparavant réservée à l'acadien.

Flikeid distingue également deux formes de bilinguisme dont l'analyse permet de mieux comprendre les différences entre les divers isolats acadiens : l'usage actif et l'usage passif du français (en l'occurrence la variété acadienne) ou de l'anglais. L'usage actif se réfère à la production de paroles, l'usage passif à la réception de celles-ci. L'indice qui sert à mesurer ces formes de bilinguisme va de 1 (français tout le temps) à 5 (anglais tout le temps). Les chiffres que Flikeid a

---

108 *To be up to par with sth.* « être sur un pied d'égalité avec qc ».

obtenus au moyen d'un questionnaire pour cinq régions acadiennes de la Nouvelle-Écosse sont les suivants (cf. Flikeid 1989b : 185) :

	Usage actif :	**Usage passif :**
Chéticamp	1,52	3,83
Baie Sainte-Marie	1,59	4,59
Pubnico	1,63	4,34
Isle Madame	2,37	4,46
Pomquet	3,02	4,70

Tableau 9 : Indices de bilinguisme pour les cinq communautés (cf. Flikeid 1989b : 186).

Selon ce tableau, le français est presque partout favorisé dans l'usage actif (sauf à Pomquet où l'assimilation semble largement avancée). Mais la distance entre le Sud-Ouest (Baie Sainte-Marie et Pubnico) et le Nord-Est (Chéticamp et l'Isle Madame) est frappante. On pourrait avancer comme explication l'hétérogénéité géographique des installations francophones et anglophones à l'Isle Madame. Ainsi, en ne se déplaçant qu'à quelques kilomètres de chez soi, on est déjà « obligé » d'utiliser la langue anglaise.

Quant à l'usage passif, par contre, l'Isle Madame ne fait pas exception. Comme dans toutes les autres régions (à l'exception de Chéticamp), la langue préférée pour la lecture et l'utilisation des médias (journaux, radio, télévision) est de loin l'anglais. Flikeid qualifie la prédominance de l'anglais de « massive » et la situation en général d'« extrême » (Flikeid 1989b : 185). La figure suivante illustre la différence entre l'usage actif et l'usage passif pour l'Isle Madame :

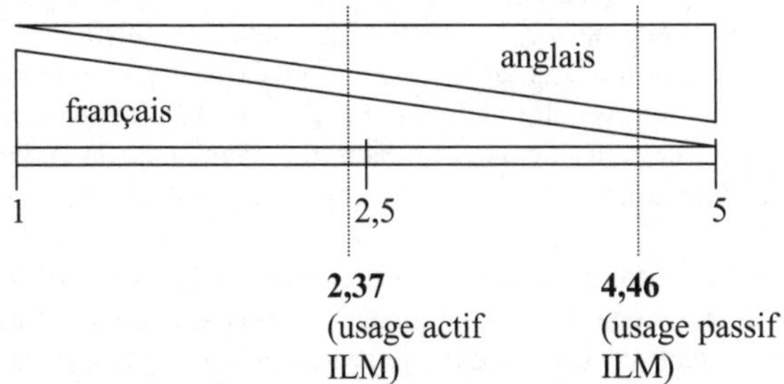

Figure 3 : Continuum d'usage des langues et indices correspondants pour l'usage passif et actif à l'Isle Madame (figure : J. Hennemann).

Il en ressort donc que dans les milieux minoritaires, on a une situation d'instabilité linguistique avec un taux de transfert élevé vers l'anglais (cf. Péronnet 1995 : 402). Cette tendance se manifeste dans les chiffres démolinguistiques présentés pour la Nouvelle-Écosse et l'Isle Madame. On peut même aller plus loin en postulant qu'on s'achemine vers le monolinguisme anglophone et que déjà, la variété acadienne ne remplit plus dans quelques régions (comme à Pomquet et aussi, à mon avis, à l'Isle Madame) qu'une fonction identitaire (cf. D'Entremont, V. 2004 : 4 pour Pubnico).

2.3 Les facteurs influant sur la *vitalité ethnolinguistique* d'une communauté

Les facteurs extrasystémiques exercent une grande influence sur la variation et ainsi, sur le changement linguistique (cf. Chaudenson / Mougeon / Beniak 1993 : 5 ; cf. Calvet 2000 : 65). Pour cette raison, une étude de plusieurs facteurs surtout sociolinguistiques précèdera la partie morphosyntaxique pour dresser un portrait exhaustif de la situation linguistique à l'Isle Madame ainsi que de la place occupée par son parler au sein des variétés acadiennes de Nouvelle-Écosse.

L'étude sociolinguistique qui suit se distinguera de celles entreprises par Flikeid qui cherche à détecter des facteurs sociolinguistiques pour l'emploi de certains phénomènes morphosyntaxiques.[109] Il m'importe plutôt de donner une vue d'ensemble du cadre sociolinguistique dans lequel se situe le parler acadien de l'Isle Madame ainsi que de présenter un cadre théorique à partir duquel une évaluation de la vitalité ethnolinguistique s'avère possible.

King laisse entrevoir l'importance d'un tel procédé en affirmant: « [t]he study of Acadian French […] involves the study of closely-related language varieties which have similar grammars but which vary in terms of their social circumstances » (King 2005 : 204). Dans le cadre de cette problématique, j'aborderai des facteurs extrasystémiques comme le niveau d'ancrage d'une langue dans la population ainsi que la pression normative, le degré d'exposition et de sensibilité à cette norme, la situation de contact linguistique, le statut de la langue, les différents modes d'appropriation ainsi que les plus importants changements technologiques, culturels et économiques. Dans cette démarche il faut faire la différence entre les facteurs influant directement sur la variation, c'est-à-dire le noyau linguistique, et ceux qui influent sur le degré de la vitalité de ce parler.

L'objectif principal ci-dessous sera d'évaluer de façon détaillée le degré de vitalité ethnolinguistique de la communauté acadienne à l'Isle Madame et dans les alentours. Dans un premier temps, je présenterai le modèle de Bourhis et Lepicq (2004) qui regroupe l'ensemble des facteurs décisifs influant sur la vitalité ethnolinguistique d'une communauté linguistique. Dans le chapitre 2.4, je me concentre sur quelques facteurs choisis (l'économie, l'Église catholique, l'enseignement, la vie culturelle, le niveau institutionnel et les médias) à l'aide desquels je dessinerai le profil sociolinguistique de l'Isle Madame de nos jours.

Depuis les années 90 du siècle passé, nombre d'ouvrages interdisciplinaires analysant la situation politique, économique et culturelle des communautés acadiennes et francophones de l'Atlantique ont montré les nombreuses facettes de

---

109 Cf. par ex. Flikeid (1989b), Flikeid (1992) ou Flikeid (1999).

ces régions.[110] En combinaison avec mes propres observations et résultats sur les conditions linguistiques à l'Isle Madame, j'essaierai de tirer des conclusions sur la « vitalité ethnolinguistique » de cette île.

Le concept de « vitalité ethnolinguistique » est issu de la psychologie sociale (cf. Landry / Allard 1989 : 75) et peut entre autres être appliqué dans le domaine de la sociolinguistique. L'évaluation de la vitalité d'un groupe ethnolinguistique se situe dans le cadre de la recherche en matière de « vitalité » en général (« Vitalitätsforschung »).[111] Considérons maintenant la façon dont Giles / Bourhis / Taylor (1977) définissent cette expression ainsi que son impact sur la disparition ou la survie d'une langue :

> The vitality of an ethnolinguistic group is that which makes a group likely to behave as a distinctive and active collective entity in intergroup situations. From this, it is argued that ethnolinguistic minorities that have little or no group vitality would eventually cease to exist as distinctive groups. Conversely, the more vitality a linguistic group has, the more likely it will survive and thrive as a collective entity in an intergroup context. (Giles / Bourhis / Taylor 1977 : 308)

Les trois complexes de variables principales influençant la vitalité ethnolinguistique selon Giles / Bourhis / Taylor (1977 : 309) sont : le statut, la démographie et le soutien institutionnel. On retrouve les mêmes dans le modèle légèrement modifié de Bourhis / Lepicq (2004) sur lequel je m'appuierai par la suite.

---

110 Cf. Daigle (1993a), Dubois, L. / Boudreau (1996), Magord (2003), Kolboom / Mann (2005).

111 Pour un résumé de l'état de la « recherche sur la vitalité » (en langue allemande) cf. Achterberg (2005 : 23–85).

Le modèle selon Bourhis et Lepicq (2004)

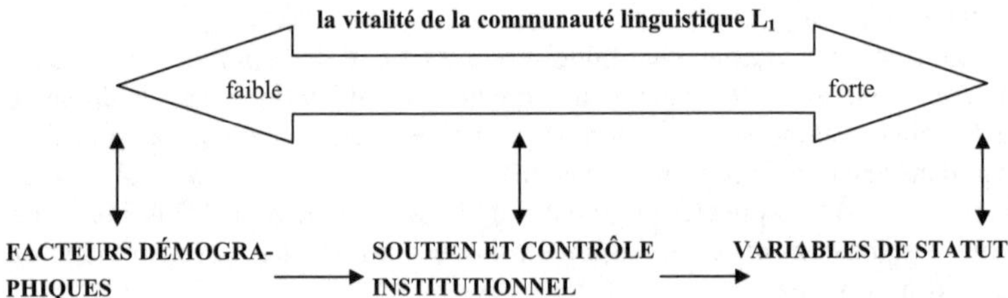

FACTEURS DÉMOGRAPHIQUES →	SOUTIEN ET CONTRÔLE INSTITUTIONNEL →	VARIABLES DE STATUT
Nombre de locuteurs L_1 - Nombre absolu - Taux de fertilité / mortalité - Endogamie / exogamie - Transmission intergénérationnelle de L_1 - Émigration - Immigration - Pyramide des âges **Distribution des locuteurs L_1** - Concentration nationale / régionale / urbaine - Proportion des locuteurs endogroupes (L_1) vs exogroupes (L_2, L_3) - Territoire historique / ancestral de L_1	**de L_1 dans les domaines** - Éducation (primaire, secondaire, universitaire) - Institutions politiques - Services gouvernementaux (poste, mairie, services sociaux, santé, transport, tribunaux) - Média (radio, télévision, journaux, Internet) - Institutions militaires et policières - Paysage linguistique - Économie (commerce, industrie, finance) - Industries culturelles (musique, littérature, théâtre, danse) - Sport et loisirs - Institutions religieuses - Associations et leadership	- Statut linguistique de L_1 par rapport à L_2, L_3 (aux niveaux municipal, régional, national, international) - Prestige sociohistorique de L_1 par rapport à L_2, L_3 - Statut social de L_1 par rapport à L_2, L_3 - Statut socioéconomique de L_1 par rapport à L_2, L_3

Tableau 10 : Facteurs sociostructurels affectant la vitalité d'une communauté linguistique L_1 (Allard / Landry / Deveau 2006 : 87).[112]

Explicitons le contenu des trois catégories en jeu et leur impact potentiel sur le degré de vitalité d'une langue ou d'une variété de langue. Les doubles flèches indiquent qu'il s'agit d'un lien réciproque entre chacune des trois catégories et l'intensité de la vitalité. En outre, chaque groupe peut influencer celui de droite, on a donc affaire à un impact unidirectionnel. Je procède selon l'ordre dans le-

112 Allard / Landry / Deveau (2006) renvoient à Bourhis / Lepicq (2004).

quel les différents facteurs sont énumérés dans le modèle de Bourhis / Lepicq, présenté ci-dessus. Dans ce cadre théorique, je glisserai déjà quelques réflexions préliminaires sur mon objet d'étude, l'acadien de l'Isle Madame.

Les dix[113] sous-facteurs démographiques (première colonne du modèle) sont regroupés en deux groupes, le « Nombre de locuteurs L_1 » et la « Distribution des locuteurs L_1 ». Sous le premier titre sera examiné le nombre absolu de personnes formant la communauté linguistique : comme il est facile de le deviner, plus le nombre de membres est élevé, plus les chances de survie de la langue augmentent. En revanche, dès qu'un point dit « de non retour » (cf. Driedger / Church 1974 : 32, 41) est atteint, la langue est censée être condamnée à la disparition.

Par ailleurs, certains facteurs contribuent à l'extension ou à la diminution du groupe : mentionnons à titre d'exemple le taux de fertilité[114] ainsi que de mortalité, qui doivent être considérés en comparaison avec ceux du groupe « concurrent », en l'occurrence les anglophones. Le taux d'endogamie et celui d'exogamie sont également des indicateurs révélateurs de la vitalité ethnolinguistique, ce dernier étant probablement « [l]e facteur le plus menaçant pour la vitalité des communes francophones et acadiennes » (cf. Landry / Deveau / Allard 2006 : 39). Ces chiffres sont étroitement liés au taux de transmission intergénérationnelle : dans les mariages intragroupes, celui-ci tend – dans l'idéal – vers 1, dans les mariages intergroupes par contre, il faut de nouveau prendre en considération plusieurs circonstances.

Ensuite, les flux d'émigration ou d'immigration dans une communauté ethnolinguistique ne sont pas non plus à négliger. Alors que l'émigration est en premier lieu responsable de la diminution du groupe – phénomène souvent dû à des conditions sociales et économiques peu favorables –, l'immigration de locuteurs n'appartenant pas au groupe ethnolinguistique peut être une source d'assimilation pour les membres d'un groupe.

Finalement, la répartition des classes d'âge dans une communauté sera également prise en compte. En considérant le développement ultérieur de la pyramide des âges de l'Isle Madame, on obtient des indices peu favorables à l'avenir de l'acadien à cet endroit.

Sous le titre « Distribution des locuteurs L_1 », on compte le degré de concentration de locuteurs aux niveaux national, régional et urbain. Proximité ou distance ont un impact sur le sentiment de solidarité à l'intérieur du groupe. Il y a des facteurs, comme « l'interaction verbale fréquente » et le maintien des « sentiments de solidarité »[115], qui jouent un rôle capital (cf. Giles / Bourhis / Taylor 1977 : 313). En outre, il faut analyser la proportion des locuteurs endogroupes vs

---

113 Huit de ces facteurs sont mentionnés dans Giles / Bourhis / Taylor (1977 : 312–315). Deux (la transmission intergénérationnelle de L1 ainsi que la pyramide des âges) ont été ajoutés par Bourhis / Lepicq (2004).

114 Dans ce contexte, Giles / Bourhis / Taylor (1977 : 314) rappellent la fameuse « revanche des berceaux ».

115 En anglais, Giles / Bourhis / Taylor (1977 : 313) parlent de « feelings of solidarity » et de « frequent verbal interaction ».

exogroupes qui détermine la nature de la relation intergroupes : on peut facilement deviner la différence dans le degré de vitalité linguistique entre, par exemple, un taux de 1:10 et un autre de 50:50 (cf. Giles / Bourhis / Taylor 1977 : 313). Enfin, le territoire ancestral entre également en jeu : on a déjà vu ci-dessus (cf. p. 19) qu'après le retour des Acadiens vers 1763, les Anglais ont essayé de les éloigner le plus possible les uns des autres afin de les empêcher de (re)devenir trop puissants.[116]

Cette catégorie de variables relatives au soutien et au contrôle institutionnel (deuxième colonne du modèle) peut aussi revêtir différentes formes en fonction du niveau administratif. Pour cela, il faut différencier les échelons national, régional et local (cf. Giles / Bourhis / Taylor 1977 : 315). Le soutien institutionnel se manifeste sous deux formes divergentes : le soutien *informel*, exercé par des groupes d'intérêt ancrés au sein de la communauté. Ceux-ci rendent publiques leurs intentions et exercent une pression sur le groupe extérieur afin de sauvegarder leurs propres intérêts. Le soutien *formel* s'évalue selon la représentation du groupe dans les organismes officiels. Plus le groupe est présent dans différents types d'institutions, plus sa vitalité est élevée. Parmi les onze facteurs énumérés dans cette catégorie ci-dessus, j'en ai choisi six qui me semblent d'une importance particulière pour l'acadien de l'Isle Madame : l'économie, l'Église, l'enseignement, la vie culturelle, le niveau institutionnel ainsi que les médias. Ils seront analysés en détail au paragraphe 2.4 : *L'acadien dans la vie publique*.

La troisième colonne des variables liées au statut d'un groupe comporte quatre points : le statut linguistique, le prestige socio-historique, le statut social ainsi que le statut socio-économique de la langue en question.

Le statut linguistique de l'acadien de l'Isle Madame par rapport aux langues environnantes varie selon le point de vue : municipal/régional et national/international. Il se crée alors une sorte de polarité incluant des facteurs qui augmentent la vitalité ethnolinguistique et d'autres qui la diminuent : d'un côté, le français standard jouit d'une grande estime à l'échelle internationale ; l'acadien a obtenu une certaine reconnaissance dans la francophonie internationale.[117] À l'intérieur de la confédération canadienne, le français a un statut égal à l'anglais – tous deux étant langues officielles du Canada. Ces deux statuts apportent des avantages considérables au groupe minoritaire, ce qui contribuerait éventuellement à l'augmentation de sa vitalité linguistique (cf. Giles / Bourhis / Taylor 1977 : 311). D'autre part, la non-reconnaissance du français comme langue officielle de la province de Nouvelle-Écosse ainsi que le très faible degré de standardisation de la variété acadienne elle-même pourraient en même temps être une source de honte pour les locuteurs. L'acadien lui-même n'a pas – jusqu'à présent – de statut particulier au niveau provincial. Pourtant, un de mes interlocu-

---

116 Sur ce point, il y a une grande différence avec la répartition des francophones au Québec.

117 Ainsi, Antonine Maillet, par exemple, a remporté le prix Goncourt pour son œuvre « Pélagie-la-charrette » en 1979.

teurs ne voit pas de relation entre un sentiment d'infériorité et la diminution du degré de vitalité :

> **J. H.** : Em, qu'est-ce que vous pensez de la / disons de la thèse que, eum le français ici ne va pas s'effacer ou ne va pas disparaître parce qu'il y aurait / il y aura toujours des gens qui vont revenir ici, donc qui sont maintenant à Halifax pour leur carrière professionnelle, qui sont nés ici dans la région et qui vont revenir quand ils se vont / quand ils vont se retirer ?
> **B. J.** : Je pense que / je pense que t'as tout à fait raison. Le problème qu'on voit tout de suite, c'est que tu vas avoir certaines personnes qui vont faire une telle déduction mais qui va le faire en fonction de *langue utilisée au travail*, par exemple. Ben, si que *langue utilisée au travail* est l'anglais, pis que ça monte pas à plus que cinquante pour cent, la / la survivance du français va être, c'est comme ça, en danger. Ben, je pense pas. Parce que la majorité des gens ici, ils valorisent leur culture, ils valorisent leur histoire, ils valorisent leur patrimoine qui inclut la langue française. Mais pas la langue française comme qu'on apprend à l'école. Pis c'est aussi simple que ça. Pis c'est que les gens sont fatigués de nous le dire. Pis on essaie / il essaient de transmettre le message : T'sais comme arrêtez de nous taquiner, pis arrêtez de niaiser[118] sus quel type de mot qu'on utilise. Pis laissons-nous nous / nous proclamer comme qu'on veut, comme Acadiens. Qu' ça soit moitié anglais, moitié français, ça soit du chiac, ça soit du vieux français de / des / t'sais, des années dix-sept cents, peu importe ((rires)). Laissons les gens parler leur français [...] parce que c'est ça, c'est ça leur langue. T'sais comme / moi, je peux pas comprendre pourquoi est-ce qu'on impose un / un certain dialecte. Si / ((rires)) si tu vas / on peut quitter d'ici pis s'en aller. Même / même sur l'Isle Madame, le français qui est utilisé à Arichat-Ouest est différent que le français utilisé au Petit de Grat.
> [...] Alors, comment est-ce qu'on peut s'attendre qu'une p'tite communauté comme le Petit de Grat ou l'Isle Madame va changer leur français pour être conforme à qui ? T'sais comme / conforme aux Québécois, aux Français de France, aux Belges. À qu'/ à qui là, à qui est-ce qu'on doit être conforme ? Pourquoi être pas conforme à nous ? Pis / ((rires)) moi, je trouve ça simple comme théorie mais il y en a qui dit que je complique les choses. T'sais, c'est pas un monde parfait, il y en a qui dit qu'on a le / le syndrome / euh / de minorité. (ILM, texte 3)

En dépit des dénégations, l'insécurité linguistique serait donc un facteur qui diminuerait le degré de vitalité. Il s'agit donc de déterminer dans quelle mesure les avantages du statut (inter)national pèsent plus (ou moins) lourd que des inconvénients potentiels à l'échelle provinciale et municipale.

Le prestige socio-historique est susceptible de jouer un rôle prépondérant dans le cadre de cet examen. Giles / Bourhis / Taylor (1977) jugent importantes les périodes pendant lesquelles les membres d'un des groupes respectifs ont dû se battre afin de défendre, de maintenir ou bien d'assurer leur existence en tant

---

[118] *Niaiser* = « taquiner » (cf. Le Nouveau Petit Robert 2007 : s. v. *niaiser*).

qu'entité collective.[119] C'est alors le sentiment d'une solidarité intragroupes – souvent transmis sur plusieurs générations – qui renforce la vitalité linguistique. Dans ce contexte, il faudra prendre en considération les nombreux conflits entre Anglais et Français dans le Nouveau Monde, dont le point culminant fut l'extinction partielle des Acadiens ainsi que leur expulsion de leurs lieux d'habitation (cf. paragraphe 1.1.2, à partir de la page 13).

Un troisième facteur est le statut social de la langue : c'est d'abord le degré de conscience qu'a une communauté linguistique de ses propres valeurs, mais qui est souvent en liaison étroite avec le jugement porté sur ce groupe par l'extérieur (cf. Giles / Bourhis / Taylor 1977 : 310). Ici, je peux compter sur les remarques de plusieurs de mes informateurs.

Un facteur qui a certainement des répercussions directes sur le statut social d'une langue est son statut socio-économique : dans ce cadre, on prend surtout en considération le degré de contrôle qu'une communauté linguistique atteint sur son destin économique (cf. Giles / Bourhis / Taylor 1977 : 310). Selon d'autres études[120], on accorde déjà très peu d'influence économique aux Franco-Canadiens dans leur ensemble – y compris au groupe important des Québécois. Néanmoins, après l'adoption de la *Charte de la langue française* (communément appelée *la loi 101*) en 1977, la situation a changé pour le Québec (cf. Vaillancourt, F. / Lemay / Vaillancourt, L. 2007 : 1).

La vitalité ethnolinguistique a enfin une influence directe sur l'avenir linguistique et culturel du groupe. Landry / Allard (1996) résument cela de la façon suivante :

> Les groupes ayant un faible degré de vitalité ethnolinguistique, selon ce construit théorique, auraient tendance à graduellement cesser d'utiliser leur langue et à s'intégrer culturellement à un ou à différents groupes dominants. Inversement, les groupes ayant davantage de vitalité ethnolinguistique auraient tendance à maintenir l'utilisation de la langue et à demeurer une entité collective distincte et active au sein de la société. (Landry / Allard 1996 : 64)

Je suis consciente du fait que le modèle évoqué ci-dessus n'est pourtant pas à même de prendre en compte tous les facteurs influençant la vitalité ethnolinguistique. Le modèle représente en premier lieu une perspective microscopique, les développements au niveau macroscopique sont – pour la plupart des cas – exclus de l'examen, ce qui évitera une trop grande complexité. De plus, je signale que le poids relatif des facteurs reste souvent encore à déterminer (cf. Giles / Bourhis /

---

119 Citation originale : « The histories of many ethnolinguistic groups contain periods in which members of such groups struggled to defend, maintain or assert their existence as collective entities. » (Giles / Bourhis / Taylor 1977 : 310).

120 Selon les analyses de Taylor / Meynard / Rheault (1977) ainsi que de Smith / Tucker / Taylor (1977), parues dans le même recueil, les Franco-Canadiens avaient très peu de contrôle sur leur propre destinée économique (cf. Giles / Bourhis / Taylor 1977 : 310).

Taylor 1977 : 316) ; enfin, je suis consciente des nombreuses interactions entre les différents facteurs.[121] Néanmoins, le modèle me semble adéquat pour donner une synthèse de la situation sociolinguistique à l'Isle Madame.

2.4 L'acadien dans la vie publique

Suivant le modèle exposé en 2.3, essayons maintenant dans un deuxième temps d'exposer le soutien et le contrôle institutionnel dont bénéficie l'acadien à l'Isle Madame.[122]

2.4.1 L'économie acadienne – un domaine en plein déclin

Le fonctionnement et l'état de santé du secteur économique ainsi que tous les facteurs qui y sont liés (langue au travail, chômage, etc.) sont des facteurs non-négligeables pour la vitalité linguistique dans une région déterminée.

D'une manière générale, l'activité économique des Acadiens est basée – et ce, depuis leur installation dans cette région de l'Amérique du Nord – sur l'exploitation de ressources naturelles comme la pêche, l'agriculture et l'exploitation forestière. Comme il s'agit avant tout de secteurs d'activité saisonnière, le taux de chômage des Acadiens compte parmi les plus élevés du Canada – surtout en hiver. En même temps, l'ancrage économique dans le secteur primaire est un des points faibles des Acadiens. Le poids de ce secteur diminue de plus en plus dans les pays industrialisés depuis la deuxième moitié du XIXe siècle, au profit des secteurs secondaire et – avant tout – tertiaire (cf. Allard / Landry / Deveau 2003 : 97 et sq.).

Cette évolution est une des raisons pour lesquelles la plupart des salariés acadiens doivent quotidiennement faire la navette entre leur domicile et un village anglophone avoisinant. Souvent, ils y ont trouvé du travail dans les services. Cette forme de travail ne s'effectue que très rarement en français. Les emplois dans un environnement acadien dans ce secteur se trouvent presque uniquement

121 Pour une critique détaillée du concept de la « vitalité ethnolinguistique » cf. Husband / Saifulla Khan (1982).

122 En grande partie, les observations présentées dans cette partie ont été faites par moi-même lors des deux séjours de recherche en 2005 et 2007. Quelques aspects sont également décrits dans Hennemann (2011).

dans des succursales d'organismes acadiens sur place (cf. Allard / Landry / Deveau 2003 : 97).[123]

Les lignes suivantes détaillent quelques aspects économiques qui jouent un rôle important dans la région étudiée dans ce travail. Depuis le début de la présence acadienne à l'Isle Madame, l'exploitation de ressources naturelles était plus ou moins limitée à la pêche, l'agriculture n'ayant jamais été un grand atout. Le Sieur de la Roque avait déjà dû faire ce constat dans son recensement datant de l'année 1752 :

> Le petit Degrat [Petit-de-Grat] n'est propre que pour y faire la pêche de la morue, aussi tous les habitants qui y sont établis ne font d'autre commerce que celui-là, il y est très abondant et l'on y fait une des plus belles morues que l'on fasse à l'île Royale […]. (Recensement du Sieur de la Roque, Documents de la Session n° 18, 1906, vol. 7, Archives canadiennes p. 28 ; cité d'après Ross / Deveau 2001 : 171)

Et encore de nos jours, les terres arables sont rares à Petit de Grat et aux alentours :

> La terre rocheuse au village nie le moyen de se faire une vie avec la ferme. […] La ferme n'a jamais été le moyen de se faire une vie au Petit de Grat. Donc, les habitants se sont menés vers leur environnement naturel - [sic] l'eau. (Samson, L. et al. [n. n.] : 4 et sq.)

Certains rapports du gouvernement provincial mentionnent l'exploitation d'ardoise à l'Isle Madame dans le passé[124] – un matériau très demandé encore aujourd'hui. Pourtant ces projets n'ont jamais été développés à grande échelle, entre autres parce que les possibilités n'ont jamais vraiment été étudiées (cf. Joyce 2005 : 33). Quant à l'activité forestière, il n'y en a presque pas en ce moment à l'Isle Madame (cf. Joyce 2005 : 37). Aussi le marché du travail est-il particulièrement sensible aux quotas de pêche – et par conséquent dépendant de ceux-ci – car les habitants ont peu d'autres possibilités de gagner leur vie.

En général, le taux de chômage est traditionnellement très élevé dans cette région de la Nouvelle-Écosse (cf. Joyce 2005 : 14). Voici son évolution au cours des vingt dernières années :

---

123 La seule exception à cette « règle » est constituée par la région métropolitaine d'Halifax où le statut socio-économique des Acadiens est non seulement plus élevé que celui de leurs compatriotes dans les régions rurales, mais aussi que celui de la population anglophone. Ceci est probablement dû au fait que ces Acadiens ont dû quitter leur région originale pour faire des études à Halifax et ont fini par s'y installer (cf. Allard / Landry / Deveau 2003 : 97).

124 Le toponyme d'un village de la terre ferme, L'Ardoise, évoque également cette activité.

Période de prélèvement	Taux de chômage
Recensement de 1986	26 %
Recensement de 1991	20 %
Recensement de 1996	31 %
Recensement de 2001	27 %
Recensement de 2006	13 %

Tableau 11 : Taux de chômage à l'Isle Madame, 1986–2006 (1986–2001 : cf. Joyce 2005 : 14 et www.statcan.gc.ca, 20/11/2008 pour 2006).

Après des taux d'environ 20 à 25 %, l'Isle Madame a atteint un chômage record vers le milieu des années 1990 avec l'effondrement de la pêche (cf. ci-dessous). Ces taux de chômage élevés ont entraîné l'exode progressif d'une partie de la population active. Cette forme d'émigration est importante surtout pour les jeunes cherchant un emploi correspondant à leur niveau de formation.[125] Il reste une population vieillissante « comme dans l'ensemble des régions rurales en Nouvelle-Écosse » (Joyce 2005 : 13). Ces deux aspects, l'exode rural et le vieillissement de la population, sont une explication du fait que le taux de chômage a été divisé par deux de 2001 à 2006 – en plus d'une légère détente de la situation économique à l'Isle, surtout due à la création d'emplois dans le secteur tertiaire (cf. Joyce 2009 : 9).

Les deux photos suivantes manifestent la volonté de beaucoup d'entrepreneurs de continuer à gérer leurs affaires depuis l'Isle Madame. Néanmoins ceci implique également qu'ils doivent affronter un manque considérable de main-d'œuvre qualifiée (cf. Joyce 2009 : 6). Parfois ils ont les mains liées et sont obligés de déménager pour des raisons de rentabilité.[126]

Illustration 2 a+b : Entrepreneurs acadiens lors du cortège du 15 août 2007 à Petit de Grat. Ils affichent publiquement leur volonté de rester sur l'Isle : « Icitte c'est chez nous, on veux [sic] y rester ! » (photos : J. Hennemann).

[125] L'un des problèmes, à l'Isle Madame, est aussi que seulement 45 % des employeurs exigent une formation postsecondaire, alors que la moitié des jeunes chômeurs en possèdent une (cf. Joyce 2009 : 35).

[126] L'organisme qui lutte pour améliorer les conditions structurelles dans les régions défavorisées est le Conseil de développement économique de la Nouvelle-Écosse (CDÉNÉ).

Pour ceux restant domiciliés à l'Isle Madame, la « langue parlée le plus souvent au travail » est un facteur intéressant reflétant la vitalité linguistique. Dans le recensement de 2006, parmi les 1 745 personnes de plus de 15 ans et travaillant au moins depuis 2005, la grande majorité (87,4 %) parlent le plus souvent l'anglais pendant leur journée de travail, 8,3 % parlent le français et 4,3 % font un usage égal des deux langues. Parmi toutes les autres régions acadianophones de la Nouvelle-Écosse, c'est là un taux extrêmement bas. À Chéticamp, par exemple, le taux (français uniquement) atteignait 77 % il y a quelques années, comparativement à environ 60 % dans le Sud-Ouest de la région. Il n'y a qu'à Halifax que le pourcentage soit encore moins élevé (cf. Joyce 2005 : 17).

2.4.1.1 *La pêche – temps forts et temps très faibles*

Illustration 3 : Pêcheurs de l'Isle Madame (photo de la couverture du livre de Boudrot 2004a ; reprise au site web de la Société historique de l'Isle Madame : www.arichat.com/imhs/index.htm, 23/06/2009).

Comme on l'a déjà mentionné, c'est en premier lieu le sol rocheux et pierreux qui a imposé aux habitants de l'Isle Madame une vie consacrée à la pêche. Dans le passé, il y avait des poissons en abondance, et le secteur était donc lucratif. Les pêcheurs se concentraient avant tout sur la pêche au maquereau, au homard, à la morue, à l'espadon, à l'aiglefin, à la goberge, au hareng et à l'« acornais »[127] (cf. Samson, B. 1990 : [11]). Contrairement à d'autres régions néo-écossaises, comme Chéticamp, il n'y avait pas de monopole de pêche à l'Isle Madame, mais beaucoup de concurrents de taille modeste. Par la suite, cette situation de compétitivité attira également des pêcheurs d'origines différentes, par exemple des Anglais de Jersey ou des Irlandais (cf. Ross / Deveau 2001 : 177 et sq.). Et avec

[127] *Acornais* = « calmar / encornet ».

l'arrivée de nouvelles familles, de nouvelles entreprises de pêche virent le jour. Vers le début du XXe siècle, la pêche était abondante et plusieurs usines à homard ouvrirent leurs portes, dont trois à Petit de Grat et deux à Petite-Anse (cf. Samson, B. 1990 : [17]).

Dans les années 1960, les stocks de morue autour de l'Isle Madame augmentèrent considérablement. *Booth's Fisheries*, une grande compagnie américaine, installa un grand établissement de conditionnement du poisson à Petit de Grat en 1950, il y avait douze nouveaux chalutiers sur place, ce qui mena à une relance significative de l'économie locale. Mais du point de vue linguistique, cet essor économique a entraîné une vague d'immigration de pêcheurs terre-neuviens anglophones dans le village de Petit de Grat « et, de ce point de vue, leur arrivée marque un point tournant dans l'histoire de ce village français » (Ross 2001 : 111). Ces Terre-Neuviens n'éprouvaient ni le désir ni le besoin d'apprendre le français, ils se mariaient souvent avec des Acadiennes et leurs enfants préféraient souvent déjà l'anglais au français. Deux de mes informateurs se souviennent de cette période et sont aussi conscients de l'anglicisation entraînée par l'installation de ces marins à Petit de Grat :

C. L. : I y a joliment de monde qu'a venu de Terre-Neuve sus[128] les chalutiers pis i / i y-ont marié des Françaises BUT la majorité d'zeux étaient tout le temps en mer. Ça fait i parlont pas trop le français. Parlont en anglais.
E. L. : Mais i ont fait un TERRIBLE MESS, ah…
C. L. : Y a holiment d'zeux dans les / de Terre-Neuve, i parlont pas un mot de fran/ d'anglais, de français.
E. L. : Oui, ben j'avons rencontié […] JOHN PERRY. On le renconte sus le pont. TouT anglais pas un mot de français.
C. L. : …lui par / i parle pas un mot de français, lui. Pas un mot.
E. L. : Non. Pis sa femme est française pis quanT que / quanT qu'i / sa femme i parle le français, i dit : STOP GIBBERING IN FRENCH, TELL IT TO ME IN ENGLISH. Oui, j'étais là d'une / un élan de ça. I dit à sa femme : STOP GIBBERING IN FRENCH, TELL IT TO ME IN ENGLISH. […]
C. L. : Çui-là qu'est / çui-là qu'est marié à ma cousine en haut là PETE BAKER i vient de Harbour Breton[129], parle pas de français. Pas un mot.
E. L. : I comprend pas, i comprend pas. I sait pas si si… / I ont de la misère à le comprendre.

Mais en même temps, la ville de Port Hawkesbury aussi, située sur la côte du détroit de Canso, à une trentaine de kilomètres de l'Isle Madame, a largement profité de cet essor économique. Entre 1959 et 1975, on y a créé plusieurs milliers d'emplois dans la construction, ce qui a attiré beaucoup d'Acadiens et d'Acadiennes du comté de Richmond dans un milieu de travail anglophone.

[128] [ʃy].

[129] Harbour Breton est une municipalité située sur la côte sud de Terre Neuve-et-Labrador.

L'attrait de Port Hawkesbury a par conséquent profondément ébranlé la solidité du français à l'Isle Madame et y a accéléré l'anglicisation (cf. Ross 2001 : 112).

L'industrie de la pêche à l'Isle Madame devait subir une grave crise au milieu des années 1990 : en l'espace de deux ans, les prises étaient passées de neuf millions de kilos en 1993 à un million en 1995 (cf. Joyce 2009 : 9). La raison en était avant tout la surexploitation des espaces maritimes autour de l'Isle Madame durant les années précédentes, L. Samson et al. parlent d'une « pêche mal organisée et mal surveillée » (Samson, L. et al. [n. n.] : 12), mais, le changement climatique en a probablement aussi été partiellement responsable. Durant ces années, deux usines importantes de traitement de poisson et plusieurs petits commerces ont dû fermer (cf. Joyce 2005 : 14), ce qui a provoqué la hausse du taux de chômage, passé de 20 % en 1991 à 31 % en 1996 (cf. tableau 11, p. 85).

Bien des stratégies ont été envisagées pour réduire la dépendance vis-à-vis de la pêche après la crise des années 1990 : un grand nombre de sites d'aquaculture ont vu le jour, mais au lieu des 38 sites aquicoles du début (cf. Joyce 2005 : 36), il n'y a plus que deux entreprises, employant neuf personnes, qui continuent l'exploitation aujourd'hui (cf. Joyce 2009 : 12). Une autre piste était constituée par les emplois dans la construction navale (cf. Joyce 2005 : 21). On a également établi des parcours de formation continue au Collège de l'Acadie (cf. p. 101). Néanmoins la pêche occupe aujourd'hui de nouveau un rang prépondérant dans l'économie de l'Isle Madame : 36,5 % des actifs de la région travaillent dans ce secteur. Donc, mise à part une légère augmentation du volume du secteur tertiaire, les piliers principaux de l'économie sont restés les mêmes. La communauté acadienne reste ainsi à la portée d'un nouvel effondrement qui pourrait signifier – dans le pire des cas – l'étiolement de l'acadien sur l'île.

2.4.1.2 Le tourisme – une possibilité encore trop peu exploitée ?

Contrairement à des régions comme la Baie Sainte-Marie ou Chéticamp par exemple, à l'Isle Madame, les initiatives n'ont jusqu'à présent pas réussi de manière satisfaisante à profiter de l'héritage culturel et linguistique en matière de tourisme. Pourtant, sur place, on a déjà reconnu les atouts que recèle un tourisme de type culturel :

> Le produit touristique acadien dans la région de l'Isle Madame est très peu exploité. L'industrie touristique dans cette région, en général, est peu développée, mais les Acadiens et francophones exploitent encore moins la valeur ajoutée linguistique ou son potentiel de développement économique (cf. www.cdene.ns.ca, 28/01/2007).

Ceci est certainement en rapport avec la situation géographique, moins propice que celle de Chéticamp, par exemple : ce village est en effet situé à l'entrée du « Parc national du Canada des Hautes-Terres-du-Cap-Breton », qui contient une portion très connue de la route panoramique du *Cabot Trail*, enregistrant environ

200 000 visiteurs chaque année.[130] Ainsi, il est probable que beaucoup de ces amateurs de nature sont confrontés plus ou moins par hasard à l'héritage acadien de Chéticamp et des villages environnants.

Dans quelle mesure le tourisme culturel peut influencer la pratique de la langue ainsi que les représentations du langage, c'est ce qui est démontré dans l'article de White / Boudreau, A. (2004) pour la région de Chéticamp. Les auteures parlent de deux mouvements apparemment contradictoires au sein de la communauté, la singularisation et l'uniformisation : d'un côté, on trouve la tendance à préserver les traits linguistiques qui assurent leur spécificité. De l'autre côté, il est vital d'assurer la communication avec les visiteurs, ce qui finit par entraîner une certaine standardisation linguistique. L'analyse montre enfin les efforts des habitants pour concilier ces deux tendances.

Les idées pour le développement du tourisme sont multiples à l'Isle Madame, elles vont de la création de nouveaux services d'hébergement des visiteurs à la construction d'un centre d'interprétation de la culture acadienne, et même à différentes activités sportives en relation avec la mer. On veut ainsi attirer « plus de personnes d'expression française » à l'Isle Madame qui « contribuent à l'apport économique et culturel de la langue française » (Samson / Lounis 2006 : 21), on envisage de créer des emplois supplémentaires « pour les personnes capables d'offrir des services en français, ce qui favorise leur contribution à la communauté acadienne » (Samson / Lounis 2006 : 21). Ainsi, on souhaite faire de la communauté acadienne de l'Isle Madame une « destination de choix pour les touristes ». Selon mes propres observations, la réalisation de ces objectifs est encore très peu perceptible – même cinq ans après la formulation de ces buts.

2.4.2 L'Église

2.4.2.1 Le développement institutionnel de l'Église catholique

C'est en 1786 que les lois anticatholiques ont été abolies. La population de l'Isle Madame s'était tellement accrue qu'on lui avait accordé son propre prêtre (cf. www.islemadame.com, 03/02/2007). Après l'arrivée de nombreux Écossais catholiques entre 1790 et 1810, un nouveau diocèse a été fondé à Arichat même en 1844 (cf. Ross / Deveau 2001 : 180).[131] C'est surtout grâce à ce nouveau statut ecclésiastique que l'économie commence également à fleurir (cf. www. islemadame.com, 03/02/2007). Même si le siège de ce diocèse est transféré à Antigonish en 1880, Arichat reste un important centre économique, politique et culturel (cf. Ross / Deveau 2001 : 180). Pourtant, le contexte religieux de l'Isle Ma-

130 Cf. www.pc.gc.ca, 29/12/2010.

131 Précédemment, toutes les paroisses catholiques de la Nouvelle-Écosse dépendaient du diocèse de Québec et à partir de 1842, de l'évêché d'Halifax (cf. www. antigonishdiocese.com, 02/02/2007).

dame était unique en comparaison avec les autres régions acadiennes de Nouvelle-Écosse :

> En effet, sans parler des conflits ethniques et linguistiques à l'intérieur de l'Église elle-même, il s'agit de la seule région en Nouvelle-Écosse qui comprenne une population d'Acadiens, d'Écossais et d'Irlandais catholiques vivant à côté d'une petite élite jersiaise protestante très puissante [...]. [...] Même si les Acadiens formaient la majorité numérique du comté, les Irlandais et les Écossais (qui ne parlaient souvent que le gaélique) les dominaient au sein de l'Église catholique, et les Jersiais anglicans détenaient la plus grosse part du pouvoir socioéconomique de la région grâce à leurs installations de pêche. (Ross 2001 : 48)

À l'inverse, le développement de l'Église à l'Isle Madame est étroitement lié à l'essor économique sur place depuis le milieu du XIXe siècle. C'est en 1903/04 que l'église Saint-Joseph a été construite à Petit de Grat, le village se séparant ainsi de la paroisse d'Arichat (cf. Samson, L. et al. [n. n.] : 22).

2.4.2.2 L'Église et la langue : quel lien aujourd'hui ?

Les Acadiens d'antan étaient un peuple très croyant et aussi pratiquant : « La religion a toujours joué un rôle important dans la vie des gens du Petit de Grat. Le dimanche, la pêche et la ferme étaient abandonnées pour les prières » (Samson, L. et al. [n. n.] : 19). Pourtant la situation a beaucoup changé depuis. Selon quelques témoignages d'informateurs de l'Isle Madame, ce sont entre autres des cas d'abus sexuels sur des enfants par un prêtre catholique ainsi que la réinstallation de celui-ci après quelques années par l'évêque d'Arichat qui ont poussé plusieurs personnes à se détourner de l'Église catholique en tant qu'institution ; les avis sont partagés :

E. L. : Le monde, tu sais. Euh l'é/ l'é/ l'évêque avait pas bien fait.
C. L. : Ben, non. Ben asteure, on a...
E. L. : L'évêque / oh i arait dû dire tu t'as fait mettre d'un MESS là là, ben tu y vas pus. Non, envoyait ça ici trois fois. Ah ! In/ incroyable. C'est pour ça, tu me mandais : viens-tu à la messe aujourd'hui ? Non ! [...] Je dis ma prière.
C. L. : Ben moi, j'ai l'habitude d'aller à la messe touT les fins de semaine.
E. L. : Oui.
E. L. : Pas moi.
C. L. : Moi, ça m'a pas arrêté.
E. L. : Moi, c'/ ça me dit de rien.

L'unité pastorale de l'Isle Madame se compose de quatre paroisses : Immaculée-Conception à West Arichat, Notre-Dame-de-L'Assomption à Arichat, Saint-Hyacinthe à D'Escousse et Saint-Joseph à Petit de Grat. Lors de mon premier séjour sur l'île en 2005, il y avait encore un prêtre francophone, Rémi Tremblay, membre de la congrégation des « Fils de Marie », à Petit de Grat, qui célébrait deux messes en français : celle du samedi soir, à 19 heures, et celle du dimanche matin, à 11 heures. Deux ans plus tard, la situation avait déjà changé. Les deux nouveaux prêtres responsables des services religieux à l'Isle Madame – et donc à Petit de Grat – étaient Fr. Duaine Devereaux et Fr. Angus Mac Dougall, deux prêtres de langue maternelle anglaise. Le premier, ayant appris le français, célébrait encore une messe par semaine en français à Petit de Grat.[132] Néanmoins en dehors de la messe, il parlait surtout l'anglais avec les fidèles.

2.4.2.3 *Analyse linguistique des bulletins paroissiaux*

Le bulletin paroissial peut également donner des indices sur la situation linguistique dans une région car il reflète d'une certaine façon – à travers les différentes régions acadianophones de Nouvelle-Écosse – le degré de vitalité de la langue acadienne dans les paroisses respectives. À la Baie Sainte-Marie, à l'église Sainte-Marie, le bulletin est unilingue français, à l'église Saint-Pierre à Pubnico-Ouest, il est à peu près moitié français, moitié anglais. À Pomquet les seuls mots en français sont « pour la paroisse » qui signalent la messe en français le dimanche matin à 10 heures. À l'Isle Madame, le bulletin paroissial de l'unité pastorale Stella Maris comprend quatre pages : sur la première, les informations sont alternativement en français ou en anglais ; souvent, il s'agit de traductions littérales. Les informations concernant l'éducation religieuse des enfants sont données dans les deux langues, comme le montre l'extrait suivant :

Religious Education/Éducation Religieuse:

Stella Maris Pastoral Unit (English) Religion classes 2007-2008. We would like to welcome any students who have recently moved to our area and would like to attend english religion classes in any of the five parishes of the Stella Maris Pastoral Unit, please call the pastoral office at 226-2109 to register.

Classes de catéchèse en Français commençeront le 12 septembre à la Picasse. L'enregistrement se fera à l'École Beau-Port. S'il y a de nouvelles élèves ou des élèves qui fréquentent d'autres écoles, ils peuvent s'enregistrer en appellant Louise Marchand à 226-3744.

Le 8 septembre de 9h00 à 13h00 il y aura **un stage de formation en français pour les catéchètes de la paroisse St. Joseph de Petit de Grat.** S'il y a d'autres professeurs de catéchèse de l'Unité Pastorale Stella Maris qui veulent s'adjoindre à nous pour ce stage, veuillez appeller Ramona Marchand à 226-2219. Le stage sera donné par Leone Goulet du diocèse de Moncton.

Notice : Those of you who are in charge of scheduling ministries for the individual parishes, if you haven't done so already, please submit the new lists to be published weekly. Thanks.

Illustration 4 : Extrait du bulletin paroissial de l'unité pastorale Stella Maris à l'Isle Madame du 2 septembre 2007.

132 Il y avait encore une autre messe en français à l'église de l'Immaculée-Conception, à West Arichat.

Les jeunes ont donc toujours la possibilité de suivre les cours de religion en français. Ces classes sont annoncées en français, mais on peut se rendre compte que la compétence à l'écrit est restreinte. Sur la page n° 2 du bulletin suivent les annonces pour chacune des quatre paroisses. Seules quelques informations concernant la paroisse Saint-Joseph de Petit de Grat sont en outre traduites en français, de nouveau avec des écarts évidents (« danse au salle paroissiale Saint-Joseph », « pour billets SVP téléphonez Rodney à ... »,). Finalement on trouve une catégorie *Annonces de la Communauté* qui occupe les deux dernières pages du bulletin. Ici, l'anglais domine fortement, sauf dans quelques annonces provenant d'organismes francophones comme l'école Beau-Port, la Fédération des parents acadiens de Nouvelle-Écosse ou l'église Saint-Joseph. Malgré les efforts apparents pour maintenir le français à l'église (dans les messes et dans le bulletin paroissial), on se rend compte qu'en raison de l'interaction inévitable de la vie religieuse avec d'autres domaines de la vie quotidienne et avec des croyants anglophones, on se sert de plus en plus de la langue qui est comprise par tous et pas seulement par la moitié des habitants.

Même si de tels documents ne sont pas entièrement représentatifs de la situation linguistique sur place, ils reflètent néanmoins des tendances dans la communauté linguistique. Pour l'Isle Madame, on peut donc conclure qu'on trouve toujours des îlots francophones assez résistants, mais ceux-ci semblent menacés dans la mesure où on veut garantir la communication entre les groupes linguistiques. Et dans ce but, l'anglais reste le seul moyen d'intercompréhensibilité.

2.4.3 L'enseignement

2.4.3.1 Évolution historique après le Grand Dérangement

Bien que l'enseignement ait été loin d'être régulier avant le Grand Dérangement, la situation avait encore empiré durant les années de la Déportation. Les Acadiens n'avaient pas d'élite instruite et à cause de leur isolement, ils ne pouvaient pas faire appel à la mère patrie pour qu'on leur envoie un clergé ou des enseignants (cf. Ross 2001 : 12). Les Acadiens revenus d'exil après 1760 étaient ainsi privés de tout système scolaire. L'anglicanisme devenant la religion officielle aux termes des lois de 1758 et 1766, il était interdit aux Acadiens catholiques de fonder des établissements scolaires. Quoiqu'une libéralisation ait lieu à partir de 1786, les Acadiens de l'île du Cap Breton n'en profitèrent pas, le Cap Breton restant une colonie séparée de 1784 à 1820 (cf. Ross 2001 : 13).

C'est en 1821, à Arichat, qu'on trouve les traces d'une première école publique à l'Isle Madame ; néanmoins il n'y avait que des enseignants anglais (cf. Ross / Deveau 2001 : 180). Les fondations subséquentes furent le fait de l'Église catholique, comme le séminaire des prêtres d'Arichat. La plupart des élèves étaient des Écossais mais il y avait aussi quelques Acadiens. Lorsque le séminaire fut transféré à Antigonish en 1866, devenant l'Université Saint-François-

Xavier[133] (cf. Ross / Deveau 2001 : 180 et sq.), le nombre d'Acadiens de l'Isle Madame poursuivant des études supérieures baissa de manière flagrante car la plupart d'entre eux n'avaient pas de pied-à-terre à Antigonish (cf. Samson, L. et al. [n. n.] : 27). Mais en dépit de l'introduction officielle du français comme langue d'instruction en 1841 et malgré quelques progrès dans l'enseignement francophone, il est évident, d'après une liste des manuels cités par un rapport en 1846, « que l'apprentissage de l'anglais reste une priorité absolue » (Ross 2001 : 31 et sq.).

En 1854, le premier Acadien, Hubert Girroir, devint prêtre à Arichat. Celui-ci prit fait et cause pour l'enseignement francophone à l'Isle Madame. Pourtant il était difficile pour lui de s'imposer contre la volonté des Écossais et des Irlandais (cf. Ross / Deveau 2001 : 182). L'avantage pour les filles de cette époque était l'ouverture de couvents de femmes, par exemple à Arichat en 1856. Ainsi, les jeunes femmes pouvaient faire toute leur scolarité en anglais et en français (cf. Ross / Deveau 2001 : 183).

Entre 1860 et 1866, l'école secondaire d'Arichat fut dirigée par les Frères des Écoles chrétiennes, en provenance de Montréal. Néanmoins la loi scolaire de 1864 (dénommée aussi « Free School Act » ou loi Tupper) promulguée par le Premier ministre néo-écossais de l'époque, Charles Tupper, entraîna l'interdiction d'enseigner pour les frères, qui durent quitter les lieux. Ce fut là un nouvel échec pour l'enseignement des Acadiens (cf. Ross / Deveau 2001 : 182). Ensuite, des professeurs laïcs, dont plusieurs diplômés de l'université Saint-François-Xavier, assurèrent l'enseignement (cf. Ross / Deveau 2001 : 183).

Un autre avocat de l'enseignement francophone était Isidore LeBlanc, qui, à partir de 1879, exprima ce que beaucoup d'Acadiens avaient déjà vécu à leurs dépens :

> Il souligna que la langue anglaise était la cause des difficultés d'apprentissage considérables que rencontraient les enfants, puisque c'était pour eux une langue étrangère. (Ross / Deveau 2001 : 184 et sq.)

Cela explique pourquoi les Acadiens obtenaient souvent des résultats scolaires bien plus mauvais que les anglophones qui avaient les mêmes aptitudes (cf. Ross / Deveau 2001 : 185). Mais les autorités anglophones poursuivaient leur politique, selon laquelle les minorités linguistiques (et donc aussi les locuteurs du gaélique, de l'allemand ou bien du micmac) devaient se fondre dans la culture dominante (cf. Ross 2001 : 56 et sq.). L'assimilation des Acadiens était préconisée ouvertement. Toutefois, en luttant contre le système scolaire unilingue anglophone qui leur avait été imposé, et grâce au soutien de la France et du Québec, les Acadiens commencèrent par la suite à développer pour la première fois les caractéristiques d'une identité nationale propre (cf. Kolboom 2005 : 192–194).

Vers le début du XXe siècle, en 1902, c'est la congrégation francophone des filles de Jésus qui ouvrit sa première école au Canada, à Arichat. C'est entre

133 Le nom officiel en anglais est *St. Francis Xavier University*.

autres grâce à l'implantation de cette congrégation sur l'île que le statut du français dans le système scolaire s'est renforcé à l'Isle Madame (cf. Ross 2001 : 68 et sq.). Pour l'année 1910, on trouve en tout 19 petites écoles acadiennes dans le comté de Richmond (cf. Ross 2001 : 71). Malgré les essais d'établir la langue française dans les écoles – contre la volonté des autorités britanniques –, le manque d'enseignants francophones ne facilitait certainement pas cette mission. Pour l'Isle Madame, on relève la présence d'enseignants acadiens qui travaillaient dans les deux langues. Comme langue de communication entre les élèves, le français se maintint jusqu'au début des années 1960. Pourtant beaucoup des enfants quittaient l'école bien avant la huitième année : « Abandonner l'école avant l'âge de 14 ans était chose commune au 19e siècle et dans les premières décennies du 20e siècle » (Ross 2001 : 85). Les raisons en étaient multiples : les enfants étaient obligés de travailler, devaient aider à la maison ou bien leurs parents n'avaient pas les moyens de payer les manuels scolaires.[134]

2.4.3.2 L'obligation d'employer l'anglais et ses retombées sur les représentations linguistiques des élèves (années 1950–1965) – une étude de cas

Les conséquences psychologiques négatives qu'exerçaient sur un certain nombre d'élèves acadiens la contrainte de parler anglais à l'école étaient alors considérables. Les effets de cette dualité linguistique étaient souvent profonds. À l'aide des propos d'un de mes informateurs, ancien professeur de français (et d'anglais), qui me semble représentatif de sa génération, je vais dépeindre la situation de l'époque. Il s'agit d'un homme né en 1945 de parents acadianophones et scolarisé à l'Isle Madame à l'âge de cinq ans. Pendant les douze années suivantes, il a été obligé de travailler et d'apprendre en anglais, tous ses manuels étaient en anglais aussi – mis à part le manuel de français.

Sa langue maternelle était donc l'acadien de l'Isle Madame, l'anglais, par contre, était pour lui une langue étrangère, qu'il a dû apprendre à l'école.[135] Mais la variété de français qu'il étudiait à l'école et qui se rapprochait du standard ne lui permettait pas non plus d'identification : « Ce français-là que j'apprenne à l'école c'tait un français standard à partir d'une livre. […] Mais je ne parlais pas

---

134 C'est d'ailleurs à cette sous-scolarisation et à l'école anglicisante que d'aucuns attribuent la survivance de formes archaïques comme le *je* collectif (*je faisons* « nous faisons ») dans toutes les régions acadiennes de la Nouvelle-Écosse alors que cette forme a par exemple complètement disparu des parlers néo-brunswickois où l'influence du français standard était beaucoup plus forte dans les écoles (cf. Ross 2001 : 87 et sq.).

135 Cette situation linguistique était typique chez les habitants de Petit de Grat nés entre 1935 et 1953 : leur langue maternelle était l'acadien et ils ne savaient pas parler l'anglais avant d'être scolarisés. Ensuite, avant tout avec l'arrivée de la télévision anglophone (cf. 2.4.6.2) la situation a complètement changé (cf. Ross 2001 : 111).

ce français-là » (ILM, texte 10). C'est-à-dire qu'il n'y avait pas d'espace à l'école pour la variété maternelle des élèves – et ce, dès l'âge de cinq ans. Après quelques années de cours, il dit avoir commencé à acquérir un complexe d'infériorité, qui s'est accru avec le temps ; il s'est peu à peu aperçu qu'on n'attribuait apparemment pas la même valeur à l'acadien qu'au français standard enseigné à l'école ou à l'anglais. Cette impression n'était pas seulement passive, mais appuyée de manière active par les professeurs : « [L]orsque j'suis arrivé à un certain niveau à l'école, je me suis aperçu que on nous disait : oh non, c'est pas comme ça que tu dis ça en français » (ILM, texte 10). Même les ouvriers qui avaient quitté l'île pour trouver un emploi au Québec et qui revenaient répandaient l'opinion selon laquelle l'acadien n'était qu'un « mauvais français », par rapport au français québécois.

Néanmoins cet informateur ne semble pas avoir perdu son admiration pour le parler acadien. Ce n'est pas sans fierté qu'il énumère les mots qui sont pour lui acadiens, comme *grenier, place, forbir, rembris, gréer* ou *amarrer.* Mais il se montre sceptique par rapport à l'acadien d'aujourd'hui : ce qu'on parlait à l'époque, c'était encore le « vrai acadien ». Aujourd'hui ce n'est selon lui qu'un mélange entre le français et l'anglais. Il reconnaît qu'avec la diffusion des technologies, l'acadien peut avoir des lacunes terminologiques. Mais à son avis on aurait au moins pu acadianiser les mots. Il juge que les locuteurs ont adopté les termes anglais par pure paresse. En France, on a, par exemple, fait un effort et créé – pour donner un exemple – le mot « voiture » pour désigner une nouvelle réalité.[136] Mon informateur se rend donc compte des différences entre l'acadien dans son aspect traditionnel et son aspect actuel.

En ce qui concerne la compétence linguistique des élèves des années 1950 dans le code oral, on parlait mieux l'acadien que l'anglais, mais mieux l'anglais que le français standard. En ce qui concerne l'écrit, l'anglais était de loin la langue dominante. Cet emploi principal de l'anglais à l'écrit renforçait encore l'impression des élèves que l'anglais possédait plus de prestige que leur langue maternelle.

Après toutes ses explications, le résumé de mon informateur à propos de l'enseignement en anglais est le suivant : « [L]e système d'éducation […] a fait de nous des personnes qui était pluS à l'aise dans la langue seconde » (ILM, texte 10). Si on lui avait demandé : « 'Tu te sens GOOD / tu te sens le / t/ le / le / tu te sens à l'aise dans quelle langue ?' La réponse aurait été l'anglais » (ILM, texte 10). Néanmoins il faut bien voir que c'est tout le système scolaire qui était ressenti comme une contrainte : « [O]n créait un programme et puis on forçait les Acadiens à entrer dans ce programme-là » (ILM, texte 10). Lui aurait préféré apprendre le français dans une école francophone parce qu'ainsi, il pourrait bien mieux s'exprimer à l'écrit aujourd'hui. Pour lui, cela reste toujours un de ses plus grands déficits.

Bien que professeur de français (et d'anglais) à la retraite, mon interlocuteur se trouve régulièrement dans des situations où il aime mieux s'exprimer en an-

136 C'est un exemple discutable, le mot *voiture* étant plus ancien que l'automobile.

glais qu'en français, par exemple : « Tout ce qui est science. Parce que tout ça, on l'a fait en anglais » (ILM, texte 10). C'est pour cela qu'il juge aussi les services proposés en français[137] peu utiles, car la majorité des Acadiens ne possèdent pas le vocabulaire « technique » nécessaire dans ces situations.

C'est donc dans le système scolaire de la première moitié du XXe siècle qu'on trouve la source d'une partie des emprunts à l'anglais comme les chiffres ou bien des toponymes tels qu'ils sont encore utilisés par la population âgées de plus de 55 ans environ :

> Les retombées négatives de l'utilisation de manuels en anglais se font d'ailleurs encore sentir de nos jours. Au cours des enquêtes linguistiques faites en 1985-1986 par exemple, les informateurs et informatrices de Petit-de-Grat [...] nés entre 1901 et 1953 utilisent avec plus de facilité des chiffres, des dates et des noms de pays en anglais parce que, comme dans toutes les écoles acadiennes de la province avant les années 1970, leurs cours d'arithmétique, d'histoire et de géographie étaient en anglais [...]. (Ross 2001 : 32)

En résumé, à l'Isle Madame, le système scolaire de la première moitié du XXe siècle était strictement axé sur l'anglais. Ce sont cette obligation de parler l'anglais, les valeurs de la culture anglophone véhiculées à l'école, le complexe d'infériorité que ressentaient les Acadiens vis-à-vis de leur langue et les essais d'assimilation des Acadiens qui constituent l'une des sources de l'insécurité linguistique qu'on rencontre de nos jours dans cette génération à l'Isle Madame.

2.4.3.3 L'enseignement francophone actuel et son écho dans la population

Dans la deuxième moitié du XXe siècle, la consolidation des écoles, entraînant la fermeture des petites écoles rurales a eu des effets non-négligeables sur le nivellement de l'acadien ainsi que sur l'influence croissante de l'anglais. C'est dans le comté de Richmond que cette consolidation a eu le plus d'effets au niveau secondaire : l'école secondaire d'Arichat desservait Louisdale (de l'autre côté du pont-chaussée) et toute l'Isle Madame (cf. Ross 2001 : 103). Dans l'ouvrage de Ross (2001), Réal Samson, originaire de Petit de Grat, décrit de la manière suivante son arrivée à l'école d'Arichat parmi 180 élèves de huitième année vers le début des années 1960 :

> On était devenu [sic] une petite minorité. Tout se faisait en anglais. Le français était encore pire parce qu'on était avec des Anglais. Eux, ils commençaient le français en 7e année seulement. Ils n'avaient jamais eu du français avant. Donc, notre contact formel avec le français était pour toutes fins pratiques absent. (Ross 2001 : 104)

---

137 La base en est la *Loi concernant la prestation par la fonction publique de services en français* de 2004.

L'introduction du français dans le système scolaire en Nouvelle-Écosse et surtout dans le comté de Richmond s'est donc déroulée très lentement. Mais peu à peu, les francophones obtiennent plus de droits. En 1969, la « Loi sur les langues officielles » leur procure des avantages considérables – au moins en théorie. Cependant, les différents gouvernements de la Nouvelle-Écosse ne se sont pas aventurés à multiplier le nombre de cours de français, notamment parce que les Acadiens eux-mêmes étaient divisés sur cette question. C'est donc de nouveau une initiative au niveau fédéral qui a finalement incité le gouvernement provincial à agir, à savoir la publication de la *Charte canadienne des droits et libertés* en 1981 (promulguée en 1982), qui sera enchâssée dans la constitution du pays. L'article 23 de cette charte codifie les droits à l'instruction dans la langue de la minorité respective. C'est grâce à cette charte que le système scolaire de la Nouvelle-Écosse a pu faire un grand pas vers un enseignement bilingue. La loi 65, adoptée en 1981 par le gouvernement de la Nouvelle-Écosse, a modifié l'ancienne loi scolaire provinciale datant de 1967 (cf. D'Entremont, V. 2004 : 12) :

> Le statut légal accordé en 1981 au système scolaire acadien par le gouvernement de la Nouvelle-Écosse fut le résultat d'efforts acharnés de la part de la communauté acadienne et d'une lente sensibilisation de la majorité anglophone de la province aux besoins de cette minorité francophone, prise de conscience nourrie sans doute par l'ouverture au bilinguisme et au biculturalisme appuyée et encouragée par la Loi sur les langues officielles adoptée, rappelons-le, par le Parlement du Canada en 1969. (Ryan 1998 : 228)

Les bases constitutionnelles de l'instauration d'écoles françaises homogènes sont alors jetées. En même temps, la province voisine du Nouveau-Brunswick reconnaît l'égalité des communautés linguistiques anglophone et francophone, devenant ainsi la seule province officiellement bilingue.[138] À partir de cette date, la réhabilitation de la langue française dans les provinces maritimes commence.

Néanmoins, l'opinion de la population francophone de la Nouvelle-Écosse restait divisée quant à l'extension de l'enseignement francophone, ce qui rendit très difficile la mise en vigueur de la loi 65.

Un vif débat s'ensuivit alors[139] : « Tandis que des ayants droit[140] luttaient pour l'obtention d'écoles homogènes de langue française et l'autonomie dans la

---

138 Signalons toutefois que dans les trois territoires du Canada, le Yukon, les Territoires du Nord-Ouest et le Nunavut, l'anglais et le français comptent partout parmi les langues officielles – souvent à côté d'autres langues indigènes officiellement reconnues.

139 Une synthèse de la « querelle scolaire » en Nouvelle-Écosse se trouve chez Deveau / Clarke / Landry (2004 : 93–96).

140 La Loi sur l'éducation stipule dans les clauses 3 ac ainsi que 3 ae quels enfants ont le droit de fréquenter une école francophone. Un enfant est un ayant droit si un des parents – de nationalité canadienne – a le français comme langue maternelle, ou s'il a lui-même fait partie d'un programme scolaire pour locuteurs natifs francophones,

gestion, d'autres militaient pour des écoles bilingues ou mixtes (Ross, 2001) » (Deveau / Clarke / Landry 2004 : 93). La source des préjugés d'une partie des parents était leur propre passé scolaire qui s'était déroulé uniquement en anglais. Ainsi, la francisation des cours représentait pour eux « un facteur d'aliénation » (Ross 2001 : 129). La difficile dualité des langues concernées dans l'enseignement peut se résumer comme suit :

> Promouvoir le français en luttant contre l'anglais risque d'être une stratégie perdante surtout en milieu hautement minoritaire, mais tenter d'équilibrer deux langues quand l'une des langues domine nettement l'autre sur tous les plans constitue presque un défi surhumain. (Ross 2001 : 136)

Encore aujourd'hui, il n'y a que 30 % des Acadiens néo-écossais qui se prononcent en faveur d'une scolarisation complète en français. Près des deux tiers (63,8 %) préféreraient un enseignement bilingue parce qu'ils l'estiment plus adapté pour que les jeunes acquièrent une compétence suffisante dans les deux langues (cf. Deveau / Clarke / Landry 2004 : 98).

En 1989, Flikeid affirmait encore qu'« [e]n Nouvelle-Écosse, la familiarité avec le français standard […] est variable selon les régions, en relation étroite avec la disponibilité d'écoles de langue française. Cette disponibilité varie d'une région à l'autre selon l'histoire locale » (Flikeid 1989a : 185). Depuis, des changements importants se sont produits : en 1992, le gouvernement de la Nouvelle-Écosse a adopté la loi 268, interprétée par certains comme impliquant « automatiquement l'accélération de la mise sur pied de la programmation française dans les écoles acadiennes pour créer des écoles dites homogènes » (Ross 2001 : 149). Néanmoins la majorité des éducateurs et des parents, entre autres à l'Isle Madame, n'étaient pas encore prêts pour l'école homogène (cf. Ross 2001 : 150). Les craintes d'antan n'avaient pu être effacées. Il s'ensuivit des consultations, des réunions et des débats souvent très médiatisés sur le sujet. Quatre ans plus tard, en 1996, toute la province obtint un système scolaire francophone distinct (cf. Flikeid 1997 : 261, note) grâce à la création du *Conseil scolaire acadien provincial* (CSAP). Toutefois, il y avait encore des défis à relever : outre la persistance de l'opposition de nombreux Acadiens à des programmes entièrement français, le CSAP devait faire face à un manque d'enseignants francophones, de matériel pédagogique ainsi qu'à l'absence de bâtiments adéquats pour les écoles.

---

ou si un autre enfant de la famille a déjà été accepté dans une école francophone.

Au cas où un enfant n'aurait pas le statut d'ayant droit au titre des conditions énumérées ci-dessus, la « clause grand-père » peut entrer en vigueur : cela signifie que l'enfant peut être admis dans une école du *Conseil scolaire provincial acadien* (CSAP) sous condition que le grand-père ou la grand-mère aient parlé le français et « […] à condition que les parents s'engagent à promouvoir activement la langue française tout au long de la scolarité de l'enfant » (http://csap.ednet.ns.ca, 04/12/2010). Dans tous les autres cas, des décisions *ad hoc* du CSAP sont possibles. (cf. http://csap.ednet.ns.ca, 10/02/2011)

Le CSAP avait fini par envisager une période de transition aboutissant à des programmes entièrement en français, mais en 1999 la *Fédération des parents acadiens de la Nouvelle-Écosse* (FPANE) a engagé un procès contre le CSAP et le ministère de l'Éducation dans le but d'obtenir un système homogène dans le secondaire. En juin 2000, le juge LeBlanc a rendu un jugement favorable à la FPANE.

La rentrée 2001 a été marquée à l'Isle Madame par l'incertitude et la confusion, surtout en ce qui concernait les installations scolaires réservées aux anglophones ou aux francophones (cf. Ross 2001 : 163). Finalement l'ancienne école de Petit de Grat a fermé ses portes, le dernier grand bastion francophone de tout le comté de Richmond est « tombé », les élèves suivant une scolarité en français sont désormais pris en charge à Arichat (cf. ci-dessous), les anglophones sont transférés vers trois écoles situées en dehors de l'Isle Madame, à Whiteside, Louisdale et Lower Richmond.

Aujourd'hui, le CSAP gère 20 écoles regroupant un total d'environ 4 300 élèves[141], les établissements scolaires étant répartis à travers toute la province (cf. carte 7 ci-dessous).

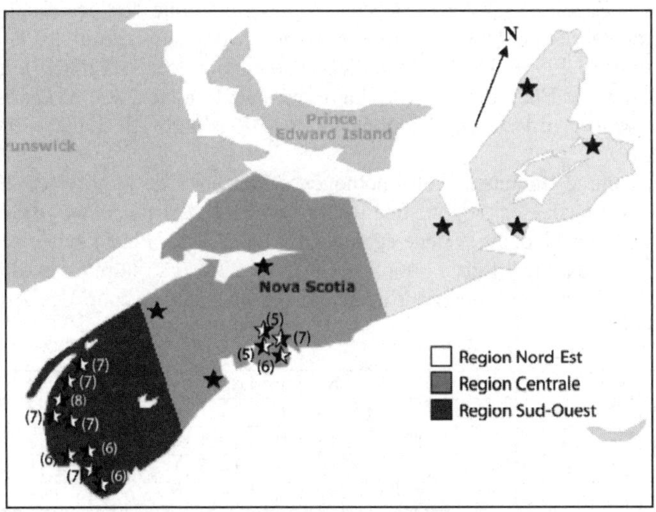

Carte 7 : Écoles homogènes françaises, gérées par le Conseil scolaire acadien provincial (source : http://csap.ednet.ns.ca, 06/01/2011 ; carte légèrement modifiée par Stefan Beck et la *Zeitschrift für Kanadastudien*[142]).

[141] Cf. http://csap.ednet.ns.ca, 30/09/2012.

[142] Cf. Hennemann (2011 : 64).

Légende :
- Étoile noire : école du CSAP où l'enseignement est assuré de la maternelle jusqu'à la douzième année.
- Moitié gauche colorée en noir : école du CSAP assurant des cours jusqu'à la 5e, 6e ou 7e année. (Année indiquée entre parenthèses.)
- Moitié droite colorée en noir : école du CSAP assurant des cours de la 6e, 7e ou 8e à la 12e année. (Début des cours indiqué entre parenthèses.)

Depuis 1996, l'enseignement francophone s'est considérablement développé à l'Isle Madame, à tous les niveaux d'apprentissage. Ainsi, l'année 1997 a vu l'inauguration du Centre préscolaire, hébergé dans le bâtiment du centre culturel *La Picasse* à Petit de Grat. Il est ouvert pendant l'année scolaire de septembre à juin. On y trouve le programme de francisation « Paul et Suzanne » dont le but est de « [p]ermettre à l'enfant d'apprendre suffisamment la langue française afin de pouvoir plus facilement intégrer la maternelle francophone » (www. fpfcb.bc.ca, 20/11/2012). En 2005, il y avait deux enseignantes.

Comme on l'a mentionné ci-dessus, pour les élèves de quatre ans (en partant du programme *Grandir en Français*) jusqu'à la douzième année, il y a une école acadienne à « programmation entièrement française » pour tout le comté de Richmond : l'école Beau-Port, à Arichat. Celle-ci est issue de l'école « Petit de Grat Elementary School » qui a fermé ses portes de manière définitive à la fin de l'année scolaire 1999/2000 (cf. http://beau-port.ednet.ns.ca, 19/12/2010). Le bâtiment de l'école Beau-Port, connue autrefois sous le nom d'*Isle Madame District Elementary*, est devenu propriété du CSAP à partir de l'année scolaire 2000/2001.

Tout comme les autres écoles homogènes françaises de la province, l'école Beau-Port est également administrée par le *Conseil scolaire acadien provincial*, qui – pour l'Isle Madame – siège également à La Picasse. Pour l'année scolaire 2012/13, le nombre d'inscriptions s'élève à 224 (cf. http://csap.ednet.ns, 21/11/2012). Le nombre d'élèves s'avère ainsi assez stable au cours des dernières années scolaires :

	M	**1**	**2**	**3**	**4**	**5**	**6**	**7**	**8**	**9**	**10**	**11**	**12**	**Total**
2009/10	23	15	15	22	19	14	20	18	19	18	17	18	15	**233**
2010/11	21	24	16	13	22	18	15	19	18	16	16	16	18	**232**
2011/12	21	20	22	14	13	21	18	16	19	11	15	16	15	**221**
2012/13	21	21	21	23	13	13	21	16	15	17	12	15	16	**224**

Tableau 12 : Évolution du nombre d'inscriptions à l'école Beau-Port d'Arichat au cours des années scolaires 2009/2010 à 2012/13 (source : http://csap.ednet.ns.ca, 17/11/2012).

Néanmoins certains élèves changent d'école et continuent dans un établissement anglophone, car les activités extra-scolaires y sont plus variées qu'à Beau-Port, en raison du nombre plus élevé d'élèves, les bâtiments y sont souvent plus modernes et les installations de meilleure qualité.

Malgré les chiffres assez stables pour l'Isle Madame, l'évolution générale du nombre d'élèves diffère beaucoup entre la région Nord-Est (dont fait partie l'Isle Madame), le centre et la partie sud-occidentale de la province (cf. tableau 13 ci-dessous) :

	année scolaire 2008/09	**année scolaire 2009/10**	**année scolaire 2010/11**	**année scolaire 2011/12**	**année scolaire 2012/13**	**évolution entre 2008 et 2012**
région Nord-Est	862	876	836	804	801	- 7 %
région centrale	1 845	1 955	2 115	2 288	2 774	+ 33,5 %
région Sud-Ouest	1 439	1 396	1 365	1 343	1 308	- 9,1 %

Tableau 13 : Nombre d'élèves dans les écoles néo-écossaises gérées par le CSAP, 2008–2012 (source : http://csap.ednet.ns.ca, 21/11/2012).

Alors que les écoles de la région centrale, surtout dans la région métropolitaine d'Halifax-Dartmouth, connaissent un véritable essor, le nombre d'élèves fréquentant une école homogène française dans les régions acadiennes traditionnelles est en diminution. La raison de la forte augmentation au centre de la province est non seulement l'exode rural d'Acadiens venant des régions traditionnellement francophones mais aussi une prise de conscience d'atout que représente une scolarité en français pour l'enfant.

Même au niveau postsecondaire, les habitants de l'Isle Madame ont la possibilité de poursuivre leurs études en langue française. Suite à l'effondrement de la pêche vers le début des années 1990, un grand nombre de services et de programmes postsecondaires ont été instaurés pour relancer l'économie locale. Ceux-ci étaient rassemblés au sein du *Collège de l'Acadie*. Cette institution a été absorbée en 2003 par l'Université Sainte-Anne, l'un des deux établissements supérieurs de langue française en dehors du Québec. Celle-ci entretient désormais un campus à Petit de Grat. Toutefois cette fusion a eu pour conséquence que plusieurs Acadiens hésitent depuis ce moment-là à fréquenter la nouvelle institution car le terme « université » les intimide (c. p. d'un informateur). En outre, bien que cette institution ait bonne réputation, la langue d'enseignement n'est pas familière aux oreilles de tous les Acadiens :

M. S. : … on est chanceux ici – à Petit de Grat – qu'on a le collège de l'Acadie. Mais là encore, le collège de l'Acadie a les / le français n'est pas le français acadien. Et ç/ …
E. L. : Oui, c'est pluS…
M. S. : … c'est / c'est / c'est / plutôt un français…
E. L. : Plus élevé que les Acadiens.

M. S. : … de la France ou / c'est pas les mots acadiens […] que nous-autres, […] on servait.

Finalement on peut constater qu'après un long cheminement, un système scolaire francophone est désormais enraciné à l'Isle Madame comme dans toutes les autres régions de la Nouvelle-Écosse. La lutte a été longue et a souvent divisé les communautés elles-mêmes. Même si aujourd'hui, tous les Acadiens sont loin d'être convaincus des bénéfices d'un enseignement en français, celui-ci contribue en grande partie à ralentir le processus d'assimilation. Pourtant, même si elle constitue un très bon outil pour contrecarrer l'assimilation, l'école ne peut pas assumer à elle seule la responsabilité du maintien de la langue française ou de sa variété acadienne dans la province.

2.4.4 La vie culturelle

2.4.4.1 Le Centre La Picasse – un point d'ancrage ?

Les centres culturels sont considérés comme des points de rencontre très importants dans les régions acadiennes :

> Les centres communautaires Les Trois Pignons, La Picasse et Le Centre du Grand-Havre jouent le rôle de véritables foyers de langue française et de culture acadienne dans les régions de Chéticamp, de l'Isle-Madame et de Halifax respectivement. (Allard / Landry / Deveau 2003 : 97)

Ainsi, « Les Trois Pignons » à Chéticamp sont bien connus au-delà du Nord-Est de la Nouvelle-Écosse. Dans la région de l'Isle Madame, on a également senti la nécessité de fonder une telle institution. C'est en 1996 que le Centre La Picasse[143] a ouvert ses portes à l'entrée du village de Petit de Grat. Le slogan qui a été choisi reflète l'intention et les buts principaux de cette institution : « Promouvoir l'épanouissement de la langue française et la vitalité de la culture acadienne » (www.lapicasse.ca, 21/11/2012). Au nombre des activités du centre La Picasse, on trouve par exemple l'organisation d'événements culturels – avant tout musicaux – avec des artistes acadiens, pour lesquels les locaux du centre sont mis à disposition. De plus, l'organisation d'une bonne partie du festival acadien de Petit de Grat (cf. aussi p. 103) est dirigée par les responsables du centre culturel.

Le premier problème qui se pose est une définition consensuelle des buts à atteindre en matière de langue et de culture ainsi que de la façon d'y arriver : ainsi, les uns veulent bannir totalement la langue anglaise du centre dans le but d'accorder plus de poids au français – pas nécessairement l'acadien, mais plutôt

---

[143] Une picasse est une « ancre faite avec une grosse roche placée dans un cadre de bois, servant à immobiliser de petites embarcations et des filets de pêche » (Cormier 1999, s. v. *picasse*).

le français de référence. Les autres souhaiteraient accueillir plus d'événements culturels en anglais, car beaucoup de chanteurs de l'Isle Madame[144], même s'ils sont d'origine francophone, composent leurs chansons en anglais. Le problème est donc que d'un côté, ces chanteurs représentent la culture acadienne mais que de l'autre, leur présence n'est pas souhaitée à La Picasse. D'aucuns suggèrent qu'il vaudrait mieux inviter en même temps un musicien anglophone de l'Isle Madame ainsi qu'un artiste francophone venu d'ailleurs, afin d'attirer davantage de monde. De cette façon, la musique et ainsi la langue acadiennes seraient à la portée d'un plus grand nombre de gens. Ainsi, un tel concept connaîtrait probablement plus de succès qu'un programme culturel mal équilibré. Un deuxième problème qui se pose dans ces centres culturels est que ces organismes dépendent – pour une grande partie – de *leaders* dans leur langue, et notamment de jeunes qui soient prêts à rester dans leur région natale. Toutefois, l'Isle Madame est confrontée ces dernières années à un exode important de sa jeunesse ainsi que d'employés qualifiés (cf. p. 62 et 85). Ce manque de *leaders* met en danger les acquis des dernières années au niveau culturel (cf. Allard / Landry / Deveau 2006 : 88).

Même si l'usage du français (au lieu de l'anglais) y est en partie contraint, le Centre La Picasse contribue par des événements culturels à ce que les Acadiens ne perdent pas complètement confiance dans leur langue et leur culture. Comme l'ancre de bois des pêcheurs acadien dont il tire son nom, ce centre est ainsi devenu un point d'ancrage pour la communauté même si tous les problèmes ne sont pas résolus.

2.4.4.2 L'Ardoise Acadian Festival et le Festival acadien de Petit de Grat

Parmi les événements culturels les plus importants de l'île, il y a sans nul doute le Festival acadien de Petit de Grat. Pour mesurer le degré de vitalité de la culture et de la langue acadienne, deux autres festivals serviront de points de comparaison : un festival géographiquement proche, « L'Ardoise Acadian Festival », ainsi que les festivités acadiennes du Sud-Ouest de la province, à la Baie Sainte-Marie.

L'Ardoise Acadian Festival a commencé au début des années 1950 sous la forme d'un spectacle de bienfaisance pour la paroisse Holy Guardian Angel (cf. www.multiculturaltrails.ca, 02/02/2007). Le dernier week-end de juillet 2007, lors de mon deuxième séjour dans la région, il avait lieu pour la 44e fois. Si on y évoque la mémoire des pionniers acadiens dans la région[145], la Déportation et toute l'histoire mouvementée des Acadiens semblent cependant avoir plus ou moins disparu de la mémoire collective. On y procède à l'élection d'Évangéline et de Gabriel mais cette tradition n'est plus vraiment basée sur l'arrière-plan his-

---

144 Les chanteurs de l'Isle Madame ayant acquis une certaine notoriété sont Michelle Boudreau Samson, Weldon Boudreau et Delores Boudreau (cf. Joyce 2005 : 22).

145 « Their lives may have been simple, but they have left a rich and fascinating culture. » (www.multiculturaltrails.ca, 02/02/2007)

torique, l'histoire tragique des personnages principaux du poème de Longfellow. Au lieu de pièces de théâtre historiques – telles que celles représentées par exemple à la Baie Sainte-Marie – ce sont des loisirs comme la danse ou les tournois de cartes qui sont les activités principales. Même si de telles activités sont également au programme des festivals dans toutes les régions acadiennes, elles ne justifient pas encore – à elles seules – qu'un festival soit dit « acadien ». La langue du festival est sans conteste l'anglais. Même lors de la messe du festival[146], qui constitue ailleurs un refuge inexpugnable de la langue française, celle-ci a presque disparu. Seule la deuxième lecture a été faite en français, et aux propos de la lectrice « Parole du Seigneur », l'assistance a répondu « Thanks be to God ». Mise à part la lecture, le chœur a interprété des cantiques français, entre autres « Ave maris stella », l'hymne « national » des Acadiens. Mais même pendant ce dernier, l'assemblée ne s'est pas mise à chanter. À la fin de la messe, le prêtre anglophone a remercié le chœur pour avoir interprété des « chansons internationales ».

La différence avec la Baie Sainte Marie est grande : contrairement au Sud-Ouest, la jeunesse et les adolescents ne semblent plus s'identifier à la culture acadienne. On ne trouve plus de danses, de culture, de parler acadiens, il n'y a plus d'artistes locaux. Fishman avait souligné l'importance de la langue pour l'identité d'un groupe :

> it becomes clearer why language is more likely than most symbols of ethnicity to become the symbol of ethnicity. Language is the recorder of paternity, the expresser of patrimony and the carrier of phenomenology. Any vehicle carrying such precious freight must come to be viewed as equally precious, as part of the freight, indeed, as precious in and of itself [...]. (Fishman 1977 : 25)

Avec la perte de la langue, les habitants d'origine française de L'Ardoise semblent avoir perdu un symbole de leur identité. Ainsi, ils ne disposent plus de moyens aptes à véhiculer leur identité d'Acadiens.

Le Festival acadien de Petit de Grat est plus jeune encore que celui de L'Ardoise. Il a eu lieu pour la première fois en 1973 (cf. Samson, B. 1990 : [29]) ; en 2007, il a célébré son 34e anniversaire. Bien qu'il y ait des disputes à l'intérieur de la communauté entre les deux groupes linguistiques[147], la langue principale durant le festival reste le français. Il s'étend sur une semaine au milieu

[146] La messe à laquelle je me réfère a eu lieu le 27 juillet 2007, à l'église *Holy Guardian Angel* de L'Ardoise.

[147] Par hasard, j'ai assisté à une discussion au « Corner Bridge Store » de Petit de Grat (magasin d'alimentation, mais aussi lieu de rencontre et d'échange d'opinions du village) entre deux femmes dont l'une était une Acadienne bilingue, l'autre uniquement anglophone. Cette dernière se moquait du fait que beaucoup des événements du festival étaient uniquement en français, elle se sentait donc plus ou moins exclue de ces festivités. Et l'autre de rétorquer : « Mais dans ce cas-là, les Anglais pouvont faire leur OWN festival. »

du mois d'août, alors qu'à L'Ardoise, seul un week-end est réservé aux festivités. À Petit de Grat, beaucoup d'activités en rapport avec les traditions acadiennes sont proposées, tels que des repas traditionnels, des concerts de groupes musicaux francophones ou bien des danses typiquement acadiennes. Il est visible que les enfants et les adolescents sont encore bien impliqués, et les activités leur étant destinées sont nombreuses (cf. www.multiculturaltrails.ca, 02/02/2007).

Illustration 5 : Panneau exprimant la fierté que ressentent les Acadiens de Petit de Grat vis-à-vis de leur langue (Festival acadien de Petit de Grat, août 2007 ; photo : J. Hennemann).

2.4.5 La langue et la culture au niveau institutionnel et politique – l'exemple de la FANE

En 1968, la Fédération acadienne de la Nouvelle-Écosse (FANE)[148] a été fondée à la suite de la montée du nationalisme au Québec, dans le but de relier entre elles les régions acadiennes dispersées de la Nouvelle-Écosse et de leur donner une organisation au niveau provincial. À ses débuts, cet organisme s'engage dans le domaine des médias, surtout pour la promotion de la radiodiffusion et de la télévision en français. Un autre aspect du travail est le développement des programmes scolaires dans les écoles acadiennes (cf. Ross 2001 : 118 et sq.). Une ancienne membre de la FANE, qui a travaillé pendant longtemps à l'Isle Madame – surtout auprès de la jeunesse – et en tant que directrice générale pour le comté de Richmond, résume les activités au niveau local et l'apport que cela représente

[148] Le nom originel de cet organisme pendant les quatre premières années était *Fédération francophone de la Nouvelle-Écosse* (FFNE) (cf. www.fane.ns.ca, 25/01/2011).

pour les Acadiens, mais elle décrit aussi les différences entre ses expériences passées et la réalité actuelle :

> Moi les jeunes là c'tait mon / c'tait mon bébé. ((rires)) Je travaillais avec les jeunes de / c'tait des / des adolescents hein de / de douze aller à dix-huit ans. Je / j'adorais ça. […] [L]a FANE maintenant c'est plutôt / euh / la FANE maintenant c'est leur / euh / le bureau est à Halifax pis c'est pour touT la Nouvelle-Écosse pis i faisent plutôt de la revendication des choses comme ça. A/ i travaillent plus dans les dossiers. Comme i y-ont donné les / les mandants de / pis les dossiers aux régions. Comme ici à le c/ le Centre La Picasse qui fait presque le même travail. C'est pas touT la même affaire parce qu'i y a pus de ça là.
> T'sais. Nous-autres au début on avait des / dans un / on faisait touT sortes de choses avec les jeunes. Pis sus la fin, i y avait pus d'argent, je veux dire, t'sais. […] J'ai trouvé que ç'avait beaucoup beaucoup enlevé de la communauté après que la FANE a manqué. Al est encore là mais c'est très différent. […] Mais je veux dire c'est pas coumme / euh / c'est pas coumme avant, t'sais.
> - Et / euh / quelle sorte d'activités est-ce qu'il y avait auparavant ?
> Oh ben, i y avait touT sortes d'act/ i y avait des journées de femmes. A/ t'sais i y avait des sessions d'information, des sessions formation, i y avait des voyages-échanges. I y avait des / on était en France deux fois avec les jeunes c'tait vraiment, les / les gens de France venaient. I y avait beaucoup d'échanges. Euh / on avait des excursions avec les jeunes, on formait les jeunes, on avait formé une coor/ une coopérative de jeunes. Pis les femmes c'est la même chose, i y avait touT sortes d'affaires pour les femmes. I y avait des festivals, i y avait touT sortes d'activités, des grosses spect/ touT sortes de choses. Oui. Pis i y avait le secteur de la communication. I y avait des / l'économie pour / euh / encourager nos Acadiens à prendre en leurs mains leur propre / euh / BUSINESS, leur propre… SO c'tait / ah oui maintenant c'est / c'est pus / c'est pus comme ça. (MD, ILM)

Pour les habitants de l'Isle Madame, la FANE a donc pendant longtemps contribué à la formation de la population, à l'échange culturel et au développement économique. C'est le travail auprès des jeunes et des femmes qui constituait le principal centre d'intérêt. Après des coupes financières considérables, le centre de travail semble s'être déplacé au niveau régional, à Halifax, bien qu'on trouve toujours des représentants sur place dans les différentes régions acadiennes. Mais la FANE était aussi confrontée à bien des discussions, du fait de l'anglicisation croissante :

> […] il y a quelqu'un qui m'a demandé : penses-tu que la / penses-tu que / une sensibilisation de la culture acadienne peut être faiT en anglais ? Absolument ! Il y a personne qui était d'accord avec moi. Ça c'tait un AGA[149] de la FANE, la Fédération Acadienne de la Nouvelle-Écosse là. Pis j'ai / j'étais là, c'tait ma première / ma première rencontre. Pis il y avait une discussion autour de la table sus la jeunesse pis pourquoi-ce que nos jeunes n'étaient plus fiers d'être Acadiens. Ça fait moi, j'ai posé la question. J'ai dit : qu'est-ce qui vous fait croire que les jeunes sont

149 AGA = acronyme de *assemblée générale annuelle*.

> plus fers / plus / plus fiers d'être Acadiens. Ben, ils veulent pas parler français pis t'sais comme dadadada dadadada. J'ai dit : as-t/ avez-vous jamais pensé qu'i veut[150] pas parler français parce que c'est forcé sur eux-autres ? Ben, qu'est-ce que t'es censé de faire promouvoir en anglais. Ça se fait ! ((rires)) Pis là ils m'ont / ils m'ont touT regardé comme si que j'avais dix têtes. (ILM, texte 3)

Des organismes comme la FANE sont très importants pour la représentation de la minorité acadienne au niveau régional et provincial. Ils lui donnent une voix et font respecter les droits linguistiques de la population francophone.

2.4.6 Les médias

La présence de médias francophones ainsi que leur fréquence peuvent également refléter la vitalité d'un parler.

2.4.6.1 La radio communautaire « CITU FM / Coopérative Radio Richmond »

D'une manière générale, les « radios communautaires » sont un moyen très important dont dispose la communauté acadienne afin de s'exprimer publiquement. Dans le Sud-Ouest, il y a CIFA[151], dont le siège social se trouve à Saulnierville (Baie Sainte-Marie) et qui a commencé à émettre en 1990 ; dans la région de Chéticamp (et depuis l'été 2010 aussi dans la région de Pomquet) on peut écouter CKJM, émettant à partir de son studio de Chéticamp depuis 1995. Les habitants de l'Isle Madame et des environs ont également accès à une radio communautaire en langue française, « Radio Richmond ».

Contrairement à d'autres stations de radio, le but principal d'une radio communautaire n'est pas uniquement d'informer. Radio Richmond formulait sa mission sur son ancien site web de la manière suivante : « Les objectifs de l'organisme tourent [sic] autour de la promotion et sauvegarde de la langue et de la culture acadienne » (www.geocities.com/radiorichmond/but.html, 28/01/2007). Ce qui distinguait cette radio, dont le siège était à l'Isle Madame, des autres stations communautaires était le fait qu'elle n'émettait pas chaque jour mais qu'il s'agissait plutôt de la réalisation de « projets à courte durée » lors d'événements importants pour la communauté, comme les reportages à l'occasion du Festival acadien de Petit de Grat, de la Semaine de la Francophonie ou de Noël (cf. ILM, texte 7). On y trouvait également des émissions sur la culture acadienne, l'assimilation et ses effets sur la culture acadienne, l'estime d'eux-mêmes des Acadiens ou bien la jeunesse.

---

150 Pluriel.

151 Dans le cas des abréviations CIFA, CKJM, CITU etc., il s'agit des signals d'appel des stations radiophoniques respectives.

À la radio, on débattait également, comme à la Picasse, de la question de savoir s'il fallait concéder un certain pourcentage des heures d'émission à l'anglais et si oui, combien. Léo Landry, l'un des initiateurs de la radio à l'Isle Madame, raconte l'histoire suivante :

> Moi ac la radio j'ai vu / euh / j'ai appelé un monsieur de la / de la / une journée je l'appelle pis je lui dis : i y a de la musique irlandais [sic] là, alors PAT / PAT KEHOE, je pense qu'i s'appelle. T'sais i est comique et je le connais depuis longtemps mais je l'appelle je dis PAT je dis j'ai commencé une radio communautaire j'ai dit, serais-tu prêt à faire une émission t'sais des / sur l'irlandais. [...] Ça fait deux choses : lui va avoir sa musique irlandaise qui est une culture, peut pas nier cela. Deuxièmement t'amènes des anglophones à ta radio. (ILM, texte 7)

Depuis le 15 mars 2010, Radio Richmond est désormais sur les ondes en permanence.

Le but de la radio est donc de mettre une plate-forme à la disposition non seulement de la culture et de la langue acadiennes mais aussi de tous les autres groupes « ethniques ». Certes, les « dominants » sont exclus dans la mesure où ils ne peuvent pas comprendre les émissions en français. Mais on essaie de les inclure activement pour accroître le cercle des personnes intéressées à la culture acadienne. Néanmoins, même les Acadiens eux-mêmes éprouvent parfois de la difficulté à comprendre ces émissions en français. Une raison pourrait être celle qui a déjà été évoquée ci-dessus (cf. chapitre 2.4.3.2) : beaucoup d'Acadiens connaissent les « termes techniques » seulement en anglais et ont ainsi des difficultés à comprendre certaines émissions. Car autrefois, il n'y avait que deux stations de radio francophones[152] contre une trentaine qui diffusaient en anglais. Notre informateur explique la situation pour la télévision :

> Comme ici, en grandissant, on avait / euh / TQS puis Radio Canada à la télé, pis on avait / ça c'est deux postes en français. Pis on avait trente postes en anglais. SO, si tu voulais écouter un DISCOVERY, si tu voulais une émission sus des chiens, tu écoutais une émission en anglais. T'sais comme la première fois qu'on a entendu d'un bâton de hockey, c'tait un HOCKEY STICK. C'tait pas un bâton de hockey parce que c'est de même que les médias faisaient leur chose. C'tait touT en anglais. (ILM, texte 3)

Lors de mon séjour à l'Isle Madame, j'ai pu constater que chez la plupart des locuteurs, Radio Canada ne joue aucun rôle dans la vie quotidienne[153] – sauf rares exceptions. Ces observations ponctuelles me semblent être des indicateurs de la compétence linguistique en français des locuteurs des différents isolats aca-

---

[152] Les deux stations étaient CHNC de Newcastle (depuis 1933) et la station CBAF (installée en 1954) de la Société Radio-Canada (cf. Landry, Richard 1992 : 225).

[153] Toutefois, cette station diffuse également des programmes avec des informations sur la région à la radio et à la télévision (cf. Joyce 2005 : 39). À la Baie Sainte-Marie, par contre, cette station est beaucoup plus populaire.

diens en Nouvelle-Écosse. Dans bien des cas, on peut constater un écart entre la « fierté » d'avoir une telle station de radio francophone – affichée surtout devant des étrangers à la communauté – et la réalité qui consiste à préférer des stations anglaises parce qu'on s'y sent plus à l'aise.

2.4.6.2 La télévision et la presse

Dès son introduction dans les années 1950, la télévision a eu un grand impact sur la langue, avant tout dans le domaine du lexique. Comme il n'y avait presque que des chaînes de télévision anglophones, la langue anglaise a fait son entrée dans les foyers de l'Isle Madame (cf. Ross 2001 : 100). Les répercussions sur l'usage langagier sont évidentes : l'intrusion de grandes quantités de mots anglais dans le parler acadien.

La télévision communautaire de l'Isle Madame s'appelle « Telile Community TV / Télévision communautaire », elle est donc par son nom même une chaîne bilingue. Telile fournit des services télévisuels locaux dans la région : des informations générales, des émissions locales (arts et artisanats, musique, pièces de théâtre, spectacles, festivals et autres) ainsi que des émissions en français venant de l'extérieur. Dans ce cas, Telile diffuse surtout des vidéos enregistrées dans d'autres régions acadiennes de la province, principalement à Chéticamp. Par contre, il faut mentionner que la majorité de la programmation est offerte en anglais. Telile est avant tout intéressante si l'on veut savoir ce qui est « ON » dans la communauté. On y trouve des séries d'annonces statiques, avec comme fond sonore « The Hawk », la station de radio anglophone de Port Hawkesbury. À moins d'avoir une antenne parabolique, les gens de l'Isle Madame qui sont desservis par le câble ont également accès à deux chaînes de télévision entièrement en français, la Société Radio-Canada et TQS.

En ce qui concerne la presse, il y a aussi une différence visible entre la région du Sud-Ouest de la Nouvelle-Écosse et l'Isle Madame : alors qu'à la Baie Sainte-Marie par exemple, on peut reconnaître les maisons des « Français » et des « Anglais » selon le nom du journal indiqué sur leur boîte aux lettres[154], ceci n'est presque pas possible à l'Isle Madame. Bien sûr, il faut aussi prendre en considération le fait que *Le Courrier de la Nouvelle-Écosse* se limitait d'abord au Sud-Ouest de la Nouvelle-Écosse, mais en ce qui concerne son contenu après le changement de titre en 1972[155], toutes les régions acadiennes de la Nouvelle-Écosse y trouvent un accueil favorable. Cet hebdomadaire a également des pi-

---

[154] Il s'agit ou du *Courrier de la Nouvelle-Écosse* (le seul journal francophone de la Nouvelle-Écosse) ou du *Chronical Herald* (quotidien anglophone).

[155] C'est en 1972 que *Le Petit Courrier du sud-ouest de la Nouvelle-Écosse* devient un journal pour toute la province et s'appelle désormais *Le Petit Courrier de la Nouvelle-Écosse.* En 1977, on laisse tomber le qualificatif « petit » et le journal reçoit le nom qu'il porte encore aujourd'hui : *Le Courrier de la Nouvelle-Écosse* (cf. Landry, Richard 1992 : 227).

gistes à l'Isle Madame (cf. Allard / Landry / Deveau 2003 : 97). Il en est de même pour le *Chronical Herald*, dont le siège est à Halifax et qui doit couvrir toute la province – ainsi les reportages locaux y sont encore moins présents.

Le fait qu'on ne trouve presque pas d'abonnés du *Courrier de la Nouvelle-Écosse* à l'Isle Madame et que seule une dizaine d'exemplaires soient vendus au centre culturel « La Picasse » chaque semaine est un indicateur supplémentaire du fait que les locuteurs n'ont plus de réelle compétence du français écrit.

2.5 La vitalité de l'acadien à l'Isle Madame

Le tableau suivant montre les valeurs que j'attribue aux différents facteurs après les avoir discutés ci-dessus. L'évaluation se base sur un barème comportant cinq critères : élevé (5 points), élevé-moyen (4), moyen (3), bas-moyen (2), bas (1). Ce barème de cinq appréciations pour chacun des facteurs est proposé par Giles / Bourhis / Taylor (1977 : 317).[156]

[156] Je suis consciente du fait que cette évaluation ne peut guère être objective et que, même en étant étrangère à la communauté linguistique, on n'est pas toujours capable de porter des jugements exempts de toute subjectivité. L'appréciation des différents facteurs émane donc de ma propre expérience, acquise sur place. Bien sûr, l'attribution des points peut également varier par rapport au jugement que porteraient des autochtones (cf. Giles / Bourhis / Taylor 1977 : 317 et sq.).

Facteurs démographiques	**degré de vitalité I**	**soutien et contrôle institutionnel**	**degré de vitalité II**	**variables de statut**	**degré de vitalité III**
Nombre de locuteurs L_1		**de L_1 dans les domaines**			
- nombre absolu	**3**	- éducation	**4**	- statut linguistique	**4**
- taux de fertilité / mortalité	**2**	- institutions politiques	**2**	- prestige socio-historique	**4**
- endogamie / exogamie	**2**	- services gouvernementaux	**2**	- statut social	**4**
- transmission intergénérationnelle de L1	**1**	- médias	**1**	- statut socio-économique	**1**
- émigration	**1**	- institutions militaires et policières	**∅**		
- immigration	**1**	- paysage linguistique	**∅**		
- pyramide des âges	**2**	- économie	**2**		
Distribution des locuteurs L_1		- industries culturelles	**4**		
- concentration nationale / régionale / urbaine	**3**	- sport et loisirs	**2**		
- proportion des locuteurs endogroupes (L1) vs exogroupes (L2, L3)	**3**	- institutions religieuses	**2**		
- Territoire historique / ancestral de L1	**4**	- associations et leadership	**3**		
Résultats finaux	**2,2**		**2,4**		**3,25**

Tableau 14 : Facteurs influençant la vitalité ethnolinguistique des Acadiens à l'Isle Madame.

Je n'ai pas introduit de pondération entre les différents facteurs d'une catégorie, ce qui signifie qu'à l'intérieur d'une même catégorie, tous les facteurs possèdent la même importance. Néanmoins je crois pouvoir justifier une pondération des trois colonnes dans la proportion 2:2:1. Premièrement, cela est dû au nombre des facteurs dans les colonnes respectives. Deuxièmement, l'impact des variables du statut ne me semble pas aussi imminent et aussi palpable dans la vie quotidienne de l'endogroupe que celui des deux premières colonnes. Cette façon de penser peut être également déduite du « calcul » présenté par Giles / Bourhis / Taylor (1977 : 317) : en jugeant la vitalité linguistique des Franco-Canadiens en général (cf. tableau 15 ci-dessous), ils décernent un « high » à la catégorie « démographie », un « medium » au soutien institutionnel et un « low-medium » au statut. Un traitement égal des trois facteurs aurait donné le résultat « medium » pour les Franco-Canadiens dans leur ensemble. Mais sans donner de détails, ils attribuent un « medium-high ». Ajoutons les résultats pour l'Isle Madame dans ce tableau de synthèse :

Groupe	**Démographie**	**Soutien institutionnel**	**Statut**	**Vitalité totale (résultant des trois catégories précédentes)**
Franco-Canadiens	High	Medium	Low-Medium	Medium-High
Isle Madame	Low-Medium	Low-Medium	Medium	Low-Medium

Tableau 15 : Résultats finaux pour la vitalité ethnolinguistique à l'Isle Madame. Les résultats en regard pour l'ensemble des Franco-Canadiens sont repris à Giles / Bourhis / Taylor (1977 : 317).

En rassemblant toutes les évaluations des différents facteurs, la vitalité totale à l'Isle Madame peut être considérée comme « low-medium », ce qui équivaut à l'avant-dernier niveau. Même s'il ne s'agit que d'une évaluation subjective, les statistiques et les tendances rencontrées ci-dessus révèlent un risque manifeste que la variété acadienne disparaisse à l'Isle Madame.

3 Étude morphosyntaxique : grammaire différentielle et comparative de l'acadien – quelques aspects

Les chercheurs se sont mis d'accord sur le fait que ce sont avant tout les aspects lexicaux et phonétiques qui séparent les variétés acadiennes entre elles et l'acadien en général des variétés avoisinantes, comme le québécois (cf. Chauveau 2009 : 35). Comme on peut l'observer pour différentes variétés, la morphosyntaxe de l'acadien est assez conservatrice et beaucoup moins accessible à des changements. Souvent, des structures qui semblent provoquées par l'ubiquité de l'anglais « sont de fait des structures traditionnelles que l'on trouve en français populaire » (Péronnet 1986 : 89).

Ce qui s'avérera essentiel, dans l'analyse morphosyntaxique qui suit, c'est le choix d'un point de référence adéquat. Comme l'objet d'étude est la variété orale de l'Isle Madame, il va de soi que le point de référence doit se composer – avant tout – d'énoncés oraux. C'est pourquoi j'ai décidé d'avoir recours – là où l'état de la description le permet – au français dit « de France ». Ce dernier est défini par Thibault comme le français parlé par la plupart des Français aujourd'hui (cf. Thibault 2006 : 239). En dépit des faiblesses de cette définition très large et difficile à cerner, je l'ai choisie parce qu'elle semble la plus maniable de toutes. Mais parfois, il faut avoir recours – faute de descriptions plus détaillées de la variété orale – à un français de référence : dans ce cas, il s'agit de

> l'ensemble des emplois qui sont présentés sans mention restrictive sur les plans géographique et historique dans les dictionnaires du français contemporain et qui constituent, de ce fait, la norme la plus généralement admise du français (Poirier, C. / Boisvert / Massicotte 1985 : XI).

Néanmoins il faut se garder de considérer ce concept comme un « français idéal ». Dans les mots des Thibault,

> [l]e 'français de référence' est un simple instrument de travail pour la communauté scientifique, destiné à fournir un point de comparaison pour les études variationnistes ; il ne correspond surtout pas à une quelconque 'vision idéalisée'. (Thibault 2006 : 239)

3.1 La classification des régions acadiennes selon les traits morphosyntaxiques

Flikeid a dressé un tableau où elle classe les parlers acadiens selon leur degré de conservatisme à l'aide de critères morphologiques, syntaxiques et phonologiques :[157]

Trait morpho-syntaxique	Français acadien	Français standard	Niveau		
			I	II	III
			NB	ILM, CHÉ, ÎPÉ	BSM, PUB
3e personne du pluriel	*ils parlont*	*ils parlent*	+	+	+
pronoms démonstratifs	*c'ti-là, c'telle-là*	*celui-là, celle-là*	+	+	+
ordre des mots	*assez*	*très ; suffisamment*	+	+	+
1ère personne du pluriel	*je parlons*	*on parle / nous parlons*	-	+	+
subjonctif imparfait	*qu'al aïdit*	*qu'elle aide*	-	+	+
passé simple	*ils coupirent*	*ils ont coupé*	-	-	+
négation	*point*	*(ne) pas*	-	-	+

Tableau 16 : Classement des variétés acadiennes selon leur degré de conservatisme à l'aide de critères morphosyntaxiques (extrait du tableau de Flikeid 1997 : 266, traduit en français et légèrement modifié).

Selon Flikeid, la catégorie III (le Sud-Ouest de la Nouvelle-Écosse, c'est-à-dire les régions de la Baie Sainte-Marie et de Pubnico) présente les traits linguistiques les plus conservateurs, tous les phénomènes morphosyntaxiques énumérés y sont encore présents. La deuxième catégorie (les régions du Nord-Est de la Nouvelle-Écosse – surtout l'Isle Madame et Chéticamp – ainsi que l'Île-du-Prince-Édouard) présente un état de langue intermédiaire dans le sens où des traits archaïques comme la négation avec *point* et le passé simple ne s'y trouvent plus. Mais des phénomènes comme le subjonctif imparfait ou *je* comme pronom personnel de la 1ère personne du pluriel y existent encore. Ainsi, on constate une certaine « polarité est-ouest » (Flikeid 1996 : 307) entre les régions acadianophones de la Nouvelle-Écosse.[158] Finalement, la catégorie I regroupe tous les parlers du

[157] Dans l'extrait du tableau qui suit, j'ai négligé cette dernière catégorie de critères, qui ne s'inscrit pas dans le cadre de mon projet.

[158] Les facteurs ayant mené à une telle différenciation sont décrits à partir de la p. 36.

Nouveau-Brunswick qui possèdent le moins de traits archaïques. Un autre exemple frappant de la polarité Est-Ouest en Nouvelle-Écosse est la répartition des conjonctions de coordination *pis* et *et* :

	Pubnico	Baie Ste-Marie	Chéticamp	Pomquet	Isle Madame
pis	848 (→ 17,3 %)	2 688 (→ 54,9 %)	1 939 (→ 81,4 %)	4 512 (→ 90,0 %)	4 377 (→ 86,7 %)
et	4 055 (→ 82,7 %)	2 210 (→ 45,1 %)	442 (→ 18,6 %)	454 (→ 10,0 %)	674 (→ 13,3 %)

Tableau 17 : Comparaison régionale *pis* / *et* (Flikeid 1996 : 310).

On peut donc constater une nette domination de *pis* dans le Nord-Est, contrairement à la région du Sud-Ouest où *et* et *pis* sont répartis de manière égale (cf. Baie Sainte-Marie), *et* étant même nettement dominant à Pubnico.

Comme je l'ai déjà précisé ci-dessus (cf. note 66), je me concentrerai sur l'analyse de quatre chapitres précis de la grammaire. Le choix a été fait selon la probabilité apparente de processus du changement linguistique : ainsi le subjonctif imparfait et le passé simple (regroupés dans « La phrase verbale ») ainsi que la négation se trouvent dans le tableau de Flikeid (cf. tableau 16, p. 114), ils ne sont donc que partiellement présents en acadien. Le système prépositionnel fait partie des « aires de variabilité » (Chaudenson / Mougeon / Beniak 1993 : 6) du système grammatical et est ainsi soumis à une grande variation interne. Enfin, les interrogations ont déjà été abordées dans plusieurs articles, où l'on a présenté leur grande variabilité pour d'autres variétés. Elles feront donc également l'objet d'une étude plus détaillée pour mon corpus de l'Isle Madame.

3.2 Le « paradoxe linguistique » de l'Isle Madame

> La comparaison linguistique entre les régions de la Nouvelle-Écosse […] a dégagé le paradoxe apparent que l'île Madame, région qui a été beaucoup plus à l'écart du contact avec le français normatif dans le courant du dernier siècle que par exemple la baie Sainte-Marie, présente néanmoins sur une série de points linguistiques des formes plus proches du français commun que celles qui prédominent dans cette dernière. (Flikeid 1994 : 299)

La citation précédente de Flikeid se réfère à la situation linguistique actuelle de l'Isle Madame qui, du fait de l'isolement prononcé de l'île au cours du XXe siècle, présente des particularités linguistiques plutôt inattendues. Quelle pourrait donc être l'origine de ces formes plus proches du français commun ? J'ai déjà abordé indirectement quelques raisons au chapitre 2, traitant des aspects sociohistoriques. Voici une ébauche d'explication.

La première raison remonte à la période 1713–1755, entre le traité d'Utrecht et le début de la déportation organisée des Acadiens : comme l'Isle Madame faisait partie de l'Isle Royale, elle est restée sous juridiction française pendant cinquante ans de plus que l'Acadie continentale (cf. Flikeid 1994 : 299). Cela signifie que dans cette période encore relativement proche de l'implantation des premiers colons, l'isolement des colonies du Sud-Ouest était déjà beaucoup plus prononcé que celui de l'Isle Madame. De plus, les habitants de l'aire linguistique de l'Isle Madame avaient un contact important avec la population de Louisbourg, venue directement de France (ou aussi de Plaisance, à Terre-Neuve). Le contact avant la Déportation avec des Français non-sédentaires se révèlera décisif pour le futur développement linguistique (cf. Flikeid 1994 : 299).

Une deuxième raison est l'itinéraire beaucoup plus mouvementé des déportés de la région de l'Isle Madame. Alors que les déportés du Sud-Ouest de la province eurent la chance de rester relativement regroupés lors du Grand Dérangement, les réfugiés de l'Isle Madame furent beaucoup plus dispersés (cf. p. 60). Pour ces derniers il était donc plus difficile de conserver – inconsciemment bien sûr – les particularités de leur parler à cause des nombreux contacts avec d'autres variétés du français. Et même si une grande partie des habitants de l'Isle Madame put rejoindre l'île après 1763 et parvint à se construire une nouvelle vie, ils furent rejoints par d'autres familles venant de diverses parties de l'Acadie. Ainsi, un groupe d'une centaine de personnes en provenance de Saint-Pierre-et-Miquelon s'installa à Arichat en 1793 (cf. Flikeid 1994 : 299). Flikeid mentionne également la présence de compagnies jersiaises, qui s'étaient implantées dans la région, comme un « élément important » (Flikeid 1994 : 299) dans ce processus de nivellement.

Néanmoins, il faut mentionner que malgré une plus grande proximité avec le français standard, le parler de l'Isle Madame continue à garder des éléments traditionnels de l'acadien.

3.3 La phrase verbale

Pour ce qui est de la phrase verbale, le parler acadien de l'Isle Madame présente des spécificités qui le distinguent d'autres variétés acadiennes. Seront traités dans ce paragraphe la morphologie verbale, le passé simple, le subjonctif, les temps surcomposés, le non-accord de nombre entre le sujet et le verbe ainsi que l'impératif.

3.3.1 Le paradigme verbal

Une tendance dans l'évolution des terminaisons verbales du présent et de l'imparfait dans les parlers acadiens est la généralisation de l'opposition entre singulier et pluriel :

	présent		**imparfait**	
	français parlé de France	parler acadien	Français parlé de France	parler acadien
singulier	je donne [∅]	je donne [∅]	je donnais [ɛ]	je donnais [ɛ]
	tu donnes [∅]	tu donnes [∅]	tu donnais [ɛ]	tu donnais [ɛ]
	il donne [∅]	il donne [∅]	il donnait [ɛ]	il donnait [ɛ]
pluriel	on donne [∅]	je donnons [ɔ̃]	on donnait [ɛ]	je donnions [jɔ̃]
	vous donnez	vous donnez	vous donniez	vous donniez
	ils donnent [∅]	ils donnont [ɔ̃]	ils donnaient [ɛ]	ils donniont [jɔ̃]

Tableau 18 : Paradigmes des terminaisons verbales du présent et de l'imparfait (tableau : J. Hennemann).

Alors que dans le français parlé de France, les marques de flexion postverbales disparaissent successivement à ces deux temps, l'acadien de Nouvelle-Écosse maintient les terminaisons traditionnelles *-ons* et *-ions* ainsi que *-ont* et *-iont* (cf. Flikeid 1991 : 202). Ainsi, il se crée une opposition entre singulier et pluriel, la 2e personne du pluriel jouant partout un rôle un peu à part.

Pour la 1ère personne du pluriel, l'acadien sauvegarde[159] l'emploi de « je … -ons ».[160] Cette tendance est particulièrement forte à l'Isle Madame car l'emploi du *je collectif* y est le plus élevé en comparaison avec les quatre autres régions acadianophones de la Nouvelle-Écosse (cf. Flikeid 1994 : 290) :

	Île Madame	**Pomquet**	**Chéticamp**	**Pubnico**	**Baie Sainte-Marie**
je … -ons	0,83	0,75	0,59	0,60	0,59
on … -e	0,17	0,25	0,41	0,40	0,41

Tableau 19 : Taux d'emploi de « je …-ons » par rapport à « on …-e » (Flikeid 1994 : 290).

Alors que dans le Sud-Ouest de la Nouvelle-Écosse et à Chéticamp, le pourcentage du *je collectif* atteint environ 60 % par rapport à « *on … -e* », il s'élève à 75 % à Pomquet et même à 83 % à l'Isle Madame. Flikeid qui observe ce phénomène pour le style formel comme pour le style informel donne l'explication suivante de cette distribution inégale :

> Les différences entre les régions sont à rapprocher du fait que l'exposition aux normes extérieures à travers l'école et l'infrastructure institutionnelle a été plus grande dans les régions de Chéticamp, Pubnico et baie Sainte-Marie. Dans les deux autres régions, Pomquet, et l'île Madame, cette influence a été moindre. Effectivement, on observe un niveau d'emploi du *je* 'collectif' plus élevé dans ces dernières régions. (Flikeid 1994 : 290 et sq.)

---

159 L'emploi de « je ... -ons » est toujours attesté au XXe siècle dans le Poitou (cf. Pignon 1960 : 53), région d'où sont originaires une grande partie des Acadiens actuels.

160 Le pronom *je* employé à la 1ère personne du pluriel en combinaison avec la terminaison verbale *-ons* est considéré comme la forme traditionnelle des parlers acadiens (cf. Arrighi 2005a : 219).

En outre, on ne trouve pas de différence dans la fréquence de l'usage du *je collectif* selon les classes d'âges : l'Isle Madame est la seule région où l'emploi est constant à travers les générations ; on n'assiste pas non plus à l'augmentation des traits traditionnels dans la jeune génération telle qu'on peut l'observer dans les autres régions acadianophones de Nouvelle-Écosse (cf. Flikeid 1994 : 291). Pour son corpus avant tout constitué d'entrevues du Nouveau-Brunswick et de l'Île-du-Prince-Édouard, Arrighi atteste « un usage effectif assez faible » (Arrighi 2005a : 108) du *je collectif*.

Tandis qu'on a constaté une régularisation horizontale pour les terminaisons des verbes au présent et à l'imparfait (cf. ci-dessus), on trouve une régularisation verticale par exemple pour le verbe *venir* et ses composés *devenir, revenir, souvenir*, etc. à l'Isle Madame. Un changement similaire se fait également sentir pour les verbes comme *tenir*, *coudre*, *faire* et *devoir* dans le corpus. Alors qu'en français standard, le radical de *venir* possède six allomorphes (*vien-*, *ven-*, *vienn-*, *vin-*, *viend-,* [*vinss-*]), ce sont les formes *ven-* et *vien-* qui semblent s'imposer pour tous les temps et modes à l'Isle Madame (cf. aussi Flikeid 1994 : 295, note) :

[12] I était ben obligé d'apprendre l'anglais le pauvre personne qui **vienait** ici. (ILM, texte 8)

[13] c'tait des / c'tait des / des marchands qui **vienaient** / i **vienaient** pis i vendaient des affaires, … (ILM, texte 8)

[14] je **me souvienrai** tout le temps la première qu'a rentré acheter une SANDWICH, c'était Aline Landry. (ILM, texte 8)

[15] ils ont travaillé pour une pension pis iz / maintenant i s'en **revenont** sus l'île. (ILM, texte 8)

[16] I **venurent** nous mener en CAR jusqu'à la PLANE. (ILM, texte 1)

Flikeid constate premièrement une différenciation géographique pour le verbe *venir* :

> Une démarcation entre les deux extrémités de la Nouvelle-Écosse se dégage aussi pour le verbe *venir*. Dans le Sud-Ouest, les radicaux sont tous en [v], *il vint* (indicatif présent), *qu'il venne* (subjonctif présent), etc. Dans le Nord-Est, les formes sont plus proches du français commun, avec une alternance entre radicaux en [vj-] et [v-] : *il vient*, etc. (Flikeid 1994 : 295)

Mais en un second temps, on peut même trouver des tendances à la différenciation à l'intérieur de la région du Sud-Ouest : « Des restructurations se superposent à ce contraste général. Au Sud-Ouest il y a différenciation géographique interne pour le futur : *il vindra* à la baie Sainte-Marie, *il vennera* à Pubnico […] » (cf. Flikeid 1994 : 295, note).

Le tableau suivant rassemble quelques autres verbes où la tendance à la régularisation du radical se fait également sentir :

Verbe	**radical en voie de régularisation en acadien**	**exemples du corpus de l'Isle Madame**
tenir	*tien-* (cf. *venir*)	[17] l'homme de la p/ la place qu'i **tienait**, Carl Boudreau là, qui **tienait** la caisse, i m'a dit, i dit : *worry* pas, … (ILM, texte 8)
coudre	*coud-*	[18] a se faisait des costumes ielle-même, a achetait du matériel pa a les **coudait** en machine. (ILM, texte 2)
devoir	*doiv-*	[19] Moi je **doivais** quatre mille piastres à la CREDIT UNION, à la caisse populaire pour ma maison. (ILM, texte 8)
dire	*dis-* (au pluriel)	[20] moi, je me sentais de la même façon que tout le monde, que touT les jeunes que vous **disez** qu'a pas de fierté acadienne là (ILM, texte 3)
faire	*fais-* (au pluriel)	[21] Euh, vous parlez trop pis des fois, vous **faisez** pas d'allure. (ILM, texte 4) [21] Asteure i se **faisont** écoler pis s'en allont. (ILM, texte 2)

Tableau 20 : Verbes dont le radical est en voie de régularisation.

Comme Brasseur le souligne, la tendance à la régularisation et ainsi à l'optimisation du paradigme verbal n'est pas la seule à l'œuvre dans les parlers acadiens, il existe aussi un phénomène opposé, celui de la singularisation (cf. Brasseur 2007 : 169) :

verbe	formes singulières	exemples du corpus de l'Isle Madame
avoir	*j'ons* (1ère personne du pluriel) « nous avons »	[22] **J'ons** été priés pour y aller nous-autres.
écrire	*écris-*	[23] Tu sais c'tait dur. T'**écrisais** sus l'ardoèse.
rire	*ris-*	[24] Mais je parlais pas, moi je **risais** trop.

Tableau 21 : Verbes dont le paradigme présente des cas particuliers.

Néanmoins, ces cas de singularisation étant plutôt rares, je ne parlerais pas d'une tendance du système verbal.

3.3.2 Le passé simple

La présence du passé simple est un des traits les plus frappants, parce que cette forme verbale « a presque totalement disparu de la langue parlée » (Grevisse / Goosse 2008 : § 882 a) de France d'aujourd'hui. La remarque de Brunot / Bruneau (1949 : 381) affirmant que le passé simple se conjuguerait au Canada « chez des sujets peu cultivés, avec une extrême fantaisie » semble quelque peu exagérée car elle sous-entend un certain arbitraire des formes. Pour cela, il convient d'analyser ces attestations en détail, afin de décrire leur structure morphologique et d'étudier les fonctions dans une variété orale. Un coup d'œil à la répartition du passé simple dans la francophonie nord-américaine actuelle conclura ce paragraphe.

Les formes du passé simple

Le système des terminaisons diffère considérablement de celui du français de référence où « les passés simples constituent un système complexe et mal structuré » (Guiraud 1986 : 23). Alors que celui-ci emploie trois voyelles différentes dans les terminaisons, l'acadien a uniformisé la voyelle *-i-* pour tous les verbes en *-er* (y compris les verbes anglais, tous intégrés morphologiquement) et pour la grande majorité des verbes du 3e groupe :

[25] i **ramassirent** ses béquilles en bas là (ILM, texte 9)
[26] Pis a me ***callit*** pour si j'y / si j'y irais avec ielle quand qu'elle ara son bébé. (ILM, texte 1)
[27] Pis **descendit** en bas de sus STAGE au club. (ILM, texte 4)

L'infixe *-u-* n'existe en acadien que dans peu de cas, en partie pour des verbes où le français de référence n'y a pas recours. Au total, le corpus de l'Isle Madame comporte les verbes suivants qui forment leur passé simple en *-u-* : *s'apercevoir*, (*avoir*), *aller / être*[161], *croire*, *venir*, *voir*. En ce qui concerne les terminaisons des personnes respectives, il faut souligner la terminaison *-irent* / *-urent* de la 1ère personne du pluriel, dans les cas où le *je* pluriel est employé :

[28] Je **dansirent** bien. Après ça, je **venurent** BACK. (ILM, texte 4)

Selon Gesner, il y a eu au passé simple une « réduction du système désinentiel de 14 formes en français standard à quatre formes en acadien » (Gesner 1979b : 129). Les terminaisons attestées dans mon corpus sont les suivantes :

	singulier	**pluriel**
1ère pers.	**/i/ - /y/**	**/ir/ - /yr/ (avec *je*)**
2e pers.	**/i/**	
3e pers.	**/i/ - /y/**	**/ir/ - /yr/**

Tableau 22 : Paradigme des terminaisons du passé simple dans l'acadien de l'Isle Madame (tableau : J. Hennemann).

Même si ce paradigme, composé à partir des formes attestées dans mon corpus, n'est pas complet pour la 2e personne (du singulier et du pluriel), la tendance qui s'y dessine est nette : comparé au français standard, le paradigme du pluriel s'est simplifié, au point qu'il n'y existe plus qu'un seul segment qui marque le pluriel (cf. aussi Ryan 1989 : 206) : alors que le français standard a besoin de quatre segments différents, à savoir /Ø/, /m/, /t/ et /r/, l'acadien n'a plus que l'opposition /Ø/ – /r/ qui sert à indiquer la différence entre singulier et pluriel (cf. Péronnet 1986 : 88). Ceci devient particulièrement évident pour la 1ère et la 3e personne, où l'on a en plus affaire à une coïncidence (au moins phonémique) des pronoms personnel : *je* (1ère pers. du singulier) et le *je* dit saintongeais (1ère pers. du pluriel) ainsi que *i(l)* (3e pers. du singulier) et *i(l)* (3e pers. du pluriel). Par conséquent, les formes « je dansai » et « nous dansâmes » du français standard ne se distinguent que par le phonème /r/ en acadien : *je dansis* vs *je dansirent*.

Ainsi, ce paradigme s'insère parfaitement dans la tendance générale des paradigmes de terminaisons dans les provinces maritimes (la Louisiane semble faire ici exception) : au présent tout comme à l'imparfait, on y trouve l'opposition entre les formes du singulier et celles du pluriel (avec la seule exception de la 2e personne du pluriel) (cf. tableau 18, p. 117).

Notons enfin que malgré l'économie accrue et la simplification considérable par rapport au français de référence, la fonctionnalité du système acadien n'est aucunement perturbée (cf. Ryan 1989 : 207).

---

161 Comme au passé composé, le passé simple du verbe *aller* est formé à l'aide de la forme du verbe *être* : *il s'en fut* « il s'en alla ».

Si l'on veut retracer l'origine des terminaisons présentes du passé simple acadien, on se rend compte – en parcourant l'histoire de la langue française – que dans le cas du passé simple également, plusieurs changements de paradigme se sont produits.[162] En regardant d'abord le jeu des voyelles, l'acadien a généralisé – comme on l'a démontré ci-dessus – la voyelle *-i-* au passé simple pour la majorité des verbes.

En France, l'apparition du morphème *-i-* pour les verbes terminés en *-er* date du XIIIe siècle (cf. Brunot 1906–1972, t. 1 : 439, t. 2 : 336–338). C'est dans le dialecte anglo-normand qu'on le répertorie pour la première fois. Pendant les trois siècles suivants, cette voyelle se répand de plus en plus d'un point de vue diatopique et diastratique. Depuis le XVe siècle, on la trouve même dans la langue littéraire, bien qu'elle soit plus fréquente dans des textes populaires reflétant la variété parlée (cf. Gougenheim 1974 : 113). Au XVIe siècle, les formes en *-i-* ont failli se généraliser (cf. Grevisse / Goosse 2008 : § 803 H) – phénomène qui a probablement été mené à terme plus tard dans l'acadien de la Nouvelle-Écosse. Le grand succès que cette voyelle connaît alors dans la langue populaire en France se reflète également dans les commentaires des grammairiens qui luttent avec ardeur contre ces « excès » :

> Palsgrave (1531) condamne 'nous don*i*smes, nous enferm*i*smes', pour 'nous donn*â*mes, nous enferm*â*mes' (p. 393). Ce sont les 'aigrettes' et les 'mignards' de la Cour, si nous en croyons Mlle de Gournay (*Ombre*, p. 606), qui, au début du XVIIe siècle, disaient : 'j'all*is*, je donn*is*'. (Brunot / Bruneau 1949 : 349)

Au début du XVIIe siècle, l'infixe *-i-* est donc un phénomène diastratique (« c'est du parler paysan » (Grevisse / Goosse 2008 : § 803 H)) et en partie aussi diatopique car il est apparemment limité aux régions de l'Ouest de la France (cf. Chauveau 2009 : 36 et sq.). C'est à cause de cette répartition géographique que le passé simple en *-i-* est également appelé *breton* par les grammairiens de l'époque (cf. Gérin / Gérin 1979 : 91). À propos des régions d'origine des premiers colons, Pignon affirme que la voyelle *-i-* était généralisée pour les verbes en *-er* dans le poitevin du XVI[e] siècle.[163] De plus « [c]ette généralisation peut atteindre des verbes du 3[e] groupe comme *recevit* » (Pignon 1960 : 48). Ce sont les milieux populaires qui perpétuent cet emploi, et à Paris il se maintient même « jusque dans la seconde moitié du 18[e] siècle » (Lodge 2004 : 169, 177). Dans les cas où le passé simple est encore employé, la voyelle *-i-* joue un certain rôle dans le français populaire. Selon Guiraud le système du français populaire tend à réduire le système de désinences à deux paradigmes de conjugaisons : ceux en *-a-* et ceux en *-i-* (cf. Guiraud 1986 : 23). Pope (1952) va même plus loin en présentant *-i-*

---

162 Guiraud cite par exemple des formes anciennes comme *nous allimes* et *ils chantarent* (cf. Guiraud 1986 : 23).

163 Dans le parler poitevin du milieu du XXe siècle, dans la mesure où le passé simple est encore utilisé, la conjugaison en *-i-* est la seule employée pour les verbes en *-er* (cf. Pignon 1960 : 48).

comme la seule voyelle résultant de l'uniformisation des différentes formes en français populaire.

Quant aux raisons historiques de ce changement linguistique, les avis des chercheurs sont partagés : les uns se réfèrent plutôt à la phonétique, les autres plutôt à la morphologie (cf. Bougy 1995 : 354). Brunot estime que les verbes de la première conjugaison terminés au radical par une palatale (par ex. *j'engagis*, *il mangit*) en sont responsables, en raison de la prononciation (cf. Brunot 1906–1975, t. II : 336–339). Et selon Pope (1952 : 375), ce sont des changements phonétiques propres aux dialectes du Nord qui ont entraîné cette évolution : les terminaisons de la 3e personne du pluriel du passé simple des verbes du premier groupe y étant *-ièrent*, elles auraient été réduites phonétiquement en *-irent* du fait de l'influence germanique « qui maintient l'accent avec force sur la première partie de la diphtongue *ie*, contribuant ainsi à l'effacement du second élément » (Bougy 1995 : 354). Nyrop, en revanche, met en avant des aspects morphologiques : il parle de formes analogiques en *-i-* apparues dès le Moyen Âge surtout dans l'Est (cf. Nyrop 1903 : 55–57).

On voit donc clairement que la diffusion des passés simples en *-i-* au-delà de la conjugaison des verbes en *-ir* n'est pas une « invention » acadienne. Ces formes existaient déjà dans d'autres groupes de verbes avant le départ des premiers colons pour la Nouvelle-Écosse. Même si les attestations ci-dessus peuvent donner l'impression qu'il s'agit d'un phénomène plutôt régional, Bougy est d'avis qu'on a plutôt affaire à un phénomène diastratique que diatopique : « […] ces formes en *-i* ne sont pas à cette époque caractéristiques d'un parler précisément localisé, mais plutôt d'un niveau de langue et très probablement aussi d'instruction » (Bougy 1995 : 356). Cela signifie donc que dans les régions du Poitou et de la Saintonge, les formes étaient probablement connues et qu'elles ont ainsi été exportées par les colons. Flikeid, elle aussi, juge très probable que ces régularisations vocaliques soient situées dans la période antérieure à l'implantation dans le Nouveau Monde (cf. Flikeid 1984 : 303).

Un coup d'œil sur les terminaisons personnelles du pluriel du passé simple montre qu'on peut fortement douter qu'il s'agisse également du système poitevin (cf. aussi Pignon 1960 : 48), comme l'a montré Chauveau dans un article récent. Dans son analyse, il souligne les points suivants :

> Cette absence de concordance substantielle entre les systèmes poitevin et acadien, nous l'avions déjà constatée pour les marques flexionnelles du passé simple. Avec son morphème *-i-* et sa désinence zéro pour le singulier et *-r* pour le pluriel, ce tiroir verbal ne s'intègre que partiellement à l'intérieur du système acadien. […] L'origine du passé simple acadien, ce n'est pas le système poitevin,
> 1.2.3. *-i*, 4. *-irans*, 5. *-irez*, 6. *-irant,*
> mais le système des marques flexionnelles qui a été général dans le français de l'Ouest,
> 1. *-i*, 2. *-is*, 3. *-it*, 4. *-ismes*, 5. *-istes*, 6. *-irent*,
> auquel l'acadien a fait subir une simplification des désinences personnelles plus radicale que pour les autres tiroirs verbaux. (Chauveau 2009 : 47)

En résumé, Chauveau estime donc qu'en ce qui concerne les terminaisons du passé simple, l'acadien a présenté ici moins de similitudes avec le poitevin qu'avec d'autres parlers de l'Ouest de la France :

> On voit que les parlers acadiens se rattachent étroitement aux parlers de l'Ouest avec lesquels il partagent 1) le morphème du passé simple *-i-*, 2) l'opposition de désinence zéro pour le singulier et marque désinentielle pour le pluriel, 3) selon les parlers une même tendance à réduire (Val de Saire, Jersey) le nombre des marques désinentielles, voire à les unifier (Côtes-d'Armor), tandis que d'autres parlers (Maine, Poitou) les modèlent sur les désinences d'autres tiroirs verbaux. Le point commun à tout cet ensemble est un état ancien auquel peuvent se rattacher toutes les conjugaisons de ce type, exemplifié ici par les formes de passé simple du verbe *aller*,
>
> 1. *ali*, 2. *alis*, 3. *alit*, 4. *alismes*, 5. *alistes*, 6 *alirent*. (Chauveau 2009 : 37)

On peut donc en conclure que le parler acadien, contrairement au remodelage du passé simple dans les parlers poitevins déjà présent au XVIe siècle, a subi une réduction du système (cf. Chauveau 2009 : 37). En poitevin et en acadien, l'évolution s'est faite dans des directions opposées.

Pour les formes verbales, il faut encore signaler un phénomène morphologique qui se produit assez souvent dans le corpus : les cas de *je dis* et *i dit*. La question qui découle de l'apparence extérieure de ces deux formes est alors de savoir s'il s'agit ici d'un présent ou d'un passé simple. Cette question soulevée par la similitude des deux formes pourrait paraître accessoire mais Bauche y voit même une des raisons de la disparition du passé simple dans l'usage oral en France (cf. Bauche 1928 : 116 et sq.). Voici deux exemples du corpus pour illustrer le problème :

[29] Pis après ça je vus de quoi en haut, ça ressemblait t'sais THOSE CAMPER THAT IS A HIGHER BERTH dans l'hiver les gros chouses. Pis **dis** à RAYMOND j'ai dit : quoi c'est que ça que / que / que je vois là en haut de là ? Ben i **dit** : ça / ça va en haut des nuages. (ILM, texte 1)

[30] Je m'en souviens, j'avions té quanT que mon garçon avait pris malade, j'avions té là-bas à TACOMA dans la PLANE là. Ça nous avait pas coûté rien BECAUSE GERALD était dans le service là. Pis c'est / c'est DA/ DAVE COGSWELL qui nous **dit**. (ILM, texte 1)

Gesner, confronté au même problème, s'est décidé à laisser de côté ces exemples : « Étant donné leur haute fréquence et cette difficulté d'interprétation, nous avons préféré les considérer 'hors temps' et ne pas les comptabiliser » (Gesner 1979b : 124, note). Parmi les raisons qui – dans nos exemples – plaident en faveur de la catégorisation de ces formes comme passés simples, on peut compter le fait que le contexte entier de l'énoncé se situe dans le passé. De plus, *dis* alterne avec le passé composé *j'ai dit* [29]. Ce qui contredit cette supposition est le fait qu'on peut aussi observer les formes *je dis* et *il dit* dans le récit dans d'autres régions acadiennes où le passé simple est très rare (cf. corpus Wiesmath 2006a[164]).

Par ailleurs, Brunot / Bruneau montrent que jusqu'au XVIIe siècle, les écrivains emploient des temps du passé et des présents dans la même phrase (cf. Brunot / Bruneau 1949 : 374). Même si l'emploi alterné de ces temps n'est pas explicitement attesté pour la langue populaire de cette époque, cela pourrait expliquer l'emploi simultané de formes du passé simple et d'un présent *il dit*. C'est surtout l'extrait suivant du corpus qui appuie cette thèse :

> [31] QuanT qu'i était en haut, le / le / le p/ frère André a dit : mais là, **i dit**, maintenant vous allez les descendre sans béquilles. Fait i quittit / i quittit ses béquilles / i ramassirent ses béquilles en bas là pis les amenirent en haut, il a dit : t'en as pas besoin pour monter. Les a quittées en haut. QuanT qu'i a té en haut, quanT qu'i a été pour faire la première STEP, timba bas les escaliers. Ça fait frère André, i huche, **i dit**_/ euh / vous êtes pas mort ? Le gars, il a répondu, **i dit** : non, suis pas mort. Ben **i dit** ça c'est un mirâcle. (ILM, texte 9)

Dans un contexte où domine le passé simple comme temps narratif, on trouve plusieurs verbes de dire antéposés ou insérés dans le discours direct : plusieurs sont au passé composé, mais *i huche* est sans ambiguïté un présent. Ainsi, il est fort probable que *i dit* qui suit directement est aussi un indicatif présent. Toutes les autres attestations le sont probablement aussi.

Cependant, selon mes données, on ne peut confirmer le constat de Gesner, selon lequel « la morphologie de 'ils dirent' [dir] permet d'affirmer qu'il s'agit bel et bien d'un passé simple » (Gesner 1979b : 124, note). Dans la seule attestation de *dirent* trouvée dans mon corpus, il pourrait bel et bien s'agir d'un présent :

> [32] Oui. Asteure on a touT des pensions pis nos enfants nous veulent pas. Nos enfants **dirent** c'est / c'est leur vie… (ILM, texte 1)

Flikeid cite la forme *il disit* comme étant le passé simple de *dire* (cf. Flikeid 1994 : 423), le pluriel serait alors *ils disirent*. Toutefois, cette forme n'est pas attestée dans mon corpus.

Fréquence et fonctions du passé simple

Concernant la fréquence du passé simple dans la langue parlée acadienne, Ryan constate dans son article datant d'il y a une vingtaine d'années qu'à la Baie

164 [] on 'n a trouvé coumme huit ou dix BUNCH de médalles qu'a' mettait a' crochait ça . sus la cheminée ou en arrière de la cheminée pis **je me dis** <oui c'est ça que c'est> (corpus Wiesmath 2006a – texte 2, F389)
[] pis là on rit **i dit** <ah je vas te mettre dans un foyer> **i dit** <tu parles tout seule> ((rires)) <tu parles à un DUMMY> ((rires)) on a ri pour ça ouais . (corpus Wiesmath 2006a – texte 2, F101)

Sainte-Marie la fréquence de ce temps est « même légèrement plus élevée que celle du passé composé » (Ryan 1989 : 206). Pour mes entrevues de la Baie Sainte-Marie, enregistrées vingt ans plus tard, cette constatation n'est plus valable. Toutefois selon une étude récente, le passé simple à la Baie Sainte-Marie « remains in robust use » (Comeau / King / Butler 2012 : 315). De plus, il faut penser au regroupement des aires acadianophones établi par Flikeid (cf. tableau 16, p. 114), où le passé simple est un des critères de différenciation morphosyntaxique entre la catégorie III (Baie Sainte-Marie, Pubnico) et la catégorie II (Isle Madame, Chéticamp et Île-du-Prince-Édouard). Selon les résultats de mes recherches, le signe « moins » dans la colonne « passé simple » n'est pas justifié pour le groupe II (Flikeid elle-même en avait d'ailleurs relevé plusieurs exemples dans le Nord de la Nouvelle-Écosse) ; on trouve plusieurs attestations du passé simple dans les régions appartenant à la catégorie II.

Les exemples suivants, tous extraits d'un récit structuré et cohérent fait par une vieille dame[165], âgée de 93 ans au moment de l'entrevue, aident à mieux situer les formes verbales dans le contexte :

[33] Ah, pis c'est / RAYMOND *feelait* pas bien pis savais pas il l'avait pas dit, hein ? ANYWAY je **furent** yusqu'à Halifax pis MARGARET **venurent** nous mner à la PLANE à Halifax. Pis là nous en **furent**. Moi j'avais jamais té dans* une PLANE avant, hein ? Pis quand que la PLANE allait, t'sais ç/ ça grouillait. La PLANE allait de même, moi je faisais cecitte. ((rires)) C'est ça. Je croyais / je / je croyais j'allais virer dans la PLANE.
Pis après ça je **vus** de quoi en haut, ça ressemblait t'sais THOSE CAMPER THAT IS A HIGHER BERTH dans l'hiver les gros chouses. Pis dis à RAYMOND j'ai dit : quoi c'est que ça que / que / que je vois là en haut de là. Ben i dit : ça / ça va en haut des nuages. (ILM, texte 1)

[34] …en avant i aviont touT arrangé notre papier pis ça nous coûtait pas un cent sus la PLANE pis i dit : WHEN YOU GET TO TACOMA THAT BE SOMEBODY TO MEET YOU THERE. ANYWAY. J'**arrivirent** là pis dans ce temps-là c'était le / t'en souviens-tu ? THE / THAT / WHAT YOU CALL / « THE EDGE OF NIGHT ». (ILM, texte 1)

[35] Quand j'**arrivirent** à TACOMA, RAYMOND ta/ pa/ parlait quasiment pas. Savais pas quoi-ce qu'i avait. Pis je **furent** au DESK pis j'y **montris** mon papier pis THE WOMAN SAID TO ME : MY DEAR LADY a dit THE PLANE CAME AND IS GONE. (ILM, texte 1)

[36] Pis les / moi j'étais assez excitée ben a dit, i y a pas de PLANE qui viendra avant demain. Pis sus le faîT, i y a un homme qui **s'en aperçut** que j'étais NERVOUS, i y a un homme qui **descendit**. I dit : LADY, WHAT SEEMS TO BE THE TROUBLE ? Pis là j'y **dis**. DON'T WORRY qu'i dit WHEN I WAS YOUNG, I USED TO TRAVEL i dit I USED TO BE THE SAME. […] Ça fait i nous **emmenit** en haut pis je / pis moi je dis après que je **furent** dans le ROOM, je dis à RAYMOND : i allent t-êt nous tuer icitte… (ILM, texte 1)

---

[165] Elle parle d'un voyage aux États-Unis lors duquel son mari et elle avaient pris l'avion pour la première fois de leur vie.

[37] Le lendemain matin quand je **descendirent** en bas, i y avait un homme là pis pas de danger. Quand nous **emmenirent** BACK, j'avions pas manqué la PLANE, *worry* pas. I **venurent** nous mener en CAR jusqu'à la PLANE. (ILM, texte 1)

L'informatrice relate des événements successifs dont l'un est toujours fini avant l'accomplissement du suivant ou – comme l'exprime Gesner – le passé simple « sert à la narration d'une série d'événements racontés 'en chaîne' » (Gesner 1979b : 128).[166] Même si dans ce contexte, on parle souvent d'actions-points, cela n'implique pas « que le fait est nécessairement dépourvu de durée, mais cette durée, quand durée il y a, est bien délimitée, souvent explicitement [...] » (Grevisse / Goosse 2008 : § 882 b).

En outre, il s'agit en l'occurrence d'un récit d'une expérience personnelle à laquelle la locutrice semble associer des émotions assez intenses et qu'elle n'oubliera par conséquent plus jamais. Pourtant l'histoire s'est produite dans un passé lointain, si bien qu'il n'y a plus aucun impact palpable sur le présent. La forte affectivité est même clairement exprimée dans l'exemple suivant :

[38] Et pis la première affaire qu'a nous **fit** faire – j'oublierai jamais ! – al a / al avait apporté six pommes. (ILM, texte 12)

Même si un lien émotionnel par rapport à ce qu'on raconte favorise certainement l'emploi du passé simple, il n'est pourtant pas la forme unique dans ce cadre situationnel.[167] Ainsi, le passé simple s'emploie pour relater une simple succession de faits complètement achevés au moment du récit (cf. aussi Confais 2000 : 26 pour le français standard) :

[39] J'a/ j'avais été sougner c'te femme-icitte, t'sais. Après que j'ai eu touT sougné les femmes, je l'avais fini là, pis c'te femme-icitte-là viennent me *caller*, LILIAN DUYON. ((elle chuchote)) Son garçon est icitte, il est icitte son garçon. Pis a me ***callit*** pour si j'y / si j'y irais avec ielle quand qu'elle ara son bébé. J'ai dit oui, j'y disais. Pis c'était docteur Deveau, le docteur pis i était comique. ANYWAY. I l'**endormit**. Dans ce temps-là, ils l'endormiont. Pis après

166 Même si l'on lit régulièrement que le passé simple a complètement disparu de l'usage oral en France, Guiraud (1986 : 23) et Gadet (1992 : 54) affirment que le passé simple se maintient dans les récits et pour les relations d'un événement, même chez les jeunes enfants. Pourtant, Bauche objecte que ce n'est souvent que la reproduction de phrases lues ou entendues récemment. Ce serait alors un emploi plutôt passif qu'actif (cf. Bauche 1928 : 117).

167 Néanmoins, on peut se demander si la voix, le récit oral, en lui-même, ne crée pas déjà une certaine proximité et ainsi des liens émotifs. Imbs remarque à propos de l'usage du passé composé : « Dans la conversation, en effet, on ne *raconte* généralement que les faits dont on a soi-même été le témoin, ou qu'on a entendu raconter ; même quand il s'agit d'événements déjà anciens, le fait qu'on les relate les transforme en événements d'une grande *proximité psychologique* et quasi expérimentale [...]. » (Imbs 1960 : 103).

qu'a **fut endormie**, la voilà à chanter. Quoi c'est que je t'ai dit qu'i chantait ? LITTLE WHITE LIES, a chantait / al était endormie pis a chantait. LITTLE WHITE LIES. Docteur Deveau dit : « OH i dit I HEAR ALL KIND OF THING BUT HE SAID I DON'T TELL." ANYWAY. A eu[t] son bébé pis touT ça. (ILM, texte 1)

De temps en temps, on trouve aussi des emplois « hors récit » qui apparaissent isolés sans chaîne d'action, mais c'est la minorité des attestations :

[40] Il filait la côte, icitte en arrière de la SWAMP. Pis i s'en allait *feeder* ses moutons. Pa à touT les fois qu'i avait fini de *feeder* ses moutons, i s'en vnait pis i rentrait ici. I s'assisait dans mon tambour. ((court sourire)) Pis le temps qu'i / i **s'assirent** dans le tambour, pis lui pis Charlie, i parliont, pis moi, ben j'/ j'tais BUSY, je travaillais, j'avais / j'avais trois enfants. Pis / euh / euh / euh / pis / euh / je me souviens / euh / les deux filles étaient *bornées* mais i y avait huit ans entre ma dernière fille pis mon garçon, huit ans différence. Ça fait mon petit garçon était justement *borné*. I avait à peu près une semaine. I rentre. Me semble je le vois. Pis ANDREW, c'tait un grous-t-homme. (ILM, texte 4)

[41] Pis / euh / c'était ielle qui tait qu'était ma première maîtresse d'école. Pis c'était dans grade sept. Pis a dit – j'étions cinq des nous-autres qui prenaient c'te / c'te HOME-EC là. Et pis la première affaire qu'a nous **fit** faire – j'oublierai jamais ! – al a / al avait apporté six pommes. Pis dans les six pommes, a nous en avait donné chacun une – cinq on était – pis eune pour ielle. Pa a nous montrait quoi faire avec la pomme. Al avait la pomme coumme ceci là. Je vas aller te la montrer. (ILM, texte 9)

Gesner remarque à propos de ses exemples :

> Il s'agit dans chaque cas d'un verbe à tendance perfective, accompagné presque toujours d'un circonstant ou conjonction de temps qui précise bien l'époque du passé ou l'événement rapporté a eu lieu. […] Nous y voyons des emplois 'hors récit' qui marquent des faits complètement achevés dans le passé, sans considération des conséquences possibles dans le présent. (Gesner 1979b : 128 et sq.)

Enfin, le passé simple sert aussi à introduire ou bien à conclure un récit, comme l'a déjà observé Gesner (cf. Gesner 1979b : 128). Cette fonction conclusive est illustrée dans l'exemple suivant où l'informateur, âgé d'une soixantaine d'années, se souvient des premiers essais d'éducation sexuelle de la part de ses parents lors de la naissance d'un de ses frères ou sœurs :

[42] Je m'en souviens pas tchel des deux là mais c'tait / c'est iun / c'est iun des premiers de la famille là pis… Et pis tcheu/ tcheuque'zun de les / les der/ les derniers là, sais pas tchel des zeux…pas Donna, Donna a été née à la maison BECAUSE je me rappelle. J'avais sept ans. Et pis nous a envoyé dehors. Pis quand j'ons rentré BACK, on entendait un bébé pleurer. Et pis j'ons mandé ce que le bébé m'nait. Ben, i ont dit, c'est / c'est un / une PLANE qu'a *landé* ça sus les / euh la / les STEP de / les FRONTSTEP. Hein ? À / à l'autre porte. Vous étiez après jouer à la boule dans l'au/ dans l'autre bord de la… Dans ce

temps-là tu savais pas, hein ? Soixante-trois… YOU KNOW / aussi longtemps de ça, h'avais / h'avais sept ans. H'avais sept ans. C'est cinquante-six ans de ça. Pis c'est ça qu'i nous avaient / **pis ça passit de même. On le crut.** C'est touT. (ILM, texte 4)

Le récit entier est conçu au passé composé (formes soulignées) sauf la dernière pensée qui sert à résumer tout ce qui a été dit avant. Cet exemple illustre également parfaitement le fait que – comme cela a été évoqué ci-dessus – le passé simple est loin d'être le temps usuel ou courant pour des récits dans le passé. En 42, tous les verbes soulignés au passé composé – sauf peut-être *a landé* à cause de son sens fortement résultatif – auraient pu être remplacés sans problème par la forme respective du passé simple. Cette concurrence entre le passé simple et le passé composé pour rendre compte de certains événements de manière narrative était déjà ancrée dans l'usage en France aux XVIe et XVIIe siècles (cf. Gesner 1979b : 130).

> Il ne faudrait donc pas s'étonner de voir se côtoyer en acadien deux temps narratifs, le passé simple et le passé composé – telle était vraisemblablement la situation en français au moment où les ancêtres des Acadiens ont quitté la France au XVIIe siècle. (Gesner 1979b : 127)

Voici deux passages dans lesquels on peut étudier la différence entre l'emploi du **passé simple** et celui du passé composé :

[43] Ah mon Dieu, pis RAYMOND était pas encore parti travailler. QuanT RAYMOND **venut**, j'y **contis** ça. Ben i dit où-ce tu vas les mettre ? Fait i dit j'y ai dit asteure, je leux ai dit je l'arais les prendre, je suis obligée de les prendre. (ILM. texte 1)

[44] Mais je parlais pas, moi je risais trop. Je peux pas parler, suis trop après rire. Et pis là ben i dit : quitte ton sieau là là, pis j'allons aller danser. Ça fait moi je quitte mon sieau là. Pis je **furent** danser. Hein ? Je **dansirent** bien. Après ça, je **venurent** BACK. Pis là quanT ça a v'nu pour faire le tour pour le premier prix, ej faisions le tour. Pis je pêchais pis je montrais ça au monde, tu sais. Pis j'allais touT autour. ((rires)) I m'ont dounné le premier prix ! Cinquante dollars ! (ILM, texte 4)

Comme on l'a décrit ci-dessus, le passé simple s'emploie pour relater une succession d'événements [44 : *aller* → *danser* → *venir*]. L'action à la fin de l'exemple (*il m'ont dounné le premier prix*) est exprimée au passé composé bien que sa distance temporelle soit la même que pour les trois actions précédentes. Mais cela n'est pas décisif : un passé assez lointain peut également être raconté au passé composé et un événement remontant à un passé proche peut figurer au passé simple (cf. Gesner 1979b : 127). Gesner propose de considérer la répartition entre passé simple et passé composé plutôt comme le font Le Bidois / Le Bidois, le passé simple appartenant à un

> passé pur, c'est-à-dire parfaitement distinct, absolument détaché du présent, et sans rapport d'aucune sorte, avec le présent. Il n'est pas nécessaire, pour qu'on le pense de cette façon, qu'il soit lointain (Le Bidois / Le Bidois 1935/38 : 439 ; cf. aussi Martin 1971 : 390).

Ou comme l'exprime Imbs, le passé simple reste « ce temps dépourvu de toute relation avec le moi actuel » (Imbs 1960 : 106). Ceci est exactement la situation en 44. Le fait d'avoir reçu le premier prix a pour conséquence sur le « moi » de la locutrice qu'elle en éprouve toujours une certaine fierté.

Il est donc vrai que le passé simple marque un passé plus éloigné comme c'était le cas au XVIIe siècle en France (cf. Brunot / Bruneau 1949 : 380). Pourtant ce n'est pas une différence dans la distance ressentie, mais plutôt l'aspect résultatif qui déclenche le passé composé. Il convient de souligner qu'il s'agit donc plutôt d'un facteur aspectuel que d'un aspect temporel (cf. Martin 1971 : 384 ; cf. Wessman 2002 : 275). Dans ces moments de cooccurrence des deux temps, la distinction entre aspect et temps semble encore intacte, alors qu'en français moderne, ce système de différenciation entre aspect et temps s'est déstabilisé parce que le passé composé est désormais utilisé comme un prétérit (cf. Hewson 1997 : 55).

Le passé simple est considéré comme un des critères distinctifs par excellence entre les différentes variétés du français nord-américain. Il est considéré comme caractéristique avant tout du Sud-Ouest de la Nouvelle-Écosse. Toutefois, vu les attestations ci-dessus pour l'Isle Madame tout comme celles pour Pomquet et Chéticamp chez Neumann-Holzschuh / Wiesmath (2006 : 240), il faudrait remettre en question ce clivage Sud-Ouest / Nord-Est. Selon mes analyses et observations, le continuum se présente comme suit pour le passé simple :

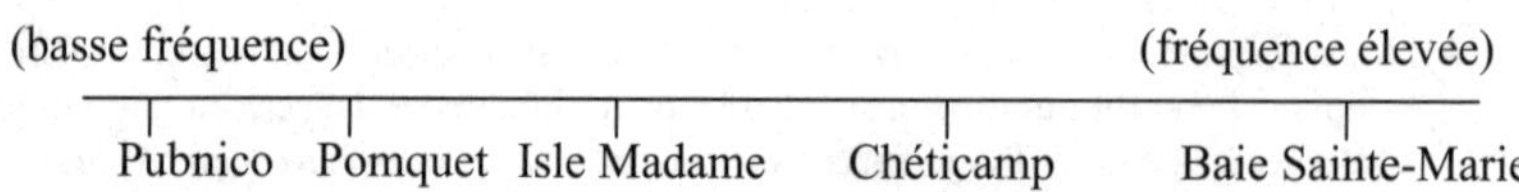

Figure 4 : Fréquence du passé simple dans les cinq localités acadianophones de la Nouvelle-Écosse (figure : J. Hennemann).

En ce qui concerne la province voisine, le Nouveau-Brunswick, Flikeid explique en se référant à l'étude de Haden (cf. Haden 1948) que le passé simple y a existé, mais elle affirme qu'il a disparu aujourd'hui (cf. Flikeid 1992 : 19 ; cf. Flikeid 1994 : 292 et sq.). Chez Wiesmath les formulations vont de la constatation d'un recul (« presque plus d'usage au Nouveau-Brunswick ») à celle de la quasi-disparition (« très rare[…], voire absent[…] » (Wiesmath 2006b : 46 et note)). Dans son corpus de la région de Moncton se trouvent en effet très peu d'occurrences du passé simple, une partie étant de plus constituée de formes douteuses comme *je dis* ou *on rit* (cf. discussion p. 124). Dans une autre étude portant sur le Nouveau-Brunswick, Arrighi présente une poignée d'exemples qui prouvent que le passé simple n'est pas encore complètement effacé au Nouveau-

Brunswick. En outre, ces attestations révèlent également une morphologie très intéressante :

[45] i est mort dans le bois lui d'un attaque de cœur avait été au bois pis **morit** dans le bois avec son cheval (Arrighi 2005a, Annie NB **10** : 16–17)

[46] vers dix heures et quart je vois qu'i avont venu chercher le char. . la mènent à l'ouvrage . . après i me **présenta** . la facture (Arrighi 2005a, Suzanne L. NB **18** : 742–744)[168]

[47] on l-**avit** pas de châssis deHors (Arrighi 2005a, Annie NB **10** : 285)

[48] non j'avais pas/ pas ma OWN chambre **fallit** que je couchis avec la fille (Arrighi 2005a, Laura NB **8** : 50–51)

[49] une journée i **se rencontrèrent** les deux filles sur la rue (Arrighi 2005b : 241)

Si l'on compare les formes verbales des exemples précédents avec leurs équivalents dans le parler néo-écossais, on constate des différences :

fr. st.	**NÉ**	**NB**
il mourut	i mourit	i morit
il présenta	[i présentit]	i présent**a**
on eut	[on eut]	on avit
il fallut	[i fautit]	i fallit
ils se rencontrèrent	[i se rencontrirent]	i se rencontr**èrent**

Tableau 23 : Comparaison des terminaisons du passé simple en français standard et dans les parlers acadiens de la Nouvelle-Écosse et du Nouveau-Brunswick (tableau : J. Hennemann).

Tout d'abord, au Nouveau-Brunswick on trouve les terminaisons standard *-a* et *-èrent* pour les troisièmes personnes du singulier et du pluriel des verbes du premier groupe. Selon Arrighi, « [c]e sont essentiellement des formes en [-i] qui sont employées, ainsi que quelques formes standard » (Arrighi 2005a : 175). À l'Isle Madame par contre, les terminaisons des verbes en *-er* sont toutes formées en *-it* ou *-irent.*[169] On pourrait supposer, soit que cette divergence est due au fait

---

168 « On pourrait discuter le dernier exemple de la série (*i présenta*). Néanmoins, il semble peu probable que nous ayons affaire à un imparfait. Car si *–ait* [sic] peut devenir [a], ce trait de prononciation est absent de l'idiolecte de la locutrice en tout autre endroit de sa production. » (Arrighi 2005a : 112)

169 En écoutant des passages du corpus, il est vrai qu'on trouve par exemple des formes verbales de la 3e personne finissant en *-a* comme *il lava*. Néanmoins, il ne s'agit pas de passés simples mais de formes de l'imparfait, *il lavait*. Il s'agit d'un trait phonétique commun à plusieurs variétés du français en Amérique du Nord, à savoir la réalisation [a] de la voyelle ouverte [ɛ] à la fin d'un mot (cf. p. 53). C'est une prononciation qui se trouve surtout chez les locuteurs âgés. Arrighi souligne que d'un point de vue géographique, cette variante phonétique caractérise avant tout la variété néo-écossaise (cf. Arrighi 2005a : 108). Cf. note 168.
D'où peut-être la nécessité de distinguer entre [idɑ̃sa] (= *il dansait*) et [idɑ̃si] (= *il dansit*) car le *il dansa* [idɑ̃sa] du standard risque d'être confondu avec l'imparfait.

que les formes du passé simple en *-it*/*-irent* n'ont jamais été généralisées au Nouveau-Brunswick, soit que les formes standard ont été reprises au français de référence récemment. Selon l'avis de Flikeid, le passé simple était une spécificité de **toutes** les communautés dispersées, et les formes (en *-it* /*-irent* respectivement en *-ut*/*-urent*) étaient partout les mêmes (cf. Flikeid 1992 : 19). On peut donc avancer que les formes en *-i-* pour les verbes en *-er* étaient également répandues au Nouveau-Brunswick. Péronnet affirme encore en 1986 que « [l]es verbes en 'er' suivent tous le modèle en 'i' » (Péronnet 1986 : 89). Il pourrait alors s'agir d'une évolution récente au Nouveau-Brunswick, même s'il faut être prudent et ne pas généraliser cette observation, le nombre d'attestations étant encore trop restreint. Deuxièmement, l'acadien du Nouveau-Brunswick semble éviter – au moins dans deux des exemples [47, 48] – les terminaisons avec l'infixe *-u-* (même si ce n'est pas confirmé ; cf. Péronnet 1986 : 88) ; c'est surtout la formation de *avit* au lieu de *eut* qui est frappante.

À Terre-Neuve où l'on trouve souvent des évolutions syntaxiques similaires à celles de l'Isle Madame, le passé simple est classée comme « rare » (cf. Brasseur 2007 : 167).

Aux Îles-de-la-Madeleine (cf. Falkert 2005 : 80), au Québec (cf. Neumann-Holzschuh 2000 : 254) tout comme en Louisiane (cf. Papen / Rottet 1997 : 101), la disparition de ce temps semble achevée, le passé simple n'y existe plus, même si des études plus anciennes en confirment l'existence dans quelques chansons sous la plume de conteurs populaires (cf. Brandon 1955 : 471).

L'avenir du passé simple en acadien

Une des explications courantes de la disparition du passé simple dans le français standard européen est certainement l'hésitation, dès le XVIIe siècle – même chez les écrivains – sur les formes correctes, celles-ci étant considérées comme trop complexes et donc trop difficiles d'un point de vue morphologique. Meillet va encore plus loin en constatant « l'infériorité décisive » du passé simple par rapport au passé composé sur le plan morphologique (cf. Meillet 1948 : 155). Le tableau 22, par contre, montre la simplification désinentielle considérable entreprise par l'acadien néo-écossais (cf. aussi Gesner 1979b : 129). Ainsi, la multitude de formes n'est plus valable pour l'acadien. À cet égard, la présence du passé simple pourrait être plus durable en Nouvelle-Écosse qu'au Nouveau-Brunswick, où ont été – en partie – adoptées les terminaisons standard. Cependant, ce point demanderait à être vérifié dans le futur.

Mais il faut se méfier de l'explication attribuant la disparition du passé simple en français standard à sa complexité morphologique ; il existe beaucoup d'autres temps ayant une morphologie aussi complexe, à commencer par le présent de certains verbes (cf. Price 1971 : 228) ; selon Martin, ce sont plutôt des raisons syntaxiques, voire psychologiques, qui entrent en jeu (cf. Martin 1971 : 400). Grevisse / Goosse voient eux aussi dans la disparition des formes du subjonctif imparfait et du passé simple une causalité inverse : « C'est aussi leur rareté qui les rend difficiles, et non leur difficulté qui les rend rares » (Grevisse / Goosse 2008 : § 898 b). Le passé composé semble donc avoir assumé peu à peu les fonctions du passé simple. Et à l'Isle Madame, le passé simple n'assume pas à lui seul une relation affective avec le passé. Gesner dit à juste titre que plusieurs passages des récits de son corpus auraient aussi pu être exprimés au passé simple, mais que cela n'a pas été le cas (cf. Gesner 1979b : 128).

En jetant un coup d'œil sur la répartition de l'emploi du passé simple par classe d'âge, Flikeid avait constaté que dans les régions où le passé simple était encore maintenu, toutes les classes d'âge en faisaient usage, alors que là où le passé simple se perdait, seules quelques personnes âgées l'utilisaient (Flikeid 1992 : 20). Dans mon corpus, le temps est uniquement utilisé par des locuteurs âgés de plus de 60 ans. Cela incite à conclure que dans trente ans, il n'y aura probablement plus de trace de ce temps à l'Isle Madame, d'autant plus que les élèves ne l'apprennent pas à l'école en cours de français. Ainsi, les exemples de passé simple de mon corpus pourraient compter parmi les dernières attestations de ce temps pour l'Isle Madame.

3.3.3 Le subjonctif

3.3.3.1 Subjonctif présent

Étant donné la similarité morphologique, l'analyse du subjonctif imparfait permet d'approfondir les résultats obtenus pour le passé simple. Mais en adoptant un point de vue général, on intègre ici également le subjonctif présent à l'analyse. Les questions directrices sont les suivantes : dans quelle mesure les formes du subjonctif sont-elles encore présentes à l'oral ? Quel est leur degré de vitalité en comparaison avec d'autres régions francophones d'Amérique du Nord ? Dans quels cas le subjonctif s'emploie-t-il, et est-il possible de détecter des exigences linguistiques pour son usage ? Quelles sont les structures alternatives ? L'article de Neumann-Holzschuh (2005c) servira de point de comparaison : elle y a établi une première synopsis des formes et fonctions du subjonctif pour les variétés du français nord-américain.

À part les nombreux cas où l'on ne peut différencier les formes de l'indicatif présent de celles du subjonctif, étant donné leur identité morphologique, on trouve encore quelques attestations marquées du subjonctif dans le corpus de l'Isle Madame :

[50] [E. L. voudrait que I. S. éteigne la télévision] **E. L.** : Peux-tu fermer ça-là ?
I. S. : Oui, oui, tchiens icitte-là.
E. L. : BECAUSE il y a pas / faut pas qu'il y **aïe** de / de / beaucoup de train, t'sais ça… (ILM, texte 1)

[51] Pis là faut qu'al / à la fin de la journée, elle **faise** un rapport pis qu'a **dise** comme si toi, Julia, t'avais cinquante plats / eum / des moyennes et des choses comme ça. (ILM, texte 5)

[52] C'est de même faut que tu **faises** BECAUSE… (ILM, texte 2)
[53] Si tu veux aller en anglais, faut que tu **alles** à Richmond Academy ou ben les autres écoles à Louisdale ou à Evanston. (ILM, texte 4)
[54] Sais i faut tu **seyes** cinquante ou plus. (ILM, texte 4)

Cependant la morphologie des formes acadiennes du subjonctif peut différer de celles du français de référence. Comme le dit une des règles générales de l'évolution des langues, « les formes les plus usitées tendent à être les plus irrégulières et les plus susceptibles d'être modifiées par l'usage populaire » (Laurier 1989 : 122). Il en est de même pour les formes vernaculaires repérées à l'Isle Madame :[170]

aller :	*j'alle, tu alles, il alle*[171]
avoir :	*t'ayes* [ɛj] / *i aïe* [aj]
être :	*tu seyes* / *on, ça seye* (les deux formes se prononcent [sɛj])
faire :	*je faise* / *tu faises* / *elle faise*
pouvoir :	*elle peuve*

Faise et *alle* représentent les résultats d'un processus de généralisation selon lequel ce sont la 1ère et/ou 2e personne du pluriel du présent de l'indicatif qui fournissent le radical du subjonctif (cf. Laurier 1989 : 122). Dans le cas de *peuve*, c'est une irrégularité du système verbal qui est éradiquée en faveur de la formation régulière à partir du radical de la 3e personne du pluriel du présent. Les formes [ɛj], [aj] et [sɛj] ne peuvent pas s'expliquer de cette façon. Mais la plupart des formes vernaculaires se révèlent archaïques (cf. Bauche 1951 : 112–115), ce qui témoigne d'un certain ancrage historique de ces formes dans la communauté linguistique.

Une autre forme, *save*, qui est souvent citée comme exemple d'un subjonctif vernaculaire pour d'autres régions[172] est par ailleurs utilisée en tant qu'indicatif dans mon corpus.[173] Les formes *marisse* (de *marier*) et *veyes* (de *voir*) présentent des cas de surmarquage à l'oral, les locuteurs sentant apparemment une nécessité de marquer le subjonctif là où la distinction entre le subjonctif et l'indicatif est neutralisée en français standard.

170 Pour un tableau comparatif des formes particulières du subjonctif (Louisiane, Nouveau-Brunswick et Terre-Neuve) voir Neumann-Holzschuh (2005c : 127).

171 Je n'ai relevé aucune forme pour le pluriel, mais *i(l) allent* est employé en tant qu'indicatif à côté de *ils allont*, le premier étant utilisé par les locuteurs un peu plus proches du standard.

172 La forme *save* est par ex. citée pour la Louisiane et Terre-Neuve (cf. Neumann-Holzschuh 2005c : 127).

173 [] Il a écrit son nom parce c'est nous-autres, les enfants, qu'étaient à l'école qui a montré comment écrire son nom, mon père **save** pas écrire pis touT. (ILM, texte 4) J'en ai aussi repéré une deuxième occurrence à Pubnico.

Des études linguistiques antérieures[174] ont aussi montré que les formes typiquement vernaculaires peuvent être observées plus souvent chez des locuteurs franco-dominants. Ainsi, la fréquence relativement élevée de ces formes particulières par rapport à d'autres régions francophones en Amérique du Nord peut être jugée comme un signe positif en ce qui concerne la vitalité du français à l'Isle Madame. À l'opposé, on peut citer le cas de Terre-Neuve, qui ne compte plus que 0,4 % de locuteurs francophones[175] : dans un article de 1997, Brasseur évoque les trois verbes *avoir*, *être* et *aller* qui semblent être les seuls à posséder encore des formes particulières de subjonctif présent (cf. Brasseur 1997 : 147). Dix ans plus tard, même la forme *seye* (d'ailleurs assez fréquente à l'Isle Madame) n'existe plus dans cette région (cf. Brasseur 2007 : 167). En même temps, le subjonctif y disparaît peu à peu. Pour la Louisiane, Rottet parle d'une nette réduction des formes distinctives du subjonctif, seuls les verbes *avoir* et *être* en disposeraient encore (cf. Rottet 1995 : 256). On peut donc conclure que l'existence de formes vernaculaires donne des informations précieuses sur le degré de vitalité du subjonctif, voire sur la vitalité du français lui-même dans une région donnée.

Emploi du subjonctif présent

En français, on peut distinguer différentes modalités qui favorisent, permettent ou interdisent l'emploi d'un mode particulier (cf. Imbs 1953). On en indique ici les plus importantes pour le subjonctif, suivies d'une description détaillée de l'emploi respectif.

La locution impersonnelle *il faut que*, au présent, ainsi que son imparfait et son passé simple, présentent une très haute fréquence dans mon corpus. Comme l'emploi du subjonctif après ces formes est relativement stable à l'Isle Madame, c'est dans ce contexte qu'on trouve la grande majorité des formes du subjonctif :

[55] Parce qu'i faut qu'i **alle** BACK au travail pour lundi. (ILM, texte 4)
[56] Il y a des endroits, faut que tu **faises** attention. (ILM, texte 5)

L'emploi du subjonctif après *falloir* est donc la règle[176], mais il arrive parfois que – même à l'intérieur d'un même énoncé – on trouve aussi une construction avec l'indicatif : le subjonctif est alors remplacé par un indicatif imparfait ou futur, ou

---

174 Cf. l'étude de Mougeon (1984) pour le français ontarien ; une explication plus détaillée se trouve aussi chez Laurier (1989 : 111).

175 Taux des personnes ayant le français comme langue maternelle (cf. tableau 3, p. 64).

176 Même en Louisiane, région où le subjonctif a perdu du terrain, les constructions impersonnelles avec *falloir* comptent toujours parmi les structures favorisant son emploi (cf. Neumann-Holzschuh 2005c : 129 et sq.).

éventuellement un conditionnel (l'homophonie partielle des formes ne permettant pas toujours de trancher sans ambiguïté ; cf. ex. 59)[177] :

[57] Parce que avec c'te PILL-là, faut pas que tu manges. Faut tu seyes une demie heure / euh / tu / faut rienque tu **bouvais** de l'eau avec ta PILL (ILM, texte 2)
[58] S'i y a du beau temps dimanche faut qu'i **sorteront**. (ILM, texte 4)
[59] Si t'es pas à la maison l'heure tu m'as dit, a dit i faut **j'appellerai(s)** NINE ELE/ ou NINE – ONE – ONE. (ILM, texte 4)

L'emploi de tels procédés compensatoires – bien connu du français populaire – se manifeste aussi dans les régions acadiennes depuis longtemps : ainsi on trouve des attestations de la fin du XIXe siècle dans les *Lettres de Marichette* (cf. Gérin / Gérin 1979 : 91). Les trois exemples qui suivent montrent également que la conjonction *que* n'est pas nécessairement l'élément déclencheur du subjonctif :

[60] Et pis faut je la **prenne** à touT les dimanches matins. (ILM, texte 2)
[61] Pis faut tu t'en **alles** dans le corridor. (ILM, texte 2)
[62] Faut je **m'en alle** parce faut **seye** là pour / euh / lundi matin, honze heures. (ILM, texte 4)

Même si l'omission de la conjonction *que* représente un phénomène absolument courant dans les français d'outre-mer (cf. Arrighi 2005a : 288–304), cette tendance pourrait – dans le cas présent – accélérer la grammaticalisation de la forme impersonnelle *(il) faut* en un simple marqueur modal (cf. aussi p. 144).

Signalons en passant une construction qui se répand aussi dans d'autres domaines de la grammaire, mais qui est particulièrement présente avec les formes de *falloir* + subordonnée : l'antéposition d'expressions adverbiales [63] ou de pronoms objet [64] de la subordonnée directement après la forme de *falloir*[178] :

[63] Les Français faut tout temps / faut **tout le temps** tu **te mettes** à genou. (ILM, texte 4)
[64] Ça fait ben sûr faut que je m'en vienne mardi parce que après ça faut je nettoie la maison, les lits. **Faut tout** je **mette** en place. (ILM, texte 4)

Après des verbes exprimant une volonté ou une crainte, le subjonctif semble également assez stable (cf. aussi Neumann-Holzschuh 2005c : 129, 131), même s'il faut admettre que le corpus n'en contient que quatre attestations :

[65] Mais je veux pas qu'il **alle** touT seul asteure parce que tu sais… C'est un peu TRICKY. (ILM, texte 4)

177 Pour les différents moyens de remplacement du subjonctif, cf. aussi Neumann-Holzschuh (2005c : 133–137).

178 Ce phénomène est souvent observé avec une forme de *tout* qui pourrait adopter une certaine valeur généralisante. En [64], on pourrait penser à une analogie avec *faut tout mettre…*

[66] Je veux que tu me **promettes** si quelque chose arrive que tu faises ta maman m'appeler. (ILM, texte 5)
[67] Pis quanT que i avont descendu de Nashville là pour le / le faire eune star, i vouliont que Jason y **fût**. Pis, Jason a pas voulu… (ILM, texte 4)
[68] Il avait peur que quelque chose **m'arrivît** pis que j'allais[179] mourir. (ILM, texte 5)

En ce qui concerne les conjonctions et les locutions conjonctives de subordination, il faut faire la distinction suivante : dans les propositions adverbiales de temps introduites par une des expressions de postériorité *jusqu'à tant (que)*, *avant que* ou *mais que* (« lorsque, dès que »), le subjonctif ne se trouve plus souvent[180] à l'Isle Madame :

[69] i te faisiont travailler **jusqu'à tant** le poisson **était** touT fini, REGARDLESS coumben d'heures tu mettais (ILM, texte 4)
[70] Alors, avant / **avant que** j'**uis devenu** agent de développement rural, on faisait beaucoup d'aide à l'entreprise mais à cause… (ILM, texte 3)
[71] **Mais que** vous **avez** voutre éducation, prenez la porte parce que on peut pus vous / *afforder* de vous sougner. (ILM, texte 8)

Aussi bien chez Gesner (1979a : 101) que chez É. Boudreau (1988 : 158), on trouve encore un énoncé où *jusqu'à tant que*[181] entraîne le subjonctif. Dans le cas de *mais que* (*mesque* chez Thibodeau), tous les exemples de la Baie Sainte-Marie (cf. Gesner 1979a : 100 et Thibodeau 1988 : 84) sont suivis du subjonctif, alors que dans mon corpus, dans trois attestations sur quatre, l'indicatif est préféré au subjonctif. Cette divergence entre les régions témoigne certes de l'existence du subjonctif après ces conjonctions en Nouvelle-Écosse, mais d'autre part, on peut constater que son recul est plus avancé à l'Isle Madame que dans le Sud-Ouest de la province. À Terre-Neuve, les circonstancielles temporelles introduites par *jusqu'à tant que* sont uniquement suivies de l'indicatif (cf. Chauveau 1998 : 108 et sq.). On pourrait donc voir transparaître ici la catégorisation de Flikeid selon les trois niveaux de conservatisme.

Par ailleurs, on n'observe pas non plus que le subjonctif s'emploie après *après que*, par analogie avec *avant que*, comme en français moderne où des cas sporadiques[182] sont attestés dans *Le bon usage* (cf. Grevisse / Goosse 2008 : § 894). Dans la plupart des cas, c'est une forme surcomposée qui s'utilise en

---

179 Bien que le subjonctif soit employé dans la première partie de la phrase subordonnée (*arrivît*), la locutrice utilise l'imparfait (*allais*) dans la deuxième partie. Le français standard y exigerait un autre subjonctif (présent), à savoir *et que je meure*.

180 Après *jusqu'à tant (que)*, il n'y a aucune attestation du subjonctif. Sur les 21 attestations de *avant que*, 11 sont suivies de l'indicatif, 5 du subjonctif et 5 formes verbales ne peuvent être classifiées avec certitude.

181 É. Boudreau préfère la graphie *jusqu'à temps que* (cf. Boudreau, É. 1988 : 158).

182 Néanmoins, ce phénomène devient de plus en plus courant, y compris dans les journaux.

acadien après la conjonction *après (que)* (cf. paragraphe 3.3.4). Toutes les autres conjonctions temporelles de subordination qui, en français standard, régissent l'indicatif (par ex. *quand*, *lorsque*, *pendant que*, *depuis que*), sont suivies de l'indicatif en acadien aussi.

Quant aux conjonctions finales, on peut constater que la forme négative *pour pas que*[183] (aussi *pour que pas*) déclenche toujours le subjonctif alors que la forme positive *pour (que)* n'est suivie du subjonctif que dans cinq attestations sur huit au total[184] (cf. aussi Neumann-Holzschuh 2005c : 131) :

[72] Et pis on se met un masque / euh / **pour pas que** personne nous **connaisse**. (ILM, texte 9)
[73] Faut / **pour que pas** les mi-carêmes i **faissent**… (ILM, texte 2)
[74] è tait tout le temps après parler anglais **pour que** son mari **comprinît**. (ILM, texte 4)
[75] **Pour que** dans vingt ans, on **peut** se dire on a cent pour cent de français. (ILM, texte 3)
[76] pis elle m'a callé **pour** j'y **irais** / j'y **irais** avec elle quand qu'elle aura son bébé. (ILM, texte 1)

Un dépouillement des corpus de Wiesmath (2006a), de Valdman (2003) ainsi que du dictionnaire de Brasseur (2001) confirme cette observation aussi pour ces trois régions acadianophones (NB, LOU, TN) : après la forme négative *pour pas (que)* le subjonctif continue à se maintenir alors qu'après *pour* et *pour que*, il est de plus en plus remplacé par divers temps de l'indicatif ou par le conditionnel.

Un autre groupe, les propositions concessives, dont le verbe, en français standard, est au subjonctif quand elles sont introduites par exemple par *bien que* ou *quoique*, présentent aussi des différences : les conjonctions de concession attestées dans mon corpus, *comment que*, *malgré que* et *pourtant que*, entraînent toujours l'indicatif[185].

[77] Donc / euh / **malgré que** les livres étaient en anglais, on se parlait en français. (ILM, texte 10)
[78] …vois-tu je connais pas l'histoire de cette région du tout. **Pourtant que** je devrais… (ILM, texte 3)
[79] **Coumment que** c'est yienque les tiens, c'est / c'est pas pareil. (ILM, texte 1)
[80] Mais **comment qu'**on était pauvre, on était propre. (ILM, texte 1)

---

183 Pour l'emploi de *pour pas que* en France, citons Grevisse / Goosse selon lequel « [l]a construction °***pour ne pas que***, formée par analogie avec *pour ne pas* + infinitif, tend à passer de la langue populaire dans la langue écrite ». Néanmoins, elle « reste généralement mal accueillie, même par les observateurs non puristes [...] » (Grevisse / Goosse 2008 : § 1020 a).

184 Les trois autres se composent d'un indicatif, d'un futur et d'une forme ambiguë (*essaie*).

185 Ce résultat coïncide avec celui de Neumann-Holzschuh (2005c : 132) pour les subordonnées concessives dans d'autres variétés de l'acadien.

[81] Ben **comment** / **comment qu'**i aviont des bébés dans ce temps-là, i / tu les voyais. Ben asteure **comment qu'**i / i sont en famille, tu les / i sortont. (ILM, texte 1)

Par l'usage de l'indicatif dans les subordonnées à valeur concessive, Gérin voit des parallèles avec le français préclassique :

> Les Acadiens qui utilisent l'indicatif dans des subordonnées introduites par *combien que* s'expriment dans une langue fort proche du français du commencement du XVIIe siècle : attentifs à la nuance de certitude, ils s'attachent à exprimer une concession qui porte sur un fait ou un état réel, et donnent aux modes des valeurs véritables.
>
> Ainsi, la syntaxe historique permet d'établir un lien entre les parlers franco-acadiens et le français préclassique : la locution conjonctive *combien que* marquant la concession telle qu'elle est utilisée en Acadie avec l'indicatif est une survivance régionale d'une vieille forme française. (Gérin 1982b : 47)

Les jugements de valeur sous la forme « *c'est* + adjectif + *que…* » sont rares dans mon corpus, néanmoins l'emploi du subjonctif après ces expressions semble stable :

[82] Ben, **ça serait très intéressant que tu alles** là parce que… (ILM, texte 3)
[83] **C'est bon que tu peuves** t'en souvenir de touT ça. (ILM, texte 2)

À part les circonstances précises d'emploi du subjonctif décrites ci-dessus, on ne trouve que peu de cas où le subjonctif soit encore utilisé. Mais on voit aussi qu'un lexème anglais précédent n'empêche pas son emploi :

[84] faut que vo/ voutre père ou voutre mère ou WHATSOEVER que **seye** sont obligés de les faire parce i dit j'ai juste pu / eu le temps d'en faire assez. (ILM, texte 4)

Même un verbe anglais exprimant un espoir qui, par sa sémantique, entraîne l'indicatif en français de référence[186] peut être lié au subjonctif :

[85] [À propos du temps ensoleillé] I HOPE que ça **se tienne** de même. (ILM, corpus oral)

Ainsi, je peux confirmer en partie les résultats présentés par Neumann-Holzschuh pour les modalités d'emploi du subjonctif présent en France et au Québec. Pour l'Isle Madame, il est vrai que les domaines du subjonctif – tout comme d'ailleurs dans le français hexagonal – sont ceux de l'expression de la nécessité (*il faut*), de la volonté (*vouloir que*, etc.) et de la finalité avec *pour que* (et plutôt *pour pas que*) :

---

186 Cependant Cohen, entre autres, cite des exemples – qu'il considère d'ailleurs comme « provinciaux » – où le subjonctif est utilisé après le verbe *espérer* (cf. Cohen 1965 : 149).

> Sowohl in Frankreich als auch in Québec ist der Konjunktiv Präsens heute im volitiv-finalen Bereich am deutlichsten verankert. Der im Korpus sehr häufige Modalausdruck *(i) faut que*, das Modalverb *vouloir* und die finale Konjunktion *pour que* lösen mehrheitlich den Konjunktiv aus. (Neumann-Holzschuh 2000 : 259)[187]

Néanmoins on ne peut pas confirmer pour l'Isle Madame l'affirmation selon laquelle le subjonctif se trouve aussi couramment après la négation de verbes de dire et de croire dans le domaine épistémique (cf. par ex. Gérin 1982a) dans l'acadien néo-écossais et néo-brunswickois. Dans l'acadien de l'Isle Madame, le subjonctif n'est pas conservé dans ces cas même si les énoncés laissent entrevoir de forts doutes de la part des locuteurs quant au contenu des subordonnées de la part des locuteurs :

[86] Oui, je **crois pas que** c'**est** trop grave. (ILM, texte 2)
[87] Mais quand il a sorti ce journée-là, je **crois pas qu'**i **chantait**, c'était pire. (ILM, texte 8)
[88] Je **pense pas que** c'**est** la plus élevée. (ILM, texte 3)

Les mêmes observations peuvent être faites pour Terre-Neuve et la Louisiane, même si la tournure *je crois pas* semble faire exception dans les deux régions (cf. Neumann-Holzschuh 2005c : 132). Dans le français parlé de France, on trouve également l'indicatif après de tels verbes (c. p. d'Emmanuel Faure).

D'après les analyses ci-dessus, il semble donc que dans l'acadien de l'Isle Madame, le subjonctif présent se concentre sur les domaines de l'expression de la volonté, de la finalité et de la nécessité – ce qui est loin d'être étonnant. Mais on peut encore aller plus loin en postulant qu'il s'attache, dans la majorité des cas, à trois lexèmes précis, à savoir *falloir*, *vouloir* et *pour (pas) (que)*. Dans ce contexte, il est intéressant de voir le continuum : en Louisiane, le subjonctif est considéré comme étant « une catégorie très affaiblie ; même après des expressions volitives il n'est, la plupart du temps, pas employé […] » (Bollée / Neumann-Holzschuh 1998 : 186). Dans le français de l'Ouest canadien, le subjonctif semble être d'usage encore plus restreint, au profit de l'indicatif (cf. Hallion Bres 2006 : 115). Dans les créoles, il a complètement disparu sans laisser aucune trace (cf. Bollée / Neumann-Holzschuh 1998 : 186).[188]

---

187 Rappelons cependant que plusieurs chercheurs rapportent des exemples contraires pour le français populaire de France : ainsi Brunot (1926 : 519) évoque la disparition du subjonctif après *il faut que*, Frei (1929 : 200) relève l'emploi de l'indicatif pour le subjonctif après *pour que*.

188 Selon Chauveau, la disparition progressive du subjonctif dans plusieurs régions n'est pas forcément due à un processus de « contagion » mais ce sont des « évolutions autonomes » (Chauveau 1998 : 117) basées sur les faiblesses du système linguistique correspondant.

3.3.3.2 Subjonctif imparfait

En ce qui concerne la formation du subjonctif imparfait en acadien, il a subi un remaniement semblable à celui des formes du passé simple. Alors qu'en français de référence, les deux paradigmes ont le même radical et la même voyelle mais des terminaisons différentes, les formes, dans l'acadien de l'Isle Madame, sont toutes homophones sans exception.[189] Et si le subjonctif imparfait a complètement disparu de la langue parlée en France, où il n'est qu'une marque littéraire de la langue écrite (cf. Grevisse / Goosse 2008 : § 898 b), il est encore bien vivant dans des cas bien déterminés de la variété acadienne de l'Isle Madame.[190] En voici quelques exemples :

[89] Pis [fo'i][191] **t'espéris**, c'était chacun noutre tour pour aller patiner sus le havre. (ILM, texte 1)

[90] c'était les / un ardoèse pis un crayon pis à mesure que t'avais travaillé faulait que ça **fût effacé** pour faire d'autre ouvrage. (ILM, texte 2)

[91] Faudrait qu'i **sortît** BACK. (ILM, texte 4)

[92] Pendant l'hiver, tu mangerais de la viande fraîche pis pendant l'été, c'était salé pour pas que la viande **se massacrît**. (ILM, texte 2)

[93] Et pis après ça [fo'i] qu'i **tchinirent** les enfants occupés, pis on faisait ça. (ILM, texte 9)

[94] Fallait pas qu'ils **vurent** ce qu'il alliont. Il appeliont ça jouer au bout de z-yeux. (ILM, texte 2)

[95] Ça fait i / faudrait qu'i ***boardirent*** au couvent. I prenìont des BOARDERS… (ILM, texte 4)

[96] Pour pas que tu ***slippis***, pis pour pas tu **tombis**. (ILM, texte 1)[192]

[97] Pis je l'a/ j'allais tirer les vaches moi. Pis c'était pas proche. Faulait que j' **charris** ici la / le / les siaux de lait. Hein ? (ILM, texte 11)

[98] Oui, et pis le M/ le MARGARINE, i y avait du MARGARINE mais i faulait que tu **recouleuris** toi-même. (ILM, texte 11)

Rappelons brièvement les caractéristiques morphologiques qui valent non seulement pour le passé simple mais aussi pour la totalité des formes du subjonctif du passé acadien : la simplification des terminaisons, ne distinguant désormais que les formes du singulier ([i] / [y]) de celles du pluriel ([ir] / [yr]) ainsi que la généralisation de la voyelle *i* dans les verbes du premier groupe au détriment de la

---

189 En français de référence, cette homophonie n'existe qu'à la 3e personne du singulier (cf. *il fit – il fît* ; *il alla – il allât*).

190 Cf. aussi l'observation de Brasseur pour toute la Nouvelle-Écosse : l'emploi du subjonctif imparfait « est connu dans les parlers acadiens, en Nouvelle-Écosse notamment, où il est relativement courant » (Brasseur 2007 : 166).

191 Pour plus de détails sur [fo'i], cf. p.144 .

192 Les exemples 95 et 96 montrent en même temps le degré très élevé d'intégration morphologique des verbes anglais. En effet, ceux-ci sont même capables de recevoir les terminaisons acadiennes du subjonctif imparfait.

voyelle *a*. Ce vocalisme en *i* est attesté – tout comme pour les formes du passé simple – « dans la majeure partie des dialectes de l'Ouest de la France » (Péronnet 1995 : 434).

Structure « *faut* + subjonctif imparfait »

Le subjonctif imparfait est sans aucun doute une survivance de l'époque où les premiers colons ont quitté la France pour le Nouveau Monde. À cette époque, il était encore vivant dans la langue parlée ; ce fait est « prouvé » par les lamentations de quelques grammairiens par rapport aux manquements à la règle, qui commencent aux XVIIe et XVIIIe siècles, selon la région, et deviennent réguliers pendant le siècle suivant (cf. Grevisse / Goosse 2008 : § 898 H[193] ; cf. Price 1971 : 215).

Aujourd'hui, le subjonctif imparfait se trouve en acadien – sans exception – dans les subordonnées. Tout comme en français standard, il fait référence à un fait antérieur. Pourtant son usage ne semble pas nécessairement dépendre d'un verbe introducteur au passé. Dans mon corpus, je trouve des verbes introducteurs au présent, au conditionnel présent [91, 95] ou à l'imparfait [90, 94, 97, 98].[194]

En ce qui concerne les formes au présent, il s'agit toujours de *faut* :

[99] pis des fois on avait tout temps d'eau chaude, **faut** qu'elle **lavît** dans la / dans l'eau frette. (ILM, texte 9)

[100] **Faut** tu t'en **fus** dehors. (ILM, texte 4)

Dans le cas de *faut*, il semble qu'il s'agisse d'une forme en voie de grammaticalisation, le verbe impersonnel *falloir* se transformant en un simple marqueur de modalité exprimant un devoir ou un ordre. En effet, il est très inhabituel que dans une chaîne d'énoncés se référant au passé apparaisse une forme verbale au présent même si dans la langue classique, ces cas sont possibles (cf. Brunot / Bruneau 1949 : 384). Peut-être ne s'agit-il donc plus – dans la perception des locuteurs acadiens de l'Isle Madame – d'un vrai verbe, mais d'un marqueur modal : ainsi, le subjonctif imparfait adopterait une fonction importante, c'est-à-dire qu'il assumerait à lui seul l'indication du passé.[195] C'est peut-être là une des raisons pour lesquelles le subjonctif imparfait se révèle assez résistant à la réduction de sa fréquence ou même à son effacement : d'un point de vue géographique, la Nouvelle-Écosse semble être une des dernières régions où le subjonctif imparfait se maintienne encore. Il a disparu au Québec (cf. Neumann-Holzschuh 2000 :

193 Grevisse / Goosse (2008) se réfèrent à Brunot (1906–1972), t. VI : 1457 et sq., 1799 et sq.

194 Au lieu de la forme régulière de l'imparfait *il fallait*, on trouve très souvent la forme *il faulait* à l'Isle Madame.

195 De plus, l'imparfait du verbe *devoir* est très rare (six attestations). L'obligation dans le passé semble être exprimée par le verbe impersonnel *falloir + subjonctif imparfait*.

254), semble absent de Terre-Neuve (cf. Brasseur 2007 : 166) ainsi que de Saint-Pierre-et-Miquelon (cf. Chauveau 1998 : 110) et dans le cadien louisianais, on ne le trouve pas non plus (cf. Flikeid 1994 : 294). Pour le Nouveau-Brunswick, les rares exemples de subjonctif imparfait dans le corpus de Flikeid laissent supposer qu'il n'y remplit pas une fonction importante. L'analyse du corpus de Wiesmath (2006a) révèle que la structure « *faut* + subjonctif imparfait » ne s'y trouve pas. La structure habituelle au Nouveau-Brunswick pour exprimer l'antériorité de la phrase subordonnée est par contre :

« (imparfait du verbe impersonnel *falloir*) + [que] + (subjonctif du présent) » :

[101] SO **fallait j'emplise** deux boîtes à bois (corpus Wiesmath 2006a – texte 1, B684)

[102] le quinze d'août c'était pas fêté coumme/ les fermiers pis zeux **fallait qu'i travaillent** pareil (corpus Wiesmath 2006a – texte 2, E53)

[103] pis quand j'ai vu ça je savais que c'était ça l'image que **fallait que j'aye** alors j'ai couri vite (corpus Wiesmath 2006a – texte 13, H43)

Le temps du verbe impersonnel *falloir* est donc le seul élément permettant d'indiquer l'antériorité de la subordonnée. Pour le contexte du passé, on trouve ainsi deux structures différentes dans les deux provinces :

contexte	**NÉ**	**NB**
au présent	faut que je mette	faut que je mette
au passé	faut que je mettis	fallait que je mette[196]

Tableau 24 : Structures avec subjonctif après le verbe impersonnel *il faut* en Nouvelle-Écosse et au Nouveau-Brunswick.

Dans ce contexte, il est intéressant de reprendre une remarque de Flikeid, qui pourrait confirmer la fonction importante du subjonctif imparfait dans le cadre de la grammaticalisation de *faut* : apparemment, l'imparfait du subjonctif semble se maintenir plus longtemps dans l'acadien néo-écossais que le passé simple (cf. Flikeid 1994 : 293).[197] Comme on l'a montré ci-dessus (cf. chapitre 3.3.2, à partir de la p. 120), le passé simple est encore relativement vivant dans les parlers acadiens de la Nouvelle-Écosse mais ne remplit plus vraiment un rôle distinctif. Souvent, il a déjà cédé la place au passé composé et dans les occurrences où j'ai relevé un passé simple, il serait presque partout remplaçable par un passé composé. Le subjonctif imparfait, par contre, semble revêtir une nouvelle fonction dans le parler acadien de l'Isle Madame, à savoir l'indication de la temporalité. Ainsi, son existence pourrait être non seulement justifiée mais obligatoire.

---

[196] Cette structure se trouve dans notre corpus de l'Isle Madame exclusivement chez les locuteurs proches du standard.

[197] À cause du faible nombre d'occurrences, il ne m'est pas possible d'étayer cette thèse avec les chiffres de mon corpus.

Degré de grammaticalisation de *faut* dans l'acadien de l'Isle Madame

Pourtant, il faut se demander si cette grammaticalisation supposée de *faut* est déjà achevée : un indice en serait que la structure ne soit plus modifiable ; il devrait donc être impossible que le verbe impersonnel *faut* soit accompagné par un élément qui s'y réfère. Or, la négation de la présente structure se fait toujours par la négation du verbe *falloir* et non par la négation du subjonctif imparfait de la subordonnée :

[104] Faut pas que les gars **rencontrît** les filles avec les sœurs parce que c'était pas permis. (ILM, texte 4)

De plus, le locuteur a toujours – du moins à première vue – la possibilité d'ajouter un adverbe quelconque entre *faut* et la subordonnée (cf. p. 136) :

[105] Si on voulait manger des pommes, **faut ben** qu'on **fût** les ramasser. (ILM, texte 9)
[106] Oui. Auparavant, i *brainwashiont* pis i **faut ben t'écoutis**. (ILM, texte 4)

Comme un « adverbe » (*ben* dans les deux occurrences) est défini comme apportant une information additionnelle au **verbe**, on pourrait en conclure que la nature de *faut* ne s'est pas encore tout à fait effacée. Pourtant si l'on regarde de plus près les exemples ci-dessus, on voit que, dans les deux cas, *ben* ne se réfère plus vraiment à *faut* : en 105, *ben* a en vérité la fonction d'un articulateur consécutif dans le sens de « alors ». En 106, on peut reconnaître une anticipation de l'adverbe de la subordonnée « i fallait que tu écoutasses bien » ou plutôt comme en 105 « et donc, tu devais écouter ».

Origine et fonction de [fo'(t)i]

Une autre forme intéressante dans ce contexte est *faut i*, prononcée tantôt [fo'i] tantôt [fo'ti]. Ce qui est frappant, c'est qu'on la trouve seulement[198] avant l'emploi du subjonctif imparfait :

[107] Pis [fo'i] t'**espéris**, c'était chacun noutre tour pour aller patiner sus le havre. (ILM, texte 1)
[108] Dans c'tés temps-là [fo'i] tu **fisis** ton travail. (ILM, texte 9)
[109] Si t'étais malade là i disaient [fo'i] tu **fus** gravement malade, gravement malade. (ILM, texte 9)
[110] I [fo'i] tu **fus** dans les magasins avec des COUPON. (ILM, texte 11)
[111] [fo'i] tu **payis** les sœurs pour aller au couvent. (ILM, texte 2)
[112] [fo'i] tu yeux **dounnis** à manger ça pis laver des drapeaux pis… (ILM, texte 1)

198 À part une occurrence où la locutrice emploie l'indicatif imparfait.

[113] Pis pour bâtir ma maison [fo'i] je **fus** emprunter quatre mille dollars. (ILM, texte 8)
[114] Et pis après ça [fo'i] qu'i **tchinirent** les enfants occupés, … (ILM, texte 9)
[115] Si tu faisais pas la pêche ou t'aimais pas faire la pêche, [fo'i] t'en **fus**. (ILM, texte 2)

Ma première hypothèse était qu'il s'agissait tout simplement d'un passé simple du verbe *falloir*, à savoir *fautit*. Ceci expliquerait également l'usage exclusif du subjonctif imparfait après cette forme. Mais qu'en serait-il alors de [fo'i], transcrit peut-être *fauit* ? Cela constituerait un passé simple assez inhabituel pour un parler acadien – formé directement à partir de la forme du présent *faut*, avec un hiatus [o] – [i].[199] De surcroît, seules les formes *fallut* et *fallit* sont utilisées en acadien, la première étant par exemple relevée dans le corpus de Grosses-Coques pour la Baie Sainte-Marie[200], la deuxième chez Maillet dans un discours direct (cf. Maillet 1973 : 249) pour le Nouveau-Brunswick.

Peut-être assistons-nous à la réanalyse d'une forme inversée *faut-i(l)*, c'est-à-dire que les locuteurs acadiens y auraient reconnu le marqueur exclamatif *-ti* et qu'ils donnent ainsi maintenant plus d'insistance à ces énoncés. Même si l'on ne peut pas exclure cette hypothèse, je penche plutôt pour une forme du passé simple où peut-être un *l* ou un *t* n'est pas prononcé.

Emploi du subjonctif dans d'autres subordonnées

On peut constater que – tout comme pour le subjonctif du présent – la majorité des occurrences du subjonctif imparfait se trouvent après les formes du verbe *falloir*. À part cela, on le trouve encore après les verbes de volonté

[116] Pis quanT que i avont descendu de Nashville là pour le / le faire eune star, **i voulìont que** Jason y **fût**. Pis, Jason a pas voulu parce i est marié, avec deux enfants, … (ILM, texte 4),

les expressions de crainte

[117] **Il avait peur que** quelque chose m'**arrivît** pis que j'allais mourir. Sa sœur, al était toujours malade. Il avait peur que quelque chose **arrivît**. (ILM, texte 5)
[118] Mais je pouvais voir un peu de progrès mais **j'avais encore peur que** quelque chose **arrivît**. (ILM, texte 5),

[199] Dans le corpus de Wiesmath, on trouve une note qui se réfère à une forme *faulit* : l'auteure observe que la forme est prononcée [foi] (corpus Wiesmath 2006a – texte 8, A228).

[200] Un locuteur de l'acadien de la Baie Sainte-Marie m'a dit qu'il n'utiliserait certainement pas *fauit* ou *fautit*. Pour lui, la forme *fautit* « sonne comme *faut-ti… ?* avec le *-ti* interrogatif » (c. p. de Philip Comeau).

et surtout après la conjonction finale *pour que* ou bien son antonyme *pour pas que* :

[119] è tait tout le temps après parler anglais **pour que** son mari **comprinît**. (ILM, texte 4)

[120] J'étais obligé d'y traduire à notre langage à nous-autres **pour qu'**il **comprinît**. (ILM, texte 4).

[121] Euh / pour / pour mettre le poêle à bois pis **pour pas que** le feu **étendît** dans l'hiver, i ariont gelé. (ILM, texte 8)

[122] Pendant l'hiver, tu mangerais de la viande fraîche pis pendant l'été, c'était salé **pour pas que** la viande **se massacrît**. (ILM, texte 2)

Finalement on trouve encore une occurrence après *être bénaise*[201] *que* :

[123] Oui, ça fait après j'ai / après j'ai eu fini les sougner, **j'étais bénaise qu'**i **furent** s'en aller. (ILM, texte 1)

Selon les observations d'Arrighi, l'imparfait du subjonctif n'est plus courant au Nouveau-Brunswick, sauf dans le langage des locuteurs les plus âgés (cf. Arrighi 2005a : 176). Dans le corpus de Wiesmath (2006a) pour le Sud-Est du Nouveau-Brunswick, on trouve encore l'une ou l'autre attestation. Toutefois dans quelques localités, le subjonctif imparfait semble encore mieux conservé que le passé simple, ce qui s'explique par l'« emploi syntaxique, certes unique, mais spécialisé en acadien » (Arrighi 2005a : 176). À Terre-Neuve et en Louisiane par contre, le subjonctif imparfait n'existe plus (cf. Neumann-Holzschuh 2005c : 126).

Le subjonctif imparfait a disparu de la langue parlée dans l'Hexagone ainsi que de la plupart des variétés du français d'Amérique du Nord. La Nouvelle-Écosse forme encore une exception. Parmi les raisons de la disparition du subjonctif imparfait, on peut compter la disparition de son emploi dans les conditionnelles en *si*, qui constituaient un de ses domaines d'emploi principaux, d'où « the comparative infrequency of its occurrence » (Price 1971 : 215), ainsi que le déclin du passé simple (cf. Brunot / Bruneau 1949 : 385) avec lequel le subjonctif a des liens morphologiques étroits (cf. Price 1971 : 215). Par contre, la thèse selon laquelle le subjonctif imparfait aurait disparu à cause de ses formes lourdes et « bizarres » a été rejetée par les chercheurs :

> The suggestion frequently made that the tense disappeared because the endings *-assions*, *-assiez*, etc. sounded 'harsh' or 'ridiculous' is untenable: 'C'est parce qu'il est mort qu'*aimassions* est ridicule ; il n'est pas mort parce qu'il est ridicule.'[202] (Price 1971 : 215)

Dans l'acadien de l'Isle Madame, par contre, la situation est différente : le passé simple s'y est conservé, les formes sont les mêmes que celles du subjonctif im-

201 *Bénaise* « content, heureux » (cf. aussi Cormier 1999, s. v. *bènaise*).

202 Citation de Brunot / Bruneau (1949 : 385).

parfait, seuls les domaines fonctionnels laissent entrevoir la différence. Et ces fonctions sont toujours courantes.

3.3.4 Les temps surcomposés

Les formes verbales surcomposées représentent une autre caractéristique de la phrase verbale en acadien. Dans mon corpus, il y a trois occurrences du conditionnel surcomposé (cf. ci-dessous) ainsi que plus de vingt occurrences du passé surcomposé. Ce dernier est constitué du passé composé d'*avoir* (*ai eu*, etc.) ou d'*être* (*ai été*, etc.) ainsi que du participe passé du verbe correspondant :

[124] Oui, quand j'ai / quand j'**ai eu fini** de travailler, j'avais dix et soixante. (ILM, texte 4)

[125] Les p/ les personnes qu'a fait une bonne vie, i y a / i y en a des Acadiens ici qu'a fait des bonnes vies, c'est que les maris s'en a été ailleurs gagner leur vie. Comme le / le grand-père à DONALD là, comme XY, i étiont dix-huit de famille. Dix-huit de famille. Mais i y-**a** toujours **été parti**. (ILM, texte 8)

L'exemple 125 provient d'une femme parlant un français qui se rapproche du standard, c'est probablement pour cette raison qu'elle emploie l'auxiliaire *être* avec un verbe de mouvement. De plus, il s'agit plutôt d'une phrase verbale à caractère résultatif, si bien que *parti* pourrait même être considéré comme un adjectif exprimant un état.[203] À part cette occurrence, on constate – tout comme Arrighi (cf. Arrighi 2005a : 116) – que les temps surcomposés sont exclusivement formés à partir de l'auxiliaire *avoir*. Pourtant, parmi les exemples du passé surcomposé que Gesner a trouvés dans ses enregistrements de la Baie Sainte-Marie datant du milieu des années soixante-dix, quatre des cinq verbes de mouvement se construisaient encore avec *être* (cf. Gesner 1979a : 45 et sq.), bien que la généralisation de l'auxiliaire *avoir* aux temps composés (passé composé, plus-que-parfait) ait déjà eu lieu.

En ce qui concerne l'emploi du passé surcomposé dans mon corpus, on le trouve toujours – à une exception près [125][204] – dans une subordonnée introduite par les conjonctions *quand* (quatre occurrences) ou *après (que)* (onze occurrences) :

[126] Pis asteure **quand** j'**ai eu dit** à mes enfants à moi comment-ce j'ai été élevée pis / **quand** j'**ai eu dit**, i me croyaient pas, tu sais. (ILM, texte 1)

---

203 Un des deux exemples où Gesner relève un passé surcomposé dans une principale comporte également cette forme de *partir* : J'ai été à Korea. Oui, c'est là ce que j'ai été. J'*ai été parti* un an. (Gesner 1979a : 46). Il considère donc cet emploi également comme un passé surcomposé.

204 Selon Gadet, les formes surcomposés dans les principales, considérées comme « avancées » par Frei (cf. Frei 1929 : 79), sont typiques de la moitié sud de la France (cf. Gadet 1998 : 63).

[127] pis **quand** j'**ai eu fini**, j'étais pour marcher / euh / pour descendre de l'estrade (ILM, texte 5)
[128] Oui, ça fait **après** j'ai / après j'**ai eu fini** les sougner, j'étais bénaise qu'i furent s'en aller. (ILM, texte 1)
[129] **Après que** j'**ai eu** tout **sougné** les femmes, j'avais fini là, pis c'te femme-icitte-là vienne me *caller* (ILM, texte 1)
[130] Oui. Pis **après que** ça **a eu arrivé**. (ILM, texte 4)
[131] Pa **après que** j'**ai eu nettoyé** la maison – je yeux ai dounné beaucoup de LOVE à c'tés enfants-là, moi là là. (corpus SHAIM, ILM, JB, 73)
[132] Benedict se souvient des années quand trois hommes sortaient **après avoir eu placé** la chaise sur le devant du bateau. (Samson, L. et al. [n. n.] : 14)

Pourtant la réciproque n'est pas vraie : il n'y a pas que le passé surcomposé qui se trouve dans les subordonnées temporelles introduites par *quand* ou *après que*, mais aussi par exemple le plus-que-parfait ou le passé composé (cf. aussi Gesner 1979a : 46). Contrairement au corpus d'Arrighi où les formes surcomposées sont « extrêmement rares » (Arrighi 2005a : 176), elles atteignent une fréquence moyenne avec plus de vingt occurrences dans le corpus de l'Isle Madame.[205]

Mes observations sur la fonction syntaxique des formes surcomposées avec *avoir* coïncident pour la plus grande part avec les résultats présentés par Arrighi (cf. Arrighi 2005a : 176) pour son corpus pan-acadien. En ce qui concerne leur valeur syntaxique, les formes du passé surcomposé « combinent donc deux morphèmes aspectuels : le morphème aspectuel d'accompli et celui d'antériorité par rapport à la forme composée » (Arrighi 2005a : 116) correspondante. Dans le corpus d'Arrighi, cette relation d'antériorité s'affiche toujours par rapport au passé composé, alors que dans le mien, on trouve aussi des imparfaits et des plus-que-parfaits, par rapport auxquels les locuteurs cherchent à exprimer des actions antérieures et déjà accomplies.

Pour les exemples avec *être* [125, 133, 134], on peut constater un emploi résultatif, donc une variante de l'accompli (cf. Gesner 1979a : 46) :

[133] SO / eum / al **a té descendue** pour la fin de semaine. (ILM, texte 4)
[134] Pis là quanT al a m'nu à Québec, i **a té déménagé** à Québec, SO ça y aidait aussi. I ont té deux ans à Québec. (ILM, texte 8)

Le cas du verbe *naître* est le seul dans lequel on trouve fréquemment la forme surcomposée dans les principales. L'alternance entre la forme du passé composé *être (é)né* et la forme surcomposée *avoir (é)té (é)né* est grande (cf. aussi King / Nadasdi 2000 : 66 et sq.). En voici quelques exemples extraits de mon corpus :

[135] **E. L.** : Quelle année que t'es énée ?
I. S. : J'ai / où-ce que j'**ai té née** ?
E. L. : Ou non. Tchelle année que t'as énée? NINETEEN quoi ?
E. L. : Euh / NINETEEN FIFTEEN. (ILM, texte 1)

---

205 Néanmoins, il faut remarquer que les formes surcomposées se concentrent sur le verbe *finir* : environ la moitié des attestations comportent ce verbe.

[136] **E. L.** : Ça fait **t'as été énée** youù ?
I. S. : **J'ai été née** au Cap Auguet[206], bien sûr. (ILM, texte 1)

Dans le cas du verbe *naître*, l'emploi du surcomposé est considéré comme typiquement acadien (cf. King / Nadasdi 2000 : 67). Pourtant, Gesner avance qu'il ne s'agirait pas d'une vraie forme surcomposée car l'infinitif en acadien n'est pas *naître* mais *être né*. Ainsi, les formes telles que *j'ai été né*, etc. seraient un simple passé composé. À la suite de l'ouverture progressive des isolats acadiens vers l'extérieur, la fréquence de cette structure est aujourd'hui peut-être renforcée par un calque syntaxique de l'anglais *to be born*[207] (cf. Gesner 1979a : 47).

L'apparition du passé surcomposé est souvent rattachée au recul du passé antérieur (cf. par ex. Price 1971 : 230) et du passé simple : ainsi une forme comme *il eut mangé* aurait été remplacée par *il a eu mangé*, *il mangea* a été peu à peu remplacé par *il a mangé*. Mais on trouve des formes surcomposées dès le début du XVIIIe siècle, où le passé simple est encore bien attesté, et de plus, les formes se côtoient toujours dans certains dialectes et – comme on l'a vu – dans l'acadien de la Nouvelle-Écosse. Selon Grevisse, « [i]l est donc préférable de penser que les temps surcomposés sont nés pour marquer l'accompli par rapport aux temps composés » (Grevisse / Goosse 2008 : § 818 H).

Pour le français de Terre-Neuve, Niederehe (1991 : 230) cite trois exemples sans donner de précisions sur l'usage et la fonction du passé surcomposé. Guilbeau (1950 : 225 et sq.) atteste également des formes de passé surcomposé en Louisiane, bien qu'il dise que les formes du plus-que-parfait soient plus communes.

Comme on l'a mentionné ci-dessus, trois exemples du conditionnel surcomposé ont été identifiés dans mon corpus :

[137] [À propos de projets d'excursion dans la région de Chéticamp] A s'en va le sept. Ça fait autre que ça on **arait eu été**[208]. (ILM, texte 7)
[138] I prenait pas ses PILLS pis i mangeait pas coumme faudrait qu'i **ariait eu mangé**, t'sais. (ILM, texte 1)
[139] (À propos d'une fille de Montréal) Je l'**arais eu pris** mais t'sais là… (ILM, corpus oral)

De façon analogique au passé surcomposé, la forme du conditionnel surcomposé « ajoute à la valeur propre du conditionnel passé une insistance sur l'idée d'accomplissement » (Grevisse / Goosse 2008 : § 891 b). Mentionnons encore l'infinitif du passé surcomposé [140] – qui se trouve aussi à l'écrit [141]. Tout comme dans le corpus d'Arrighi (cf. Arrighi 2005a : 176), le plus-que-parfait

---

206 [ajɛt].

207 On trouve même le verbe *être borné* en acadien : « Et nous-autres **a té *bornés*** par les MIDWIFE » (ILM, texte 4).

208 En acadien, *été* est aussi le participe passé du verbe *aller*. Il en est d'ailleurs de même en français populaire / familier, par ex. *J'ai été à Paris le mois dernier* (c. p. d'Emmanuel Faure).

surcomposé ne semble pas courant, de même que le futur antérieur surcomposé (ex. *il aura eu fini*) :

[140] Je te remercie pour **avoir eu appelé**. (ILM, corpus oral)

[141] Benedict se souvient des années quand trois hommes sortaient après **avoir eu placé** la chaise sur le devant du bateau. (Samson, L. et al. [n. n.] : 14)

Selon Guilbeau (1950 : 225), on entend souvent le conditionnel surcomposé dans des propositions conditionnelles en Louisiane : dans la plupart des cas il semble simplement remplacer le conditionnel passé sans ajouter d'aspect supplémentaire à l'énoncé.

3.3.5 Le non-accord de nombre entre le sujet et le verbe

Le non-accord de nombre entre l'antécédent et le verbe dans les variétés francophones en Amérique, qui a récemment suscité l'intérêt de plusieurs chercheurs, peut sans doute être considéré comme une simplification due au changement linguistique. Des articles récents ont été publiés à ce sujet par Beaulieu / Cichocki (2005) pour le parler acadien du Nouveau-Brunswick, par King (2005) et Dubois, S. / King / Nadasdi (sous presse) pour le français acadien et cadien en général. Pour des données comparatives de Terre-Neuve, je me réfère à l'analyse de King (1994).

3.3.5.1 Le non-accord du verbe dans les principales

Voici quelques occurrences de mon corpus dans des propositions principales où un sujet au pluriel est suivi d'un verbe au singulier[209] :

[142] i y a des parents qui travaillont touT les deux. **Les enfants s'en vient** de l'école, personne là. (ILM, texte 1)

[143] **TouT les autres est partis**. Pis, là en Nouvelle-Écosse, ben, il y a HERMAN à North Sydney. TouT les autres **est** en dehors de la province. (ILM, texte 4)

[144] [À propos du chômage à l'Isle Madame] si tu gardes à travers, tu t'aperçois t'es / combien est-ce qu'il y en a, cette année, il y en a joliment là à Petit de Grat PACKERS qu'a / qu'a pas eu leurs ouvrages. **I a pas été appelés** de nouveau. Oui, i les ont voutés de sus la liste. S'il y avait eu un syndicat, ça arait pas arrivé, hein ? (ILM, texte 4)

[145] **Les prêtres a** leux / **a** leux idées à zeux. Toi, t'as toun idée pis… (ILM, texte 4)

---

209 Malgré les verbes au singulier, je maintiens l'accord en nombre et en genre du participe passé et des adjectifs. En outre, les mots soulignés dans les exemples du corpus manifestent une référence au pluriel.

[146] A dit : « Les religieuses, i perdent rien. » A dit : « **Les religieuses va** manger ceci. » (ILM, texte 9)
[147] Moi **mes enfants est** bilingues. (ILM, texte 8)
[148] Pis moi ce que je peux pas comprendre aujourd'hui, **les mères a** pas le temps de faire prier <u>leurs</u> enfants. (corpus SHAIM, ILM, JB, 73)

Il s'agit ici de principales dans lesquelles la nature du sujet peut différer : on trouve des groupes nominaux [142, 145–148], des pronoms indéfinis [143] ainsi que des pronoms personnels [144]. Selon les chiffres de Flikeid / Péronnet (1989 : 230), à l'Isle Madame 78 % en moyenne des phrases dans des contextes non-relatifs ont un verbe marqué au pluriel après un sujet au pluriel. Ce pourcentage se situe à peu près à mi-chemin entre ceux des autres régions : Baie Sainte-Marie 72 %, Pubnico 73 %, Chéticamp 84 % et Pomquet 87 % (cf. King 2005 : 211).

3.3.5.2 Le non-accord dans les subordonnées relatives

Les relatives sont encore plus intéressantes, car Flikeid, qui étudie l'accord de nombre entre antécédent et verbe dans les propositions relatives, constate une position particulière de l'Isle Madame concernant cette variable (cf. Flikeid 1989a : 194 et sq.) : la quasi-totalité des relatifs en fonction de sujet à l'Isle Madame sont suivi d'un verbe au singulier. Ailleurs, les pourcentages sont presque les mêmes que pour les contextes non-relatifs (cf. ci-dessus). Voici quelques exemples de relatives contenant *qui* (respectivement *qu'*) en fonction de sujet et dans lesquelles le verbe de la subordonnée est au singulier :

[149] Tu vas avoir un million de personnes **qui va** dire : « I AM ACADIAN ! » (ILM, texte 3)
[150] moi, je connais beaucoup de personnes **qui** ne **peut** pas. (ILM, texte 3)
[151] **C. L.** : Les Acadiens **qu'a été dispersés** en dix-sept cent cinquante-cinq. I y en a joliment d'zeux maintenant qui **a** la misère à parler le français. Et pis, les noms / t'sais / i y en a d'zeux **qu'a changé** les noms en anglais.
E. L. : Oui, m/ moi, j'en avais icitte **qu'a resté** avec nous-autres icitte pis les Landry / leur nom / leur nom i était beaucoup… (ILM, texte 4)
[152] C'est beau à voir. Pis les vieux **qui est** là. (ILM, texte 4)
[153] Et la dame des ligues catholiques i faut toujours aller au salon funérailles pour dire les prières pour les personnes **qui est décédées**. (ILM, texte 5)
[154] suis certain que tes enfants pis mes enfants **qui est partis**, i veulent touT le temps devenir [sic] quanT qu'on a des affaires pour les Acadjiens. (ILM, texte 9)

Pour le dépouillement de mes données pour les phrases avec pronom relatif sujet, j'ai établi quatre catégories différentes : il s'agit soit d'un verbe où le singulier est marqué sans ambiguïté (par ex. *peut*), d'un cas ambigu (par ex. */travaj/*), d'un pluriel standard marqué comme *peuvent* ou de la terminaison acadienne du pluriel *-ont* (*travaillont*). De plus, le corpus entier (tous locuteurs confondus) est comparé à l'ensemble de ceux que je considère – sur la base de mes observations sur place – comme parlant un acadien plutôt traditionnel[210] :

	Locuteurs d'un acadien traditionnel	%	Ensemble des locuteurs	%
singuliers marqués	91	46 %	103	35 %
cas ambigus	93	47 %	136	46 %
pluriels standard marqués	11	6 %	54	18 %
terminaisons *-ont*	4	2 %	5	2 %
total [211]	**199**	**100 %**	**298**	**100 %**

Tableau 25 : Marquage des verbes après un relatif sujet dans le corpus de l'Isle Madame.

Mes résultats pour les locuteurs du parler traditionnel révèlent une situation claire. Certes, 46 % seulement des verbes figurant dans les relatives possèdent une marque explicite et sans équivoque du singulier, et 47 % des verbes sont des cas ambigus. Mais comme en dehors de la proposition relative, seul un taux relativement faible des verbes au pluriel sont des pluriels standard (par ex. *ils travaillent*), la terminaison en *-ont* (par ex. *ils travaillont*) étant largement préférée, « il est beaucoup plus probable qu'il s'agit d'un emploi presque systématique du singulier dans les relatives » (Flikeid 1989a : 194).

La comparaison avec les données de l'ensemble du corpus montre que même si le pourcentage des pluriels marqués est plus élevé (18 % contre 6 % chez les locuteurs traditionnels), le phénomène est loin d'être limité au parler traditionnel. La conscience de ce trait est probablement moins présente que pour d'autres, d'où une stigmatisation inférieure. Ainsi, même les locuteurs se rapprochant du standard se servent de ce trait. Ce qui est d'ailleurs remarquable, c'est que chez les locuteurs plus proches du standard [155, 156] comme chez les locuteurs d'un acadien plutôt traditionnel [157], on trouve des énoncés qui contiennent des relatives avec un verbe au singulier et au pluriel (ou l'inverse) et qui se suivent directement :

---

210 Par *acadien plutôt traditionnel*, j'entends les transcriptions de locuteurs qui ne remplacent (presque) aucun phénomène lexical, morphosyntaxique etc. considéré comme appartenant à l'acadien traditionnel. Il s'agit donc des traits appartenant aux seuils 0 et 0R selon le classement de Péronnet / Kasparian (1998b : 251 et sq.). Dans mon corpus, les trois informateurs les plus standardisants sont BJ [texte 3], GL [texte 6] et RF [texte 10]. Ce sont ces trois informateurs que j'ai laissés de côté pour constituer le groupe des locuteurs parlant un acadien traditionnel.

211 Chiffres arrondis, d'où un total légèrement supérieur à 100 %.

[155] Le problème qu'on voit tout de suite, c'est que tu vas avoir certaines personnes **qui vont** faire une telle déduction mais **qui va** le faire en fonction de langue utilisée au travail, par exemple. (ILM, texte 3)
[156] Ça fait il y a certaines choses **qu'a resté** avec nous pendant des années pis des années pis des années. Mais les nouvelles choses **qu'ont ressorti** disons depuis les années mille neuf cent cinquante, tout ce a fait, c'tait changer le mot anglais pis on l'a francisé. (ILM, texte 3)
[157] Ben i y en a, ça fait, **qu'a déménagé** là **qui ont été** à Toronto pis à Ontario pis quand même BUT i ont retourné… (ILM, texte 12)

Si pour l'exemple 155, on pourrait conclure qu'avec la distance du pronom relatif sujet de son antécédent, la conscience du pluriel se perd, cette thèse ne peut pas être validée en 156 ni en 157.

Les résultats de Flikeid (1989a : 194) pour l'Isle Madame sont très proches des miens :

	résultats de Flikeid en %
singuliers marqués	30 %
cas ambigus	66 %
pluriels standard marqués	3 %
terminaisons *-ont*	1 %
total	**100 %**

Tableau 26 : Résultats de Flikeid (1989a : 194) pour l'accord des verbes après un relatif sujet à l'Isle Madame.

Les tableaux 25 et 26 montrent que la situation semble être restée assez stable pendant les 25 dernières années. Si l'on continue à considérer les cas ambigus comme des verbes au singulier, je peux relever un taux de 93 % de verbes au singulier dans mon corpus contre 96 % chez Flikeid. Cela signifie que l'Isle Madame continue à jouer un rôle particulier quant à ce phénomène syntaxique : alors qu'à Pomquet on a encore affaire à une situation intermédiaire, à la Baie Sainte-Marie, à Pubnico et à Chéticamp, la situation semble être « diamétralement opposée » (Flikeid 1989a : 195). Dans ces régions, c'est en premier lieu le pluriel avec la terminaison *-ont* qui domine. Pour Flikeid les raisons de cette différenciation intercommunautaire frappante sont avant tout à chercher dans le taux relativement faible de francophones ainsi que dans une assimilation plus avancée dans les isolats acadianophones de l'Isle Madame et de Pomquet (cf. tableau 5, p. 68). Arrighi avance dans ce contexte syntaxique qu'« [i]ci, des relations entre structure grammaticale et degré d'utilisation du français pourraient exister, semblables à celles décrites pour l'Ontario français par Mougeon, Béniak [sic] et Côté (1981) » (Arrighi 2005a : 192).

En outre, la situation scolaire qui se présente depuis longtemps d'une manière plus favorable pour les élèves francophones dans le Sud-Ouest de la province ainsi qu'à Chéticamp pourrait jouer un rôle (cf. aussi Flikeid 1989a : 195). Même si l'on peut constater une amélioration considérable sur ce point pendant la dernière décennie à l'Isle Madame (cf. 2.4.3.3 ci-dessus), il est probable que cette amélioration n'a guère de répercussions : cela est principalement dû au contact réduit entre les générations âgées et celle ayant été scolarisée selon le nouveau modèle.

3.3.5.3 L'accord et le non-accord après il y en a qui *et* il y en a + *groupe nominal*

Un aspect détaillé des relatives est étudié par King, qui se concentre sur les énoncés introduits avec *il y en a qu(i)* et *il y en a* + groupe nominal[212] + *qui*. Quant à ces deux structures, King a établi la règle suivante : la formule figée *il y en a qu(i)* – sans sujet explicite identifiable – exige ensuite un verbe au pluriel, alors que « *il y en a* + groupe nominal » est suivi d'un « default singular marking[213] » (cf. King 2005 : 216). J'ai testé cette hypothèse pour mes données du Sud-Ouest de la Nouvelle-Écosse ainsi que pour celles de l'Isle Madame, le résultat est clair :

	***il y en a* + 'overt head' (selon King : suivi d'un verbe au singulier)**		***il y en a qu(i)* (selon King : suivi d'un verbe au pluriel)**	
	sing.	**plur.**	**sing.**	**plur.**
sud-ouest	1	1		7
ILM	4		11	

Tableau 27 : Distribution des verbes au singulier / pluriel après *il y en a* + groupe nominal vs *il y en a qu(i)* dans le Sud-Ouest de la Nouvelle-Écosse et à l'Isle Madame. En gris, les cases ne respectant pas la règle de King.

Voici quelques exemples pour illustrer les chiffres résumés dans le tableau 27 ci-dessus :

↔[214] [158] Mais là i y a des / **i y a quelques groupes qu'avont** sorti de / du Nouveau-BRUNSWICK… (BSM, texte 17)

[159] **i y a pas beaucoup de choses qui est** vieux ici. (BSM, texte 14)

---

212 King utilise l'expression *overt head* « tête de phrase ouverte ».

213 Quant à la terminologie, King (2005 : 224, note) donne les explications suivantes : « While I use the term default singular, subject/verb non-concord is more common terminology in the sociolinguistic literature (Chambers 1995:243). Variable agreement phenomena have been the subject of considerable variationist research, such as the much-studied case of the so-called 'Northern Subject Rule' for English, whereby a number of varieties of English tend to have agreement with pronominal subjects but not necessarily with a full noun phrase […]. Henry (2002:278) uses the term 'singular concord' for cases like 'The books goes on the shelf' ».

214 Les exemples qui sont précédés de la double flèche (↔) ne respectent pas la règle établie par King (cf. King 2005 : 16).

[160] cette année, **il y en a joliment** là à Petit de Grat PACKERS qu'a / **qu'a** pas eu leurs ouvrages. (ILM, texte 4)
[161] mais **i y en a d'zeux là**, les Samson qu'**est** à Louisdale. (ILM, texte 4)
[162] Mais **i y en a beaucoup** de mon âge **qu'a** pas **vu** leurs grands-parents. (ILM, texte 4)
[163] les personnes qu'**a** fait une bonne vie, i y a / **i y en a des Acadiens** ici **qu'a** fait des bonnes vies, c'est que les maris s'en a été ailleurs gagner leur vie. (ILM, texte 8)

Après « il y en a + 'overt head' » on trouve partout le singulier sauf dans un cas à la Baie Sainte-Marie [158] : il s'agissait d'un jeune locuteur ayant déjà suivi le système scolaire complètement francophone et qui est très souvent en contact avec le français standard. Néanmoins, il convient de remarquer qu'il emploie le pluriel acadien *avont* au lieu de *ont*.

↔ [164] il y avait une loi qui existait en mille huit cent soixante-quatre parce qu'**il y en a qui** le **sait** pas. (ILM, texte 3)
↔ [165] EVEN le chouse, **i y en a qui** me **disait** que… (ILM, texte 4)[215]
↔ [166] Pis **i y en a qui** m'**a dit** qu'iun / iun des zeux qu'avait… (ILM, texte 4)
↔ [167] Ah, je lui ai dit : « Je pense que les ambulances va être très occupées parce que / hm / **i y en a qui va** mourir. » (ILM, texte 8)
↔ [168] **Il y en a qu'est** envoyé comme ça dans des / dans des / dans des plats. (ILM, texte 5)
↔ [169] **il y en a qui va** à la messe avec des enfants, **il y en a qui va** à la messe de minuit (ILM, texte 5)

[170] la science en fin de dire c'est coumme **i y en a qui *hibernatont*** droète au fond (BSM, texte 15)
[171] **I y en a qui mangeont** les / les / les queues crues et ça, i contont que c'est bon. (BSM, texte 18)
[172] Pis asteure, à Meteghan, **i y en a qui sont** en dehors de Yarmouth. **I y en a** en dehors de Yarmouth **qui sont** à Meteghan. (BSM, texte 18)
[173] Pis **n'y en a qui font** avec pas de poutines. **N'y en a qui faisont** le fricot avec / euh / la poule… (BSM, texte 15)

La deuxième structure *il y en a qu(i)* manifeste clairement la différence diatopique : alors que dans chacune des sept occurrences du Sud-Ouest de la Nouvelle-Écosse, cette formule déclenche le pluriel du verbe qui suit (cf. entre autres exemples 170 à 173), les locuteurs de l'Isle Madame conservent toujours le singulier [164–169]. Le rôle à part de l'Isle Madame est donc évident sur ce point de la syntaxe.

Même s'il faut être prudent, étant donné le nombre relativement peu élevé, la tendance du tableau 27 est la suivante : alors que pour les isolats du Sud-Ouest la

215 Dans ce cas, j'argumente comme King, selon laquelle les formes acadiennes du pluriel prévalent de loin sur les formes standard. Par conséquent, le locuteur aurait employé *disiont* au lieu de *disait* pour marquer le pluriel. (cf. King 2005 : 213)

règle générale établie par King pour les relatives semble valable, c'est la tendance stricte à employer toujours un verbe au singulier après un antécédent au pluriel quand le relatif est sujet qui prédomine à l'Isle Madame. Dans ce cadre, on pourrait déjà parler d'une grammaticalisation du verbe au singulier après un sujet au pluriel. Pourrait-il s'agir d'un phénomène ayant son origine dans la subordonnée relative et désormais en train de s'étendre aux propositions principales ?

Notons qu'on ne peut pas en conclure que le nombre n'est pas du tout exprimé, puisqu'on trouve de nombreux cas où les locuteurs utilisent par exemple le possessif *leur / leurs* [144, 145, 148, 162, 163], ce qui indique que la conscience de la pluralité du sujet n'est pas perdue. En somme, le fait que le nombre ne soit pas transmis au verbe ne veut pas dire qu'il n'est pas transmis ailleurs.

Du point de vue de la variation interlectale, les locuteurs du Nouveau-Brunswick ont tendance à préférer la forme verbale de la 3e personne du singulier si le sujet est *nous-autres* (analogie avec *on*) :

[174] c'est nous-autres qui **est** les meilleurs (corpus Wiesmath 2006a – 4, M318)
[175] c'est nous-autres **qu'a** pris la barque (corpus Wiesmath 2006a – 5, C4)
[176] mais si on éteint le feu c'est nous-autres **qui** l'**éteint** (corpus Wiesmath 2006a – 10, X210)

Sur ce point, le cadien louisianais est allé plus loin. Les propositions relatives apparaissent régulièrement au singulier. On peut même conclure qu'il s'agit d'un phénomène en voie de grammaticalisation dans cette variété (cf. Stäbler 1995b : 182) :

[177] ceux-là **qui veut** guimbler ils vont guimbler (LOU – Stäbler 1995b : 182)
[178] ces chers petits enfants-là **qui a** si bien fait (LOU – Conwell / Juilland 1963 : 195)
[179] tu connais il y en a **qu'a** payé (LOU – Conwell / Juilland 1963 : 195)
[180] il y en a bien peu **qui sait** comment travailler (LOU – Conwell / Juilland 1963 : 195)

À Terre-Neuve, on trouve encore une communauté, L'Anse-aux-Canards, où la fréquence du verbe au singulier dans les relatives sujet est aussi élevée (non-accord dans 88 % des cas) qu'à l'Isle Madame (sauf pour le cas de *il y en a qui*) (cf. King 2005 : 216). King propose une explication selon laquelle cette évolution vers le non-accord est un phénomène de la période suivant la Déportation car on ne le trouve pas ailleurs en Nouvelle-Écosse (cf. King 2005 : 221). De plus, elle mentionne qu'il devrait s'agir d'un développement indépendant dans les deux communautés car il n'y avait pas de contact entre les habitants (cf. King 2005 : 222). On a cependant vu ci-dessus que cela a été le cas (cf. p. 87), et je n'exclus donc pas ici que ce développement ait été importé d'un endroit à l'autre. Pour le langage populaire et familier en France métropolitaine, Bauche (1928) donne également des exemples de cette structure.

Il importe à présent de donner quelques pistes sur les raisons possibles de cette évolution spécifique de l'Isle Madame. Mon but n'est pas d'entreprendre une étude détaillée comparable à celles de King (2005) ou de Flikeid (1989a). Je tiens avant tout à communiquer mes observations pour le corpus de l'Isle Madame en comparant la distribution du phénomène aux pistes sociolinguistiques et morphosyntaxiques avancées jusqu'à présent : selon King les raisons de cette évolution spécifique dans les deux communautés acadiennes (Isle Madame et L'Anse-aux-Canards à Terre-Neuve) sont dues au cadre sociolinguistique particulier de ces deux isolats :

> The two Acadian varieties with default singular usage as the norm have a common sociolinguistic feature: there is very low, indeed almost nonexistent, normative pressure in the direction of Standard French. This would, likewise, appear to be the case for Cajun French, where recent research ([Sylvie] Dubois, King, & Nadasdi 2004) has shown that while the traditional variant is much less frequent than in the Acadian varieties discussed above, in subject relative clauses [...] default singulars are categorical. [...] This situation provides a setting in which rapid change in the direction described here could occur. [...]
>
> [...] a situation of such low normative pressure may provide a setting in which the default singular pattern may take hold, but it is not necessarily the case that this will actually happen. In other words, it may provide a necessary but not a sufficient condition for change. (King 2005 : 222)

On peut se demander si l'instauration d'un système scolaire francophone qui renforce la présence du français standard à l'Isle Madame sera à même de ralentir, voire d'inverser la tendance au non-accord.

Outre le cadre sociolinguistique propice à cette évolution, on pourrait aussi voir une possibilité d'explication dans la domination de l'anglais : Mougeon / Beniak (1995) ont étudié ce lien pour le français actuel de l'Ontario et constatent qu'il faut répartir les locuteurs en deux catégories : ceux qui communiquent souvent en français et ceux qui communiquent moyennement ou peu en français. Pour le premier groupe (ceux qui ont une bonne compétence en français) le non-accord du verbe en nombre survient essentiellement après les pronoms *qui* et *ils* ; d'après Mougeon / Beniak, ce cas « suggère qu'il ne s'agit que de 'défaillances' épisodiques mais néanmoins cohérentes dans l'application de la règle d'accord avec des pronoms sans marque explicite de pluralité » (Mougeon / Beniak 1995 : 58). Le deuxième groupe de locuteurs pour qui le français se trouve « en régression sur le plan communautaire ou individuel » (Mougeon / Beniak 1995 : 60) omettent l'accord surtout avec des verbes de moindre fréquence, quelles que soient les différentes formes de sujet (pronoms personnels, pronoms relatifs, groupes nominaux, etc.). Ici, les deux auteurs interprètent la présence du non-accord comme « la manifestation d'une réduction de ces désinences, c'est-à-dire d'une tendance à la simplification morphologique » (Mougeon / Beniak 1995 : 59).

Pour l'Isle Madame, il ne semble pas justifié de parler d'une simplification morphologique, compte tenu du fait que ce sont avant tout les verbes les plus fréquents comme *être*, *avoir* et *aller* qui apparaissent dans les attestations. Mais par ailleurs, la non-application de l'accord ne se limite pas à *qui* et *ils*, elle se manifeste aussi après des groupes nominaux sujet. À mon avis, c'est donc plutôt une certaine absence de pression du français standard qui laisse le champ libre à la diffusion du non-accord ; il ne semble pas justifié de parler à ce point d'un symptôme d'érosion linguistique telle qu'elle se manifeste apparemment chez les locuteurs ontariens de basse compétence en français.

De plus, cette conclusion sur la nature du non-accord entre sujet au pluriel et verbe me semble aussi compatible avec les résultats présentés en 3.3.2 sur la différenciation du paradigme des terminaisons verbales acadiennes en singulier et pluriel : tout d'abord, chez les locuteurs francophones de l'Isle Madame, l'emploi du verbe au singulier ne peut pas être dû à une méconnaissance du pluriel, car la forme finissant par *-ont* est employée régulièrement et même perçue comme un trait typiquement acadien. En outre, la fréquence du non-accord à l'Isle Madame n'est pas un phénomène morphologique mais plutôt syntaxique et ne touche ainsi pas les règles du paradigme des terminaisons verbales. Pourtant, il semble y avoir des contextes dans lesquels la terminaison du pluriel n'est pas jugée nécessaire à la compréhension. Dans les exemples de mon corpus où le verbe au singulier est utilisé après des sujets au pluriel, on ne trouve pas de cas où le sens devienne ambigu, voire incompréhensible. On trouve toujours une autre marque de la pluralité dans l'entourage direct du verbe au singulier : dans la plupart des cas, il s'agit d'une marque anaphorique, parfois aussi cataphorique.

3.3.6 L'impératif

À l'Isle Madame, la proposition impérative présente trois particularités par rapport au français standard : la particule *voir*, lexème qui suit le verbe à l'impératif, les pronoms dits « éthiques », *moi* et *toi*, et enfin, le non-déplacement des pronoms personnels dans les impératifs négatifs.

voir

D'un point de vue morphologique la forme conjuguée de l'impératif est la même qu'en français de référence – mis à part quelques particularités phonétiques.[216] Mais dans plusieurs cas (pas tous), le verbe est suivi du lexème *voir*, aussi attesté sous la forme de sa variante phonétique [vwɛʀ] :

[181] BUT **garde vouère** la saloperie. (ILM, texte 1)
[182] **Garde-moi voir** là. (ILM, texte 9)
[183] ***Watche*** **vouère** le chouse là ! (= le bateau) (ILM, corpus oral)

216 Cf. paragraphe 1.3.3.

En ne prenant en compte que ces trois exemples, on pourrait être tenté de tirer la conclusion que *voir* est seulement utilisé quand le contenu sémantique du verbe à l'impératif a un rapport avec le champ sémantique « voir ». En effet, dans les exemples 181 et 182, *garde* est la forme apocopée de *regarder* et en 183, on a affaire à *watcher*, emprunt à l'anglais, signifiant littéralement « observer », en acadien plutôt « regarder attentivement ». Les exemples suivants, tous issus du corpus de l'Isle Madame, en sont d'autant plus surprenant :

[184] Ben, i dit : « TOMMIE, NOW I HOPE YOU'RE SATISFIED. THIS BABY IS YOURS. » ((éclat de rire)) **Imagine-toi vouère, imagine-toi vouère.** Le docteur Deveau, c'tait un homme qu'était comique. (ILM, texte 1)
[185] **Mets vouère** ça sus la faît de la table, s'il vous plaît. (ILM, corpus oral)
[186] [Le téléphone sonne] **Réponds vouère**, s'il vous plaît. (ILM, corpus oral)

Les exemples ci-dessus permettent de conclure que *voir* n'est pas limité d'un point de vue sémantique à des verbes de vision ou réciproquement, que *voir* n'a peut-être aucun rapport avec le verbe homophone.

L'impératif suivi de *voir* figure aussi dans d'autres régions acadianophones : É. Boudreau constate la présence de *voir* avec l'impératif de six différents verbes pour le parler de Rivière-Bourgeois, village situé non loin de l'Isle Madame sur la terre ferme (Boudreau, É. 1988 : 53, 241). Dans le corpus de Wiesmath (2006a), on relève les exemples suivants pour le Sud-Est du Nouveau-Brunswick :

[187] si tu t'en vas par/ par/ par FOX CREEK là **arrête voir** sus <IGA>[217] (corpus Wiesmath 2006a – texte 1, B171)
[188] <HEY je pourrais/ . **faites voir** ça comme cecitte pis **fais voir** ça comme ça nous autres on a vu l'expérience>218 ben non . (corpus Wiesmath 2006a – texte 2, E769)

Dans le dictionnaire du franco-terre-neuvien, on trouve la variante locale *oir* seulement en combinaison avec l'impératif d'*espérer* (*espère oir !* 'attends !') (cf. Brasseur 2001 : s. v. *espérer*). En affirmant que cette forme est en usage dans toute l'Acadie (cf. Brasseur 2001 : s. v. *espérer*), Brasseur dit entre les lignes que c'est la seule forme et qu'elle serait ainsi presque lexicalisée. Selon ma propre étude cependant, c'est loin d'être la seule. Par ailleurs, dans le code écrit, dans le roman *Mariaagélas* d'Antonine Maillet, cette forme est employée (cf. Maillet 1973 : 67, 123). Papen / Rottet (1997 : 96, 100) confirment qu'en Louisiane, l'impératif est également souvent accompagné de *voir*, dont l'emploi est considéré comme redondant par les deux auteurs. Chez Stäbler (1995a), on trouve les énoncés suivants :

217 Chaîne de supermarchés.

218 E se cite lui-même.

[189] a h s/ **arrête voir** ça c'est une histoire intéressante . **raconte v o i r** VERB (corpus Stäbler 1995a, texte 2)

[190] Pap d i t eh **arrêtez voir** il dit < garde il dit>[219] il faut ils nous laissont tranquilles. (corpus Stäbler 1995a, texte 2)

[191]

A parce que/
M connais pas la usée parce qu'il y a un bouton en ( )

A parce que j'ai observé ça . **<essaye>**[220] **voir** . **la hale voir**
M droit là-là
(corpus Stäbler 1995a, texte 3)

[192] elle est rapportée sur le bord de la maison . je dis **va voir** en dedans (corpus Stäbler 1995a, texte 5)

Grevisse / Goosse considèrent qu'il ne s'agit pas d'un mot appartenant au français commun ou régulier (cf. Grevisse / Goosse 2008 : § 957 g). *Voir* y est catégorisé comme un « adverbe explétif » qui se rencontre presque exclusivement après un impératif. L'acception est définie par « donc ». Outre l'aire acadianophone, *voir* est encore répandu dans le français parlé de plusieurs régions de l'Est de la France, en Gaume (Belgique) et en Suisse romande « avec 'une fréquence particulièrement élevée et des possibilités combinatoires plus variées que les stéréotypes *écoute voir*, *regarde voir* et *voyons voir*' (Rézeau) » (Grevisse / Goosse 2008 : § 957 g). Gadet, elle aussi, atteste cette structure pour le français populaire d'aujourd'hui, où il est possible de renforcer un tour exclamatif soit par l'adverbe *donc* soit par *voir* ; pourtant l'ensemble des verbes après lesquels l'emploi de *voir* est possible semble se limiter à *dire, regarder, montrer* et quelques autres (cf. Gadet 1992 : 83 et sq.). Dans le cas de *voir* il s'agit donc aujourd'hui d'un adverbe facultatif qui est à même de renforcer une phrase à l'impératif. La gamme des verbes susceptibles de combinaison varie d'une région à l'autre en Europe et en Amérique du Nord.

L'adverbe *voir* en soi est particulièrement fréquent en ancien et moyen français (cf. Melkersson 1979 : 176) et le tour « verbe à l'impératif + *voir* » est attesté pour la première fois au XVIe siècle (cf. Grevisse / Goosse 2008 : § 957 g, H3). En ce qui concerne l'origine de *voir* même, les théories divergent sur ce point :

> E. Staaf (dans *Studier i modern Språkvetenskap*, 1924, pp. 227-241), suivi par beaucoup de linguistes, y reconnaît l'infinitif *voir*, qui aurait marqué primitivement le but : = *Regarde pour voir* […]. Wartburg (t. XIV, p. 332) considère que c'est

[219] <garde il dit> - [ga:ridi].

[220] <essaye> - [asɛj].

> l'anc[ien] mot-phrase *voire* 'vraiment' […], du lat. *vera*, neutre pluriel de l'adj. *verus*, 'vrai'. (Grevisse / Goosse 2008 : § 957, H3)

Même si l'on ne peut pas dire avec certitude absolue quelle opinion est correcte, la sémantique du verbe *voir* n'est pas ou plus présente en acadien.[221] De même, il est impossible de remplacer *voir* par *pour voir* afin de l'interpréter en tant que marqueur de but.

> [193] Oui, **écoute voir** ben qui-ce tu dis qu'a est ? (ILM, texte 1)
> [194] [À un petit enfant de deux ans] **Dis vouère** : Pépé est caché dans la SHED. (ILM, corpus oral)

Dans les exemples 193 et 194, il devient évident que *voir* permet au locuteur de donner plus de poids à ses paroles que par la simple demande exprimée à l'aide de l'impératif.

Même si l'on peut faire remonter ce phénomène jusqu'au XVIIe siècle, je n'exclus pas pour l'acadien la possibilité d'une convergence avec des impératifs populaires de l'anglais comme *come and see* ayant pu favoriser la survivance ainsi que la réapparition renforcée de cet outil grammatical.

Dans le *Dictionary of Louisiana French*, on trouve après l'entrée *voir* également la remarque « used to mark the imperative » (Valdman et al. 2010 : s. v. *voir*[3]). On trouve ensuite deux acceptions différentes : « please » et « then, so, indeed ».[222] Néanmoins, cette différenciation ne me semble pas très concluante, du moins si je l'applique à mon propre corpus. À l'Isle Madame, la politesse est continuellement exprimée par « s'il vous plaît » [185, 186]. Mais on ne peut exclure que l'évolution de *voir* suive des voies quelque peu divergentes en acadien et en français louisianais.

Mentionnons aussi que *voir* ne se trouve pas dans toutes les propositions impératives de mon corpus : en premier lieu, l'acadien a renforcé le phénomène de l'élision des pronoms sujet. En laissant de côté tout aspect pragmatique, une phrase comme *garde ça* pourrait également signifier « je garde ça », « tu gardes ça », « il / elle garde ça », « on garde ça » ou (à la rigueur aussi[223]) « ils gardent

---

221 Price mentionne une autre construction avec *voir* où ce dernier sert à éviter le subjonctif dans une phrase subordonnée : là aussi, il a plus ou moins perdu sa sémantique originale (cf. Price 1971 : 250 et sq.).
[] Et je / oh / j'aimais pas de **voir la journée venir** quand i m'ont rapêché par le cou pour m'amener là. (ILM, texte 9)
On aurait pu dire : j'aimais pas que vienne la journée…
Néanmoins, on trouve un exemple chez Maillet où *voir* est encore suivi d'un subjonctif :
[] Hé ben, j'en sarons le long pis le court, faudrait-i' **ouère que** le ciel s'en mêlit. (Maillet 1973 : 109).

222 Les exemples louisianais viennent de Terrebonne, Saint Martin et Lafourche.

223 La terminaison *-ont* du présent de la 3e personne du pluriel n'est pas employée dans tous les cas.

ça ». Ainsi, l'insertion de *voir* afin de marquer le mode impératif lèverait toute ambiguïté possible. Deuxièmement, l'évolution de *voir* vers un marqueur modal s'accorderait avec la tendance générale de l'acadien à signaler un phénomène syntaxique donné à l'aide d'un marqueur postposé directement au verbe conjugué :

V + **ø**	→	marque l'affirmatif
V + ***pas***	→	marque le négatif
V + ***ti***	→	marque l'interrogation totale
V + ***voir***	→	marque l'impératif

L'acadien semble ainsi présenter une tendance à la postdétermination du verbe, ce qu'on peut aussi postuler pour le français populaire de France : la négation y est formée à l'aide du *pas* postposé, dans l'interrogation totale c'est l'intonation qui prédomine (cf. p. 271) ; à l'impératif, par contre, on trouve aussi des expressions antéposées, comme *allez, venez ici !*

Pronom éthique

En outre, tout comme le français populaire (cf. Gadet 1992 : 84), l'acadien se sert d'un pronom dit *éthique* qui, ajouté à une forme verbale d'impératif, sert à renforcer le verbe. Ainsi, les pronoms personnels disjoints de la 1ère et de la 2e personne du singulier, *-moi* ou *-toi*, peuvent donner plus de poids à un impératif. Parfois on trouve même l'accumulation de deux éléments d'intensification [197, 198] :

[195] ANDREW, i dit : garde-**moi**, c'te deux filles-là, i dit, c'est-ti jolies ! (ILM, texte 1)
[196] C'tait son premier mariage. Une fille de seize ans. Pense-**moi**. (ILM, texte 1)
[197] Pense-**moi** voère. C'était du / c'est du travail. (ILM, texte 9)
[198] **M. S.** : Ah, il pleut à Dieu miséricorde. [...]
E. L. : Garde-**moi** voir là. (ILM, texte 9)
[199] Pis i me faisaient un signe : rouve-**toi** pas la bouche, t'es pas trop vieux. (ILM, texte 4)

Moi exprime alors une certaine insistance [195, 197] ou même une légère indignation de la part du locuteur [196, 198]. En même temps il sert aussi à « personnaliser » l'impératif en établissant une relation directe entre celui à qui l'impératif est adressé et celui qui le prononce. La seule attestation du pronom éthique à la 2e personne donne aussi plus du poids à l'impératif précédent [162]. Grevisse / Goosse attestent ces pronoms éthiques dans la langue familière d'aujourd'hui en France et lui attribuent la même fonction interactionnelle que celle relevée pour l'Isle Madame :

> La langue familière emploie d'une manière explétive le pronom de la 1re ou de la 2e personne, pour exprimer l'intérêt que le locuteur prend à l'action ou pour solliciter l'interlocuteur de s'intéresser à l'action (c'est le *dativus ethicus* de la grammaire latine). (Grevisse / Goosse 2008 : § 672 e)

Dans la grammaire historique de Brunot / Bruneau (1949 : 284), on ne trouve que l'exemple « Faites-*moi* ce travail » qui équivaut à « Faites ce travail *pour moi* ». Pourtant cet exemple n'a pas de rapport avec les attestations ci-dessus, car la construction *faire qc à qn* existe ; ainsi *-moi* n'est rien d'autre qu'un pronom personnel comme objet indirect. Par contre, les constructions **regarder qc à qn* [cf. 195, 198] ou bien **penser qc à qn* [cf. 196, 197] ne sont pas possibles. J'en conclus donc que *moi* rend le ton de l'impératif un peu plus déterminé dans mes exemples, un peu plus résolu, et surtout plus affectif.

La position des pronoms objet à l'impératif négatif

En français de référence, les pronoms objets et réfléchis gardent leur position de la phrase déclarative : ils précèdent le verbe conjugué. Ceci n'est le cas dans aucune des occurrences de mon corpus : à l'Isle Madame, les pronoms objets et réfléchis de l'impératif négatif ne changent pas de position par rapport à la forme affirmative de l'ordre :

[200] **dis-moi pas** que tu sais pas le nom à MARGARET. (ILM, texte 1)
[201] Ben je dis : as-tu pas ton télévision dessus ? **Parle-moi pas** de ça, a dit, ça c'est une VEGETABLE BOX. (ILM, texte 1)
[202] Pas une fois qu'al nous disait ça. **Asseyez-vous pas** sur une chaise. (ILM, texte 4)
[203] Alors, al m'a dit : « Mais, **inquiète-toi pas**. » (ILM, texte 9)

Alors que le français standard transforme le pronom tonique en pronom conjoint devant le verbe, l'acadien n'en a pas besoin. La forme impérative n'a pas besoin d'être transformée, il suffit de lui ajouter la particule *pas* (cf. synthèse des marqueurs postposés à la page 162).

D'après Arrighi (2005a), « [c]ette construction est une constante en acadien » (Arrighi 2005a : 229). On la trouve aussi en Louisiane (cf. Papen / Rottet 1996 : 244), en français québécois (cf. Seutin 1975 : 169) et dans le français parlé au Manitoba (cf. Hallion 2000 : 21). Dans le français populaire en France, tous les exemples cités ci-dessus semblent également très courants (cf. Dostie 2004 : 76).

3.4 Particularismes de la négation

La négation constitue un phénomène qui n'est que très rarement décrit dans les ouvrages traitant de la morphosyntaxe des parlers acadiens. Pourtant, plusieurs aspects se prêtent à une analyse plus détaillée. On mettra ici l'accent sur la négation du prédicat ainsi que sur les adverbes et pronoms négatifs.

3.4.1 pas *vs* point

Parmi les particularités les plus frappantes de la négation dans les parlers acadiens, on peut compter la conservation du forclusif[224] *point* en Nouvelle-Écosse. L'évolution des deux adverbes de négation *pas* et *point*, dans le français hexagonal – où ils ont connu une longue période de cohabitation – forme l'arrière-plan nécessaire pour aborder leur statut en acadien. *Point* et *pas* sont tous les deux attestés pour la première fois au milieu du XIe siècle (cf. Le Nouveau Petit Robert 2007, s. v. *2POINT* et *1PAS*). Bien que *pas* se soit répandu depuis le milieu du XIVe siècle au détriment de *point* (cf. Catalani 2001 : 96), les négateurs avaient préservé une certaine différenciation au niveau sémantique : « Ces deux termes étaient relativement différenciés en français classique, où *point* était d'un emploi assez courant. Ils pouvaient marquer des nuances de sens différentes […] » (Riegel / Pellat / Rioul 2004 : 417). Il était possible d'utiliser *point* dans une phrase interrogative afin de mettre en doute le contenu : « *N'est-il **point** là* ? (Molière) » (Riegel / Pellat / Rioul 2004 : 417). Avec la même valeur, *point* s'appliquait dans une phrase au conditionnel : « *Ne serait-ce **point** le livre que vous cherchez ?* » (Riegel / Pellat / Rioul 2004 : 417 ; c'est moi qui souligne). Pour la syntaxe du XVIIe siècle, Oudin rapporte encore que « *ne... pas* est une 'négation *simple* ou *de qualité*', et que *ne... point* 'se rapporte aux choses *qui portent quantité*' » (Brunot / Bruneau 1949 : 517). Haase note pour ce même siècle que *pas* et *point* ont déjà un sens presque identique à part le fait que « *point* nie plus fortement » (Haase 1965 : 254).

Aujourd'hui, *point* ne s'emploie plus dans le langage populaire en France. Bauche considère une phrase comme *J'en veux point* comme « paysan » (cf. Bauche 1928 : 140). Dans la langue littéraire, *point* continue à être utilisé. Pourtant « *point* joue, par rapport à *pas*, le rôle d'une variante ayant une coloration archaïque ou littéraire, voire régionale : *Vous n'y êtes point.* » (Riegel / Pellat / Rioul 2004 : 417). Parfois on l'emploie tout simplement pour des raisons euphoniques afin de varier l'expression ou – comme c'était déjà le cas en moyen français – pour « marque[r] une négation plus vigoureuse que *pas* » (cf. Grevisse / Goosse 2008 : § 1015), même si cette différenciation sémantique est elle aussi contestée (cf. Gaatone 1971 : 61).

Quant à la situation actuelle en Nouvelle-Écosse, on constate que sur les cinq principales régions acadianophones, c'est seulement dans les isolats du Sud-Ouest de la province, à la Baie Sainte-Marie et à Pubnico, qu'on trouve encore des attestations de *point* :

[224] Le terme *forclusif* a été forgé par Damourette / Pichon (1911–1949). On l'emploie ici dans sa signification originale et toute simple de « deuxième partie de la négation » (t. I, § 116).

[204] [À propos de l'idée que son futur mari parle seulement anglais] J'ais pas si j'aimerais l'idée de **point** pouvoir parler avec parce que je trouve ça plus facile… (BSM, texte 14)
[205] **Point** que j'ais moi au vrai là. (BSM, texte 15)
[206] Mais c'est **point** moi h'avais la responsabilité. (PUB, texte 20)

À l'Isle Madame, par contre, on ne trouve que des occurrences de *pas* dans le corpus transcrit, où il sert à exprimer la négation totale d'une proposition :

[207] A va **pas** le croire. (ILM, texte 1)
[208] Et pis on savait qu'i allait pas vivre parce qu'i voulait **pas** se rouvrir la bouche même pour boire du / de l'eau (ILM, texte 2)
[209] J'ai dit : j'ai **pas** le temps de planter des fleurs, moi. (ILM, texte 4)

Cette observation est confirmée par Flikeid, qui arrive à la constatation suivante : « La négation se fait avec *point* dans le Sud-Ouest, avec *pas* ailleurs […] » (Flikeid 1994 : 295).

	Isle Madame	**Pomquet**	**Chéticamp**	**Pubnico**	**Baie Sainte-Marie**
point	0,01	0,01	0,01	0,79	0,72
pas	0,99	0,99	0,99	0,21	0,28

Tableau 28 : Répartition de *point* et *pas* en Nouvelle-Écosse (Flikeid 1994 : 295).

On peut alors se demander s'il existe encore en Acadie une différenciation du point de vue sémantique entre les deux forclusifs. Au début du XXe siècle, P. Poirier fait encore la remarque suivante, qui rappelle le constat de Haase ci-dessus pour le français du XVIIe siècle :

> Pour faire un *pas*, il faut un certain temps, quelque court soit-il. *Point*, le point géométrique, est le néant absolu. Aussi nos gens l'emploient-ils seul, sans auxiliaire : *J'en veux point*. (Poirier, P. 1928 : 189)

Pour le parler actuel, on ne trouve plus de différence sémantique entre *point* et *pas*. Même dans sa fonction de quantificateur négatif, *point de* peut remplacer *pas de* :

[210] C't' été, j'avais **point de** goûT de faire touT ces affaires-là. (PUB, texte 20)
[211] Et pis quand-ce i y a **pas d'**électricité qu'i fait froid / euh / j'ai / j'ai peur d'avoir froid parce moi j'uis gelée. (PUB, texte 20)

Les deux forclusifs ne sont donc plus rien d'autre que des variantes libres (cf. aussi Flikeid 1996 : 310 et sq.). Quant à la variation intergénérationnelle, on peut néanmoins constater à l'exemple de quatre informateurs de Pubnico que la fréquence de *point* augmente avec l'âge du locuteur (cf. figure 5 ci-dessous) :

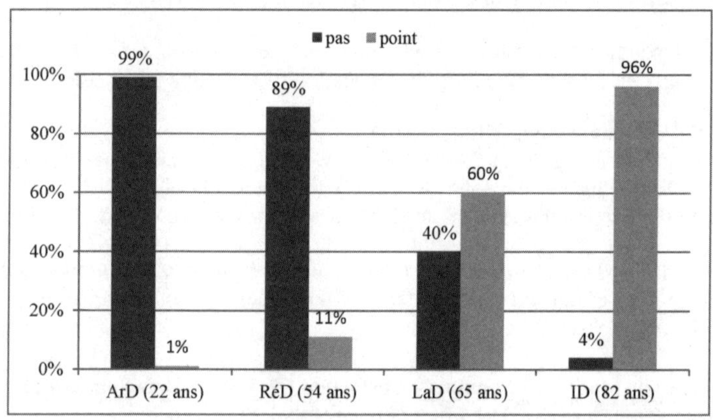

Figure 5 : Fréquence de *pas* et *point* chez des locuteurs de différentes classes d'âge à Pubnico-Ouest sur la base de mon corpus (figure : J. Hennemann).

L'écart dans l'utilisation de *point* entre le locuteur de 22 ans et la locutrice âgée de 82 ans est frappant : alors que le taux de *point* du jeune pêcheur tend vers zéro[225], la vieille dame utilise *point* dans presque tous les cas de négation. Cette différence peut être expliquée – au moins en partie – par le fait que le jeune homme a fréquenté une école française pendant les douze années de sa scolarité. Et même si les enseignants n'y transmettent pas un français complètement standard, ils tiennent au moins à corriger les « fautes » les plus visibles, les traits les plus archaïsants comme c'est le cas de la négation avec *point*.

Au vu de la distribution régionale assez nette entre le Sud-Ouest et le Nord-Est de la province, on se demande pourquoi *point* n'existe pas (ou peut-être *plus* ?) à l'Isle Madame. Concernant l'absence de ce morphème de négation dans toutes les régions du Nord-Est de la Nouvelle-Écosse, il est peu probable que tous les colons installés dans le Nord-Est aient négligé ce trait morphosyntaxique. Il y a de nombreux autres traits linguistiques où la « ligne de démarcation » ne passe pas entre le Sud-Ouest et le Nord-Est.[226] Il pourrait donc s'agir d'une évolution interne après la réinstallation des réfugiés à partir de 1763, visant

225 Chez ArD, deux occurrences de *point* sont attestées, pourtant il semble se corriger immédiatement :
[] C'est **point** / j'sais pas. (PUB, texte 21)
[] **Point** / pas maintenant. (PUB, texte 21)

226 Un exemple en est la distribution de la variable « je … -ons » dans le paradigme verbal de la 1ère personne du pluriel (cf. Flikeid 1994 : 295 ; cf. p. 117).

à éliminer une variante redondante, en l'occurrence *point*, pour des raisons d'économie linguistique.

Mais il y a certainement eu un facteur externe qui a accéléré la disparition de *point* et qui n'a pas joué dans le Sud-Ouest. En l'occurrence, les « degrés d'ouverture » différents depuis la deuxième moitié du XVIIIe siècle ont beaucoup influencé l'évolution des isolats linguistiques éloignés. Selon Flikeid, ce degré d'ouverture est en relation étroite avec le nivellement de traits morphosyntaxiques (cf. Flikeid 1992 : 17). Cela veut dire que moins une population est ouverte vis-à-vis de l'extérieur, moins il est probable qu'une spécificité morphosyntaxique se perde lors de sa transmission intergénérationnelle. De fait, on peut constater que la société du Nord-Est de la province était beaucoup plus exposée aux influences francophones de l'extérieur. Ainsi, on peut supposer que le contact intense entretenu par la « communauté du Golfe » (cf. p. 37) pendant les décennies suivant la Déportation avec les pêcheurs venant de la mère patrie a contribué à la disparition du négateur *point* dans les aires acadianophones du Nord-Est. Les habitants de l'Isle Madame – pêcheurs pour la grande majorité, faute de terres arables – étaient constamment en contact avec la communauté de Louisbourg, avec laquelle un commerce régulier s'était établi. De plus, les compagnies de pêche jersiaises privilégiaient aussi le déplacement continu de la population active. Toute la région du Nord-Est a donc été confrontée à des décennies de brassage et de contact linguistique avec d'autres variétés de français plus proches de la norme hexagonale.

Le Sud-Ouest de la Nouvelle-Écosse, par contre, était plutôt orienté vers le commerce avec la Nouvelle-Angleterre (cf. Flikeid 1994 : 298) ; pour cette raison le parler n'était pas en contact avec des variétés de français plus proches du standard. Ainsi, la variante *point* s'y est maintenue jusqu'à aujourd'hui et, étant donné sa fréquence élevée, elle semble encore fortement enracinée dans le parler, même si l'école entièrement francophone, cet acquis obtenu de haute lutte, pourrait favoriser sa disparition graduelle.

Étant donné cette répartition tranchée de *point*, il est donc d'autant plus surprenant de découvrir deux occurrences de *point* à l'Isle Madame dans la partie non-enregistrée du corpus. Elles viennent toutes deux de la même informatrice, âgée à ce moment-là de 74 ans :

[212] Je sais **point** qui-ce que c'est. (ILM, corpus oral)
[213] [Elle voit une femme dans la Rue d'en bas d'Arichat] WHO THE HELL IS THAT ? Je l'ai <u>**point**</u> connue. (ILM, corpus oral)

Comme cette femme n'entretient – à ma connaissance – aucun contact personnel avec des gens du Sud-Ouest, on peut faire des hypothèses sur l'origine de ce trait. La première serait que la locutrice l'ait entendu dans une des émissions télévisées ou radiophoniques en provenance de la Baie Sainte-Marie et qu'elle l'ait adopté afin d'afficher – peut-être inconsciemment – son identité acadienne, dont elle est très fière. Ou bien c'est un signe que ce trait était plus courant au début du XXe siècle et qu'il s'est estompé au cours du siècle passé. Malheureusement, il n'est pas possible de trouver d'attestations écrites datant de cette époque. Mais comme *point* constitue aussi un moyen de renforcement, ayant la valeur sémantique de *pas... du tout*, tout comme en moyen français et en français classique, il me semble très probable qu'il s'agit de la survivance d'un trait linguistique autrefois répandu à l'Isle Madame.

3.4.2 Le morphème ne

L'omission de la première partie du morphème négatif discontinu, la particule préverbale *ne*, est connue depuis longtemps comme une des caractéristiques les plus saillantes du français parlé hexagonal (cf. entre autres Bauche 1928 : 139, Gaatone 1971 : 67, Gérin / Gérin 1979 : 101). Il en est de même pour toutes les variétés franco-américaines et cela n'a rien de spécifiquement québécois ou acadien. Par conséquent, le parler vernaculaire en Nouvelle-Écosse marque la négation totale d'un point de vue généralisant également sans *ne* :

[214] tu Ø pouvais **pas** faire d'ouvrage, tu faisais yienque jouer dehors... (ILM, texte 11)

[215] ma fille Ø reste **pas** ici mais al Ø est **pas** loin. (ILM, texte 5)

Les locuteurs les plus standardisants ont également une forte tendance à laisser tomber la particule *ne* même si l'on verra des différences plus loin :

[216] Je pense qu'on Ø réalise **pas** sa culture avant que à un moment donné que on commence à / à regarder à l'entour... (ILM, texte 6)

Toute cette évolution, en Acadie, ne s'est certainement pas produite de manière indépendante de celle qu'on peut constater pour la France métropolitaine. Tout au contraire, le non-usage de *ne* se trouve déjà chez certaines couches sociales lors de la colonisation de l'Est canadien. Selon Gérin / Gérin (1979 : 101), il y a deux raisons principales pour lesquelles *ne* s'est fragilisé successivement à partir du XVIIe siècle. En premier lieu, son corps phonique était trop faible. Deuxièmement, les forclusifs *pas, point, jamais, rien, aucun* et *personne* venaient d'adopter une valeur négative. Ce développement avait premièrement affecté les phrases interrogatives, les conditionnels, puis toute sorte de subordonnées avant de se grammaticaliser presque partout.

Néanmoins, le rythme de cette évolution[227] ne semble pas être le même des deux côtés de l'Atlantique : ainsi Sankoff, G. / Vincent (1977) constatent pour le corpus du français parlé à Montréal que c'est seulement dans 1,5 % des phrases négatives que *ne* est encore présent (cf. Lemieux 1985 : 92). Les résultats de Maury / Tessier (1991 : 58 et sq.) vont encore plus loin pour le français parlé du

[227] Vu que les années de réalisation des études citées diffèrent, il n'est pas possible d'établir des comparaisons directes avec les chiffres absolus. Mais on voit que « le rythme de cette évolution » n'est pas le même.

Canada : les auteurs avancent que désormais dans la quasi-totalité des phrases négatives complètes, les locuteurs québécois et acadiens – même les plus cultivés – n'emploient plus de *ne*. Cependant selon l'analyse de Gougenheim et al. (1967), *ne* est abandonné dans 38 % des cas (cf. Sankoff, G. / Vincent 1980 : 300). D'après Ashby (1988), l'omission de *ne* se fait dans à peu près deux tiers des cas de négation en français parlé de l'Hexagone (cf. Neumann-Holzschuh 2000 : 254). La différence de rythme est alors évidente.

En conséquence, je postule qu'on peut aussi parler d'une grammaticalisation de *pas* comme négateur unique à l'Isle Madame car le taux de *ne* y tend vers zéro. La tendance est la même pour le parler populaire en France, néanmoins le développement n'y est pas encore aussi avancé : selon le constat de Riegel / Pellat / Rioul, « [*n*]*e*, souvent omis à l'oral, perd de son importance en français moderne » (Riegel / Pellat / Rioul 2004 : 415).

Il y a pourtant quelques rares cas de l'usage de *ne* à l'Isle Madame. On laisse de côté les environnements phonologiquement ambigus où le pronom indéfini *on* est suivi d'une voyelle, auquel cas il est souvent presque impossible de distinguer entre la liaison du *n* final et la présence d'un *ne* élidé en *n'* devant voyelle [217]. Ne seront pas prises en compte non plus des formes figées telles que *n'importe quoi*, *n'importe qui*, etc. [218][228] :

[217] **on‿a** pas à s'inquiéter pour aller / t'sais je veux dire / on va randonner n'importe où… (ILM, texte 5)

[218] Vas pas me quitter piquer par **n'importe qui**. (ILM, texte 2)

Parmi les autres occurrences, il faut distinguer trois contextes différents : il y a tout d'abord trois locuteurs (BJ [texte 3], MS [texte 9] et RF [texte 10]) qui parlent un français plus ou moins standardisé. De ce fait, ils ont un taux d'emploi élevé de *ne*, comme le montrent les exemples suivants :

[219] mais est-ce qu'on peut être capable de promouvoir le français en milieu minoritaire à des gens qui **ne valorisent pas** le / le français ? (ILM, texte 3)

[220] Alors, finalement je suis allée. Donc / euh / mes parents **n'**étaient pas contents. (ILM, texte 9)

[221] Chez l'Acadien SIDEWALK **n'**existait pas. (ILM, texte 10)

Chez ces trois informateurs, le taux d'omission de *ne* semble tendre vers les 67 % cités ci-dessus pour le français parlé en France. Ce qui est intéressant aussi, c'est que la conservation de *ne* est plus probable chez un locuteur standardisant que par exemple l'accord du verbe au pluriel dans des phrases relatives :

[222] mais moi, je connais beaucoup de personnes qui **ne peut pas**. (ILM, texte 3)

[228] Pourtant, on ne peut pas attester la variante *n'en* du pronom adverbial *en*, assez fréquente par exemple à Terre-Neuve (cf. Brasseur 2001 : s. v. *nen*) ou au Québec (cf. Sankoff, G. / Vincent 1980 : 298).

Le deuxième contexte qui semble favoriser l'usage de *ne* chez les locuteurs d'un acadien plutôt traditionnel est la combinaison avec le verbe *savoir* (également attestée à la Baie Sainte-Marie) :

[223] Pour souper, je **ne sais pas** quoi-ce qu'on va avoir pour souper. (ILM, texte 1)
[224] Peut-être qu'il ont laissé au SAINT FX, je **ne sais pas**. (ILM, texte 9)
[225] **Je ne sais pas** comment l'espeller. (ILM, texte 9)
[226] Ah, j'ais pas du tout. Ah **ne sais pas**. (BSM, texte 15)

D'un point de vue sémantique, *ne* semble appuyer l'ignorance d'un fait dans les énoncés cités. En mettant un accent d'emphase ou plutôt d'insistance sur *ne*, le locuteur s'en sert pour souligner le fait de vraiment « ne pas savoir quelque chose ».[229] La préservation de *ne* est indiquée chez Grevisse / Goosse comme étant un phénomène historique. Les auteurs citent, entre autres, les exemples suivants où *ne* est présenté comme le négateur exclusif de la phrase : *Il* NE *sait s'il doit partir* et *Que faut-il qu'il fasse ? Je* NE *sais.*[230] Ici, *ne* seul peut nier la forme conjuguée du verbe *savoir*, ce dernier exprime – en présence d'un négateur – l'idée d'« être incertain » (cf. Grevisse / Goosse 2008 : § 1014 b).

Pourtant, l'emploi de *pas* s'est généralisé aussi en acadien après le verbe *savoir* comme l'ont montré les exemples 223 à 226 ci-dessus. On peut en conclure que *ne* en combinaison avec le verbe *savoir* est le signe d'un niveau de scolarité élevé chez un locuteur, proche du standard, mais il peut aussi être considéré comme un archaïsme ; néanmoins ce morphème a apparemment perdu sa fonction en tant que négateur unique dans ces phrases, puisque l'usage du deuxième élément de la négation *pas* y est – comme d'ailleurs partout dans le français parlé de France – obligatoire.

Toutefois, il faut ajouter que dans la plupart des cas, *ne* est aussi omis devant le verbe *savoir* négatif signifiant « être incertain », conformément à la tendance générale de l'acadien pour ce morphème (cf. p. 168). En outre, Grevisse / Goosse précisent que, si *savoir* revêt le sens de « connaître, posséder la science, l'art, la pratique de qq. ch. », il demande la négation complète avec *ne... pas / point*

229 Camproux constate la même chose pour un des dialectes occitans, le parler gévaudanais, qu'il étudie : ici, *noun* « s'étend à bien d'autres cas où il semble que l'intention du sujet parlant soit d'insister sur la négation » (Camproux 1958 : 475).

Catalani (2001 : 200) écrit que *ne* peut être employé en français moderne « [um] besondere kommunikativ-phonetische Konfigurationen (= Strategie zur Beachtung der steigenden Akzentstruktur des Frz.) explizit anzuzeigen. »

230 Cet exemple est extrait de Vigny, *Chatt.*, Dern. nuit de travail (n'apparaît pas dans la bibliographie des sources écrites, XIXe siècle) ; pour le premier exemple, Grevisse / Goosse ne citent pas de source.

quand il est nié : *Je* NE *savais* POINT *ce que vous racontez* ou *Je* NE *sais* PAS *deviner les énigmes.*[231] Dans ce cas, on trouve en acadien le seul négateur *pas* :

[227] dis-moi pas que tu ∅ sais **pas** le nom à MARGARET. (ILM, texte 1)
[228] (À propos du nettoyage des planchers) ∅ Sais **pas** comment ça se fait. Mais il aviont du / i faisiont ça. (ILM, texte 1)

Finalement, devant tous les autres verbes attestés dans le corpus comme *oser, pouvoir, bouger* ou *manquer*, qui selon Grevisse / Goosse favorisent aussi le maintien de *ne*, cette particule ne se trouve pas chez mes informateurs. Le maintien de *ne* en combinaison avec *savoir* est probablement dû à la fréquence élevée de ce tour dans la langue parlée.

Néanmoins, en jetant un coup d'œil au Québec, on se rend compte que les rares cas de *ne* ne se trouvent pas uniquement devant le verbe *savoir*, mais aussi devant ceux qui expriment une opinion, la connaissance ou bien l'ignorance d'un fait (cf. p. 170). Parmi ces verbes figurent *croire*, *penser*, *connaître* et *comprendre* (cf. Sankoff, G. / Vincent 1980 : 304–310). Toutefois, les auteures n'attribuent pas ce fait à une sémantique précises des verbes, mais à un style ponctuellement plus soigné et plus attentif de la part des locuteurs (cf. Sankoff, G. / Vincent 1980 : 301).

Le troisième groupe décelé lors de mon analyse est constitué par les cas où *ne* se combine avec le pronom *je* :

[229] Je **ne** suis pas certaine parce que moi, maintenant, je / je **ne** suis pas impliquée. (ILM, texte 5)
[230] I m'a dit : et je **ne** veux pas / jamais chanter… (ILM, texte 7)
[231] je **ne** suis pas trop contente quanT / euh / par exemple si on dit « I / il faut que tu alles ». (ILM, texte 9)

Le phénomène ne trouve sans doute pas son explication profonde dans la cooccurrence avec *je.* Il y a plutôt coïncidence de deux choses : premièrement, une caractéristique inhérente à mes entrevues est la focalisation sur la vie de l'interlocuteur, de façon que dans une grande partie des énoncés le sujet est *je.* Deuxièmement, ma présence lors de l'entretien en tant qu'étrangère à la communauté acadienne incite les locuteurs, au moins au début de l'entrevue, à parler un français « plus soigné ».[232] Comme il s'agit en plus de trois personnes ayant bénéficié d'une scolarité plus approfondie que d'autres informateurs, elles peuvent avoir recours à une langue « plus normative ». C'est pourquoi on trouve de temps en temps un *ne* dans leurs énoncés.

---

[231] Le premier exemple est extrait de Littré, le deuxième de Maupassant, *Fort comme la mort.*

[232] Ce « style attentif » reflète par exemple dans l'utilisation d'un vocabulaire appartenant au français standard (*maintenant* au lieu de *asteure* dans l'exemple 229).

On peut donc constater, pour le parler acadien de la Nouvelle-Écosse, que la disparition de *ne* est bien avancée et ce, encore davantage que dans le français populaire de France. Dans leur étude sur l'emploi productif de *ne* dans le français parlé à Montréal, G. Sankoff / Vincent vont même jusqu'à dire qu'ils assistent à une insertion de *ne* dans certains cas au lieu de parler de l'omission de *ne*. Étant donné la restriction de son emploi à trois contextes spécifiques à l'Isle Madame, je suis également encline à reprendre cette formulation pour mon corpus (cf. Sankoff, G. / Vincent 1980 : 301).

3.4.3 La double négation à concordance négative

La « double négation à concordance négative » est un phénomène assez courant dans le corpus de l'Isle Madame. En voici quelques exemples introductifs :

> [232] j'ai travaillé ac un groupe de music/ de musiciens, mais j'ai pas de musique dans moi mais j'/ i y avait **pas personne** SO j'y / j'y / je les ai accompagnés comme leur gérant. (ILM, texte 7)
> [233] I y a pas d'accomodités, i y avait **pas rien**. (ILM, texte 9)
> [234] Oh, ici on n'a **jamais pas** d'hiver. (ILM, texte 4)

Les autres adverbes ou adjectifs négatifs sont tellement rares (*ni, nul, aucun*), voire inexistants (*guère*) dans le corpus que je ne peux presque pas attester de double négation avec l'un de ces éléments.[233]

Tout d'abord, il est utile de définir quelques termes forgés par différents chercheurs en matière de négation pendant les décennies passées : sera appelée « double négation » par la suite toute structure présentant à l'intérieur de la même partie de la phrase – principale ou subordonnée – en même temps la particule *pas*[234] et un autre forclusif comme *personne*, *rien*, *jamais* ou *nulle part*. L'ordre d'apparition de ces deux éléments ne joue pas de rôle décisif dans la définition de ce terme. Parmi ces énoncés à double négation, on distingue deux groupes : celui où règne une « concordance négative », c'est-à-dire où le résultat de la double négation reste un énoncé à sens négatif. Ce phénomène est aussi appelé « double négation cumulative »[235] (Detges 2001 : 78). Par contre, l'autre groupe à concordance positive – qu'on n'abordera pas dans ce travail – est cons-

233 Il est par ailleurs important de ne pas confondre la structure décrite ci-dessus avec l'usage simultané de deux ou plusieurs mots de négation comme *plus jamais* ou *plus aucun* (cf. Grevisse / Goosse 2008 : § 1019 a), usage tout à fait admis par toutes les grammaires du français.

234 Dans le Sud-Ouest de la Nouvelle-Écosse, on trouve aussi des exemples avec le négateur *point*.

235 Detges écrit en allemand « kumulative[...] doppelte[...] Negation ».

titué par ces phrases où la particule *pas*[236] nie l'auxiliaire négatif, de façon que la phrase prend désormais un sens positif, ce qui semble suivre une règle universelle selon laquelle « two negatives make an affirmative » (Jespersen 1917 : 63).[237]

Il convient de trouver une explication à l'emploi de *pas* avec d'autres pronoms ou adverbes négatifs. En théorie, on pourrait voir en *pas* un élément superflu et redondant car les mots-N[238] semblent déjà eux-mêmes porteurs de la négation. En français normatif moderne, la cooccurrence d'adverbes ou pronoms négatifs avec le négateur *pas* est strictement exclue. Un outil d'analyse nous est fourni par Jespersen qui, en 1917, publie un ouvrage au cours duquel il développe la théorie d'une évolution cyclique de la négation dont il démontre la validité pour plusieurs langues – entre autres le français (cf. Jespersen 1917 : 4–22) :

> The history of negative expressions in various languages makes us witness the following curious fluctuation: the original negative adverb is first weakened, then found insufficient and therefore strengthened, generally through some additional word, and this in its turn may be felt as the negative proper and may then in course of time be subject to the same development as the original word. (Jespersen 1917 : 4)

Autrement dit, le modèle de Jespersen « repose sur un cycle d'affaiblissement puis de renforcement des termes de négation » (Martineau / Déprez 2004 : 37) tel qu'il peut être retracé pour le français de France depuis le XIIIe siècle : dès cette époque, *ne* se place devant le verbe au lieu de la forme accentuée *non* – tous les deux issus du latin *non* ; *ne* peut être utilisé seul au début de cette évolution. Peu à peu il est renforcé soit par un mot désignant, d'abord comme substantif, une petite quantité comme *point*, *mie*, *goutte* (cf. Buridant 2000 : 707 et sq.), soit par un terme indéfini marquant « une virtualité absolument quelconque parmi les objets et les sujets possibles » (Martin 1966 : 174) comme *denier*, *maille* ou *âme*.

Du fait de leur étymologie, les auxiliaires[239] de négation, et surtout les mots-N – qui sont en jeu ici – expriment tous une idée positive.[240] De nombreuses

236 Bien sûr, la double négation à concordance positive peut aussi intervenir avec deux éléments de négation dont l'un n'est pas forcément *pas*. Mais ces cas sont plutôt rares.

237 Par ailleurs, dans les études historiques et diachroniques, on parle aussi d'une « négation à deux termes », c'est-à-dire l'emploi de *ne... rien / aucun / etc.*, aboutissant à une « négation à trois termes », donc *ne... pas rien / pas aucun / etc.* ; ceci correspond à ce qu'on appellera ici « double négation (à concordance négative) ».

238 Le terme *n-words* (fr. *mots-N*) est forgé dans le travail de Laka (1990) et désigne les constituants adverbiaux et nominaux qui apparaissent dans des structures à concordance négative.

239 Les *auxiliaires de négation* incluent tous les adverbes, déterminants et pronoms de négation, comme *jamais*, *aucun*, *personne* etc.

études historiques[241] de la négation révèlent que tous ces auxiliaires gardent leur sens positif au commencement de leur emploi dans la négation en français (cf. Grevisse / Goosse 2008 : § 1011 b). Ceci est dû au fait que *ne*, étant obligatoire, porte tout le sens négatif en soi. Mais à partir de la période précoce du moyen français, on trouve des tendances à la généralisation de ces négateurs postverbaux. Pourtant, cette évolution durera encore des siècles. Tous ces substantifs adoptent peu à peu un caractère adverbial ou bien pronominal, il se désémantisent de plus en plus avant de se grammaticaliser complètement comme morphèmes de négation en combinaison avec *ne* (cf. Catalani 2001 : 100). Finalement, les auxiliaires prennent eux-mêmes par contagion le sens négatif de *ne*. La négation à deux termes est devenue la norme (cf. Martineau / Déprez 2004 : 37).

L'étape suivante, selon la logique de Jespersen, est l'affaiblissement de *ne* car on en a de moins en moins besoin pour marquer la négation. À cause de son corps phonique faible, *ne* est encore plus susceptible d'omission. Il s'ensuit que tous ces auxiliaires peuvent s'employer comme termes uniques de négation, *ne* étant omis sans problème (cf. Grevisse / Goosse 2008 : § 1011 b). Selon les observations de Seguin (1972), cette grammaticalisation est achevée dans la langue parlée au XVIIIe siècle. Tous ces mouvements de renforcement et d'affaiblissement depuis l'ancien français sont résumés dans le tableau 29 :

240 *personne* < lat. *persona*, *rien* < lat. *rem* (accusatif de *res* « chose ») et *jamais* < lat. *iam* (« déjà ») et *magis* (« plus »). L'adverbe *jamais* a gardé son sens positif jusqu'à nos jours comme synonyme de « en un temps quelconque, un jour » (Le Nouveau Petit Robert 2007 : s. v. *jamais*).

241 Cf. entre autres les études suivantes (citées dans Martineau / Déprez 2004 : 33) :

Buridant (2000 : 699–731), Marchello-Nizia (1979), Martin (1966), Martin / Wilmet (1980) et Muller (1991).

cycle de Jespersen	***ne***	***pas***	**date**[242]
renforcement de *ne*	*ne* se généralise au détriment de *non*	emploi possible[243]	IXe s. / Xe s.
affaiblissement de *ne*	*ne* + *pas* devient plus fréquent		XIIIe s. / XIVe s.
renforcement au moyen de *pas*		grammaticalisation progressive comme termes de négation → devient la norme	XIVe s.
	ne + deuxième élément obligatoire[244]		XVIe s.
	début de l'omission de *ne*[245]		XVIIe s.
effacement de *ne*	plus employé	seul terme de négation	
renforcement au moyen de *pas* et affaiblissement des auxiliaires	ajout de *pas* concordance négative		

Tableau 29 : Cycle de Jespersen dans l'évolution de la négation en français parlé (tableau : J. Hennemann).

Désormais *pas* commence à se généraliser comme marque de la négation totale, il « apparaît comme la négation générique, marque désormais nécessaire avec la disparition de *ne* » (Guiraud 1986 : 71). Ceci entraîne l'évolution suivante décrite par Guiraud :

> Au moment où *pas* assume la fonction d'adverbe de négation rien ne s'oppose à ce que *personne*, *rien*, *aucun*, etc. (qui sont étymologiquement des formes positives) viennent spécifier la négation. (Guiraud 1986 : 71)

De la sorte, des tours comme *pas rien* commencent à se former en français populaire. Cette époque est justement la période (marquée en gris clair dans le tableau 29) où la plupart des futurs colons de l'Acadie quittent les ports de l'Ouest de la France pour tenter leur chance de l'autre côté de l'océan Atlantique. Les deux étapes suivantes (indiquées en gris foncé dans le tableau 29) caractérisent le développement éventuel de la négation dans la variété parlée des deux côtés de l'Atlantique. Il serait possible que l'effacement progressif de *ne* ainsi que la généralisation de *pas* aient servi de catalyseurs à l'émergence de la double négation dans le français populaire hexagonal comme en acadien. Mais il faut souligner que cette dernière étape n'est atteinte complètement ni en Acadie ni, encore moins, dans le français populaire en France.

---

242 Pour la date cf. aussi Detges (2001 : 70 et sq.).

243 Pour la date cf. Detges (2001 : 70).

244 Pour la date cf. Detges (2001 : 70).

245 Pour la date cf. Detges (2001 : 71).

D'un point de vue synchronique, la double négation est loin d'être un phénomène uniquement franco-canadien ou même acadien. Ces tours à double négation se trouvent également dans le français ordinaire d'aujourd'hui où Chaudenson les considère comme d'une « grande banalité[246] » (Chaudenson 2005a : 508). Comme on l'a déjà mentionné ci-dessus, la double négation est également un aspect syntaxique connu de la langue populaire en France :

> Comme *pas* est regardé comme la négation par excellence, il arrive qu'on le trouve accompagnant une autre négation : *ayant pas encore rien reçu, j'ai pas obtenu aucun résultat*... Ces doubles négations par hypercorrection ne possèdent pas de valeur sémantique positive. (Gadet 1992 : 79)

Néanmoins, la question est moins l'existence de ce phénomène que celle de sa fréquence : ces constructions sont considérées comme « extrêmement marquées et plutôt rares en français parlé courant » (c. p. d'Emmanuel Faure).

En résumé, Jespersen explique l'émergence de la double négation à concordance négative comme le résultat final d'une évolution cyclique de la négation causée par des « contraintes sémiologiques contradictoires (besoin d'expressivité vs affaiblissement articulatoire) » (Muller 1991 : 205 et sq.).[247]

Pourtant, l'explication de Jespersen possède aussi quelques faiblesses : on ne trouve pas seulement des attestations de la double négation depuis le début du XVIIe siècle mais, tout au contraire, pour presque **toutes** les périodes du français (cf. Martineau / Déprez 2004 : 35), constat qui mènera à une première critique concernant la théorie de Jespersen. Si l'on suit son modèle, on ne devrait trouver d'attestations de la double négation qu'à partir de l'affaiblissement des auxiliaires négatifs comme *personne* ou *rien*. Mais, d'un point de vue diachronique, on voit que l'alliance entre *pas* et un mot-N était déjà possible en ancien français où son apparition est jugée « occasionnelle » (cf. Martineau / Déprez 2004 : 35). Depuis, les attestations continuent presque sans interruption jusqu'à nos jours : on trouve des attestations de la double négation à concordance négative dans la littérature du XIVe siècle : « car Moreau estoit de telle nature que pour travail **nul** il ne suoit **point** » (Bossuat 1933 : 22).

Gougenheim, Haase et Fournier livrent des exemples pour le français classique : au XVIIe siècle, *pas rien* atteint une fréquence de 2,8 % dans la langue littéraire et de tout même 1 % en français familier comparé à *ne... rien* (cf.

---

246 Dans l'original, la citation est imprimée en caractères gras.

247 Jespersen regarde ce développement comme un phénomène universel car il arrive à détecter des évolutions semblables aussi pour plusieurs autres langues indoeuropéennes comme l'anglais, l'allemand ou le danois. L'universalité de ce phénomène est confirmée par Detges (2001 : 79) : « Die Möglichkeit, Sachverhalte mittels dieser Technik emphatisch zu negieren, ist keine Besonderheit des Französischen, sondern stellt ein universelles Verfahren dar, das typisch für die gesprochene Sprache ist (Mair 1992 : 275-6, zu den universellen Merkmalen gesprochener Sprache s. auch Koch/Oesterreicher 1990: 50-1). »

Martineau / Déprez 2004 : 36), la négation qu'on attendrait pour cette époque du français. Pourtant le taux de la double négation aurait pu être encore plus élevé :

> On se serait attendu à une plus grande fréquence de la négation à trois termes en français classique étant donné le fait que des grammairiens comme Vaugelas, Oudin, Ménage, Corneille ou Tallemant stigmatisent cette construction et que, pour un auteur comme Molière, qui la met dans la bouche de la servante Martine dans *Les femmes savantes* (*tous vos biaux dictons ne servent pas de rien*), cette construction appartient au français familier. (Martineau / Déprez 2004 : 37)

Cette possibilité de remonter si loin dans l'histoire de la double négation, ajouté au fait que l'effacement de *ne* en contexte assertif semble assez récent selon des études plus actuelles[248] (vers le XIXe siècle) infirment la théorie cyclique de Jespersen.

Une deuxième critique se rapporte à l'affaiblissement supposé, voire à l'omission de *ne* : Martineau / Déprez formulent quelques réserves sur la théorie de Jespersen en s'appuyant sur les réflexions de Schwegler (1988) : selon ces auteures, « l'émergence de la négation à deux termes est probablement plus complexe que le simple affaiblissement phonétique » (Martineau / Déprez 2004 : 38). Muller objecte lui aussi que *ne* n'a jamais disparu de la langue française depuis son émergence au XIIe / XIIIe siècles (cf. Muller 1991 : 218), même s'il pense surtout à un usage écrit soutenu par la norme et les traditions de la littérature écrite. Je rejoins donc le constat de Martineau / Déprez sur la validité de la théorie de Jespersen :

> Bien que l'on ne puisse exclure la possibilité que l'effacement de *ne* ait pu servir de catalyseur aux contextes *pas rien/aucun* aux XIXe et XXe siècles, nous proposons l'hypothèse que les propriétés des mots-N sont la principale source de la concordance négative en français. (Martineau / Déprez 2004 : 39)

Un autre essai d'explication de la double négation est entrepris par Léard qui observe ce phénomène pour le français québécois (cf. Martineau / Déprez 2004 : 38) où ce phénomène atteint un taux d'environ 6 % :

> La stabilité du phénomène et son extension, malgré les interdits, doit cacher quelque chose. En fait, ces éléments sont, dans un bon nombre de contextes, à considérer non pas comme des pronoms négatifs, mais comme des **indéfinis à polarité négative** ou, en d'autres termes, des indéfinis qui fonctionnent associés à la négation. Si l'on accepte que certains mots hésitent entre le statut de négation et celui d'indéfini, ou que certains indéfinis ne fonctionnent que dans un contexte négatif, il n'y a plus de faute à associer *pas* et des pronoms. (Léard 1995 : 213 et sq., c'est moi qui souligne)

---

248 Cf. Martineau / Déprez (2004 : 38).

Personne ou *rien* pourraient donc être à même d'adopter soit la fonction d'un pronom négatif par attraction dans un contexte négatif soit d'adopter un sens positif quand le contexte est positif. Ou, plus précisément, selon la définition de Muller :

> Un terme est à polarité négative (désormais, TPN) s'il peut être construit dans la portée de la négation *(ne) pas*, et s'il ne peut être construit dans la phrase correspondante sans négation. Ainsi, *en démordre* est un TPN parce qu'on a une différence d'acceptabilité selon qu'il y a ou non *ne pas* dans la phrase. (Muller 1991 : 69)

D'un point de vue diachronique, ce comportement des pronoms et adverbes négatifs n'a rien de nouveau. Il pourrait bien être un héritage du français classique où des termes à polarité négative étaient connus :

> [Leur] interprétation indéfinie semble également possible dans le contexte où *pas* ou *point* apparaît. C'est le sens, nous semble-t-il, de la remarque du grammairien classique Tallemant, qui tolère une 'négation à trois termes' en contexte interrogatif [...]. (Martineau / Déprez 2004 : 39)

Mais même si les propriétés des mots-N en acadien semblent encore très similaires à celles des mots-N en français classique, leur usage s'est étendu. Pour le français classique, la double négation est en grande partie limitée « à des expressions précises comme *ne pas faire semblant de rien* et *ne pas servir de rien* » (Martineau / Déprez 2004 : 40) ainsi qu'à des syntagmes prépositionnels (le pronom ou adverbe négatif suit la préposition[249]). Cela peut toujours être le cas comme le montrent les constructions suivantes :

[235] Moi, ça c'est / c'est de même je prends la vie. Fais **pas** tort à **personne**, je / je vis qu/ de mieux que je peux. (ILM, texte 4)

[236] Parce qu'à la Baie Sainte-Marie, tu sais, ils ont une / une loi, i sont **pas** permis à vendre à **personne** que des Acadiens ou des francophones. (ILM, texte 8)

[237] Et si je ferais un spégatte [sic] ou de quoi de même mais après ça là moi des cannes ç/ ça me dit **pas de rien**. (ILM, texte 1)

Cependant l'usage supplémentaire de la particule *pas* quand *personne* et *rien* se trouvent en position d'objet direct – très rare en français classique – est devenu la règle en acadien :

[238] Ben, non, j'ai connais / connais **pas personne** là. (PUB, texte 21)

[239] Dans c't' temps-là, tu pouvais **pas** t'acheter **rien**. (ILM, texte 2)

[240] Pour nous chauffer, on avait **pas rien**. (ILM, texte 8)

---

[249] Il est rare que *pas* et le pronom négatif suivent tous les deux la préposition :
[] Dis-lé à **pas parsounne**. (ILM, corpus oral)

Déprez / Martineau insistent sur le fait que le XVIIIe siècle, soit plusieurs décennies après le départ de la majorité des colons, représente un tournant où s'effectue un changement décisif dans les propriétés des mots-N en France :

> Durant le XVIIIe siècle, la fréquence de l'emploi de *rien/aucun* comme terme de polarité va graduellement diminuer au profit d'un emploi comme terme négatif, probablement à cause de la cooccurrence de plus en plus fréquente de ces termes avec la particule *ne* [...].
>
> Ce changement sémantique aura trois conséquences.
>
> → *rien* et *aucun* sont réanalysés comme faisant partie d'une négation à deux termes (*ne...rien/ne...aucun)* ;
>
> → la mobilité de *rien/aucun* est réduite ;
>
> → la fréquence de la négation à trois termes décroît. (Martineau / Déprez 2004 : 41 et sq.)

Comme dans beaucoup d'autres points de la syntaxe, le cas de la double négation à concordance négative est un phénomène bien connu en français classique. Il ne s'agit donc pas d'une innovation de l'acadien. Et ainsi, l'alternance entre « double négation » et « négation simple » est un des nombreux cas de variation non-résolue au moment du départ des premiers colons. Ils ont donc emporté avec eux cette alternance et l'ont gardée jusqu'à présent, même si le domaine d'emploi s'est élargi, notamment à la position objet des pronoms négatifs.

En ce qui concerne la fréquence de la double négation, on a déjà signalé le chiffre d'environ 6 % (données de 1985) pour le français québécois.[250] Comme l'acadien dans son ensemble – et surtout l'acadien de la Nouvelle-Écosse – est depuis le début beaucoup moins soumis à la force normative de la France, on pourrait supposer que la fréquence de la double négation y est encore plus élevée qu'au Québec.

Voici les chiffres de la répartition de la double négation à l'Isle Madame :

250 Pour le français montréalais, on dispose encore de quelques remarques plus récentes de Chaudenson qui avait effectué une petite enquête orale auprès de quelques ami(e)s : de ses formulations on peut conclure que le taux à Montréal en 2005 est plus élevé que celui du Québec entier en 1985 : les énoncés suivants seraient absolument courants dans l'usage ordinaire à Montréal : « '*ya pas personne*', '*j'ai pas vu personne*', '*personne est pas arrivé encore*', '*personne est pas venu*', '*personne est pas arrivé'* » (Chaudenson 2005a : 508). Mais comme il ne donne pas de chiffres précis, je ne puis m'appuyer sur ses observations pour une comparaison chiffrée utilisant des données plus récentes.

	rien	*personne*	*jamais*	**aucun**	**nulle part**
double négation	15 (27,8 %)	8 (38,1 %)	2 (1,7 %)	1 (100 %)	2 (66,7 %)
négation simple	39 (72,2 %)	13 (61,9 %)	113 (98,3 %)	0 (0 %)	1 (33,3 %)
	100 %	100 %	100 %	100 %	100 %

Tableau 30 : Répartition de la double négation et de la négation simple dans le cas de *rien*, *personne*, *jamais*, *aucun* et *nulle part* dans le corpus de l'Isle Madame.[251]

Du fait du nombre extrêmement bas d'attestations de *aucun* et *nulle part*, ils seront exclus des analyses ultérieures. En ce qui concerne les trois autres mots-N – *rien*, *personne* et *jamais* – il faut prendre en considération que le nombre absolu d'attestations n'est pas suffisant non plus pour en tirer des conclusions pertinentes. Les pourcentages calculés ne peuvent donc représenter que des tendances sommaires. Néanmoins il est déjà possible de discerner que la part de la double négation avec *personne* (38,1 %) et *rien* (27,8 %) est plus élevée que le taux moyen de la double négation en français québécois (6 %, cf. ci-dessus). Dans les cas de *personne* et *rien*, la double négation est employée dans presque un tiers des cas (30,7 %) par rapport à la négation simple. La part très basse de la double négation avec *jamais* est un résultat plutôt inattendu : à part deux attestations, *jamais* ne s'utilise pas à l'Isle Madame en combinaison avec *pas*. Un fait supplémentaire qui renforce la validité de cette observation est le fait que *jamais* n'a pas besoin d'être précédé par l'élément qui le légitime alors que je n'ai relevé aucun exemple où *rien* ou *personne* précèdent *pas* :

[241] **Jamais** i pouviont **pas** les vendre. C/ ils vendiont les pattes pis du / le bataillon… (ILM, texte 4)

Jamais semble déjà avoir achevé complètement son évolution vers un pronom négatif alors que *personne* et *rien* continuent à être des termes à polarité négative dans le parler acadien de l'Isle Madame.

Quand on fait une comparaison intraprovinciale, le taux de double négation[252] dans le Sud-Ouest de la Nouvelle-Écosse (la Baie Sainte-Marie et Pubnico considérés ensemble) atteint à peine la moitié du taux de l'Isle Madame (14,3 %). En combinaison avec *jamais*, *pas* y est également absent. Outre son attestation en Nouvelle-Écosse et au Québec, la double négation est également relevée par

[251] Ces chiffres sont légèrement adaptés, car j'ai laissé de côté les deux informateurs les plus standardisants (BJ [texte 3] et RF [texte 10]).

[252] Comme pour l'Isle Madame, ce taux est également calculé pour le Sud-Ouest sans prendre en considération les occurrences de *jamais*.

Brasseur (2001 : s. v. *pas*) à Terre-Neuve et, pour le français louisianais, par Bollée / Neumann-Holzschuh (1998 : 188).[253]

En résumé, la double négation atteint un taux relativement élevé à l'Isle Madame par rapport à d'autres régions francophones d'Amérique du Nord. Elle est relevée en combinaison avec *personne*, *jamais* et *rien* ; *pas rien* obtient de loin le plus grand taux de fréquence. Par contre, la double négation n'existe pas en combinaison avec *plus*. L'explication de Léard selon lequel il s'agit en français canadien d'indéfinis à polarité négative est confirmée par des énoncés dans lesquels *personne* adopte le sens de « quelqu'un » et *rien* le sens de « quelque chose » :

[242] Pis ça a toujours été **personne** qu'est en charge dans les personnes qu'a la culture pis la langue à cœur, … (ILM, texte 8)

[243] Tu pouvais **pas** aller dans les magasins pour acheter **rien**. (ILM, texte 9)

Cependant cette construction ne semble pas encore lexicalisée car *personne, rien, jamais*, etc. peuvent encore apparaître seuls (cf. Bollée / Neumann-Holzschuh 1998 : 188) ou être séparés :

[244] Et pis al a dit qu'al aimait **pas** déranger **personne** pis c'est FRANCIS qu'est parti à / qu'à fait un appointement avec un docteur de LOWER RIVER. (ILM, texte 2)

[245] i a chanté pour eux quatre, cinq chansons afin qu'i ont pu l'écouter gratuitement pas de / t'sais **pas** demandé **rien**. (ILM, texte 7)

3.5 Le système prépositionnel

Le système prépositionnel se prête parfaitement à une analyse de type différentiel[254] car il compte parmi les sous-systèmes grammaticaux qui présentent le plus grand nombre d'écarts morphosyntaxiques par rapport au français de référence (cf. Péronnet / Kasparian 1998a : 100). Même s'il existe quelques descriptions à ce sujet, celles-ci sont pour la plus grande part limitées chacune à quatre ou cinq prépositions déterminées. Il manque donc une vue d'ensemble englobant les prépositions simples et les locutions prépositives, ainsi qu'une description détaillée de leurs différentes fonctions et de l'évolution plus récente. Ainsi, on pourrait repérer plus facilement les grandes tendances, qui pourraient aussi jouer un rôle dans d'autres sous-systèmes.

---

253 En créole louisianais, la double négation l'a emporté : Neumann constate qu'« [a]vec les pronoms négatifs, *peʳson* 'personne', *dʳjɛ̃* 'rien' et *pa en* 'aucun' l'emploi de la particule négative *pa* est obligatoire » (Neumann 1985 : 328). La double négation se retrouve aussi en créole seychellois (cf. Bollée / Neumann-Holzschuh 1998 : 188).

254 Une partie des observations décrites par la suite ont déjà été publiées dans l'article de Hennemann (2007).

Près de la moitié des études approfondies dont je vais résumer brièvement le contenu ci-dessous datent d'il y a plus de 25 ans, comme celle de Gesner (1979a) pour la Baie Sainte-Marie ou celle de Péronnet (1982) pour le Nouveau-Brunswick. Pourtant il est essentiel – surtout dans la catégorie des prépositions – de décrire la réalité actuelle car cette catégorie est considérée comme étant « en pleine évolution » (Péronnet / Kasparian 2000 : 112). De plus, le système paraît particulièrement intéressant en raison de sa tendance « à évoluer [...] dans diverses directions » (Péronnet / Kasparian 1998a : 100).

Les études les plus récentes prennent rarement en considération le parler acadien de la Nouvelle-Écosse. Seule la thèse de doctorat d'Arrighi (2005a) donne des exemples de l'emploi des prépositions dans cette région.[255] À part le dictionnaire du non-linguiste É. Boudreau (1988) et quelques exemples de King (surtout dans le contexte du « preposition stranding » ; cf. King 2000 : 135–149) pour l'Île-du-Prince-Édouard, on ne dispose guère de données concernant une région du niveau II selon le regroupement des parlers acadiens par Flikeid (cf. tableau 16, p. 114). Ainsi, il est particulièrement intéressant d'examiner si l'Isle Madame occupe aussi une place intermédiaire entre le Sud-Ouest et le Nouveau-Brunswick en ce qui concerne l'état du système prépositionnel. En ajoutant les exemples de l'Isle Madame, on sera donc à même de comparer la région du Nord-Est à d'autres isolats acadianophones.

Un autre aspect souvent négligé est l'étude diachronique de quelques emplois prépositionnels particuliers. Cela pourrait contribuer à distinguer des tendances innovatrices ou bien de l'influence anglaise des phénomènes archaïsants qui existaient déjà dans la langue des colons des XVIIe et XVIIIe siècles. Mon but sera donc d'éclairer la variation considérable à l'Isle Madame où le contact avec l'anglais se fait également sentir de manière très intense. Cette variation est surtout produite par un nombre très important de locutions prépositives qui seront – pour une grande partie – analysées d'un point de vue onomasiologique.

Les prépositions ont été traitées dans plusieurs articles et ouvrages, dont voici un bref aperçu[256] : Geddes (1908 : 169) a commencé par dresser une liste de 37 prépositions dans son étude sur l'« Acadian-French dialect » parlé au nord de la Baie-des-Chaleurs. Il y a quelques années déjà, Chaudenson / Mougeon / Beniak (1993 : 97–102) ont choisi entre autres le sous-système prépositionnel afin d'illustrer quelques tendances du français parlé en Amérique du Nord et de quelques créoles. Selon les auteurs, la variation considérable de ce système permet, de façon privilégiée, d'observer

[255] Quant à la description du corpus d'Arrighi, cf. p. 42. Seuls quatre locuteurs interviewés viennent de Nouvelle-Écosse ; selon mes informations ils vivent tous à la Baie Sainte-Marie. Enfin, ces quatre locuteurs narrent pour la plupart des contes, donc des textes plus ou moins figés qui peuvent souvent montrer des divergences assez considérables avec la langue parlée plus spontanément.

[256] On n'a pas cité les nombreuses études se concentrant uniquement sur les prépositions orphelines.

> en situation de contact linguistique, l'effet de certains facteurs intersystémiques (mais intrasystémisés à terme) comme l'interférence mais aussi, en toute situation, l'effet des facteurs intrasystémiques. De plus, ce sous-système devrait permettre d'observer à la fois la grammaticalisation de certains lexèmes et les adaptations du sous-système à des situations nouvelles […]. (Chaudenson / Mougeon / Beniak 1993 : 11)

L'analyse elle-même se concentre sur les prépositions *à, de, sur, sous* et *pour*. Les pages suivantes livrent – notamment d'un point de vue théorique – quelques points de départ précieux à partir desquels j'ai affiné mes analyses. Une étude très détaillée pour l'acadien a été fournie dernièrement par Arrighi (2005a : 313–373), sur la base de son corpus, dont l'accent est mis avant tout sur le Nouveau-Brunswick. L'auteure explicite l'emploi des cinq prépositions les plus fréquemment employées, à savoir *à*, *dans*, *de*, *pour* et *sur*, ainsi que d'*après*, *chez*, *en* et *par*. Finalement, elle aborde l'usage prépositionnel des adverbes de lieu, les prépositions empruntées à l'anglais, quelques locutions prépositives ainsi que les prépositions orphelines. Ces données seront très utiles pour tout essai de comparaison interdialectale. Quelques aspects de la thèse de doctorat d'Arrighi sont approfondis dans l'article « Des prépositions dans un corpus acadien : Évolution du système linguistique français, archaïsmes et/ou calques de l'anglais ? » (Arrighi 2005b) dans lequel cette chercheuse a en outre recours au corpus du folkloriste Ronald Labelle pour la Nouvelle-Écosse.

Brasseur (2005) se concentre dans son article sur les fonctions de « La préposition *en* dans quelques variétés de français d'Amérique » en attribuant son emploi accru à des usages archaïques, à des parallèles avec des locutions du français populaire, à des calques de l'anglais ainsi qu'à certaines innovations. Dans le cadre de leurs recherches sur le *français standard acadien* – un acadien parlé aujourd'hui en situation de communication formelle –, Péronnet / Kasparian (2000 : 109–118) mettent l'accent sur la standardisation de la préposition *de*. Suite au dépouillement d'un corpus constitué auprès de jeunes cadres (30–40 ans) dans les trois grands centres urbains du Nouveau-Brunswick, la classification des exemples montre que « les changements linguistiques se font par étapes successives, en suivant un certain ordre » (Péronnet / Kasparian 2000 : 117).[257] Dans sa thèse de doctorat sur l'*Enchaînement des propositions dans le français acadien du Nouveau-Brunswick/Canada*, Wiesmath (2006b : 242–259) consacre quelques pages à « L'intégration au moyen d'une préposition ».

Dans son étude sur l'influence grammaticale de l'anglais sur les structures de l'acadien de l'Île-du-Prince-Édouard, King (2000 : 135–149) aborde le sujet du « preposition stranding ». Ses résultats confirment l'hypothèse selon laquelle le changement syntaxique du système prépositionnel de l'acadien est induit par des emprunts lexicaux à l'anglais. Bien que l'Île-du-Prince-Édouard se situe dans le même groupe – à savoir le niveau II selon le classement de Flikeid (cf. tableau 16, p. 114) –, l'acadien y semble plus progressif en ce qui concerne les possibili-

[257] Pour plus de détails, cf. paragraphe 3.5.1.4 consacré à *de*.

tés du « preposition stranding » que celui de l'Isle Madame. Dans un article de 2005, Dubois / Noetzel / Salmon analysent le degré d'innovation des prépositions locatives *à*, *chez*, *dans*, *en* et *sur* en français louisianais à la suite de l'étiolement linguistique. Ce sont les cotextes après les verbes de mouvements qui se trouvent au centre de l'étude. Les auteures se basent sur un corpus sociolinguistique assez vaste stratifié selon l'âge des informateurs ainsi que leur degré d'exposition dialectale[258]. Par ailleurs, Jagueneau (1991) compare le comportement des « prépositions dans le français parlé au Canada et en poitevin-saintongeais ». Après avoir dressé une liste de quelques emplois fréquents des prépositions au Canada qui peuvent être découverts dans des corpus écrits (!) du poitevin-saintongeais, elle constate la similitude des constructions des deux côtés de l'Atlantique mais aussi leur différence par rapport au français normatif.

Les prépositions remplissant des fonctions importantes dans la phrase – du fait de l'absence de flexion nominale en français –, elles sont très fréquentes dans mon corpus. La préposition « appartient à la catégorie générale des **mots de relation** » (Riegel / Pellat / Rioul 2004 : 369) ; ces mots de relation « servent de lien entre l'élément qui les suit et un autre élément de la phrase » (Riegel / Pellat / Rioul 2004 : 106), c'est-à-dire entre un déterminé et un déterminant. Ce sont donc des marqueurs de fonction. En outre, Riegel et al. constatent :

> [q]u'elles soient ou non porteuses d'un sens identifiable à travers la diversité de leurs emplois, les prépositions contribuent à l'établissement de relations sémantiques entre les termes qu'elles relient. […] [E]lles constituent un paradigme synchroniquement clos à l'intérieur duquel s'opposent des formes simples ou complexes (les locutions prépositionnelles), primaires ou empruntées par conversion à d'autres catégories grammaticales. (Riegel / Pellat / Rioul 2004 : 369)

Quant aux différents rôles que la préposition peut jouer dans la phrase, elle peut tout d'abord servir d'introducteur d'un complément circonstanciel[259] :

> [246] pis i y avait de la viande à manger. **Pendant l'hiver**, tu mangerais de la viande fraîche pis **pendant l'été**, c'était salé pour pas que la viande se massacrît. (ILM, texte 2)

Cela peut être, comme en 246 un complément de temps, mais aussi de lieu ; en outre, la préposition peut exprimer une relation « de tendance, d'origine, de but, de cause, de moyen, d'accompagnement, d'opposition, etc. » (Guiraud 1980 : 58). La deuxième fonction d'une préposition est de relier un verbe à son objet indirect ou un verbe de copule à son complément locatif. Troisièmement, elle peut introduire le complément d'un nom, d'un adjectif ou d'un adverbe. Ce sont les fonctions un et trois qui seront abordées ici dans ce chapitre. Dans quelques rares cas, on mentionnera aussi des occurrences de lexèmes de type composition-

---

[258] Pour les facteurs pris en considération lors du calcul du degré d'exposition dialactale, voir Dubois / Noetzel / Salmon (2005 : 27 et sq.).

[259] Cf. entre autres Riegel / Pellat / Rioul (2004 : 370) et Jagueneau (1991 : et sq.).

nel car on n'y trouve pas de grandes différences avec le français parlé de l'Hexagone. Seront laissées de côté toutes les périphrases verbales et les conjonctions de subordination contenant des prépositions ainsi que – pour l'essentiel – la rection verbale.

En ce qui concerne le rôle sémantique des prépositions, on peut constater avec Riegel et al. qu'elles possèdent une sémantique propre (cf. Riegel / Pellat / Rioul 2004 : 371 et sq.). Pourtant, quelques-unes – très fréquentes –, dites « vides » ou « incolores », marquent souvent une simple relation de dépendance (cf. Riegel / Pellat / Rioul 2004 : 372). Ce sont notamment *à*, *de* et *en*.

Par « préposition simple », on entend ici des prépositions qui « apparaissent au locuteur comme inanalysables » (Melis 2003 : 105). Tout comme en français parlé de l'Hexagone, les prépositions simples présentent un système relativement réduit en ce qui concerne leur nombre, néanmoins la gamme de leurs fonctions est très large. Les caractéristiques communes de beaucoup de prépositions simples sont un faible corps phonique ainsi qu'un sémantisme parfois affaibli (cf. Brasseur 2005 : 249). Une « locution prépositive » est composée d'au moins deux mots parmi lesquels se trouve en règle générale une préposition simple.

3.5.1 Prépositions fréquentes

Les cinq prépositions simples les plus courantes dans le corpus sont *à*, *dans*, *sur*, *de* et *pour*. Cette observation coïncide avec le résultat d'Arrighi pour son propre corpus (cf. Arrighi 2005a : 240).

3.5.1.1 à

D'un point de vue morphologique, on peut constater quelques cas de non-agglutination de la préposition *à* en combinaison avec l'article défini masculin au singulier (*le*) et l'article défini au pluriel (*les*) :

- *à le* :

[247] Euh / Dominique Marchand, sa mère était une / une sœur à / à / **à le** père à Monseigneur Fougère (…) (ILM, texte 4)

[248] Quand-ce la chasse commence, moi h'va plus **à le** bois. Je vas / je vas FOXBERRY PICKING AND BLUEBERRY PICKING AND CRANBERRY PICKING pis quand-ce la chasse commence, va plus **à le** bois. (ILM, texte 4)

[249] J'ai / je m'ai déviré pis j'ai dit à / **à le** gars qui était à côté de moi : … (ILM, texte 5)

[250] Pis là quand qu'on est retournés, c'était pour t'habituer **à le** changement d'heures encore. ((rires)) (ILM, texte 5)

[251] on commençait avec l'anglais tout de suite. Pense qu'**à le** deux. Oui, les premières / pas le premier année. (BSM, texte 19)

- *à les* :

  [252] asteure i faisont des enfants. I allent les porter **à les** parents. (ILM, texte 1)
  [253] pis montiont sus les bordages attraper sus la rue **à les** maisons. (ILM, texte 9)
  [254] Ben oui et pis c'est / c'est t'sais c'est / c'est les portes ouvertes **à les** / **à les** p'tits enfants. T'sais **à les** enfants. (ILM, texte 8)
  [255] ça c'est qu'on veut vraiment démontrer **à les** spectacles. (BSM, texte 17)

Le phénomène de non-agglutination est présent et pour *à le* et pour *à les* dans le corpus de l'Isle Madame. Même s'il n'y représente qu'un phénomène sporadique, il semble plus fréquent que dans le Sud-Ouest de la Nouvelle-Écosse. À Terre-Neuve, le territoire acadianophone « contigu » de l'Isle Madame, le phénomène est plus répandu : selon Brasseur, « [i]l s'agit d'un phénomène de restructuration, qui vise à éliminer les irrégularités du système » (Brasseur 2001 : s. v. *à*). Pourtant, l'ampleur est tellement restreinte dans mes entrevues qu'il serait injustifié de parler d'une nette tendance à la restructuration. De plus, le non-amalgame de *à les* est déjà signalé pour l'époque où les premiers colons sont arrivés en Nouvelle-France. On le trouve dans le Nord et le Nord-Ouest du domaine d'oïl ainsi qu'en Normandie.

De temps à autre, *à* s'emploie au lieu de *dans* pour introduire un complément de lieu. Cet usage est considéré comme un archaïsme (cf. Brasseur / Chauveau 1990 : s. v. *à*) :

  [256] **E. L.** : Dans c't' temps-là, les docteurs allaient **aux** maisons…
  I. S. : I allaient **aux** maisons.
  E. L. : …quanT qu'i aviont des bébés. (ILM, texte 1)

Afin de relier un verbe de mouvement à un nom de métier, à un substantif désignant une personne ou à un nom propre, le français de référence emploie la préposition *chez* : *Je vais chez le dentiste ; je vais chez cette femme ; je vais chez Christian*. Des constructions avec *à* comme *aller au coiffeur* sont connues et même particulièrement fréquentes dans le français populaire de France, même si elles sont généralement condamnées par les grammaires de référence (cf. Grevisse / Goosse 2008 : § 209 c ; cf. Arrighi 2005a : 240). Gesner en cite des exemples pour la Baie Sainte-Marie (cf. Gesner 1979a : 86[260]). Guilbeau (1950 : 247) et Dubois / Noetzel / Salmon (2005 : 28 et sq.) les relèvent pour la Louisiane. Arrighi les atteste pour le Nouveau-Brunswick et l'Île-du-Prince-Édouard et y voit un archaïsme de structure (cf. Arrighi 2005a : 320). C'est très probable, car ces tournures sont toujours connues de nos jours dans les parlers du Centre-Ouest de la France (cf. Jagueneau 1991 : 126). Il est d'autant plus surprenant que je n'aie aucune attestation pour l'Isle Madame. Ici, la généralisation de *sus*[261] est tellement avancée que l'expression *aller au docteur* s'est continuellement effacée

---

[260] [] Puis il dit : « Allez plus **au** docteur ». (Gesner 1979a : 86),
[] Elle a été **au** dentiste. (Gesner 1979a : 86).

[261] Pour l'étymologie de *sus* cf. p. 212.

au détriment de la tournure *aller sus le docteur* (cf. aussi Dubois / Noetzel / Salmon 2005 : 30 pour la Louisiane) :

[257] Et pis i **allait** p't-êt **sus** le docteur deux fois. Pis ça c'tait les deux fois avant de mourir. (ILM, texte 1)
[258] Je m'en souviens. Il y avait une / une vieille qu'allait, al **allait sus** le docteur. (ILM, texte 4)
[259] Pis là là la semaine passée, ma belle-sœur a descendu d'Halifax. SO on **a été**[262] **sus** Jeannette Albert. (ILM, texte 9)

Il en est de même pour le verbe *être* : l'Acadien n'*est* pas *chez* ou *à quelqu'un* mais *sus quelqu'un* :

[260] ben j'**étais sus** le docteur pour mon CHECK-UP. (ILM, texte 1)

En combinaison avec des lieux, les verbes de mouvement sont suivis de *à* tout comme en français populaire où l'idée du rapprochement est généralement exprimée par cette même préposition (cf. Guiraud 1986 : 73) :

[261] J'**ai été à SOBEYS** hier pis il avont c'te saumon-là là, ce saumon-là c'est touT pleine d'HORMONE,... (ILM, texte 1)
[262] J'avais té à la dixième, pis là j'**ai été** / eum / **à un** collège / euh / communautaire. (ILM, texte 5)

Pourtant on trouve de nouveau une « demi-exception » :

[263] Oh, des fois je vas **sus** le DRUGS/ **au** DRUGSTORE pis i rentront avec des sacs de PILLS. (ILM, texte 1)

Pourrait-on déduire de cet exemple d'hésitation ou de correction que *sus* est déjà en train de se généraliser avec les compléments de lieu ? Il serait certes hâtif de tirer une telle conclusion d'une attestation qui pourrait aussi bien être un simple lapsus, mais peut-être un lapsus révélateur ? En France, on trouve une construction récente, apparue dans la seconde moitié du XXe siècle, *Vous habitez sur Paris ?*, signifiant « Vous habitez dans la région de Paris ? », qui est familière (cf. Grevisse / Goosse 2008 : § 1071 R1). De plus, on dit également « c'est écrit sur le[263] journal » en français populaire.

Une structure typique est le verbe *aller à* en combinaison avec des baies ou des animaux : *aller aux canneberges* veut dire « aller cueillir des canneberges », *aller aux orignaux* a le sens de « faire la chasse aux orignaux » :

[264] Il veut aller dans le bois faire la chasse. Il veut **aller aux** orignaux. (ILM, texte 4)

---

262 Pour le participe passé du verbe *aller* cf. note 208. À cause du contexte et du temps employé, on peut être sûr qu'il ne s'agit pas de la copule *être*.

263 *Sur le* est prononcé [syl].

[265] **j'allais** au / **au** poisson de fond dans l'été. (PUB, texte 21)

Ces structures étaient encore enregistrées sans réserves par Littré et l'Académie française en 1932. En 1986, l'Académie les considérait comme « familières », depuis 1992, elle indique des structures équivalentes qui devraient les remplacer (cf. Grevisse / Goosse 2008 : § 1048 b).

En ce qui concerne les noms de villes ou de villages, les habitants de l'Isle Madame utilisent souvent la préposition *à*, conformément à la règle en français de référence :

[266] après Madonna, c'est HERMAN qui demeure **à** NORTH SIDNEY. (ILM, texte 4)

Par contre, on verra ci-dessous que dans le Sud-Ouest de la Nouvelle-Écosse, l'usage de *dans* semble plus répandu. En outre, il y a encore deux particularités concernant l'emploi de la préposition *à* : premièrement, en ce qui concerne l'usage de l'article défini en combinaison avec celle-ci. On constate que les noms de quelques villages des environs possèdent encore une certaine transparence, de façon qu'on y emploie encore l'article défini :

[267] je m'en ai m'nu **au Petit de Grat** ben j'ai toujours resté après. (ILM, texte 2)
[268] On a vécu **au Petit-Anse**. (ILM, texte 3)
[269] le parler **au Petit-s-Anse** pis au / <u>dans</u> l'Anse, euh / Samson's Cove était pas comme le nôtre. (ILM, texte 4)
[270] Et pis après Herman, c'est Do/ Norma qui demeure **à la Rivière-Bourgeois**. (ILM, texte 4)

L'article défini s'emploie également devant la ville québécoise de Montréal :

[271] Mais MARLENE est* **au Montréal**. (ILM, texte 2)
[272] **E. L.** : Ça fait i fut voir frère André. Quand qu'i était voir frère André, i était encore dans Québec, **au Montréal**, à quelque part …
M. S. : Au Montréal.
E. L. : I dit à frère André, i dit, j'ai / j'entendu dire vous faisiez des mirâcles. (ILM, texte 9)
[273] Le pluS que j'étais trois, quatre mois **au Montréal** dans soixante-trois. (ILM, texte 4)
[274] quand j'avais été **au Montréal** en soixante-trois, je travaillais pour EATONS OF CANADA (ILM, texte 4)

Pourtant il semble peu probable que la raison soit aussi la transparence du toponyme, c'est-à-dire que les locuteurs y reconnaissent encore le « Mont réal ». Il pourrait plutôt s'agir d'une analogie avec « au Québec », par proximité géographique. Car les Acadiens néo-écossais ne font pas toujours la différence entre « à Québec » (ville) et « au Québec » (province).

La deuxième particularité est la syncope de *à Halifax* qui devient /alifax/ :

[275] I y-ont dit qu'ils l'aviont amené **à Lifax** / à / à / à Antigonish hier pour des CHECK-UP, sais pas, al a mal icitte, al peut pas marcher (ILM, texte 1)

Il est intéressant d'observer le maintien de cette aphérèse après d'autres prépositions :

[276] Pis ben sûr / euh / ce soir-là, ma fille était v'nue **de Lifax**, mon garçon était icitte pis touT étiont icitte. (ILM, texte 4)

Quant aux noms de continents, de pays, de provinces et de districts régionaux, on peut constater plus d'« écarts » et plus de variation quant à l'usage des prépositions. L'emploi de la préposition *à* est très répandu dans toute l'Acadie (cf. Brasseur 2001 : s. v. *à*) et en français louisianais (cf. Dubois / Noetzel 2005 : 137). Pourtant les exemples ne sont pas très nombreux pour l'Isle Madame :

[277] **à** l'Allemagne (ILM, corpus oral)
[278] **à** la Chine (ILM, corpus oral)
[279] Mais quanT les Acadiens étaient déportés, c'est là qu'i-z-ont té déportés au / au / **à** l'Amarique. (ILM, texte 2)
[280] Ben moi je m'en étais **à** l'Amarique dans dix-neuf cent vingt-neuf, le vingt-neuf de mars, j'avais… (ILM, texte 2)

Gougenheim explique qu'avec les noms de pays féminins, il y avait une certaine hésitation depuis le XVIe siècle entre *en* et *à* (avec ou sans l'article), et qu'*à* s'est maintenu encore au-delà pour certains noms de pays : « Cette façon ponctuelle et non spatiale de considérer les pays étrangers se prolonge dans la langue classique où elle s'applique seulement aux terres lointaines (*à l'Amérique, à la Chine)* » (Gougenheim 1974 : 167). Cet emploi se retrouve en français jusqu'au XIXe siècle (cf. Grevisse / Goosse 2008 : § 1051 H1). Bien sûr, les Acadiens voient la géographie du monde sous un angle un peu différent de celui des Français de l'époque, mais devant *l'Amérique*, *à* semble toujours préféré à *en* en acadien.

Un domaine où la préposition *à* est presque exclusive – comparé à *dans* – est celui des toponymes anglais ou prononcés à l'anglaise :

[281] pour *mailer* **à GERMANY** (ILM, corpus oral)
[282] A va **à GERMANY** qu'a reste. (ILM, texte 1)
[283] c'est MARGARET, j'ai une fille qu'est / qu'est **à FLORIDA**. (ILM, texte 1)
[284] Ben i dit : « Cette-là qu'est partie à / **à FLORIDA**. » (ILM, texte 1)
[285] Pis / euh / RON travaille / i reste **à ONTARIO** mais i travaille à Lamarque. (ILM, texte 2)
[286] Il étiont **à CALIFORNIA**. NIAGARA FALLS, ONTARIO. (ILM, texte 4)

Aucun passage n'est attesté où un tel toponyme soit précédé de *dans* ou *en*. Par contre, quand des toponymes tels que cités ci-dessus dans les exemples 281 à 286 sont remplacés par leur équivalent français, *dans* ou *en* sont possibles :

[287] a'vous ça **en Allemagne** ? (ILM, texte 4)

[288] Pis après tu vas ritourner. Asteure, à / **en Allemagne**, a'vous l'hiver comme nous-autres ? Oui ? (ILM, texte 4)

[289] I a fait des études **dans la Californie** là l'université de / en Californie. (ILM, texte 10)

Quant à l'emploi de l'article défini, lui aussi, il n'est possible qu'en combinaison avec les toponymes français même s'il n'est pas obligatoire :

[290] Non, on a une qui demeure **à l'Ontario**, pis on a une qui reste EASTERN PASSAGE / euh / près d'HALIFAX. (ILM, texte 9)

[291] Oui, c'est vraiment vraiment beau. Cette-citte al est **à Floride** là. (ILM, texte 1)

Au XVIe siècle, il y avait même une certaine hésitation sur l'emploi de l'article avec les noms de pays. On peut donc conclure tout d'abord que cette hésitation existe toujours en acadien. Et deuxièmement, l'anglais, qui ne connaît pas cet usage de l'article défini devant les noms de pays ou de provinces, pourrait en partie aussi expliquer le maintien de l'omission de l'article défini (cf. Gesner 1979a : 85). Ainsi, cette règle grammaticale de l'anglais, adoptée lors de l'emprunt du nom ou lors de l'alternance de codes, converge avec la tradition de ce trait du français préclassique.

Enfin, le français de référence n'emploie pas de préposition dans les tournures locales *nulle part* et *quelque part*. Ici le français acadien de l'Isle Madame comme toutes les autres variétés a surgénéralisé *à*[264] :

[292] I y a pas de bouchure **à nulle part** asteure. (ILM, texte 2)

[293] hEthel, al est / al est / al est pas *wakée* **à nulle part**. (ILM, texte 2)

[294] Je viendrai. Parce laisse-le pas dehors **à nulle part**… (ILM, texte 9)

[295] je crois qu'il aviont une autre usine par le GUYSBOROUGH **à quelque part** là ? (ILM, texte 4)

[296] Donne-lui une heure **à quelque part** qu'i fait sa musique irlandaise. (ILM, texte 7)

En français populaire de France, la tournure *à quelque part* est également très courante (cf. Arrighi 2005a : 330 et sq.).

En ce qui concerne la valeur temporelle, la préposition *à* s'est souvent généralisée devant des compléments de temps. Selon le modèle de *à midi / à minuit*, l'acadien emploie fréquemment *à matin*. Cet emploi est bien signalé pour d'autres variétés françaises au Canada (cf. Arrighi 2005a : 324 ; cf. corpus Wiesmath 2006a[265]). Dans la plupart des cas, *à matin* s'emploie en tant que complément de temps relatif où le français de référence prescrit *ce matin* :

---

264 Pourtant, dans les entrevues plus anciennes, on trouve aussi la variante avec *en* : *en nulle part, en quelque part* (cf. p. 228).

265 Corpus Wiesmath 2006a – texte 2, E124 ; texte 2, E143 ; texte 2, E194 ; texte 7, O8 ; texte 7, O13 etc.

[297] J'ai marché **à matin** sus VICTOR. (ILM, texte 1)

[298] pis des fois tu peux oublier tes médecines pis / coumme moi, j'ai oublié de prendre la mienne **à matin**. (ILM, texte 2)

[299] J'tais après dire à Charlie **à matin** si la pauvre SANDRA vivait. (ILM, texte 2)

[300] Oui. Oui, oui. Ça a été *crematé*. Euh, j'étais pour te dire ça. H'ai oublié **à matin**. (ILM, texte 4)

Ce matin n'est attesté qu'une seule fois à l'Isle Madame. *À matin* semble donc être l'emploi régulier concernant les compléments de temps relatif. Starets (1986 : 13) atteste *à matin* dans le sens de « ce matin » à Pubnico. Selon Arrighi,

> [i]l s'agit d'un emploi archaïque et dialectal. La construction *à matin* est très bien attestée en ancien et en moyen français, et les deux formes ont été relevées en français populaire jusqu'au XVIIe siècle et dans les parlers du nord-ouest, du sud-est et du centre de la France (voir Jagueneau 1991 : 128 ; Lavoie 1995 : 378). (Arrighi 2005a : 324)

En ce qui concerne les compléments de temps absolus, j'ai toutefois fait des observations qui diffèrent de celles d'Arrighi. Alors que celle-ci écrit que la préposition *à* s'emploie également dans ces cas (elle donne deux exemples de locuteurs néo-brunswickois ; cf. Arrighi 2005a : 324), les habitants de l'Isle Madame continuent à utiliser la structure du français de référence en utilisant l'article défini (*le matin*, *le soir*, etc.) :

[301] Des fois / je mange bien **le matin** quand-ce que je me / me lève. (ILM, texte 1)

[302] Ma mère a faisait ça bouillir touT une / touT une journée là. Et même **le soir**, a quittait ça là. (ILM, texte 1)

On peut formuler la règle suivante pour le parler acadien de l'Isle Madame : *à* devant des compléments de temps relatif et l'article défini devant des compléments de temps absolu – au moins en ce qui concerne le substantif *matin*.

À soir ne s'emploie que dans la tournure *hier à soir* « hier soir » confirmé par É. Boudreau (1988 : 152) :

[303] As-tu té danser **hier à soir**, SHIRLEY ? (ILM, texte 2)

[304] Pis j'tais après y dire **hier à soir** que a était après me conter sus / sus la / la PHONE. (ILM, texte 9)

Même en français de France, il y a une certaine variation avec le nom *soir* qui existait déjà au XVIIe siècle. À en juger d'après les informations de Grevisse, on emploie aujourd'hui et *hier soir* et *hier au soir*, ce dernier étant considéré comme moins fréquent (cf. Grevisse / Goosse 2008 : § 1045 c). Cette variation ne semble pas résolue non plus en acadien car on y trouve – à côté de *hier à soir* – également l'expression *hier soir*, souvent prononcée [jɛʀəswɛʀ].

Le complément relatif de temps, signifiant « ce soir » est formé à l'aide de la préposition *de* :

[305] Je pourrais p't-êt en faire une pour dessert **de soir** pour souper, une pomme de même. (ILM, texte 1)
[306] Ben je vas pas au BINGO **de soir**. (ILM, texte 1)

Cet emploi se retrouve dans le corpus de Wiesmath (2006a) pour le Nouveau-Brunswick. En Louisiane par contre, les tournures *à soir* ou bien *à ce soir* persistent (cf. Guilbeau 1950 : 249 ; cf. Valdman et al. 2010 : s. v. *soir*).

Un deuxième cas où *à* tend à se généraliser est celui des expressions adverbiales de temps introduites par *chaque* ou une forme de *tout*. Les attestations y abondent, en voici quelques-unes :

[307] **À chaque fois**, c'est moi qui a quitté parce que il y avait quelque chose là, c't/ c'tait pas assez. (ILM, texte 3)
[308] **À tchaque fois** qu'il va pour une marche / euh / à touT deux jours ou à touT les jours, il rentre chez nous (ILM, texte 5)[266]
[309] Pis ça va être **à chaque mois** là, surtout ça va commencer en avril, avril mai. (BSM, texte 17)
[310] T'sais c'est des débats de même que j'ai **à chaque semaine**. (ILM, texte 3)
[311] On avait pas de voiture et / au début / et **à chaque dimanche** / on avait deux / deux / deux couples de grands-parents. (ILM, texte 5)
[312] Comme depuis-ce que mon père est décédé, **à chaque année**, j'écris un poème pour / euh / la fête des pères et pour sa fête sa fête de naissance. (ILM, texte 5)
[313] **À tout les fois** que je me dévirais, il lé/ il lévait [sic] ma chaise, il faisait touT sorte de choses. (ILM, texte 5)
[314] Ben oui, a va danser **à tout les samedi soirs**. (ILM, texte 1)
[315] Pis je vas à la messe icette **à touT les vendredis**. (ILM, texte 2)
[316] Moi, i dit, Charlie, pis si je pouvais faire des enfants jolis de même, j'en arais iun sus le cadre **à touT les neuf mois**. (ILM, texte 4)

La préposition est superflue, il s'agit donc d'un emploi explétif de *à* (cf. Arrighi 2005a : 242). Cette façon d'exprimer une certaine réitération temporelle est répandue dans tous les parlers français du Canada (cf. Brasseur 2001 : s. v. *à*). Elle est non seulement attestée dans les principales régions acadianophones, mais aussi à Saint-Pierre-et-Miquelon (cf. Brasseur / Chauveau 1990 : s. v. *à*), au Québec (cf. Dubois, L. 2005 : 91) et à l'Île-aux-Coudres (cf. Seutin 1975 : 342). C'est pourquoi le trait « *à tout* + article + nom » rentre dans la catégorie « seuil 0 » de Péronnet / Kasparian, ce qui équivaut à un trait traditionnel de l'acadien étant commun à plusieurs régions acadiennes (cf. Péronnet / Kasparian 1998a : 101). En l'occurrence, il s'agit plutôt d'un phénomène transmis dès la langue classique qui a survécu dans toutes les variétés du français canadien.

---

[266] Avec *fois*, l'emploi de la préposition *à* est également possible en français de France.

De même, on remarque encore plusieurs autres tournures qui ne peuvent être classées dans un des groupes précédents, mais qui affichent la même tendance : il s'agit soit d'expressions où le français de référence n'emploie aucune préposition comme

[317] il ont jamais su qui-ce qui l'avait tuée **à jamais** (BSM, texte 15)
[318] Ben i était marié **à trois fois**. I était marié avec une sus l'autre bord. (ILM, texte 1)
[319] Pauvre Arthur, i a / i était marié **à deux fois**, i a perdu deux femmes. (ILM, texte 1)

soit d'expressions où l'acadien remplace une autre préposition par *à* comme *au même temps* au sens de « en même temps » pour indiquer un moment précis :

[320] **C. L.** : C'était pas permis d'être au LIBRARY **au même temps**.
E. L. : Oui, d'être au LIBRARY **au même temps**. (ILM, texte 4)

L'un des domaines des compléments temporels où *à* est encore loin d'être généralisé comme préposition introductrice est celui des saisons. Même si j'ai repéré des tournures comme *à l'été* ou *à l'hiver* pendant mon séjour à l'Isle Madame, celles-ci semblent néanmoins assez rares.[267] Ici je renvoie au chapitre sur la préposition *dans*, beaucoup plus souvent utilisée dans ce contexte (cf. p. 211).

Le gérondif n'a pas encore complètement disparu de l'acadien comme montre l'exemple suivant :

[321] [À propos d'une femme qui soigne son mari malade] Elle doit l'habiller **en espérant** que les KIDS COME IN. (ILM, corpus oral)

En français de référence, le gérondif est un complément circonstanciel du verbe et dans sa forme simple (sans *tout*), il exprime en premier lieu la simultanéité par rapport au prédicat, mais aussi selon le contexte la manière ou la condition. En acadien, un autre moyen s'est répandu afin d'exprimer ces nuances, à savoir la construction « *à* + infinitif »[268] :

[322] I y-a mouri tout d'un coup **à faire** son gazon. (ILM, texte 4)
[323] T'as venu **à marcher** ? (ILM, corpus oral)
[324] croyez pas vous allez rester ici à la table **à faire** rien. (ILM, texte 9)

L'exemple 322 illustre la simultanéité (« Il est mort (tout) en tondant son gazon / pendant qu'il tondait son gazon. »), la citation suivante [323], la manière (« Tu es

---

267 En français standard, les constructions *à l'été*, *à l'automne* et *à l'hiver* ne sont possibles qu'en combinaison avec l'année : *à l'hiver 2005* etc.

268 Pour le français de France, on relève quelques emplois similaires, par ex. le proverbe « À vaincre sans péril, on triomphe sans gloire » ou la construction *rester à (ne) rien faire*.

venue[269] en marchant / à pied ? ») ; enfin on trouve – à côté de l'expression d'une action simultanée – également une certaine conditionnalité dans la phrase 324 (« si vous ne faites rien, ne croyez pas que vous pourrez rester à table. »).

L'infinitif de cette construction peut être précédé par le négateur *pas* ou bien un pronom objet (exemple de la Baie Sainte-Marie) :

[325] I allaient pas survivre **à pas manger**. (ILM, corpus oral)
[326] Rienqu'à / rienqu'**à** le / **à le dire**, ça fait engraisser. Piou. (BSM, texte 15)[270]

Ces constructions ne représentent pas d'écarts avec le standard : même si en français de référence, l'élément négatif suit le gérondif (« en ne faisant pas »), en cas de négation de l'infinitif *ne pas* précède celui-ci.

Par contre, en français de référence le gérondif a normalement un lien privilégié avec le sujet (cf. Grevisse / Goosse 2008 : § 333 a), qui est également le sujet du gérondif. En acadien, par contre, il est possible de reprendre le sujet par le pronom personnel :

[327] On va justement passer **à nous revenir**. (ILM, corpus oral)

Même si ce n'est que le sujet répété de la principale, il n'est pas exclu qu'on puisse le remplacer par le pronom personnel d'une autre personne. Ainsi, la structure rappelle en partie une tournure courante dans le Nord de la France, en cadien et dans quelques créoles (Réunion, Maurice) : *passe-moi le journal pour **moi** lire* (cf. Gadet / Jones 2008 : 242).

Pourtant « à + infinitif » ne constitue pas un phénomène récent. Cette structure est déjà attestée par Gougenheim pour le XVIe siècle :

> L'infinitif précédé de la préposition *à* équivaut au gérondif avec *en* : *Et le Turc* [...] *se saulva à nouer jusques dedans les vaisseaux françois* (Marguerite de Navarre, *Héptaméron,* 13 ; éd. M. François, p. 105) (*à nouer* = 'en nageant'). (Gougenheim 1974 : 216)

Haase confirme qu'au XVIIe siècle, *à* + infinitif peut marquer la cause mais également la simultanéité (cf. Haase 1965 : 332). Il pourrait donc s'agir en acadien d'une survivance linguistique renforcée par des tendances internes de la langue : comme dans le cas de la fréquence élevée des périphrases verbales, la construction « à + infinitif » présente également l'avantage de remplacer une forme conjuguée par l'infinitif. Ainsi, on assiste – une fois de plus – à une simplification du paradigme.

---

269 En l'occurrence, l'informatrice parlait à l'auteure de ces lignes, d'où l'accord féminin.

270 Dans le *Trésor de la langue française informatisé*, on trouve la construction *rien qu'à* + INF dans une attestation extraite d'une œuvre de 1937 (cf. http://atilf.atilf.fr, 31/03/2013).

Malgré l'exception [321] au début de ce paragraphe, on peut constater qu'à l'Isle Madame le gérondif a été complètement remplacé par la structure « à + infinitif ». Il en est de même pour la région limitrophe de Terre-Neuve où selon Brasseur, le gérondif « est le plus souvent éliminé[...] au profit de *à* + infinitif » (Brasseur 1997 : 145). Par contre, dans la région du niveau I (cf. tableau 16, p. 114), on trouve encore une gamme assez variée de gérondifs (cf. Wiesmath 2006b : 224–229 ; cf. Arrighi 2005a : 119 et sq.). Même si « à + infinitif » y est « courant » (Arrighi 2005a : 120), la simplification du gérondif n'y est de loin pas si avancée que dans les régions Isle Madame / Terre-Neuve.

Signalons une périphrase verbale à distinguer de la structure substitut du gérondif : *être* + *à* + infinitif qui équivaut à « être en train de faire qc » :

[328] ce petit gars ici, il **avait été à chercher** deux ou trois pelletées de neige pis il avait mis ça par-dessus. (ILM, texte 9)

[329] pis l **a té à passer** le château . tout d'un coup il a rouvris une porte de chambre à lit (Arrighi 2005a, Marcelin NE 2 : 226–227)

[330] ils avont dit oui papa mais quoi ce que vous allez faire de notre frère qui **est** toujours **à** vous **importuner** ici (Arrighi 2005a, Marcelin NE 2 : 188–190)

Cette périphrase qui n'existe ni au Nouveau-Brunswick ni en Louisiane (cf. Wiesmath 2005 : 151) coexiste avec *être après faire qc* à l'Isle Madame, même si elle n'est pas très fréquente. À Terre-Neuve par contre, elle est la seule périphrase qui exprime l'aspect duratif / progressif (cf. Brasseur 2001 : s. v. *à*), *être après* n'y existant pas.

Avant de conclure ce chapitre sur la structure « *à* + infinitif », signalons encore une structure similaire exprimant le même sens qu'un gérondif : « *à* + participe présent ». Je n'en ai trouvé – jusqu'à présent – qu'un seul exemple à l'Isle Madame et aucune attestation pour d'autres variétés acadiennes :

[331] Pis i l'avont TAPÉ avant / **à chantant** touT les chansons d'église. (ILM, texte 4)

Cette construction est attestée en ancien français. Chez Foulet, on trouve les extraits suivants :

Ja ains n'iert vespres ne le solel colcant
q'a un de nos sera aparissant
li quex avra la terre ***a remanant***. *Aspr.*, 8051-3.
D'ire vint toute bossoflee
a clochant. *Gerb.*, 5574-5.
(Foulet 1967 : 93 ; c'est moi qui souligne)

Tout comme « *à* + infinitif », *à chantant* exprime la simultanéité de l'action d'enregistrer et de celle de chanter. Comme je n'ai relevé qu'une seule attestation de ce modèle, je ne suis pas à même de dire s'il s'agit d'un hapax ou d'une concurrence à « *à* + infinitif ».

En outre, on retrouve la préposition *à* souvent après les tournures « *c'est* + adjectif + *à* » (voici des exemples pour les trois régions étudiées)[271] :

[332] les jeunes, **c'était difficile à** les / les intéresser aussi parce que z_/ eux i gardent toujours pour le futur et pis… (BSM, texte 17)
[333] **C'est** beaucoup plus **facile à** les envoyer aux États-Unis. (PUB, texte 22)
[334] Pis je l'ai écrit en anglais parce que je pensais que **ç'arait été** plus / plus **facile** à / **à** le faire publier… (ILM, texte 9)

Le français standard emploie ici la préposition *de* (*c'était difficile de les intéresser*, etc.). Néanmoins cette préposition se trouve aussi à l'Isle Madame :

[335] Parce que **c'est important de** garder nos mots acadiens. (ILM, texte 9)
[336] Mais maintenant **c'est important de** garder la / l'histoire là des personnes qui commencent à vieillir, qui vont disparaître. (ILM, texte 9)

La préposition *à* s'emploie après bon nombre de verbes afin de les relier avec un infinitif. Dans ces cas, on trouve souvent *de* en français standard, parfois il n'y a pas de préposition. Ainsi, on trouve en acadien *aimer à faire qc* qui est pourtant concurrencé par *aimer de faire qc* (ce dernier étant considéré comme un trait acadien par Péronnet / Kasparian 2000 : 114) :

[337] j'**aimais à** parler. (ILM, texte 4)
[338] Moi sais bien mes trois enfants, i **aimont à** descendre pendant les Acad/ les fêtes des Acadiens (ILM, texte 9)
[339] J'**aimerais de** savoir qui-ce qu'a fait pipi dans son céréale ce matin. (ILM, texte 5)
[340] Et pis moi j'**aime** pas **d'**a/ jamais **aimé d'**imposer, **j'aime** toujours **de** réagir et **de** faire. (ILM, texte 7)
[341] Oui. J'**arais aimé d'**aller BACK mais là, j'ai parlé à sa fille au CORNER BRIDGE STORE, tu sais. (ILM, texte 9)
[342] j'**aimais** pas **de** voir la journée venir (ILM, texte 9)

En dépit des différences de constructions, on ne trouve pas de nuance de sens. En ce qui concerne la répartition sociolinguistique, on peut constater que les locuteurs qui ont joui d'une scolarité plus longue ont une nette préférence pour la construction *aimer de faire qc*. Cela pourrait être dû au fait qu'ils ont appris à l'école que la majorité des verbes français sont suivis de l'infinitif introduit par *de*. La supposition d'Arrighi qui attribue l'emploi de *aimer à* à une classe d'âge plus élevé peut être confirmée pour l'Isle Madame car l'âge d'une personne y est très fréquemment en corrélation inverse avec son niveau d'études. Pourtant il faut infirmer cette hypothèse pour le Sud-Ouest de la Nouvelle-Écosse. Un autre aspect de l'emploi de *de* dans les exemples 340 et 341 pourrait être un besoin général de la langue, c'est-à-dire l'intention des locuteurs d'éviter un hiatus : ain-

271 En France, *c'est à* + INF existe, mais suppose un sujet personnel : *c'est plus facile à publier* (*c'* = « le livre) (c. p. d'Emmanuel Faure).

si *jamais aimé d'imposer* se prononce plus distinctement que *jamais aimé à imposer* où s'est formée une séquence de trois voyelles.

Bien qu'*aimer faire qc* soit la forme standard, les possibilités avec préposition sont bien connues dans la langue non-parlée. Grevisse / Goosse les mentionnent toutes les deux. La première avec *à* « reste courant[e] dans la langue écrite », la deuxième « tour classique, subsiste dans la langue littéraire (et aussi dans l'usage courant de certaines régions) » (Grevisse / Goosse 2008 : § 905).

Un autre verbe qui se construit avec *à* en acadien est *essayer* (ou bien la variante phonétique *asseyer*) :

[343] Pis c'était le FUN parce t'**asseyais à** les counnaître. (ILM, texte 2)
[344] Parce qu'il **essayont à** trouver d'ouvrage pour tchindre le monde. Oui, il **essayont à** trouver d'ouvrage. (ILM, texte 4)
[345] Il pelletait touT la neige qu'i pouvait trouver pour **essayer à** passer, pour aller à la maison. (ILM, texte 9)
[346] j'**essayais à** attraper une p / un / un endroit pour m'*escaper*, pour m'en m'nir. (ILM, texte 4)

On trouve la forme *essayer de* de temps en temps, mais les attestations d'*essayer à* l'emportent de loin. Comme on l'a déjà vu ci-dessus avec *aimer*, *de* peut s'employer pour éviter un hiatus. Mais l'exemple 346 prouve que les habitants de l'Isle Madame ne « reculent » pas devant l'emploi de *à* devant un verbe à initiale vocalique. *Essayer à* n'est attesté que très rarement au Nouveau-Brunswick, où ce verbe se trouve – à deux exceptions près[272] – toujours suivi de la préposition *de* (cf. corpus Wiesmath 2006a ; cf. Arrighi 2005a : 318). Le cadien de la Louisiane ne connaît même pas ces exceptions, la seule variante utilisée étant celle avec la préposition *de* (cf. corpus Stäbler 1995a, cf. corpus Valdman 2003). Une fois de plus, l'Isle Madame semble former une unité avec Terre-Neuve où *essayer à* est tout à fait courant (cf. Brasseur 2001 : s. v. *assayer*). Des attestations d'*essayer à* se trouvent aussi au Québec et en poitevin-saintongeais (cf. Jagueneau 1991 : 127). Il faut toutefois ajouter qu'en cas de verbe à initiale vocalique, la préposition est presque toujours omise :

[347] Ça fait là j'**essaie ∅ attraper** la permission pour l'amener parce que a fait la culture… (ILM, texte 9)
[348] Ça fait j'**essaie ∅ avoir** la permission pour l'amener parce que ce serait tellement le FUN pour ielle de voir ça. (ILM, texte 9)
[349] Pis, on **essaie ∅ aïder** aux / aux enfants, aux écoles, à touT les choses. (ILM, texte 5)

Bien que le français standard utilise *essayer de faire qc*, *essayer à* existait à l'époque du français classique (signalé par Haase 1965 : 330 pour le XVIIe siècle) et est considéré par Grevisse / Goosse aujourd'hui comme une structure

272 L'une dans le corpus de Wiesmath (2006a) (sans préposition) et l'autre dans Arrighi (2005a : 318) avec la préposition *à*.

archaïque (cf. Grevisse / Goosse 2008 : § 908 a) qui s'est apparemment maintenue dans l'acadien néo-écossais ainsi qu'à Terre-Neuve. *Essayer faire qc*, par contre, ne se trouve pas dans *Le bon usage*. On pourrait en conclure qu'il s'agit d'une agglutination entre la préposition *à* et le */a/* initial du verbe [347–349].

Des cas semblables se trouvent aussi dans le français populaire de France. Guiraud (1980 : 60) constate, premièrement, une tendance générale au remplacement des régimes directs par les prépositions *à* et *de* devant un complément à l'infinitif. Deuxièmement, ce sont en premier lieu les verbes avec régime direct nominal qui subissent l'ajout d'une préposition, que ce soit *à* ou *de*. C'est le cas des deux verbes étudiés ci-dessus : *aimer qc* et *essayer qc*.

Enfin, mentionnons encore le verbe *commencer* : en français standard, il se construit d'habitude avec *à* mais de la même façon que *aimer*, on trouve de nombreuses attestations – anciennes et plus récentes – avec la préposition *de*, surtout aux temps du passé (cf. Grevisse / Goosse 2008 : § 907). Cette variation n'existe pas à l'Isle Madame, où la seule possibilité est *à*. Dans le cas de *continuer*, il existe un seul exemple où un locuteur proche du standard emploie la préposition *de*, sinon tout le monde utilise *à*[273].

Tout comme les verbes « simples », les locutions verbales du type « verbe + nom » sont également suivies de différentes prépositions devant un complément à l'infinitif. Dans ces cas, *de* est de loin la préposition la plus fréquente en français standard[274] (par ex. *avoir le temps / la chance / l'intérêt / la possibilité / l'occasion*, etc. *de faire qc*). En acadien, *de* et *à* sont souvent en concurrence :

[350] On n'**a** plus grand **temps à** y aller. (ILM, corpus oral)
[351] Si vous **avez le temps à** garder cecitte. (ILM, texte 1)
[352] J'**avais** pas **le temps de** jouer au HOPSCOTCH. (ILM, texte 2)
[353] I m' manda si j'en voulais. J'ai dit : j'**ai** pas **le temps de** planter des fleurs, moi. (ILM, texte 4)
[354] Donc i **ont** pluS de **chances à** le / **à** le pratiquer, ok ? (ILM, texte 10)
[355] Ben, al **a** plus de **chances de** parler le français… (ILM, texte 4)

Les tournures *avoir du mal à* ou *avoir de la difficulté à* ne sont guère utilisées en acadien. L'expression *avoir (de) la misère* se construit également avec la préposition *à* :

[356] I y en a joliment d'zeux maintenant qui **a la misère à** parler le français. (ILM, texte 4)
[357] Mais il **a** beaucoup, beaucoup **de misère à** trouver des personnes pour travailler dans ce bout-là. (ILM, texte 5)
[358] Même les prêtres, on **a de la misère à** les trouver. (ILM, texte 9)

273 Par ailleurs, la seule attestation de *réussir* suivi d'un infinitif se construit tout à fait régulièrement avec la préposition *à*.

274 Remarquons que la préposition ne dépend pas du nom mais de la construction entière, par ex. *avoir le temps* ***de*** *faire qc* vs *mettre du temps* ***à*** *faire qc* vs *avoir du temps* ***pour*** *faire qc*.

Le Nouveau Petit Robert (2007 : s. v. *misère*) marque cette expression comme « régionale », connue surtout dans le Nord et l'Ouest mais aussi dans tout le Canada. Enfin, *avoir (de) la peine* se construit régulièrement avec *à* :

[359] Elle **a la peine à** marcher. Sais pas quoi-ce qu'al a. (ILM, texte 1)

Quant à *avoir besoin*, cette expression ne se trouve pas en combinaison avec *à*, elle est accompagnée soit de *de*, soit de *pour* (cf. p. 226 pour *avoir besoin pour*). Deux autres locutions verbales (*avoir envie* et *avoir le goût*) – de faible fréquence dans le corpus – ne se rencontrent qu'en présence de *de*.

En conclusion, on peut dire que la variation importante des prépositions devant des compléments à l'infinitif sans aucune différenciation sémantique montre aussi que les deux prépositions sont complètement vidées de leur sens, elles ne servent que de « marques génériques de la rection » (Guiraud 1980 : 60). Il y a quelques verbes et locutions verbales derrière lesquels l'une ou l'autre préposition s'est imposée en acadien – souvent différente de l'usage hexagonal –, d'autres cas de variation ne sont pas encore résolus.

Outre les compléments à infinitif, il existe aussi des compléments nominaux qui sont traités différemment en acadien. Au lieu d'un objet direct, le verbe *aider* peut régir son complément nominal de façon indirecte, c'est-à-dire au moyen de la préposition *à* :

[360] Pis, on essaie **aïder** aux / **aux** enfants, **aux** écoles, **à** toutes les choses. (ILM, texte 5)

[361] Pis **aïder aux** pêcheurs. (ILM, texte 2)

[362] Marie Barbe à Léandre qu'**aïdait à** ma mère. (ILM, texte 1)

Guiraud explique que *aider à qn* se disait déjà « autrefois » (cf. Guiraud 1980 : 60 et sq.), on le trouve également au Québec (cf. Jagueneau 1991 : 127).

Le « *à* possessif » est un des traits les plus populaires du système prépositionnel acadien. *À* est devenu la marque d'appartenance par excellence. Dans un syntagme nominal, il relie la « possession » à son « propriétaire ».

Un emploi très habituel de cette préposition se trouve dans le domaine généalogique. Ainsi, chaque Acadien ou presque peut énumérer la ligne de filiation directe depuis la France de la façon suivante : *Amandien à Joe à Wilfred à Paul à Guillaume à Pierre*. *À* relie donc les membres masculins (au moins) à partir de la deuxième génération, il sert à « exprimer la filiation » (Brasseur / Chauveau 1990 : s. v. *à*) d'un Acadien. Cette emploi de *à* dans le sens de « fils de / fille de » est très répandu en Acadie.

Un emploi un peu moins spécifique de la préposition indiquant une appartenance est la signification « épouse de » :

[363] Edna **à** Charlie (ILM, corpus oral)

[364] **E. L.** : je me souvienrai tout le temps la première qu'a rentré acheter une SANDWICH, c'était Aline Landry.
M. D. : Aline BRETT ?

E. L. : Aline **à** EDWARD.
M. D. : Aline **à** EDWARD. (ILM, texte 8)

Ceci se révèle avantageux à l'Isle Madame (comme partout en Acadie d'ailleurs, cf. entre autres Brasseur 2001 : s. v. *à*) car de cette façon, il est plus facile de faire le lien entre une femme dont on est en train de parler et son mari. En 363, Edna porte le nom de famille Landry, extrêmement fréquent à l'Isle Madame. Ainsi, il est plus raisonnable de désambiguïser son identité par l'indication du prénom de son mari, comme le montre bien l'exemple 364.

En général, *à* peut aussi indiquer tout simplement un lien de parenté qui est précisé par la sémantique de l'antécédent :

[365] **le garçon à / à DOROTHEE** qui travaillait ici dans notre secrétaire ici, qui travaillait ici, pis lui était… (BSM, texte 15)
[366] L'inspecteur / euh / Nor/ ma sœur Norma m'a dit que c'tait **le frère à Judy**. (ILM, texte 4)

Au total, sur les 65 exemples relevés dans le corpus[275], 58 sont suivis de *à*, et seulement 7 de *de*. L'emploi de *à* est courant dans le français populaire (*la belle-fille **à** mon frère* ; Gadet 1992 : 72), et il est également observé dans la langue classique par Brunot (*la fille à Galafron* ; cf. Brunot 1906–1972, t. III : 614).

Un autre usage du « *à* possessif » est l'attribution d'un inanimé à son propriétaire où le français de référence emploie aussi habituellement la préposition *de* (*la chambre **de** Pierre*) :

[367] Ben j'y dis : dis-moi pas que tu sais pas **le nom à MARGARET**. (ILM, texte 1)
[368] Pis moi ça c'est **le WEDDING à chouse** / à… (ILM, texte 1)
[369] monter à Halifax nous-autres pour la / **la WAKE à Harry**. (ILM, texte 2)
[370] Il vient de la / de l'autre coin de la province. Euh… Espè/ euh / non. C'est la / c'est / c'est **la SEAT à NEIL Leblanc**, c'est Argyle. (ILM, texte 4)

Cette habitude de marquer la possession par *à* – connue de l'ancien français – s'était conservée jusqu'au XVIIe siècle et se perpétue encore au milieu du XXe siècle dans le langage populaire (cf. Haase 1965 : 322). Grevisse / Goosse mentionnent que *à* reste « très vivant pour marquer l'appartenance » (Grevisse / Goosse 2008 : § 352) dans le français populaire d'aujourd'hui. Pourtant, *à* ne s'est pas encore imposé complètement en acadien, comme le montre aussi l'exemple suivant avec une double attribution :

[371] Ça, c'est la CRIB BOARD **du** père **à** Charlie, ça. (ILM, texte 4)

Enfin, on trouve même des mots composés où *à* occupe la place de *de* ; ceci est pourtant très rare (la deuxième attestation vient du Sud-Ouest) :

[275] Les substantifs auxquels je me réfère pour ce dépouillement sont : *père, grand-père, mère, grand-mère, belle-mère, sœur, frère, cousin, cousine, fille* et *garçon*.

[372] asteure si t'as besoin d'un **cadeau à enfant**[276] / euh /, i voulont rien de sous deux / deux cent à trois cent dollars (BSM, texte 15)

[373] **licence à pêche** (Brasseur 2005 : 250, note ; CIFA, 11/11/03, 135')

En résumé, on peut constater pour l'emploi possessif de *à* en acadien qu'« [u]ne préposition peut tendre à se généraliser aux dépens de l'autre, faute de différence sémantique perceptible » (Chaudenson 2003 : 323). Même si *à* n'a pas complètement remplacé *de* dans ce domaine, il est pourtant largement répandu dans les autres variétés du français en Amérique du Nord (cf. Brasseur 2001 : s. v. *à*), L. Dubois (2005 : 91) confirme cette structure pour le français du Québec, Guilbeau (1950 : 247) pour le français louisianais. Il en est de même pour le français populaire de France où *à* remplace souvent *de* pour indiquer la possession (cf. Guiraud 1986 : 73 ; cf. Bauche 1951 : 122). Il s'agit certainement d'un emploi archaïque, condamné par les grammairiens dès le début du XVIIe siècle (cf. Arrighi 2005a : 327 ; cf. Brunot / Bruneau 1949 : 423). Considéré depuis ce temps-là comme vulgaire, le *à* possessif était « déjà tombé en désuétude dans la bonne société française du XVIIe siècle » (Gérin / Gérin 1979 : 95) ; pourtant il a survécu jusqu'à présent en français populaire.

On présentera à présent deux locutions prépositives formées à partir des verbes *aller* et *venir* en combinaison avec la préposition *à*. Celles-ci peuvent être employées dans un sens local :

[374] Ça fait on / on voyageait de / de Halifax **aller à** Windsor, c'est juste vingt minutes de chauffage… (ILM, texte 5)

[375] De NORTH SYDNEY **aller à** Port-aux-Basques, c'est sept heures. (ILM, corpus oral)

[376] Dans noutre temps, on avait une grosse ligne de là **aller à** l'autre coin. (ILM, corpus oral)

[377] D'après ça, l'année d'après, on avait de trois **aller à** six dans la même classe. (ILM, texte 9)

[378] È dit que le mal était de / dans ses deux épaules **a m'nir au** coude. (ILM, texte 2)

ou bien dans un sens temporel :

[379] il y a un SUPPER MEAT PIE OR SEAFOOD CHOWDER de quatre heures **aller à** six heures (ILM, corpus oral)

[380] Al travaille de quatre heures **aller à** six heures. (ILM, corpus oral)

[381] Deux mille cinq **à m'nir** asteure, on a encore perdu de la population. (ILM, corpus oral)

Ces locutions sont synonymes de *jusqu'à* ; contrairement à la préposition simple *à*, elles mettent davantage l'accent sur la durée, l'aboutissement ou l'objectif final. Des locutions similaires se trouvent dans deux autres provinces atlantiques, au Nouveau-Brunswick (*aller*, *aller à* ; cf. corpus Wiesmath 2006a), à Terre-

[276] En français standard, on dirait *un cadeau pour un enfant*.

Neuve (*à aller jusqu'à, aller à, à venir jusqu'à* ; cf. Brasseur 2001 : s. v. *à*) et à Saint-Pierre-et-Miquelon (*à aller jusque* ; cf. Brasseur / Chauveau 1990 : s. v. *aller*). Une paire similaire de verbes formant des locutions prépositives a été relevée par Brasseur en français réunionnais, où *à descendre* et *à monter* sont synonymes de « au-dessous » et « au-dessus » (cf. Brasseur 2001 : s. v. *à*).

À ça est parfois utilisé en acadien – tout comme en français parlé d'ailleurs – à la place du pronom adverbial *y*. Pourtant le phénomène atteint pour l'Isle Madame une moindre fréquence que la désintégration de *en* en *de ça* (cf. p. 223). Il n'y a qu'une seule attestation pour l'Isle Madame mais plusieurs pour la Baie Sainte-Marie :

[382] Euh / c'est / c'est / je tiens beaucoup **à ça**. (ILM, texte 9)
[383] Mais faut quand même arrêter de / de juste penser **à ça**, pis juste ça. (BSM, texte 17)
[384] Pis tout le monde dans le groupe s'intéresse **à ça**. (BSM, texte 17)

3.5.1.2 dans / dedans / dedans de

D'un point de vue morphologique, la préposition *dans* présente un aspect intéressant à l'Isle Madame : on y trouve de nombreuses attestations où le syntagme prépositionnel « *d'un* + substantif » signifie sans le moindre doute « dans un… » :

[385] Al a eu une IMPLANT **d'un** œil, hein, pis et pis, si c'est du SALT, pis qu'i y a du blanc qui reste sus le butin, on voit pas. (ILM, texte 4)
[386] il avait té **d'un** magasin pis s'avait abourré d'une toèle (ILM, texte 2)
[387] **C. L.** : Ça avait *creaté*…
E. L. : **D'un** petit petit village comme ceci.
C. L. : **D'un** petit village comme ceci, c'était terrible. (ILM, texte 4)
E. L. : Ça a arrivé ici ! Ça a arrivé à Petit-de-Grat, ça.
C. L. : S'avait été dans* un ville, ça arait té différent BUT un petit village, tout le monde se connaissait pis…
[388] Parce **d'un** petite communauté, c'est pas cach/ c'est pas caché longtemps. (ILM, texte 4)
[389] Pis il avait touT ça **d'un** sac. (ILM, texte 4)
[390] Parce que – veux, veux pas – on est **d'un** milieu où est-ce qu'i y a beaucoup d'Anglais. (ILM, texte 7)
[391] Pis il étiont six dans / **d'un** chambre pis six dans l'autre, i étiont douze de famille. (ILM, texte 8)
[392] **E. L.** : Mais je pensais tout le temps que ta / ta sœur CLARA / ta / ta belle-sœur – c'est ta belle-sœur ça – qu'elle était morte. Ça fait elle était **d'un** foyer de / de…
A. F. : Non, non. Elle est au NURSING HOME.
E. L. : Au NURSING HOME. (ILM, texte 2)

[393] Faudrait qu'i emportirent leur dîner à l'école **d'un** panier. Pis le / le / le / le / le sac d'é/ d'école sans ça. (corpus SHAIM, ILM, JB, 73)

Je pars de l'hypothèse que *d'* est ici un allomorphe de la préposition *dans* et non pas de la préposition *de*, réduite à *d'* devant voyelle : tout d'abord, *de* n'est attesté – à ma connaissance – nulle part dans les grammaires historiques avec le sens de « dans ». Il ne pourrait donc pas s'agir d'une acception archaïque. De plus, il serait très peu probable qu'une préposition comme *de*, presque totalement vide de sémantisme propre[277], adopte tout à coup un sens local précis, sans contrainte apparente du système linguistique. Enfin, on trouve « comme preuve finale » une potentielle « étape de transition » entre *dans‿un* (prononcé [dɑ̃zœ̃] et également présent à l'Isle Madame) et *d'un*, à savoir la forme non-liée *dans**[278] *un* (prononcé [dɑ̃œ̃]) :

[394] S'avait été **dans* un** ville, ça arait té différent BUT un petit village, tout le monde se connaissait pis… (ILM, texte 4)
[395] Pis al a dix personnes **dans* un** nouveau groupe. (ILM, texte 5)

Il semble certes qu'à un niveau qualifié de « très ordinaire », la non-liaison entre *dans* et *un* soit également possible en français parlé de France (c. p. de Françoise Gadet). Cependant, ces deux dernières étapes (*dans* un*, *d'un*) ne se rencontrent pas seulement avec l'article indéfini masculin *un*, mais aussi avec la forme féminine de l'article indéfini *une* :

[396] Pis t'sais, quand t'es six filles **dans* une** famille pis les garçons te galopent touT, … (ILM, texte 9)
[397] **L. L.** : Moi, c'est / c'est j'aime mieux les mettre à l'aise[279]. Pis même Cayouche i chante deux ou trois chansons anglaises qu'i les mettra à l'aise aussi.
J. H. : Donc il faut toujours faire des compromis pour ne pas…
L. L. : Ben surtout quand-ce t'es **d'une**[280] région comme la nôtre. (ILM, texte 7)

Pourtant on peut constater que la résistance de *dans* face à l'amalgame paraît un peu plus forte encore avec la forme féminine de l'article indéfini. À part l'article indéfini, on trouve les étapes 2 et 3 (voir tableau 31 ci-dessous) seulement dans deux autres exemples et en combinaison avec le nom d'un mois à initiale vocalique (*avril*, *octobre*) :

---

277 Cf. ci-dessous à partir de la page 220 le paragraphe sur les fonctions de *de* dans le parler acadien de l'Isle Madame.

278 Ici, l'astérisque (*) indique la non-liaison entre le *s* final et la voyelle initiale du lexème suivant.

279 [ɛ].

280 Le contexte de cet énoncé permet de considérer sans hésitation que la signification est « dans », et non une indication d'origine.

[398] Mais elle, je crois qu'elle a commencé **dans* avril**. (ILM, texte 5)
[399] [On parle de la date de l'action de grâce au Canada] **E. L.** : C'est dans le mois d'octobre. […]
C. L. : Oui. C'est **d'octobre**. (ILM, texte 4)

Même si je n'ai pas encore d'explication concluante pour l'étape de non-liaison entre *dans* et l'article indéfini[281], on peut se demander si la raison de l'émergence de *d'un* pourrait être le « souci » d'éviter l'hiatus à la frontière de deux mots successifs, ou tout simplement une crase. J'ai par ailleurs trouvé cinq exemples dans le corpus qui pourraient conduire à postuler une quatrième étape, à savoir la réanalyse de *d'* (< *dans*) en *de* :

[400] … i y a des choses qui s'est passées j'tais t-êt pas totalement d'accord **de** notre f/ milieu parce qu'on avait grandi jusqu'à certains points. (ILM, texte 7)[282]
[401] Et là, ils travaillent **du** mois de mai. Mais elle, je crois qu'elle a commencé dans* avril. (ILM, texte 5)
[402] Et pis mon grand-père Samson est mort **des** soixante, dix-neuf cent soixante-… (ILM, texte 4)
[403] le père à mon père a mouri **d'**église, à la messe. (ILM, texte 4)
[404] Ça dit qu'i a mouri **d'**église. (ILM, texte 4)

L'exemple 400 montre que *de*, dans sa forme non-amuïe, s'utilise désormais également dans le sens de *dans*. Il peut même faire l'objet d'un nouvel amalgame complet, selon l'exemple de la préposition homophone *de* : ainsi *de* + *le* devient *du* (« dans le ») [401] et *de* + *les* devient *des* (« dans les ») [402]. Dans les phrases 403 et 404, l'article défini a finalement été omis, *d'église* remplace « dans l'église ». On peut résumer ces quatre étapes de la manière suivante :

---

281 Dans le corpus, on trouve d'ailleurs de nombreuses autres absences de liaison, voici quelques-unes à titre d'exemple :
[] Une danse par semaine pis des fois qu'**on* y** allait… (ILM, texte 2)
[] Ah, c'était pacté pa al a **bien* aimé** ça. (ILM, texte 2)
[] Là, à Chéticamp, i les laissont rentrer à **plusieurs* endroits**. (ILM, texte 2)
[] Mais c'**est* un** peu tard, c'était / euh / tu seras pas ici. (ILM, texte 2)
En français populaire de France, il existe des cas similaires comme *c'est* un enfant* ou *chez* une copine* (c. p. d'Emmanuel Faure).

282 Après avoir réécouté l'enregistrement à plusieurs reprises, j'exclus la possibilité que *de notre milieu* dépende de *être d'accord*. L'incise *j'étais pas totalement d'accord* doit plutôt être interprétée comme une subordonnée relative avec omission du relatif qui, en français standard, serait *avec lesquelles* : « il y a des choses qui s'est passées avec lesquelles j'étais pas totalement d'accord / dans notre milieu… ».

étape	1ère	2e	3e	4e
forme	***dans‿un(e)***	***dans* un(e)***	***d'un(e)***	***de* = « dans »**
occurrences	6+23[283]	10	13	5

Tableau 31 : Évolution de *dans* + article indéfini.

Même si chez ces locuteurs mon corpus n'est pas assez vaste pour tirer des conclusions définitives, on peut tout de même observer que les Acadiens de l'Isle Madame parlant un acadien plutôt traditionnel ont une nette préférence pour les formes non-liées (2e étape) et les formes amalgamées (3e étape). Même si la forme standard *dans‿un(e)* est encore présente dans quelques énoncés, la réanalyse de *d'* (< *dans*) en *de* montre que l'évolution va dans le sens des étapes 3 et 4.

Je n'ai trouvé aucune référence – standard ou non – à ce phénomène, ce qui pourrait bien être un indice, mais pas forcément une preuve. Pour les autres régions francophones d'Amérique du Nord, les différentes étapes de ce phénomène ne sont attestées que de manière sporadique. Starets a pu observer une « amalgamation »[284] dans son étude du langage des enfants dans plusieurs écoles néo-écossaises (cf. Starets 1986 : 503). Papen / Rottet (1997 : 103) constatent pour la Louisiane que *dans* est souvent prononcé [d] quand il est suivi d'un article indéfini. Mis à part ces attestations, il apparaît difficile de retrouver une éventuelle étape intermédiaire (≙ 2e étape) car quelques-uns des corpus consultés ne sont pas transcrits phonétiquement, ou bien les sources sonores ne sont que difficilement disponibles. Pour ce qui est du français populaire de France, on trouve des cas de non-liaison (≙ 2e étape). L'amalgame (≙ 3e étape) ne semble exister que pour l'article indéfini masculin à un niveau qualifié de « très ordinaire » (mais pas [dyn]) (c. p. de Françoise Gadet).

« D'une manière générale, *à* envisage le lieu comme un point, *sur* comme une surface et *dans* comme un volume » (Grevisse / Goosse 2008 : § 1049 a). En général, le français standard suit cette règle concernant l'emploi des trois prépositions *à*, *dans* et *sur*. Pour ce qui est de l'aspect fonctionnel de *dans*, sa fréquence élevée dans mon corpus tient également – tout comme à l'Île-aux-Coudres – « à ce qu'il reprend un certain nombre d'emplois de *en, à, parmi, au cours de, de, chez,* etc. » (Seutin 1975 : 346). Voici quelques exemples, où la perspective est différente de celle adoptée par le français de référence :

[405] Moi, j'ai travaillé **dans** / **dans** plusieurs places[285] par icitte. (ILM, texte 1)

[406] Euh / quand-ce qu'al a / c'tait des Leblanc. I-y-ont té **dans*** un place et pis il aimiont pas les Français. (ILM, texte 4)

283 Le premier chiffre se réfère aux Acadiens parlant un acadien plutôt traditionnel, le deuxième aux interlocuteurs tendant plutôt vers un français standard.

284 Ceci correspondrait à la 3e étape du tableau 31, p. 192.

285 En français standard, on utiliserait soit *dans plusieurs lieux* soit *à plusieurs endroits*.

[407] Pour mon patron, ça fait son affaire, tu sais pour tout le monde qui travaille **dans** La Picasse, ça fait leur affaire. (ILM, texte 3)

[408] Chez nous, on était honze, pis on a seulement que deux qu'a té BO/ qu'a té né **dans** l'hôpital. (ILM, texte 4)

[409] la coutume était quanT j'étais de / **dans** l'hôpital, i me dounniont mes médecines à sept heures et d'mie. (ILM, texte 2)

[410] …non, non, si tu veux me marier, c'est bien, mais je vas pas **dans** l'église catholique me marier. (ILM, texte 4)

[411] et dans l'é/ **dans** l'école même si / euh / euh / on nous disait par exemple tournez à la page telle et telle / euh / ouvrez vos livres à la page vingt-sept puis on va lire l'histoire… (ILM, texte 10)

[412] SO j'étions sept nous-autres, on a touT né **dans** la maison. (ILM, texte 1)

[413] Il avait mille piastres **dans** la Credit Union, il est venu là une journée… (ILM, FB 1982, 19B, 376–4)

[414] La même matinée du lendemain matin à cinq heures, i tapent mains **dans** la porte. (ILM, texte 1)

Ainsi, les Acadiens de l'Isle Madame emploient souvent *dans* dans des cas où on utiliserait *à* en français de référence. Le français populaire néanmoins connaît aussi cet emploi particulier. Gadet rapporte l'expression *avoir des souliers dans les pieds* (Gadet 1992 : 73). Dans les exemples 405 et 406, le français standard utiliserait *à* en considérant *une place* comme un endroit ponctuel sans surface ni volume.[286] Par contre, dans les exemples 407 à 413, les Acadiens adoptent tout simplement un point de vue différent : ainsi, ils considèrent *La Picasse*, *l'hôpital*, *l'église*, *l'école*, *la maison* et *la Credit Union* comme des bâtiments. Il est donc logique que pour *travailler*, *être né*, etc., il soit nécessaire d'aller à l'intérieur de ces bâtiments. En conséquence, les locuteurs emploient la préposition *dans*. Pour le français standard par contre, ce n'est pas le concept d'un bâtiment qui domine mais plutôt le caractère institutionnel de ces endroits : *l'hôpital* est vu comme une institution où les médecins soignent des malades, etc. Pourtant ces emplois de *dans* sont déjà connus au XVIIe siècle où « [l]a préposition *dans* s'emploie dans les sens où la langue actuelle se sert de la préposition *à* » (Haase 1965 : 346). L'emploi renforcé de *dans* pourrait donc probablement remonter à cette époque.

Ainsi, *dans* remplace parfois *à* dans des locutions prépositives telles que *au milieu de*[287] (emploi local et temporel) ou *au bout de* :

---

286 Cf. également l'exemple d'Arrighi pour le Nouveau-Brunswick :
[] tu déposes euh: l'eau euh et puis euh: **dans** l'endroit où tu veux une certaine couleur (Arrighi 2005a : 334 – Rachelle NB 1 : 89–90).

287 On trouve également la variante lexicale *dans le mitan de* dont j'ai relevé des attestations dans le Sud-Ouest :
[] le petit euh / le RING qu'i n'y a **dans le mitan des** NAPKIN là. (BSM, texte 15)

[] Dix-neuf cent quarante et un. Oui, **dans le mitan de** la guerre, oui, oui. (PUB, texte 23)

[415] …j'ai coumme, j'ai regardé, pis elle était là **dans le milieu de** la place, j'ai dit : ah mon Dieu. (ILM, texte 5)
[416] **E. L.** : Oui, à Chéticamp, c'est **dans le milieu du** carême.
M. S. : Oui. **Dans le milieu du** carême. (ILM, texte 9)
[417] J'suis **dans le milieu d'**un MEETING, je peux pas jaser, c'est tout. J'dis j'suis **dans le milieu d'**un MEETING SO je peux pas jaser. (ILM, texte 3)
[418] Et je me rappelle que on allait / on marchait là-bas **dans le bout de** la pointe avec un / un pneu, un TIRE, YOU KNOW. (ILM, texte 9)

En parlant des différentes classes, à l'école, les Acadiens utilisent également la préposition *dans* :

[419] Pis là moi qu/ moi quanT j'ai lai/ tais obligée de laisser l'école **dans** GRADE NINE parce que ma mère è fait pas bien, al avait des / euh / rhumatisses et ARTRITIS pis a pouvait pas marcher. (ILM, texte 11)
[420] c'était ielle qui tait qu'était ma première maîtresse d'école. Pis c'était **dans** grade sept. (ILM, texte 9)

Gesner évoque l'emploi de la préposition *dans* devant des pronoms disjoints, néanmoins il trouve ses attestations peu claires (cf. Gesner 1979a : 83). Le cas semble être très rare, j'ai pu en relever un seul exemple pour l'Isle Madame, le locuteur voulant souligner qu'il n'est pas très doué pour la musique :

[421] j'ai travaillé ac un groupe de music/ de musiciens, mais j'ai pas de musique **dans moi** mais j'/ i y avait pas personne SO j'y / j'y / je les ai accompagnés comme leur gérant. (ILM, texte 7)

Haase (1965 : 347) ajoute que dans d'autres cas, *dans* prend également le sens de « sur ». De tels exemples se retrouvent aussi à l'Isle Madame :

[422] Pis ma mère, elle lavait les places[288] avec un / avec une brousse pis après ça a mettait du sable **dans** la place. (ILM, texte 1)
[423] Quand j'ai rentré, oh i tiont touT assis pis i y avait oh une vingtaine de mi-carêmes **dans** la place. (ILM, texte 4)
[424] On sait nous-autres, on est **dans*** un île isolé. (ILM, texte 4)
[425] Pis **dans** mon dos, j'avais une grosse plaque, ça disait / euh : vivent les pê/ euh / euh / vivent les pêcheurs libres ou quitte les pêcheurs libres ! Dans c'tés temps-là, i y a beaucoup d'affaires qui se passaient pour la pêche. (ILM, texte 4)

Comme à l'Isle Madame, *dans* alterne également encore avec *à* dans les parlers poitevins-saintongeais pour faire référence à un endroit (cf. Jagueneau 1991 : 128).

Jagueneau (1991 : 130) atteste cette locution prépositive pour le Nouveau-Brunswick.

288 *La place* = « le plancher ».

Les toponymes ont déjà été traités lors de l'analyse de la préposition *à* (cf. p. 188), d'autres exemples se trouvent également en combinaison avec la préposition *dans*. Pour l'Isle Madame, j'ai pu relever – entre autres – les exemples suivants :

[426] **dans le Canada** (ILM, corpus oral)
[427] Pis i est / *drive* son CAR encore **dans les États** pis i / i patine à touT les / les / les semaines. (ILM, texte 1)
[428] pis i y en a partout **dans la Nouvelle-Écosse** yoù-ce qu'i y a des fêtes d'Acadiens. (ILM, texte 9)
[429] Oui, al a une permission de l'EXECUTIVE pis la présidente pour la / eum / pour prendre des photos pis prendre des photos pis rester à la danse pou voir coumment ça se déroule **dans l'Aca/ l'Acadie**. (ILM, texte 12)
[430] I y avait yienque deux CAR **dans le Petit de Grat**. (ILM, texte 1)
[431] Il reste **dans L'Ardoise**. (ILM, texte 3)
[432] …il y a beaucoup de Martell. Par exemple, dans / **dans l'Anse de Samson**, … (ILM, texte 3)
[433] Ça fait / euh / mais on va aller tant plus qu'on peut **dans Chéticamp**, Saint Joseph du Moine… (ILM, texte 9)

En tenant compte de mes constats concernant la préposition *à* devant des toponymes, quelle conclusion peut-on tirer de ces énoncés ? Dans son analyse des prépositions à la Baie Sainte-Marie datant d'il y a une trentaine d'années, Gesner arrive pour sa part au résultat suivant :

> Tout comme le français standard, l'acadien se sert presque toujours de *à* pour indiquer la situation ou la direction devant un nom de ville ou de village. […] Dès qu'il y a l'article défini ou un nom de lieu anglais, il semble y avoir hésitation entre *à* et *dans*. (Gesner 1979a : 84)

Tout comme à la Baie Sainte-Marie, il y a aussi à l'Isle Madame une grande variation entre les prépositions *à* et *dans* devant tous les toponymes. En ce qui concerne l'article défini, il n'est pas possible de confirmer la thèse selon laquelle l'article défini exige la préposition *dans* (cf. les contre-exemples 267 à 274). C'est plutôt l'inverse : à partir du moment où le locuteur s'est décidé – pour quelque raison que ce soit – à employer *dans* devant un toponyme, l'article défini semble obligatoire (la seule exception est l'exemple 433). Pour ce qui est des noms de lieux anglais, la situation s'avère exactement inverse à l'Isle Madame : comme on l'a montré à la page 189, dans un syntagme prépositionnel, un toponyme anglais est accompagné de la préposition *à*.

Ces emplois de *dans* devant des noms de lieu sont également attestés ailleurs en Acadie, par exemple au Nouveau-Brunswick (cf. corpus Wiesmath 2006a), à Terre-Neuve (cf. Brasseur 2001 : s. v. *dans*) ou en Louisiane (cf. corpus Valdman 2003 ; cf. Dubois / Noetzel 2005 : 137). Mais Seutin est le seul à donner, pour le parler québécois de l'Île-aux-Coudres, des indications à propos de la fréquence relative de *à* et *dans* devant des noms de pays : « *Dans le Canada, dans la France* sont moins fréquents que *au Canada, en France* » (Seutin 1975 : 347).

Dans la partie morphologique consacrée à la préposition *dans*, on a vu qu'elle peut être réduite à *d'* (cf. p. 202–205). Pourtant on peut aussi constater le phénomène inverse, à savoir l'extension phonétique de *dans* en *dedans* « à l'intérieur de » :

[434] Pis c'est l'autre gars qui reste **dedans** c'te… […] La maison est encore là, celle-là. (ILM, texte 4)

[435] Oui. Si on a du maquereau **dedans** le frigidaire. (ILM, texte 1)

[436] Nous-autres dans notre grenier là, les clous qui descendent dedans la / **dedans** la / la / le toit là, les clous, la gelée était sus les clous là pis… (ILM, texte 8)

Contrairement à la forme abrégée qui pourrait être une innovation de l'acadien, cet emploi de *dedans* est ancien en français. Il en est de même pour d'autres formes qui se trouvent encore en acadien : *dehors* au lieu de *en dehors de / au-dehors de*, *dessous* au lieu de *sous* et *dessus* au lieu de *sur*. D'après Brunot / Bruneau (1949 : 441), ce n'est qu'au début du XVIIe siècle « que les grammairiens, suivis par Vaugelas, ont constaté que *dans, sous, sur,* étaient prépositions, *dedans, dessous, dessus*, étaient adverbes ». Les adverbes employés à la place de la préposition respective se retrouvent aussi dans les dialectes de l'Ouest de la France (cf. Brasseur 2001 : s. v. *dedans*), tout comme ils sont attestés en français populaire (cf. Gadet 1992 : 73).

Une construction homophone à *dedans* se trouve après des verbes comme *sortir* et *vouter* (dans le sens de « ôter qc »), à savoir *de dans* :

[437] Et pis i / i fut / i f / i sortit **de dans** le / **de dans** le micro-ondes là, le MICRO / le / le / euh / WHAT YOU CALL. (ILM, texte 4)

[438] Ben, c'était aïder à / à ésherber / vouter l'harbe **de dans** ce / les légumes qu'étaient plantés pis après ça moi j'ai coummencé à brocher quanT j'avais sept ans. (ILM, texte 2)

[439] Dans ce temps-là, les docteurs, tu sais / tu / les voutaient **de dans** les maisons yoù-ce qu'étaient les enfants, les pounémiques[289] dans ce temps-là. (corpus SHAIM, ILM, JB, 73)

Dans y est redondant, la préposition *de* seule suffirait pour indiquer la sémantique. Cette structure est également attestée par Gesner (1979a : 46) pour la Baie Sainte-Marie ainsi que par Guilbeau (1950 : 250) pour la Louisiane. Toutefois, *dans* n'est pas obligatoire après ces verbes en acadien.

Quant aux expressions temporelles, on en trouve aussi quelques-unes où *dans* est employé là où en français de référence on ne se sert pas d'une préposition :

---

289 Selon l'explication d'une informatrice sur place, *un pounémique* est une « personne atteinte de tuberculose ».

[440] Pa après ça, à quatre heures et demie **dans l'après-midi**, une demie heure avant tu manges, j'en prends dix de TORONTO. (ILM, texte 2)

[441] Ça fait nous-autres quanT qu'on arrivait de l'école à quatre heures **dans l'après-midi** là, mon père nous attendait dans la / dans la FISH SHED là, dans le / i y-avait du poisson pis faut i qu'on fût aïder le poisson. (ILM, texte 8)

[442] J'ai f/ tel/ fait tellement d'aménagement dans mon bureau **dans la dernière année**. Pis jamais le temps de vraiment nettoyer. (ILM, texte 3)

Tout comme Gesner (1979a : 83) pour la Baie Sainte-Marie, on constate pour l'Isle Madame que la différenciation entre *en* et *dans* temporels dans l'indication d'un laps de temps n'existe pas. En français standard, on distingue entre *en quatre ans* et *dans quatre ans* : alors que le premier syntagme indique une durée, le deuxième fixe un point situé dans le futur par rapport au locuteur. À l'Isle Madame, on ne trouve que *dans*[290] (cf. aussi Brasseur 2005 : 251 pour toutes les variétés du français au Canada) :

[443] Les animaux n'avaient pas d'injections comme ils ont maintenant, on les fait grossir, les poules, par exemple, ça pousse **dans** une semaine, hein ? (ILM, texte 9)

En outre, on trouve *dans* dans de nombreuses expressions de date : ainsi il s'emploie régulièrement devant l'indication d'une année où le français de référence utilise *en*. Ceci vaut aussi bien pour les chiffres français qu'anglais :

[444] Le pluS que j'étais trois, quatre mois au Montréal **dans** soixante-trois. (ILM, texte 4)

[445] …ma grand-mère Samson est morte **dans** cinquante-huit. (ILM, texte 4)

[446] Pis après ça quanT ça a venu **dans** NINETEEN THIRTY, m'ai mariée **dans** NINETEEN THIRTY. (ILM, texte 11)

[447] Pis **dans tchelle année** que vous avez té née ? (ILM, texte 2)

[448] Et pis **dans quelle année** que ton mari a mouri ? (ILM, texte 2)

Contrairement aux cas précédents, *dans* est ici la seule préposition employée. On ne trouve ni *à* ni *en*. Il en est de même pour l'indication d'un mois. Dans les syntagmes prépositionnels, seul *dans* est utilisé, sauf dans les cas où on trouve la locution prépositive *dans le mois de* (ou la variante standard *au mois de*, une fois aussi la forme *du mois de*) :

---

[290] Pour la Baie Sainte-Marie, j'ai relevé deux exemples où les locuteurs utilisent *en dedans de* au lieu de *en* pour indiquer la période de temps :
[] tu les mettes dans l'eau, ça les / pis **en dedans de** vingt minutes, il est rouge pis il est cuit pis il est paré à manger. (BSM, texte 18)
[] asteure en / **en dedans de** vingt minutes pour iunne / pourrions trouver un ours (BSM, texte 18)

[449] Non / a / non, al a descendu la / la dernière long week-end, c'tait **dans** quoi, **dans** / **dans** septembre, c'est-ti ? (ILM, texte 4)

[450] I veniont **dans** décembre pis, dans l'printemps i pouviont les ôter z-eux-mêmes. (corpus Labelle, ILM, FB 1982, 19A, 368 1–2)

[451] Je crois que oui. A dit tandis qu'al avait descendu avec la petite. C'est **dans le mois d'**octobre. (ILM, texte 4)

[452] ça m'a pris deux ans et c'te année **au mois de** juin, je m'ai rendu à mon cent livres… (ILM, texte 5)

[453] Et là, ils travaillent **du mois de** mai. (ILM, texte 5)

On a déjà abordé brièvement le chapitre des saisons, la préposition *à* étant assez rare (cf. p. 193). *Dans* accompagné de l'article défini se trouve, par contre, dans la quasi-totalité des énoncés :

[454] Papa était pas paresseux, **dans** l'hiver i s'en allait dans les BOAT et pis tu sais… (ILM, texte 1)

[455] C'est BUSY beaucoup **dans** l'été (ILM, corpus oral)

[456] Que je travaillions au facterie **dans** le printemps ! Pis tu ramassais des BERRY pis des beluets jusqu'au mois d'octobre… (corpus SHAIM, ILM, JB, 73)

Même si *dans* + article défini est la variante la plus courante devant les noms des saisons, j'ai relevé en tout dix possibilités différentes pour les parlers néo-écossais. « À + art. + saison » est attesté à Saint-Pierre-et-Miquelon. Quoique cet emploi soit attesté pour la France, il y reste rare. (cf. Brasseur / Chauveau 1990 : s. v. *à*)

Dans suivi de l'article défini au pluriel, *les*, peut adopter le sens de « à peu près, environ ». Dans les deux exemples, les lexèmes *peut-être* [457] et *à peu près* [458] indiquent déjà l'approximation :

[457] …il était seule à manier un voilier qui portait peut-être **dans les** 200, 300 tonnes, ordinairement qu'aurait pris un équipage de six ou sept personnes. (corpus Labelle, ILM, PCG 1982, 17B, 321–1)

[458] Mais mon grand-père Cyprien a mouri, a avait à peu près **dans les** quatre-vingts. (ILM, texte 4)

Cette construction est également connue en français de France (cf. Le Nouveau Petit Robert 2007 : s. v. *dans*).

Quant à la rection des verbes, *dans* peut remplacer *à* après le verbe *croire* (au lieu de *en* en français standard), ce que j'ai constaté chez un locuteur assez proche du standard :

[459] T'sais comme je crois **dans** la liberté de choix, je crois **dans** le respect, l'intimité d'une personne. (ILM, texte 3)

[460] Si qu'on en a quatre cents qui croient vraiment **dans** notre français ((rires)) … (ILM, texte 3)

[461] pis là, t'en as deux mille qui croient vraiment **dans** l'acadianité mais qui ne croient pas tellement **dans** le français. (ILM, texte 3)

Enfin, on mentionnera le cas de la locution *être intéressé* (dont je n'ai d'ailleurs aucune attestation pour l'Isle Madame) : en français standard, celle-ci est suivi de *par*. La préposition de l'acadien *dans* est souvent considérée comme un calque de l'anglais *to be interested in*. C'est fort possible. Pourtant on trouve aussi la préposition *à* et même *sur* chez deux locuteurs de Pubnico :

[462] S'avait aperçue t'étais **intéressée dans** les Acadiens. (PUB, texte 20)
[463] Et j'uis **intéressé dans** préserver l'histoire SO j'ai construit les deux modes de 'tits FORD là. (PUB, texte 23)
[464] Je allais avant quand je / j'é/ **j'étais intéressée à** prendre des / des photos, j'allais prendre des photos. (PUB, texte 20)
[465] Ce monsieur de la France / euh / **lui était intéressé sur** les Acadiens. (PUB, texte 22)

Le calque de l'anglais *dans* ne représente donc qu'une possibilité sur trois – ou peut-être même plus – pour relier la locution verbale à son complément.

3.5.1.3 sur / sus / dessus / au(-)dessus de / en dessus de

La prononciation standard [syr] de la préposition *sur* est relativement rare à l'Isle Madame, cette forme n'émanant que des locuteurs les plus standardisants. Dans la plupart des cas, on trouve la variante traditionnelle acadienne *sus* [sy].[291] Cette observation est aussi faite par Brasseur pour le parler de Terre-Neuve (cf. Brasseur 2001 : s. v. *sus*). Selon Brunot / Bruneau (1949 : 439), ce phénomène est dû à une confusion entre l'adverbe *sus* et la préposition *sur* au XVIe et qui dure jusqu'au début du XVIIe siècle. *Sus* est demeuré courant dans certains dialectes français, mais aussi au Canada, en Louisiane et à Saint-Pierre-et-Miquelon (cf. Brasseur 2001 : s. v. *sus*).

Lors de l'indication d'un endroit concret, *sus* remplace très souvent d'autres prépositions locales comme *dans* ou *à* (cf. Péronnet / Kasparian 2008 : 206) :

[466] on *landait* touT les enfants là **sus** le havre. At/ euh / pis montiont **sus** les bordages attraper **sus** la rue à les maisons. (ILM, texte 9)
[467] J'ai été né **sur** la Pointe des Fougères. (ILM, texte 6)
[468] Mary Louise Samson a gagné **sus** le Bingo. (ILM, corpus oral)
[469] Pis ben sûr quand le havre était gelé, i partait **sus** c'te ce coin ici, rentrait **sus** l'havre, pis allait voir ma grand-mère. (ILM, texte 4)

291 Je tiens ici à souligner qu'il est parfois très difficile de différencier ces deux prononciations.

[470] Pis j'ai demandé s'i pouvait me dire combien longtemps qu'on avait besoin pour aller / euh / **sur** l'avion. (ILM, texte 5)[292]

[471] pa on ramassait des pommes **sus** les âbres à Westby. (ILM, texte 9)

Surtout devant des substantifs comme *bord*, *bout*, *côté*, *place* (parfois au sens d'« étage » ou « plancher »), *rue*, *chemin*, *route* et *STRETCH*, *sus* s'est régularisé à l'Isle Madame :

[472] Moi, je peux pas la faire quanT que je vas là parce qu'i faut je travaille **sus** la place et pis faut je yeux aide. (ILM, texte 2)

[473] **A. F.** : Pis c'est doummage qu'il est **sus** une deuxième place quand tu marches avec une canne.
E. L. : Oh, il est **sus** la deuxième place ? (ILM, texte 2)

[474] elle travaillait **sur** les rues puis à cinq heures il se va, pis, il alla me chercher de l'eau, … (ILM, texte 1)

[475] Pis dans ce temps-là, i travaillait **sus** les chemins. (ILM, texte 1)

[476] Ben je nous ons en venu **sus** la STRETCH. (ILM, texte 1)

[477] Oui, qu'on avait ch/ **sus bord de** la côte / euh / on ramassait des / euh / BALICOCO… (ILM, texte 9)

La locution prépositive *sus (le) bord de / sus (le) bord à* [mon père / ta mère] s'emploie au sens figuré pour exprimer une relation de parenté « du côté paternel / maternel » :

[478] Il étiont une grand bande sus le / **sus le bord de** ma mère. (ILM, texte 2)

[479] T'as jamais vu ta grand-mère ni ton grand-père **sus le bord à** ton père. (ILM, texte 4)

[480] Et c'tait juste **sur bord de** mon père. (ILM, texte 5)

Ainsi, il existe également la variante *sus le long de* à côté de « au long de » ou « le long de » (dont le premier exemple vient de la Baie Sainte-Marie) :

[481] Euh / pas tout le temps **sus le long de** la mer mais dans le 'tit bois. (BSM, texte 15)

[482] …c'était droit en bas d'ici, **sus l'long du** hâvre. (corpus Labelle, ILM, PCG 1982, 17B, 321–2)

Ce qui s'avère aussi très inhabituel par rapport au français de référence, c'est l'emploi de la préposition *sus* avec certaines parties du corps :

[483] s'i y avait été pis tchaque affaire a arrivé, YOU KNOW, j'ai / j'arais eu encore ça sus les / **sus le dos**[293]. (ILM, texte 4)

---

292 *Le bon usage* observe à propos du tour *sur un avion* qu'il s'entend en français de France aussi ; cependant, on emploie régulièrement *dans* (cf. Grevisse / Goosse 2008 : § 1051 c).

293 *Sur le dos* n'existe qu'au sens figuré en français standard.

[484] Pis son deuxième avait le cancer **sus la BRAIN**. (ILM, texte 4)

On peut également trouver l'extension phonétique de *sus*, à savoir la variante *dessus de* (cf. l'explication pour *dedans (de)* p. 209) :

[485] Et pis je travaillais après l'école, des fois, vnait avec mon / ma sacoche d'l'école **dessus** le BUS, l'autobus me *landait* drouète là. (ILM, texte 4)

Parallèlement à la forme *de dans* (cf. p. 209), on trouve la forme *de sus / de dessus* après les verbes *vouter* (« ôter ») et *timber* (« tomber ») :

[486] T'as pas de / t'es pas / t'es bonne à nous-autres, tu perds trop de temps. Ça fait i l'ont vouté **de sus** la liste. (ILM, texte 4)
[487] J'ai vouté la chair **de dessus** la poule. (ILM, corpus oral)
[488] T'sais, qu'on appelle les écopeaux ? C'est les affaires qu'on enlève sus les / ça timbe **de sus** les / les arbres là. (ILM, texte 8)

Un domaine dans lequel l'emploi de la préposition est très instable est celui des toponymes (cf. aussi chapitre 3.5.1.1 sur la préposition *à*, à partir de la page 188). Une bipartition intéressante existe dans le cas des noms d'île : quand les Acadiens parlent de leur île dans un acadien traditionnel, ils disent sans exception « sus l'Isle Madame »[294] :

[489] Tu vas dire « rembris » ? Pis c'est compris icitte **sus** l'Isle Madame. (ILM, texte 10)
[490] Leu grand-grand-mère, i vnait de **sus** l'Isle Madame. (ILM, texte 9)

Les locuteurs se rapprochant du standard emploient par contre toujours *à l'Isle Madame*. En français standard, on utilise habituellement *à* devant les noms d'île, pourtant *sur* s'emploie au sens concret. Cela pourrait être la raison pour laquelle les Acadiens de l'Isle Madame emploient *à* avec toutes les autres îles :

[491] Pis le même phénomène existe **à Terre-Neuve**, hein ? (ILM, texte 6)[295]
[492] **À l'Île-Prince-Édouard**. **À PEI**. (ILM, texte 2)
[493] **E. L.** : Faurait vraiment que / ça / ça vaut la peine d'y aller **aux Îles-de-la-Madeleine**. Ça vaut de la peine.
C. L. : **Aux Îles-de-la-Madeleine**. (ILM, texte 4)

Ainsi, on a une différenciation entre la localisation précise (*sus*) et la localisation vague (*à*). Celle-ci est confirmée par le fait qu'on trouve *sus Terre-Neuve* dans le français de Terre-Neuve (cf. par ex. Brasseur 2001 : s. v. *sus*).

---

294 À Pubnico, j'ai trouvé également plusieurs attestations de « sus les îles » (il s'agit des nombreuses îles de la côte entre Yarmouth et Pubnico) (cf. PUB, texte 21).

295 Notons que l'emploi de l'Isle Madame n'est pas stable non plus : j'ai aussi relevé une occurrence de ***en*** *Terre-Neuve*.

Sus remplace *chez* en acadien devant les noms de métier, de personnes (peu importe qu'il s'agisse de noms propres ou communs) et de magasins / d'entreprises[296] (cf. p. 187) :

[494] Elle a un rendez-vous **sus** le docteur. (ILM, corpus oral)
[495] à travers **sus** Gentil Boudreau là, sus l'autre bord du pont. (ILM, texte 2)
[496] Moi, j'ai travaillé dans / dans plusieurs places par icitte. **Sus** CAMERON, tu sais **sus** CAMERON. Pis après cecitte, tu coun/ tu sais / tu counnais ça **sus** les JANES en bas… (ILM, texte 1)
[497] J'ai jamais acheté **sus** SEARS. (ILM, corpus oral)
[498] pis dans c't temps-là i faisiont pas des grosses salaires **sus** BOOTH'S[297]. (ILM, texte 8)
[499] Je dirais que ç'avait p't-êt venu dans la catalogue **sus** EATON[298] à ce temps-là. (ILM, texte 11)

Sus ne se trouve que devant des noms propres ou des syntagmes nominaux. En combinaison avec des pronoms disjoints, on relève presque exclusivement *chez* ou bien la variante *chus*[299] :

[500] Pis crois que le docteur Deveau a v'nu **chez nous** pour me mander… (ILM, texte 1)
[501] Pis il était jamais **chez zeux**. Pis elle, ben elle l'attend. (ILM, texte 1)
[502] Pis, quand j'ai *mouvé*, quand j'ai *mouvé* **de chez nous**, de ma mère ALICE sur… sur mon beau-père, il était là. (ILM, texte 1)
[503] il était **chus eux** la semaine qu'al e / qu'a / al accouchait pour ch/ pour son garçon. (ILM, texte 9)

Alors que dans d'autres régions, *chez*/*chus* s'emploie également devant des syntagmes nominaux ainsi que devant des noms propres (cf. par exemple Arrighi 2005a : 131 et 160 pour le Nouveau-Brunswick, p. 252 pour l'Île-du-Prince-Édouard), tel n'est pas le cas dans mon corpus. Il règne au contraire une stricte différenciation entre *chez*/*chus* et *sus* (cf. Hennemann 2007 : 82). Pourtant Pé-

[296] Dans quelques-uns des contextes mentionnés, on trouve également la préposition *avec* :
[] là j'ai quitté ça **avec** la présidente (ILM, texte 9)
[] Ah, il parle plus asteure qu'il travaille **avec** IML FUNERAL SERVICE (ILM, texte 4)
Outre ces exemples, on trouve *avec* principalement dans les collocations *rester / demeurer avec qn* et *être avec qn* « vivre avec qn ». Cette dernière expression est considérée comme vieillie par Le Nouveau Petit Robert (1993 : s. v. *avec*). Mais *être avec qn* peut aussi prendre le sens de « être chez qn pour une visite » à l'Isle Madame.

[297] Cf. p. 87.

[298] Une compagnie canadienne.

[299] *Chus* est une variante phonétique de la préposition *chez*, considérée comme picarde par Littré (cf. Gérin / Gérin 1979 : 98).

ronnet (1982 : 639) indique pour son corpus du Nouveau-Brunswick que *chez* n'apparaît qu'en combinaison avec un pronom disjoint, ce qui correspond à ma propre observation. Arrighi (2005a : 241) confirme que « [l]a présence de la préposition *chez* dans un corpus acadien contemporain peut être comprise comme une des manifestations de l'influence récente du français de France sur ce parler ». Selon Jagueneau (1991 : 130), il n'existe pas d'opposition entre *chus* et *sus* dans le poitevin-saintongeais.

Signalons encore deux emplois particuliers dans ce contexte : au niveau sémantique, il y a une différence entre *chez nous* et *par chez nous* : alors que la première expression signifie « (chez nous) à la maison », la deuxième est équivalente à « dans notre région / pays » – tout comme en français familier / populaire :

[504] J'tais après dire à Julia l'autre soir, i y a / i y a une fille de **par chez nous**, al a / s'avait trouvé un BOYFRIEND sus l'INTERNET. (ILM, texte 1)

Deuxièmement, *chez nous* placé derrière un prénom sert à identifier la personne comme appartenant à sa propre famille : en montrant une photo avec plusieurs personnes, une informatrice dit les phrases suivantes :

[505] C'est chouse m'avait fait un PA/ un PARTY, GINA. Sais pas ce qu'il est, çui-là. Ça c'est GERALD **chez nous**. (ILM, texte 1)

Une autre informatrice de l'Isle Madame précise que « GERALD chez nous » équivaut à « mon garçon GERALD » ou bien « GERALD de notre famille ».

La locution *sus la / le faît de*, au sens d'origine « sur le point le plus élevé de qc » [506, 507], peut également prendre un sens plus large, à savoir « sur » en général [508, 509] :

[506] la maison **sus la faît de** la butte (ILM, corpus oral)
[507] ma grand-mère avait une cave **sus le faît de** la butte. (ILM, texte 8)
[508] [À propos de la télécommande] Mets-la **sus le faît du** TV là. (ILM, texte 1)
[509] J'en ai une **sus le faît du** poêle. (ILM, texte 9)

Il s'agit d'une tournure très fréquente à l'Isle Madame. Cormier la relève dans *La Sagouine* d'Antonine Maillet : « sus le fait de l'armouère » (Cormier 1999 : 207).

Sus peut même revêtir un sens temporel dans l'acadien de l'Isle Madame. Dans ce cas, la préposition apparaît là où le français standard n'a pas toujours besoin de préposition :

[510] Les autres messes, y en a deux français et / **sur** la semaine, c'est plutôt français, c'est toujours français, oui. (ILM, texte 9)
[511] Si je la manque **sus** eune lundi, faut je la prenne **sus** le mardi. La semaine d'après, faut je la prenne **sus** le mardi d'après. (ILM, texte 2)
[512] I y a pas de MAIL **sus** les samedis. (ILM, corpus oral)

À en juger par les trois exemples relevés, on pourrait supposer que *sus* n'introduit qu'un complément de temps habituel. Ainsi dans 511, le sens exprimé est « chaque mardi », dans 512, la signification est « le samedi ». Pourtant ce résultat n'est pas sûr car à la Baie Sainte-Marie par exemple, on a enregistré la phrase suivante :

[513] on aime faire du CAMPING, on est censés à faire du CAMPING **sus** la fin de semaine. (BSM, texte 18)

Dans ce cas-là, il s'agit d'un événement unique et non pas d'une activité habituelle. En général, la valeur durative de *sur* est d'ailleurs aussi attestée pour le Nouveau-Brunswick (cf. Arrighi 2005a : 351), pour le Québec et la Normandie (cf. Grevisse / Goosse 2008 : § 1051 e) ainsi que pour le parler poitevin-saintongeais par Jagueneau (1991 : 129). D'un point de vue diachronique, Wartburg a relevé le tour *sor semaine* dans un texte du XIIIe siècle et *sur la semaine* dans des dictionnaires du XVIIe siècle (cf. Grevisse / Goosse 2008 : § 1051 H7).

Tout comme la préposition *pour* (cf. aussi le chapitre 3.5.1.5), *sur / sus* est soumis à l'influence de l'anglais : dans bien des cas, des emplois non-standard de cette préposition peuvent être expliqués par des calques de la préposition anglaise *on* (cf. Maury / Tessier 1991 : 68). Néanmoins ces calques ne font souvent que renforcer un emploi régional déjà existant qui peut être attribué à un emploi dialectal en France (cf. Péronnet / Kasparian 2008 : 206). Ceci pourrait être le cas pour deux des usages temporels de *sus*, mentionnés ci-dessus [511, 512] : l'anglais *on Monday*, *on Saturdays* aurait convergé avec des emplois anciens de *sur* dans des contextes similaires. Dans mon corpus, j'ai relevé les tours *siéger sur un conseil* ainsi que *être sur un conseil* qui sont probablement calqués sur les tournures anglaises correspondantes *to sit on a council* ainsi que *to be on a council* :

[514] Comme Robert, par exemple, il était **sur** le conseil administratif de la radio dans le temps quand que moi, j'étais là… là. (ILM, texte 3)

[515] Pis je suis **sur** le / la Fédération des parents pour l'école. (ILM, texte 5)

Ce trait est également employé par des locuteurs très proches du standard (BJ [texte 3], LL [texte 7]), il ne semble donc pas perçu comme acadien ou influencé par l'anglais contrairement à d'autres traits – citons à titre d'exemple les terminaisons *-(i)ont* – qui sont évités par les locuteurs se rapprochant du standard. Gesner atteste cet emploi de *sur* pour la Baie Sainte-Marie (cf. Gesner 1984/85 : 150). Ce même impact de l'anglais se fait également sentir en parlant des moyens de communication et des médias : ainsi on trouve les équivalents français de « on TV », « on the (tele)phone », « on the radio » ou « on the (news)paper » introduits par la préposition *sus / sur* :

[516] C'est lui qui l'a béni BECAUSE j'avais vu / j'avais vu touT la célébration **sus la télévision**… (ILM, texte 4)

[517] Pis j'tais après y dire hier à soir que a était après me conter sus / **sus la / la PHONE**. (ILM, texte 9)
[518] ONE TIME j'ai dit / i y a un homme qui parlait **sus la RADIO**… (ILM, texte 1)
[519] Halifax, il y a s/ six ou sept places. Et là ANYWAY, **sur le papier** je t'ai apporté, c'est dessus. (ILM, texte 4)
[520] **C. L.** : C'tait **sur le bulletin**, je crois bien, **sur le bulletin paroissial**.
E. L. : Oui, oui, c'tait **sur le bulletin**, moi, je l'ai li. (ILM, texte 4)

Guilbeau observe cet emploi pour la Louisiane (cf. Guilbeau 1950 : 249) où l'influence anglaise est encore plus intense. Mais comme Gadet rapporte cet emploi aussi pour le français populaire (cf. Gadet 1992 : 72 et sq.) qui est loin d'être soumis à une influence anglaise aussi forte que l'acadien ; on pourrait conclure que peut-être même en acadien, l'anglais n'est pas le seul « responsable » de ce phénomène, mais qu'il s'agit d'une convergence entre un phénomène intralinguistique et un calque.

Un verbe où l'influence anglaise contribue aussi au moins partiellement à l'utilisation de *sur* / *sus* en acadien est *dépendre* (cf. anglais « depend on ») :

[521] Parce que s'i faut tu **dépends sus** touT c'tés PUSH-BUTTON là là, ça va pas faire… (ILM, texte 9)
[522] Nous-autres à cause vraiment de la grosse industrie de / de BOOTH'S FISHERIES qui est venu ici en cinquante-trois, on a té vraiment eune population qui que **s'est dépendu** seulement **sus** un cheval. (ILM, texte 6)

Dépendre sus est souvent considéré comme le trait de l'acadien traditionnel, alors que *dépendre de* est celui du français standard officiel (cf. Péronnet / Kasparian 2000 : 113). Selon les deux auteures, par contre, il s'agit d'un écart assez récent, à savoir d'un calque de l'anglais *to depend on* (cf. Péronnet / Kasparian 2000 : 114 et sq.).

Une autre locution verbale influencée probablement par l'anglais *to be on the needle* est la forme *être sus / dessus les aiguilles* « recevoir des piqûres régulièrement » :

[523] Ah t'es / t'es **sus** les aiguilles maintenant. (ILM, texte 2)
[524] Ma mère était **sus** des aiguilles pa[300] à tout les matins j'allais y donner : eune aiguille le matin, eune aiguille pour le dîner, eune aiguille pour le soère. (ILM, texte 2)
[525] Moi je les␣ / je suis **dessus** les aiguilles depis / euh / dix-neuf cent quatre-vingt-cinq. (ILM, texte 2)

Pour en venir au champ sémantique, de nombreux lexèmes comme *dessus / au(-)dessus de / en dessus de / par(-)dessus* fréquemment attestés dans d'autres régions acadiennes pour exprimer le sens de « sur » sont presque absents de mon corpus en tant que prépositions. Voici deux des rares attestations :

[300] Devant un mot commençant par la voyelle *a*, *pis* devient parfois *pa*.

[526] tu leur écrivais pis i passaient **par-dessus** tes lettres et pis quand avait une lettre… (ILM, texte 9)
[527] Pis coumbien de fois que du sucre là, du sucre t'avais là pis t'avais juste une livre de sucre **dessus** la faît. (ILM, texte 11)

Le phénomène cité ailleurs dans ce contexte, le renforcement phonétique des prépositions (cf. Guilbeau 1950 : 251 et sq.), ne se retrouve donc pas à cette étape de l'analyse. En fonction d'adverbe par contre, les formes de *dessus* sont tout à fait courantes.

Signalons enfin que la préposition *au-dessus de* peut prendre le sens de « plus de » devant des chiffres :

[528] …elle a au / **au-dessus de** trois cents dollars par semaine cette fois. Ça fait… (ILM, texte 5)

3.5.1.4 de

Un phénomène morphologique qui se produit de temps en temps avec la préposition *de* et les locutions prépositives finissant par *de* est la non-omission du phonème [ə] devant une voyelle ou le *h muet* :

[529] I y en a là les plus vieux, le français **de A**lderny Point est pas comme nous-autres. (ILM, texte 4)
[530] mais celui-là **de I**rlande, i observait les oiseaux. (PUB, texte 22)
[531] i veniont **de O**ttawa, i veniont du Montréal, i veniont de Toronto… (ILM, texte 4)
[532] Pis il y avait des / des attaques **de a**nxiété. (ILM, texte 5)
[533] Et pis t'avais pas d'auto, pis t'avais pas **de a**utobus… (ILM, texte 12)
[534] Les professeurs allaient pas après **de e**ux, ça fait… (ILM, texte 12)
[535] Et pis je pense que aujourd'hui on commence à rebâtir **de é**conomie / euh / … (ILM, texte 10)
[536] Pis i y a beaucoup d'eau chaude **de u**sée. (ILM, texte 2)
[537] Moi, j'ai même pris partie **de un** film. (ILM, texte 5)

Les raisons de la non-chute du schwa dans mon corpus sont diverses : notamment dans les exemples du Sud-Ouest, on peut constater que les locuteurs renoncent souvent à l'élision devant des toponymes [529–531], surtout quand il s'agit de toponymes anglais. Pour le langage des élèves du Sud-Ouest, Starets a constaté globalement qu'il n'y avait « pas de chute du phonème [ə] de la préposition 'de' devant voyelle » (Starets 1986 : 503).

Parallèlement à la préposition *à* (cf. p. 185), il existe aussi des cas où la contraction ne s'effectue pas entre *de* et les articles définis *le* et *les* :

[538] Pis dans ce temps-là, t'étais pas / le / le LIBRARY était dans le / dans la h/ dans la hall **de le** couvent. (ILM, texte 4)

[539] il avait pas té à travers **de le** temps que ça prend pour comprendre. (ILM, texte 5)
[540] Et pis tcheu/ tcheuqu'zun **de les** / les der/ les derniers là, sais pas tchel des zeux… (ILM, texte 4)
[541] Et puis **de les** entrevues, i y-ont fait un livre. (ILM, texte 5)
[542] à la fin **de les** histoires il y a / c'est une liste de questions qui avait rapport à la personne. (ILM, texte 5)

En combinaison avec la préposition *de*, on trouve encore deux cas d'agglutination dans les locutions *de delà* « de là » et *de deça* « de ça » :

[543] Et moi c'est / c'est **de delà** je viens. (ILM, texte 7)
[544] Pis après ça, ç/ tu / tu / t'as / t'as sorti **de delà**. (ILM, texte 9)
[545] Pis en plus **de deça**, ça a créé un plus gros sens d'appartenance à ta propre école. (ILM, texte 3)

Ce phénomène consistant à ne pas toujours respecter la fin des mots peut aussi, selon Maury / Tessier (1991 : 67), « toucher les prépositions qui ont tendance à se fondre au mot suivant de façon à constituer un tout dans l'esprit du locuteur, au point qu'il répètera la préposition qui n'est plus perçue, puisqu'elle a été intégrée au mot ». Ceci est un indice du fait que *de* est déjà vidé de son sens spécifique ; pour cette raison, il est même redoublé dans les expressions mentionnées ci-dessus (cf. Jagueneau 1991 : 129). Pourtant, le phénomène d'agglutination en général est rare en acadien.

Le seul emploi local qu'on peut attester pour *de* est traité dans la partie morphologique consacrée à *dans* (cf. p. 202) car la forme apostrophée de *de* (*d'*) semble plutôt résulter de l'élision de la préposition *dans* que de *de*.

Un cas où la préposition *de* est souvent dite explétive (cf. Guiraud 1986 : 75) est la construction « *de* + participe passé / adjectif ». Les mots auxquels cette structure se rapporte sont – dans la plupart de cas – précédés d'un article ou déterminant indéfini, d'un numéral ou une expression de quantité (cf. Grevisse / Goosse 2008 : § 244 d) :

[546] Ça c'est la cuisine à VERONICA qu'al avait une table **de gréée** avec touT sortes d'affaire. (ILM, texte 1)
[547] Pis i y a beaucoup d'eau chaude **de usée**. (ILM, texte 2)
[548] Donc t'as peu d'importance **d'accordée**. (ILM, texte 10)

[549] Pis de l'eau était loin. Mais i y avait pas d'eau **de gaspillée** comme i y en a aujourd'hui. (corpus SHAIM, ILM, JB, 73)

[550] Il y avait une personne **de morte** à Louisdale. (ILM, corpus oral)
[551] Y a-ti deS / des appartements **de vides** ici ? (ILM, texte 2)
[552] Si t'as du linge **de sale**, mets-le… (ILM, corpus oral)

Au moyen de la préposition *de*, l'acadien a donc trouvé une possibilité d'exprimer la différence entre l'expression d'un état et du résultat d'une action :

une personne morte est donc « une personne qui ne vit plus », tandis qu'*une personne* ***de*** *morte* est « une personne qui est morte / qui est décédée (il y a un certain temps) ». Cette différenciation de sens n'est pas aussi fréquente en français écrit standard[301], mais elle est tout à fait courante en français populaire (cf. Guiraud 1986 : 75 et sq.[302]). De plus, elle est en analogie avec une autre distinction de sens en acadien, celle entre l'emploi des verbes *être* ou *avoir* aux temps composés des verbes de mouvement (cf. p. 147).

Selon Blinkenberg, « le *de* de *Cent hommes de tués* a eu à l'origine une valeur partitive (donc : *Un homme de* TUÉS, suivant le sens primitif) » (Grevisse / Goosse 2008 : § 244 H2). Grevisse / Goosse appellent cette fonction « *de* inverseur » car la préposition *de* y sert « à indiquer que le terme qui le suit n'a pas la fonction attendue : Un attribut là où on attend une épithète » (Grevisse / Goosse 2008 : § 1052 a). Ces tours sont déjà bien attestés chez les auteurs du XVIIIe siècle ; pourtant *de* n'y était pas obligatoire (cf. Grevisse / Goosse 2008 : § 244 H2). La structure se trouve également dans le Centre-Ouest de la France (cf. Jagueneau 1991 : 129).

En combinaison avec une expression quantitative, *de* peut expliciter l'âge, la taille ou une dimension :

[553] [En parlant de son canapé] il a quarante-sept ans **de vieux** (ILM, corpus oral)
[554] C'était vers ça **de long** et vers ça **de large**. TouT sortes de couleurs. (ILM, texte 12)

Cet emploi est également connu à la Baie Sainte-Marie (cf. Thibodeau 1988 : 78), dans le Nouveau-Brunswick (cf. corpus Wiesmath 2006a[303]), à Terre-Neuve (cf. Brasseur 2001 : s. v. *d(e)*) ainsi qu'en Louisiane (cf. corpus Valdman 2003). En français standard, on trouve également les expressions *de haut*, *de long* et *de large*.

De est utilisé dans l'expression *il y en a d'zeux* dans le sens de « il y en a parmi eux » (cf. aussi p. 154) :

[555] Et pis, les noms / t'sais / i y en a **d'**zeux qu'a changé les noms en anglais pluS pis… (ILM, texte 4)
[556] BECAUSE les jeunes d'aujourd'hui parlent / i y en a **d'**zeux qui parlent pas tel français qu'on le parlait nous-autres, dans notre temps. (ILM, texte 4)

---

301 Selon Grevisse / Goosse, « [c]e tour est fréquent dans la langue parlée ; il n'a rien d'incorrect, et se trouve d'ailleurs parfois dans l'écrit » (Grevisse / Goosse 2008 : § 244 d). Pourtant en français standard, on préfère des périphrases (cf. Brunot / Bruneau 1949 : 380).

302 Guiraud présente comme exemple : « Cf. aussi *j'ai ma sœur malade* (celle qui est malade), complément d'inhérence ; *j'ai ma sœur de malade* (elle est tombée malade), complément de relation. » (Guiraud 1986 : 75)

303 Texte 1, B321 ; texte 1 B834 ; texte 3, D8.

La préposition *de* ne se trouve par contre guère après les numéraux (« 'de' partitif », Brunot / Bruneau 1949 : 428 pour l'ancien français). La construction « numéral + *de* + pronoms personnel disjoint » y fait exception :

[557] J'étions / euh / nous-autres à la maison ? J'étions deux, trois, quatre, cinq. J'étions cinq **de** nous-autres. (ILM, texte 1)

[558] Euh, il y a un **des** zeux, c'est / sais qu'i-y-en a un **d'**zeux qu'i-y-ont pas appelé BACK, pis la rai/ quand-ce qu'elle a appelé, la raison qu'il ont 'née : al avait perdu trop de temps. (ILM, texte 4)

On pourrait penser à l'influence de l'anglais où l'on a des structures comme *there were **five of us**, there is **one of them***, etc.

L'insertion de *de* entre le jour et le mois dans l'indication d'une date est très courante dans toutes les régions acadianophones ainsi qu'en français populaire :

[559] Pis le premier **de** janvier trente et un, on n'était pus alloués d'aller. (ILM, texte 2)

[560] Ben moi je m'en étais à l'Amarique dans dix-neuf cent vingt-neuf, le vingt-neuf **de** mars, j'avais seize ans. (ILM, texte 2)

Haase présente des exemples du XVIIe siècle où la construction de la date avec *de* est considérée comme « plus correct[e] » (Haase 1965 : 119). Une fois de plus, on pourrait supposer une convergence avec l'anglais où, à l'oral, *of* se glisse toujours entre le jour et le mois : *the first of January*, *the twenty-ninth of March*, etc.

Les Acadiens emploient souvent la locution *de ça* dans un contexte temporel. La formule *il y a* du français standard – pour se référer à un certain point dans le passé – n'existe presque pas. Parfois, *de ça* sert à renforcer une indication de temps introduite par *il y a* ou – plus fréquemment – *ça fait* :

[561] OH MY GOODNESS, **ça fait** longtemps **de ça** asteure, ça fait… (BSM, texte 15)

[562] La dernière a mouri **i y a** pas longtemps **de ça** là, une semaine, un coupelle de semaines **de ça**. (ILM, texte 2)

Ce renforcement de *il y a* ou *ça fait* par *de ça* est également possible en français parlé de France. Mais en acadien, *de ça* peut également s'utiliser seul – ce qui est impossible en France :

[563] On est allée l'é/ l'entrevuer / euh / à peu près je dirais sept, huit mois **de ça** pour le SAINT FX[304]. (ILM, texte 9)

[564] Al était sus le papier / euh / deux semaines **de ça**. (ILM, texte 2)

[565] Ben, ej pense que c'est un gros pont te / tu viens penser que pas si longtemps **de ça** on faisait touT nos études scolaires en anglais. (ILM, texte 6)

304 St. Francis Xavier University à Antigonish, autre abréviation : StFX.

On pourrait soupçonner que la postposition de l'anglais *ago* a peut-être joué un rôle dans l'adoption de *de ça* comme substitut de préposition.[305]

Il y a encore quelques exemples où *de* est employé pour introduire une expression temporelle. Comme on l'a mentionné ci-dessus (cf. p. 192), *de soir* (attesté également par É. Boudreau 1988 : 95) est la forme courante pour indiquer le soir d'aujourd'hui, donc « ce soir ».

Pour la rection des verbes, il y a très peu de cas où l'acadien préfère *de* à une autre préposition : en analogie avec la construction *se souvenir de qc*, le verbe *se rappeler* est suivi de la préposition *de* en acadien, phénomène tout à fait courant pour le français populaire, familier voire parlé en général et attesté pour le poitevin-saintongeais (cf. Jagueneau 1991 : 128) :

[566] je ne sais pas vraiment qu'est-ce que ç'a provoqué ou qu'est-ce que ç'a fait parce que à l'âge de cinq ans, je **me rappelle** pas vraiment **de**… Parce que à l'école, c'est vrai que tous nos livres étaient en anglais. (ILM, texte 10)

[567] Par exemple, je **me rappelle de / de** ma grammaire française. (ILM, texte 10)

Le verbe *appartenir* se construit avec *de* en acadien au lieu de *appartenir à qc* en français standard :

[568] Un p'tit village qui **appartient d'**ArichaT. (ILM, texte 1)

[569] ça appa/ c'est / c'est / ça **appartient de** ma mère. (ILM, texte 6)

[570] Sa première femme a restait dans l'hôpital sais pamou/ sais pas coumment longtemps, Murie, a était / **appartenait de** Chéticamp. (ILM, texte 1)

En plus, on trouve la locution *ça sert de rien* au lieu du français standard *ça sert à rien* :

[571] I MEAN ça **sert de rien** d'aller à l'église à tout les jours, ça **sert de rien** d'aller / euh / galoper les prêtres à tout les jours. (ILM, texte 4)

De ça est très souvent utilisé dans l'acadien de l'Isle Madame à la place du pronom adverbial *en* :

[572] Moi souviens encore **de ça**, pas / j'tais pas ben vieux. (ILM, texte 4)

[573] t'as t-êt jamais entendu parler **de ça** mais c'est ça qu'i appeliont ça. (ILM, texte 4)

[574] j'ai dit on a pas besoin **de ça** dans le monde (ILM, texte 4)

---

305 Il en est de même pour une autre possibilité à l'aide de laquelle on peut exprimer « il y a » (sens temporel) : il s'agit de l'adjectif *passé*, qui est postposé à l'indication du temps :

[] J'y étais **deux ans passés**. Pis on a / on / on avait couché à la motel, on était deux couples pis c'était vraiment, vraiment beau. (ILM, texte 2)

[] Parce tu sais **deux ans passés / deux ans passés**, j'ai dit à Charlie, j'ai dit / euh… (ILM, texte 4)

[575] Pis ça je peux te dire j'uis ben fier **de ça** parce que c'est moi qu'ai commencé c'te / c'te grand cercle d'avoir de la musique. (ILM, texte 7)
[576] Pis on m/ on mangeait une cuillérée **de ça** pour nos / pour nos poumons (ILM, texte 9)

De ça ne remplit pas de fonction d'expressivité dans les exemples ci-dessus, mais une fonction déictique liée aux situations de dialogues. *De ça* représente une sorte de désintégration du pronom adverbial *en*, celle-ci étant également tout à fait courante en français parlé en général.

Mentionnons finalement l'emploi possible de *de* en combinaison avec *rien* et *tout* : *de rien* et *de tout* peuvent être équivalents à *rien* et *tout*. Même si ces locutions ne sont pas la règle, on les entend ici et là :

[577] Moi, c'/ ça me dit **de rien**. (ILM, texte 4)
[578] Ah non. A mange **de touT**.[306] (ILM, texte 1)

Jagueneau (1991 : 128) cite des exemples similaires pour le poitevin-saintongeais (corpus de Soulard) : *Jh'en sais de reun* « J'en sais rien » ainsi que *I sé de tout fère* « Il sait tout faire ».

Dans leur article, Péronnet / Kasparian (2000) décrivent la standardisation de traits linguistiques à l'instar de la préposition *de* dans l'acadien du Nouveau-Brunswick. Le grand nombre de traits approximatifs et d'hypercorrections qu'elles observent dans l'ensemble du système des prépositions est pour elles un indice du fait que la langue se trouve « en pleine transformation » (Péronnet / Kasparian 2000 : 112). Pour les structures verbales, elles constatent un plus grand rythme de standardisation (91 %) que pour les structures nominales (80 %).

3.5.1.5 pour

Dans la plupart des cas, la préposition *pour* s'emploie de la même façon qu'en français standard. Néanmoins il y a quelques particularités.

Pour est très courant à l'Isle Madame dans le sens de « en ce qui concerne, vu » :

[579] **Pour** ça qu'elle a passé à travers, je te dis ; regarde ça ! (ILM, texte 1)
[580] Oui, j'étais après y conter la JOKE que tu m'as dit **pour** frère Landry. (ILM, texte 1)
[581] Pis, je lis le français. Mais c'est **pour** l'écrire. **Pour** l'écrire, je fais des fautes, beaucoup de fautes. (ILM, texte 4)
[582] **Pour** ma grand-mère, je me souviens, i tait assis dans une chaise berceuse… (ILM, texte 4)

---

306 Cet exemple correspond au français standard *Elle mange de tout.*

En outre, on trouve l'expression *pour moi* qui équivaut à « selon moi, à mon avis », deux tournures qui ne se trouvent pas à l'Isle Madame :

[583] La seule affaire **pour moi** je trouve c'est dangereux, une canne dans des escaliers. (ILM, texte 2)

[584] **Pour moi**, ça doit pas être pour les gestionnaires, ça doit pas être pour les conseillers, ça doit pas être pour les adultes, ça doit être pour les enfants. (ILM, texte 3)

Néanmoins, il n'est pas exclu que de telles phrases soient aussi possible en français familier / populaire [581, 582] ou en français parlé en général [583, 584] (cf. Le Nouveau Petit Robert 2007 : s. v. *pour*).

Dans la tournure « *qc* + *à* + INF » (par ex. *quelque chose à manger*), *pour* remplace en acadien la préposition *à* :

[585] Ça fait il y avait pas de tra/ de / euh / de travail comme i y a asteure **pour préparer** d'un journée du lendemain. (ILM, texte 2)

[586] Oui, dans tout les cas, on est chanceux qu'on en a **pour manger**. (ILM, texte 2)

Comme on l'a déjà mentionné (cf. p. 217), tout comme la préposition *sur*, *pour* subit aussi l'influence de la langue anglaise. Ainsi, *pour* s'emploie afin d'indiquer une durée non seulement dans le futur par rapport au point de référence mais aussi dans le présent et dans le passé. Dans ces deux derniers cas, le français de référence prescrirait la préposition *pendant* (ou *durant*) (cf. Gérin / Gérin 1979 : 99) voire aucune préposition :

[587] t'attendais pas **pour longtemps** pour avoir ton… A était vif. ((rires)) (ILM, texte 8)

Brasseur confirme qu'il s'agit là d'un calque de l'emploi anglais (*for a week*, *for a while* ou *for five weeks*) (cf. Brasseur 2001 : s. v. *pour*). Contrairement à quelques emplois de *sur* où le calque ne fait que renforcer un emploi déjà existant en français classique ou régional, cet emploi de *pour* ne se rattache – à ma connaissance – à aucun usage ancien du français (cf. Gérin / Gérin 1979 : 99).

Dans un autre cas, le calque syntaxique l'a emporté complètement sur la tournure commune. Alors qu'en français de référence, on dit par exemple *demander qc (à qn)*, les Acadiens n'emploient que la tournure *(de)mander (à qn) pour qc* (de l'anglais *to ask sb. for sth.*). Il en est de même pour d'autres verbes qui se trouvent dans mon corpus comme *chercher pour* / *garder pour*[307] / *WATCHER pour* (de l'anglais *to look for*) (cf. Brasseur 2001 : s. v. *pour*).

[588] Pis pensais : un docteur mient te **mander pour** un FAVOR, tu vas pas dire non. (ILM, texte 1)

[307] Dans le cas de *(re)garder pour* « chercher qc », l'acadien a même traduit le verbe anglais *to look*.

[589] Pareil si coumme t'**arais cherché pour** de l'or. (ILM, texte 11)
[590] J'ai dit oui, je **charchais pour** un / **pour** des bonbons… (ILM, texte 4)
[591] Si je vas à l'église, pis je **garde pour** JOHN CYPRIAN, vas pas le trouver. (ILM, texte 4)
[592] Il faut **garder pour** là parce que ça va me prendrè un p'tit bout de temps à les trouver. (ILM, texte 9)
[593] i ***watchiont*** **pour** son roi pis leur / son PARTNER le passait. (ILM, texte 4)

Finalement signalons encore deux tournures qui contiennent la préposition *pour* : *pour (le) sûr* et *juste pour le FUN* :

[594] Tu pouvais pas te permettre de te faire éduquer, **pour sûr**. (ILM, texte 8)
[595] Oh, a passe quatre-vingt **pour le sûr**. (ILM, texte 2)
[596] **Juste pour le FUN**. (ILM, texte 2)

Même si l'on pourrait immédiatement penser à l'influence de l'anglais, la première tournure – *pour (le) sûr* – est néanmoins attestée dans la littérature française au XIXe siècle et encore courante en français populaire / familier (cf. Le Nouveau Petit Robert 2007 : s. v. *sûr*). L'anglais, qui connaît l'expression *for sure*, a peut-être contribué à la survivance de cette expression ancienne en acadien. La deuxième tournure *juste pour le FUN*, une traduction quasi-littérale de l'anglais *just for fun* est aussi connue au Québec.

En outre, *pour* apparaît après certains verbes pour les relier à un infinitif, à la place d'une autre préposition du français standard. Ainsi, le verbe *avoir besoin pour qc* existe parallèlement à *avoir besoin de qc* sans qu'aucune exigence sémantique ou syntaxique ne soit visible :

[597] il ont **besoin pour** faire une bâtisse là (ILM, texte 4)

Voici d'autres attestations où le régime diffère de celui du français de référence :

[598] Les vieux étaient vraiment intelligents quanT ça **vnait pour** le / pour le temps. (ILM, texte 2)
[599] quanT qu'**i a v'nu pour** se marier, i s'amourachait d'ielle, pis… (ILM, texte 4)
[600] j'ai **tombé enceinte pour** ma plus vieille fille. (ILM, texte 4)

Pour s'emploie également après certains adjectifs :

[601] moi suis pas **folle pour** parler. (ILM, texte 2)
[602] Ben, Charlie il est pas **fou pour** faire des BARBECUE. (ILM, corpus oral)
[603] QuanT qu'i ont m'nu être **parés pour** se marier, i ont / i ont té se marier au juge de paix. (ILM, texte 4)
[604] Al est **dépendant pour** ielle-même. (ILM, texte 1)

3.5.2 Prépositions catégorisées selon leur sens

3.5.2.1 Le lieu

Quant à l'emploi local, les prépositions *à*, *dans* et *sur* traitées ci-dessus jouent – tout comme en français standard – un rôle primordial. Leurs emplois locaux sont décrits dans les chapitres 3.5.1.1 (*à*), 3.5.1.2 (*dans*) et 3.5.1.3 (*sur*). *En*, qui est considéré par Brasseur comme la moins courante parmi les prépositions à faible corps phonique (cf. Brasseur 2005 : 249), est très rare dans l'acadien de l'Isle Madame aussi. Comme on l'a constaté ci-dessus, ce sont avant tout les prépositions *à* et *dans* qui sont employées devant des toponymes qui exigeraient *en* en français standard (cf. p. 188, 208). Pourtant, cet usage semble encore perçu comme un trait typiquement acadienne car, dans des situations plutôt formelles, les locuteurs proches du standard emploient la préposition *en*. De plus, la combinaison de *en* avec l'article défini ou bien le déterminant possessif est extrêmement rare :

[605] I y avait des / l'économie pour / euh / encourager nos Acadiens à prendre **en leurs mains**[308] leur propre / euh / BUSINESS, leur propre… (ILM, texte 8)

On trouve encore assez souvent la préposition *en* en combinaison avec des moyens de transport ou des machines en général :

[606] Pis dans c't' temps-là, t'allais charcher les docteurs en / **en cheval** pis en carriole. (ILM, texte 2)
[607] Oui, a se faisait des costumes ielle-même, a achetait du matériel pa a les coudait **en machine**. (ILM, texte 2)
[608] Comme les femmes qui étaienT enceintes / euh / mon père i / is allaient chercher le docteur, le médecin **en** / **en cheval**. (ILM, texte 9)

À part ces attestations, on ne trouve que des expressions figées comme *en mer* (qui est d'ailleurs considérée comme « courant » par Grevisse / Goosse 2008 : § 1051 b), *être en famille* « être enceinte » (cf. Brasseur 2005 : 259), *être en enfance* « être jeune », *être en dispute* « se disputer » ou bien (pour une radio) *être en onde* « diffuser » :

[609] i y-ont marié des Françaises BUT la majorité d'zeux étaient tout le temps **en mer**. (ILM, texte 4)
[610] Ben asteure comment qu'i / i **sont en famille**, tu les / i sortont. (ILM, texte 1)
[611] **E. L.** : Les vieux il étiont intéressants, YOU KNOW, pour / pour dire touT sorte de choses de même.
A. F. : Il étiont **en enfance**. (ILM, texte 2)
[612] I étiont **en dispute** pour la pêche. Pis j'avais braillé[309]. Ben là je te dis. (ILM, texte 4)

---

[308] Français standard : *prendre en main(s)*.

[309] *Brailler* = « pleurer » (cf. Cormier 1999 : s. v. *brailler*).

[613] Mais tout de suite là, faut bien comprendre elle est en / c'est une radio en implantation. Donc elle est pas **en onde** tout de suite. (ILM, texte 7)

Des expressions qui ne se trouvent que dans la partie plus ancienne de mon corpus sont *en quelque part* et *en nulle part*, où il s'agit d'un emploi redondant :

[614] Non, ça paraît qui s'est, d'après l'histoire de mon père, de l'histoire qu'il a entendu **en quelque part** (ILM, PCG 1982, 17B, 321–3)
[615] Non, j'ai jamais té **en nulle part**. (corpus Labelle, ILM, CS 1982, 20A, 389–1)

Dans mon propre corpus de l'Isle Madame, on trouve exclusivement la tournure *à quelque part* et *à nulle part* (cf. p. 190). Dans le corpus de Wiesmath (2006a) pour le Nouveau-Brunswick, on trouve cinq attestations de *en quelque part*. La tournure est également connue à Terre-Neuve et au Québec (cf. Brasseur 2005 : 257). Selon Haase, *en quelque part* serait un provincialisme qui est déclaré « hors d'usage » (Haase 1965 : 346).

Finalement l'expression *en masse* a adopté le sens de « beaucoup » et a même déjà franchi le seuil d'une locution adverbiale de quantité pour devenir une expression de quantité suivie par *de* + groupe nominal [620] :

[616] Travaillé ? Oui, j'ai travaillé **en masse**. (ILM, texte 1)
[617] Tu sais i y avait du poisson **en masse**, i y avait des légumes, i y avait beaucoup de manger. (ILM, texte 1)
[618] I est après me faire un bec, m'a fait brailler **en masse**. (ILM, texte 1)
[619] La pêche au / au Homard. Et pis / euh / au maquereau parce ce temps-là, i y avait du maquereau **en masse**. (ILM, texte 11)
[620] On avait tout le temps des légumes p'on avait de la viande. Pis le poisson. Le poisson. **En masse du** poisson. (ILM, texte 11)

Bien que *en masse* existe aussi comme locution adverbiale en français familier, son emploi comme expression de quantité suivie par *de* + groupe nominal n'y est pas possible (c. p. d'Emmanuel Faure).

La préposition *par* sert également à marquer une position ou une direction, celles-ci étant souvent approximatives, dans le sens de « du côté de, aux alentours de, vers » :

[621] …a demeure à Saint-Joseph-du Moine, c'est **par** Chéticamp. (ILM, texte 4)
[622] je crois qu'il avions une autre usine **par** le GUYSBOROUGH[310] à quelque part là (ILM, texte 4)
[623] Pis c'est / les autres de la BAND, i est touT **par** Truro, j'ais pas, ça a touT té par là qu'est avec lui. (ILM, texte 4)

---

310 Le comté de Guysborough se situe dans l'Est de la Nouvelle-Écosse, le détroit de Canso constitue la frontière entre les comtés de Guysborough et de Richmond (cf. carte 4, p. 32).

[624] Quand j'ai m'nu au tchai du gouvernement, ej ai déviré, lui s'en était **par** le pont. Pense moi-même : I GOT IT MADE, i est parti **par** le pont. (ILM, texte 4)

[625] QuanT qu'i a m'nu icitte, m'en étais **par** dans l'allée. (ILM, texte 4)

La préposition *entre* est assez rare dans mon corpus. À part la réduction phonétique ([ɑ̃nt]) et l'idée d'ensemble de « parmi » [626] (cf. aussi Brasseur 2001 : s. v. *enteur*), il n'y a pas de grands écarts par rapport au français standard :

[626] Mais on l'avait planifié **entre** une bande de nous-autres. (ILM, texte 5)

La préposition *parmi* est, elle aussi, plutôt rare dans mon corpus, mais on retrouve un emploi assez intéressant, *aller parmi les maisons*, où *parmi* prend le sens de « dans » : « aller dans les maisons / aller d'une maison à l'autre »[311] :

[627] **I. S.** : Pis il aviont des / des danses / des KITCHEN RACKET pis de quoi de même.
E. L. : Ah oui, on allait **parmi** les maisons pis i jouiont de la musique pis on / on dansait pis on avait du FUN. (ILM, texte 1)

Chez Haase, on peut trouver l'explication selon laquelle *parmi* peut quelquefois posséder « un sens purement local et équivaut à *au milieu de, dans* » (Haase 1965 : 356). Il pourrait donc s'agir d'un archaïsme ayant survécu en acadien.

À propos de la préposition *sous*, il n'y a pas d'écart à mentionner avec le français de référence. Tout comme pour *sus*, on trouve aussi des variantes avec un corps phonique plus marqué, *en dessous de* ainsi que *au-dessous de*, mais qui sont toutes en accord avec les règles du français standard :

[628] Et pis on les met **en dessous de** l'ar/ de c'te arbre-là. (ILM, texte 5)

[629] J'ai dit j'étais embarrassée, j'aurais pu m'en aller **au-dessous du** plafond. (ILM, texte 5)

En Louisiane, par contre, l'évolution vers des locutions phonétiquement renforcées semble plus avancée : dès 1950, Guilbeau note que *sous* n'est plus employé que par quelques informateurs plus âgés. Les variantes régulières sont /ɑ̃nsu de, ɑ̃nsur de/; le *r* à la fin de cette dernière serait dû à une analogie avec /syr/ (cf. Guilbeau 1950 : 252). Dans le *Dictionary of Louisiana French*, les formes *dessous* et *sous* sont attestées ; pourtant la fréquence des deux prépositions n'y est pas indiquée (cf. Valdman et al. 2010 : s. v. *dessous*[2], *sous*).

D'autres prépositions locales comme *devant* ou *derrière* existent mais sont parfois remplacées par *en avant de* et *en arrière de* :

[630] N'importe qui-ce qui / qui va être **en avant de** lui, ben c'est toi qui va l'avoir. (ILM, texte 5)

---

311 C'est la locutrice qui a employé cette tournure qui a elle-même fourni ces explications.

[631] Pis bien sûr, i / i / i coupait **en arrière** les parcs. I coupait **en arrière d'**une / **d'**une parc. Il filait la côte, icitte en arrière de la SWAMP. (ILM, texte 4)

Les deux locutions sont connues en français standard mais elles n'y sont employées que dans des cas bien déterminés : *en avant de* « marque la position par rapport à qn ou qch, *en arrière de* signifie 'loin derrière' » (Brasseur 2005 : 254). Pour les exemples 630 et 631, on ne peut pas constater de grands écarts par rapport à cette définition. Pour Terre-Neuve, Brasseur (2001 : s. v. *arrière*) confirme toutefois un usage systématique surtout de la locution prépositive *en arrière de* dans des contextes où le français général ne l'admettrait pas.

Tout comme en français standard, la locution prépositive *en dehors de* peut signifier « à l'extérieur de ». Mais il y a également eu une spécialisation de la sémantique si bien qu'elle a pris le sens de « au large de » :

[632] un temps passé, tout jeune de Meteghan allait point pêcher **en dehors de** Yarmouth. (BSM, texte 18)
[633] Pis asteure, à Meteghan, i y en a qui sont **en dehors de** Yarmouth. I y en a **en dehors de** Yarmouth qui sont à Meteghan. (BSM, texte 18)
[634] Oui, les Îles-de-la-Madeleine. C'est / c'est / c'est **en dehors de** Québec. (ILM, texte 4)
[635] ...a m'nait de / de Île xxx / euh / **en dehors de** YARMOUTH. (ILM, texte 9)
[636] Pêchait dans la mer **en dehors de** L'Ardoèse. (ILM, texte 11)

Brasseur (2005 : 255) atteste cette même spécification de sens aussi pour le français parlé à Terre-Neuve.

Locutions prépositives très courantes en acadien, *en haut de / en bas de*, sont également possibles en français standard. La première peut être étendue à *par en haut de*, locution prépositive connue en français familier de France :

[637] ...docteur Deveau a té la chercher pour aller / euh / délivrer un enfant **en haut du** havre / en une place **en haut du** havre. (ILM, texte 9)
[638] [À propos d'un avion] Ben i dit : ça / ça va **en haut des** nuages. (ILM, texte 1)
[639] Pis on amenait touT les enfants du village, de / de **par en haut de** la baie. (ILM, texte 9)
[640] Oui, juste **en bas de** la / La Butte là. (ILM, texte 5)

En bas est parfois utilisé comme adverbe en combinaison avec les verbes *descendre*[312], *tomber* et *noter*, ce qui peut être considéré comme étant un calque de l'anglais *to go down, to fall down* et *to write down* :

[641] pis qu'avait quitté ses bétchilles, pis qu'**avait timbé en bas** les escaliers (ILM, texte 1)

312 Guilbeau (1950 : 255) note pour la Louisiane que *en bas de* est utilisé de manière redondante avec le verbe *descendre*.

[642] j'ai dit / euh : je vas **descendre en bas sus** mon CHUM, je restais sus Lucile. (ILM, texte 4)
[643] **Note** ça **en bas**. (ILM, corpus oral)

Spécificité intéressante du système prépositionnel, j'ai repéré dans le corpus une préposition qui n'est attestée que dans très peu de variétés du français, *clair (de)* aux sens de « loin de, hors de, à l'écart de » :

[644] on était pas loin, un mille **clair** la terre (ILM, corpus oral)
[645] Eux-autres, ils sont venus là. Comme mon patron il est venu après dix-sept ans **clair de** la région. (ILM, texte 3)
[646] il faut que tu mettes ton canot **clair des** roches. (ILM, corpus oral)
[647] Je vas haler ça **clair du** soleil. (ILM, corpus oral)

Clair de ça semble avoir pris un sens adverbial ressemblant à « de plus, en outre » :

[648] THAT'S THE ONLY ONE THAT INTERMARRIED IN THE / IN THE IN THE TO / dans la famille Tamoune. **Clair de ça**, les / les / les Saindoux, c'est* un autre CLAN de Landry. (ILM, texte 4)

On trouve aussi la tournure *se tenir clair de* dans mon corpus :

[649] I dit : **tenez-vous clair de** c'tés docteurs là. **Tenez-vous clair de** c'tés gars-là. (ILM, texte 1)

Cette préposition n'est pas connue à la Baie Sainte-Marie (c. p. de Philip Comeau). De plus, il ne s'en trouve aucune attestation dans les travaux d'Arrighi (2005a) (NB, ÎPÉ, NÉ), de Wiesmath (2006a et b) (NB), ni dans le corpus de Stäbler (1995a) (LOU). En outre, cette grammaticalisation probable de l'adjectif *clair* ne se trouve pas non plus dans le FEW de Wartburg. Le seul dictionnaire où on rencontre une telle entrée est celui de Brasseur pour Terre-Neuve : il cite quatre acceptions dont deux correspondent au sens de la préposition dans mon corpus : « en dehors de » et « au large de, à l'écart de » (cf. Brasseur 2001 : s. v. *clair*). De manière générale, on peut constater certains points communs entre le parler acadien à l'Isle Madame et le franco-terre-neuvien (cf. Brasseur 1996 : 303). Pourtant, la question reste ouverte quant à un rapport entre les attestations de *clair (de)* à l'Isle Madame et à Terre-Neuve. Une autre interprétation pourrait être le contact intense des deux parlers avec l'anglais. Brasseur (2001 : s. v. *clair*) cite la tournure *clear of doing something* (« exept for, apart from ») qui aurait pu être transformée et connaître ensuite une extension de sens. Mais il semble qu'on puisse, plus simplement, faire le lien avec des emplois 'spatiaux' de *clear (of)* : voir dans le Merriam-Webster le sens 6f de *clear* (« free from entanglement or contact ») et les exemples <staying *clear* of controversy> et surtout <keep *clear* of the boundary>.[313] Néanmoins, *clair de* a aussi été relevé avec les significations

[313] Cf. www.marriam-webster.com, 02/10/2009.

« sans » au Québec, « loin de » ailleurs en Acadie, et « au large » aux Îles-de-la-Madeleine (cf. Brasseur 2001 : s. v. *clair*).

Enfin, la tournure *(s'en) aller clair de* offre encore un aspect grammatical supplémentaire :

[650] On peut pas **aller clair du** Canada WITHOUT A PASSPORT. (ILM, corpus oral)

[651] Quand qu'Arthur est icitte i vient icitte là c'est mon frère pis lui **s'en a été clair de** nous-autres pis je conte touT sorte d'affaires qu'a arrivé, hein ? (ILM, texte 1)

Cette construction verbale semble refléter l'influence morphosyntaxique de l'anglais qui connaît la construction *to go away from*.

Pour exprimer le sens de « autour de », l'acadien peut – une fois de plus – employer la préposition du français standard avec et sans *de* :

[652] Pis il y avait une discussion **autour de** la table sur la jeunesse… (ILM, texte 3)

[653] C'était un médecin qui / euh / avait / eum / ramassé des histoires de tout **autour** le monde. (ILM, texte 5)

L'emploi de *autour* est attesté en moyen français mais « n'a pas été relevé dans les parlers dialectaux de France (FEW 13/2, 54a–b TORNARE) » (Brasseur 2001 : s. v. *autour*). Une fois, on trouve aussi la variante *entour de* dans mon corpus :

[654] Tu travaillais / tu savais juste quoi-ce que i y avaiT **entour de** toi. (ILM, texte 2)

De plus, on trouve *alentour* (en 655 le sens est pourtant plutôt adverbial), qui est attesté au Québec et dans le Poitou (cf. Jagueneau 1991 : 130). Dans la partie plus ancienne de mon corpus, on rencontre la locution prépositive *aux entourages de* :

[655] Oui, moi aussi. J'alloue pas personne fumer **alentour** ici parce que ça / ça / ça pue. (ILM, texte 4)

[656] …i prenait le charbon **aux entourages de** Westbend, pas loin de Piston (ILM, PCG 1982, 17B, 321–12)

Enfin, dans la partie ancienne du corpus on trouve *autour de* avec un sens d'approximation « environ, à peu près », signification qui est également signalée par É. Boudreau (1988 : 51), mais qu'on trouve aussi en français de France (cf. Le Nouveau Petit Robert 2007 : s. v. $_{1}$*autour*) :

[657] pis l'autre pesait 750, pis l'autre **autour de** 800 livres. (corpus Labelle, ILM, FB 1982, 19A, 368–3)

La préposition *en face de* est plutôt rare dans l'acadien traditionnel, je n'en trouve que deux occurrences dans la partie formelle de mon corpus de l'Isle Madame :

[658] Alors je monte pis je m'assois pis elle était **en face de** moi là comme ça pis al dit / euh (ILM, texte 9)
[659] Pa a demeurait juste en / **en face de** cette grosse roche là où est vous êtes allés pêcher là. (ILM, texte 10)

Chez une locutrice de l'acadien traditionnel, on relève la variante *à la face de* :

[660] Il étiont pas assis **à la face de** la télévision, i en allaient pas coumme qu'i sont maintenant. (ILM, texte 2)

Exclusivement dans des situations plutôt formelles, on trouve la préposition *vis-à-vis*, employée sans *de* :

[661] j'ai fait les consultations / euh / au ni/ au niveau des régions acadiennes vis-à-vis de / euh / la Fédération Acadienne **vis-à-vis** une institution écologe [sic] de l'Acadie. (ILM, texte 10)
[662] C'est pour ça quand tu m'as posé la question, t'sais, es-tu optimiste ou pessimiste / euh / **vis-à-vis** la culture acadienne… (ILM, texte 10)

Dans le contexte local des prépositions, il faut mentionner les variantes combinées avec *travers*, à savoir *à travers* (la variante du français standard) et *à travers de* :

[663] Pis **à travers** la rue, i avait des moutons. (ILM, texte 4)
[664] Et l'année que je m'ai marié, j'ai déménagé ici. Juste **à travers du** pont. (ILM, texte 5)

La forme avec le *de* final est déjà connue au XVIIe siècle où elle « s'emploie très souvent » (Haase 1965 : 367). L'usage de cette locution prépositive est contesté à notre époque. En acadien, on rencontre plusieurs exemples où *à travers de* semble avoir adopté le sens de « en face de » [665, 666] ou « de l'autre côté de » [663, 664, 667, 668, 669][314] :

[665] C'tait juste **à travers de** ça, il y avait une usine. (ILM, texte 4)
[666] Al est déménagée à Arichat, **à travers de** l'église. (ILM, corpus oral)
[667] Mais c'est juste **à travers de** la rue. (ILM, texte 4)
[668] Au restaurant. Le restaurant était **à travers de** la rue. (ILM, texte 4)

314 Le participe passé grammaticalisé *traversé*, qui a été relevé par Gesner pour la Baie Sainte-Marie (cf. Gesner 1979a : 89), ne se trouve pas dans le corpus de l'Isle Madame :
[] Puis, **traversé** le chemin, il est tombé à terre. (Gesner 1979a : 89)
[] Asteur, c'est Frank Deveau, là, à Saulnierville, **traversé** l'église (qui s'occupe du restaurant). (Gesner 1979a : 89)

[669] I avait hamais le roi dans / i *watchiont* son roi, pis i l'avait 'né à son PARTNER **à travers de** la table. (ILM, texte 4)

Dans le cadre de l'analyse de la préposition *clair (de)*, on a abordé les constructions verbales de l'anglais qui semblent avoir un impact sur l'acadien, au moins dans le cas de la construction *(s'en) aller clair de*, construite selon le modèle anglais *to go away from* (cf. p. 232). La combinaison du verbe *marcher* avec la locution prépositive *à travers (de)* représente un phénomène qui appartient à la même catégorie, celle des constructions verbales :

[670] [À propos des orignaux] Ils **marchent à travers** la rue. [...] Il y a des endroits, faut que tu faises attention. (ILM, texte 5)

[671] SO j'avais besoin de **marcher** de nouveau **à travers de** l'estrade pis le ramasser. (ILM, texte 5)

Au lieu d'employer la construction « romane » *traverser la rue (à pied)*, la locutrice emploie la structure germanique qui est composée d'un verbe de mouvement (*marcher* en l'occurrence) + *à travers (de)* + complément direct. Une fois de plus, on peut supposer l'influence directe de la langue anglaise.

Une étude onomasiologique des prépositions et locutions prépositives exprimant le sens de « près de, à côté de » constitue un autre sujet intéressant, qui reflète bien les phénomènes diversifiés se manifestant dans l'acadien de l'Isle Madame. Dans un premier temps, voici une liste des prépositions, tirées de mon corpus, qui peuvent exprimer un sens voisin de « à côté de, près de » dans le corpus :

[672] Si on allait manger, il sauvait une place **à côté de** lui. (ILM, texte 5)

[673] tu t'embrassais pas beaucoup **auprès** tes parents, parce que [...] Oui. Ben il étiont un peu stricts. (ILM, texte 1)

[674] Pis i y avait une touT p'tiT chambre en bas pour le père pis la mère **auprès de** la cuisine… (ILM, texte 8)

[675] Dans la vieille école qu'était au temps yoù-ce qu'est / euh / **aux côtés du** bureau de poste là. (ILM, texte 8)

[676] Bentôt D. B. ça rentre, son homme, son mari est dans la cuisine, PASSED OUT, évanoui. Évanoui **au ras** RAYMOND pis nous-autre j'avions sa femme je croyions qu'al allait mourir. (ILM, texte 1)

[677] Nous-autres, si j'avions un BOYFRIEND ma mère s'assisait au s/ **au ras de** nous-autres avec une lampe à KEROSENE. (ILM, texte 1)

[678] Et pis, m/ ma femme m'a huché parce qu'a voit pas trop **à bord du** chemin, hein ? (ILM, texte 4)[315]

[679] i y avait la chambre / la lit était **NEXT** la cuisine. (ILM, texte 9)

[680] A me landit sus **NEXT DOOR** la salle, tu sais. (ILM, texte 4)

---

315 Le contexte de cet énoncé est le suivant : la femme est assise à côté de la fenêtre et remarque quelqu'un dans la cour devant la maison. Comme elle y voit très mal, elle demande à son mari si ce sont les éboueurs. Et son mari lui répond que non, c'est l'inspecteur.

[681] Ah tu / ah, t'as v'nu ici, droète **NEXT DOOR du** cimetière là ? **NEXT DOOR du** cimetière. (ILM, texte 2)

[682] la femme **NEXT de** moi, la femme NEXT DOOR (ILM, corpus oral)

[683] Le couvent était drouète là, **NEXT de** où-ce que le / les curés / le curé demeurait. (ILM, texte 4)

Il y a une dizaine de possibilités pour exprimer le sens de « près de », même si toutes ces variantes ne sont pas purement interchangeables : les formes du français standard, *à côté de* [672] et *près de*, sont rares, voire inexistantes à l'Isle Madame. Les deux occurrences de *à côté de* émanent de la même locutrice, qui a été pendant longtemps en contact avec le français standard. En ce qui concerne *près de*, Wiesmath confirme aussi pour son corpus du Sud-Est du Nouveau-Brunswick que cette préposition présente une fréquence relativement basse (cf. Wiesmath 2006b : 248, note). Arrighi va dans le même sens, en se référant à Chaudenson qui « fait remarquer que 'les créoles n'ont pas de trace, en général, de la préposition 'près de'', il indique que *près de* n'apparaît sans doute que peu dans l'usage courant, même actuel du français ordinaire » (Arrighi 2005a : 362).

On trouve des locutions prépositives très proches, comme *auprès (de)* [673, 674] et *aux côtés de*[316] [675], qui sont plus fréquentes. Haase indique qu'*auprès* ainsi qu'*auprès de* étaient utilisés au XVIIe siècle pour exprimer un rapport de lieu, même si la première forme n'était pas appréciée par Vaugelas ni par l'Académie française (cf. Haase 1965 : 358–360). En français standard actuel, *auprès de* est utilisé avec des êtres humains, par ex. *auprès de mes parents*. C'est aussi la forme *opré* qui s'est imposée par exemple en créole guadeloupéen.[317] Une autre variante, plutôt typique de l'acadien traditionnel, qui se rencontre dans presque tous les parlers français d'Amérique du Nord, est *au ras (de)* [676, 677]. Dans la plupart des cas, les locuteurs de l'Isle Madame utilisent la locution prépositive sans *de*, observation qui rejoint celles faites par É. Boudreau pour le parler de Rivière-Bourgeois (cf. Boudreau, É. 1988 : 51) et Wiesmath pour le Nouveau-Brunswick (cf. Wiesmath 2006b : 248).[318] Selon Jagueneau, on trouve encore la variante *du ras* au Nouveau-Brunswick, la forme *à ras* au Québec ainsi que *à ras de* et *ras* en poitevin-saintongeais (cf. Jagueneau 1991 : 130). Pourtant pour le Centre de la France, le sens se rapproche plutôt de « au niveau de » (cf. Jaubert 1970 : s. v. *ras*), alors que dans les français d'Amérique du Nord, les variantes combinées avec *ras* ont l'acception « près de » (cf. Geddes 1908 : 171). *À bord de* [678], qui n'a d'ailleurs qu'une seule attestation dans le corpus, se trouve

316 Peut-être *au côté de*, la différence n'était pas audible.

317 [] Vin **opré** mwen pou mwen di ou sa ! (Viens près de moi, que je te dise quelque chose !) (Tourneux / Barbotin 1990 : s. v. *opré*).

318 Cette forme continue à exister par exemple en créole guadeloupéen où l'on trouve *ora* et *owa* :
[] Kabwa-la néyé **ora** lésyé. (La charrette est embourbée jusqu'à l'essieu.) (Tourneux / Barbotin 1990 : s. v. *ora*).

également dans le créole guadeloupéen sous la forme *òbò*[319]. Enfin, on peut constater des variantes créées à partir des mots anglais *NEXT* ou *NEXT DOOR* [679–683]. *NEXT* a peut-être pris le détour de l'intégration comme adjectif avant de devenir un moyen prépositif. Dans le corpus de Wiesmath (2006a) par exemple, on ne trouve en effet jusqu'à présent que la fonction adjectivale de *NEXT*.

Pour conclure cette analyse onomasiologique, la fréquence est la suivante : *près* (3 attestations), *côté* (6), *bord* (1), *ras* (7), *NEXT (DOOR)* (6). On voit donc que les formes contenant *côté*, *ras* et *NEXT (DOOR)* sont de loin les plus fréquentes. Ici, on pourrait se référer à des processus autorégulateurs qui vont du *sémantiquement vide* au *sémantiquement plein*, ou de l'*opaque* au *transparent* (cf. Chaudenson / Mougeon / Beniak 1993 : 28) : au lieu de *près de*, les locuteurs préfèrent des formes avec *bord* – ce dernier étant sans doute issu du vocabulaire maritime et ayant subi ensuite une extension sémantique – ou bien se servent de mots de la langue omniprésente, l'anglais, comme *NEXT (DOOR)* dont le sens est beaucoup plus transparent. Quant à la forme traditionnelle *au ras*, elle est tellement ancrée dans l'usage qu'elle parvient à résister à cette tendance.

3.5.2.2 Le temps

Pour les prépositions exprimant une temporalité, on proposera d'abord un bref résumé des emplois temporels des cinq prépositions simples les plus courantes mentionnées ci-dessus : la préposition *à* s'emploie dans la plupart des cas avec des compléments temporels relatifs comme *à matin* (cf. p. 190). De plus, *à* tend à se généraliser devant des expressions adverbiales de temps introduites par *chaque* ou *tout* (cf. p. 192). En combinaison avec un verbe de mouvement, *aller à* ou *à venir* en l'occurrence, *à* sert à véhiculer le sens de « jusqu'à » (cf. p. 201). *Dans* s'emploie au lieu de la préposition *en* pour désigner une période de temps définie à l'intérieur de laquelle se passe une action (cf. p. 210). La même substitution (*en* → *dans*) se trouve avec les indications d'années, de mois et de saisons (cf. p. 210). Même *sus* peut prendre un sens temporel en remplaçant la préposition standard *pendant* (cf. p. 216). Avec *de*, seule l'expression temporelle *de soir* (cf. p. 192) est attestée dans mon corpus. *Pour* s'emploie dans le sens de « pour une durée de » (cf. p. 225).

Au-delà de ces cinq prépositions, *après* figure dans mon corpus presque exceptionnellement dans son usage standard bien que sa fréquence ne soit pas très élevée. Il s'emploie le plus souvent dans des énoncés où des locuteurs énumèrent l'ordre des enfants d'une certaine famille [685] :

[684] **Après** un élan, i viendra qu'i chantera le français. (ILM, texte 7)
[685] Pis là / là / **après** Carl, c'est / ben, **après** Carl, il y a une fille de morte à cinq ans : Madonna. (ILM, texte 4)

319 [] I rivé **òbò** kaz-la. (Il arriva près de la maison.) (Tourneux / Barbotin 1990 : s. v. *òbò*).

Chez des locuteurs plus proches du standard, la fréquence de cette préposition augmente. Chez les autres, on observe une manière moins intégrative (et donc plutôt agrégative) (cf. Wiesmath 2006b : 256–259) d'exprimer ce même sens, à savoir la phrase prépositionnelle adverbialisée *après ça* ou *d'après ça*, cette dernière forme ayant été relevée dans l'idiolecte d'une locutrice [686, 687][320] :

[686] **D'après ça**, j'étais au grade douze et pis / euh / j'ai fit un cours de commercial. (ILM, texte 12)
[687] **D'après ça**, l'année d'après, on avait de trois aller à six dans la même classe. (ILM, texte 12)

Avant est aussi attesté plus souvent dans un langage plus proche du standard [688], dans l'acadien plus traditionnel de l'Isle Madame on relève *par avant* [689–691][321] :

[688] les gens qu'ont fait un postsecondaire, i y en avait très peu **avant** l'année dix-neuf cent soixante. (ILM, texte 10)
[689] Je la prendrais pas **par avant** demain matin, ça fait… (ILM, texte 1)
[690] Parce qu'on va pas aller à Port Hawkesbury **par avant** mercredi. (ILM, corpus oral)
[691] I peut pas y aller **par avant** aujourd'hui. (ILM, corpus oral)

D'un point de vue fonctionnel, la forme *depuis* se comporte absolument comme en français standard. Les variantes phonétiques telles que *dempuis*[322] / *dempis*[323] et *depus*[324] ne figurent pas dans mon corpus. Mais tout comme la réduction de *ui* en *i* entre *puis* et *pis*, cette transformation vocalique s'observe également dans quelques cas où *depuis* est prononcé *depis* :

[692] Moi je leS / je suis dessus les aiguilles **depis** / euh / dix-neuf cent quatre-vingt-cinq. (ILM, texte 2)

---

320 La variante *emprès* se trouve seulement sous la forme *d'emprès* et remplace ainsi l'adjectif *suivant,e* : (cf. aussi Boudreau, É. 1988 : 102).
[] C'est juste la semaine **d'emprès**. (ILM, corpus oral)

321 Mentionnons dans ce cadre que l'emploi de *devant* dans le sens d'« avant » – considéré comme un archaïsme, attesté jusqu'à la fin du XVIIe siècle ou bien comme un régionalisme en français de France (cf. Grevisse / Goosse 2008 : § 1054 b et § 1054 H) – ne se trouve qu'une fois dans mon corpus, et ce à la Baie Sainte-Marie :
[] Ça fatigue quand-ce que tu restes / t'as tout tes préparations **devant** No/ le vingt-quatre pis là i faut t'alles à une messe… (BSM, texte 15)

322 Cf. Gérin / Gérin (1979 : 97) et Valdman et al. (2010 : s. v. *depuis*).

323 Cf. Brasseur (2001 : s. v. *dempis*) pour le français de Terre-Neuve.

324 Cf. Valdman et al. (2010 : s. v. *depuis*).

Cette variante phonétique est également attestée par É. Boudreau (1988 : 12) dans les environs de l'Isle Madame. Parfois, la réduction va encore plus loin en ne laissant que la forme *pis* (cf. aussi Gougenheim 1974 : 191) :

[693] mais h'avions pas travaillé **pis** quatre-vingt-quatorze. (ILM, texte 4)

Jusqu'à existe en acadien parallèlement à sa variante phonétique *yusque* :

[694] Elle était ici **pour jusqu'à** lundi. (ILM, texte 4)
[695] Et j'y étais **jusqu'à** dix-neuf cent quatre-vingt-dix-huit. (ILM, texte 5)
[696] Avant ça, les jeunes allaient à l'école **jusqu'à en** septième, sixième, septième, huitième année pis les parents disaient… (ILM, texte 10)

Les exemples 694 et 696 montrent la particularité d'un double emploi de préposition qui pourrait être dû au fait que la forme de base *jusque* n'est plus présente dans la conscience linguistique des Acadiens. En outre, la préposition est employée pour former la conjonction temporelle considérée comme typiquement acadienne *jusqu'à tant que*.

La préposition *pendant* est presque absente de la partie informelle du corpus.[325] Elle est remplacée par *pour* (cf. p. 225) ou *sus* (cf. p. 216). Les locutions prépositives *dans le temps de* et *du temps de* (aussi : *de temps de*) au sens de « pendant » ne sont attestées que dans le Sud-Ouest de la Nouvelle-Écosse :

[697] Parce que sont juste / on a fait beaucoup de spectacles l'année passée dans / **dans le temps du** Congrès mondial. (BSM, texte 17)
[698] On allait sus / i prenait sa vacance dans le temps qu'on s/ s/ on était là pis on allait **dans le temps de** la vacance. (BSM, texte 19)
[699] I y a pas grand différence, c'est **dans le temps du** festival acadien qu'on voit la grouse différence. (PUB, texte 23)
[700] Le premier coup qu'il vint chez nous, c'était **du temps de** la guerre. (Gesner 1979a : 88)
[701] Ben / et pas / **de temps de** mes parents parce que zeux ça pa/ parlait pas anglais. (BSM, texte 19)

Tout comme *pendant*, la préposition *vers* figure exclusivement dans la partie formelle du corpus :

[702] Donc c'est **vers** les années mille neuf cent soixante qu'on a commencé à dire… (ILM, texte 10)
[703] quand on n-en a venu à / quand n-on / n-on a commencé l'école, c'est yienque **vers** / **vers** sept ans j'avions / je / je *startions* à se/ à sept / à sept ans là. (ILM, texte 11)

325 Il en est de même pour la préposition *durant*.

3.5.2.3 La cause

La cause s'exprime en français standard – entre autres – au moyen de la préposition *à cause de*. J'en ai relevé onze occurrences dans mon corpus, presque toutes dans un contexte plutôt formel. Dans ces cas, on ne peut constater aucun écart par rapport au français standard. Néanmoins la gamme des prépositions à sémantique causale est large en acadien. Une autre locution prépositive qui peut aussi exprimer un sens causal est *par rapport à*[326] :

[704] Et pis c'est **par rapport à** ça le scandale qu'a arrivé. (ILM, texte 4)
[705] Pis, il y a parfois, ils peuvent pas sortir **par rapport à** des p'tits tempêtes … (ILM, texte 5)
[706] T'sais je veux pas manger trop **par rapport au** POTLUCK. (ILM, corpus oral)

Cette locution prépositive se trouve également en poitevin-saintongeais sous la forme *rapport à* ; de plus, elle est citée par Lepelley (1974) pour la Normandie (cf. Jagueneau 1991 : 130). Brasseur fournit les informations suivantes sur la répartition géographique de cette locution :

> Cette locution est considérée comme populaire en français [...]. Elle est bien implantée au Canada [...], en Louisiane [...], à SPM [...] ou encore en créole réunionnais [...], comme dans les parlers dialectaux de France, notamment ceux de l'Ouest [...]. (Brasseur 2001 : s. v. *rapport*)

Mentionnons encore brièvement un seul exemple de *par* dans ce sens dans la partie plus ancienne de mon corpus :

[707] T'es pus capable d'aller dans les HALL asteure. Pas **par** la musique qu'i y a dedans dans la HALL. (corpus SHAIM, ILM, JB, 73)

Pourtant il faut souligner que cette forme, dont des emplois ont également été recueillis par Brasseur / Chauveau (1990 : s. v. *par*) à Saint-Pierre-et-Miquelon, n'est pas représentative de l'Isle Madame. Apparemment, elle avait autrefois une fréquence élevée en français (cf. renvois de Brasseur 2001 : s. v. *par*) et ce, jusqu'au milieu du XXe siècle (cf. Haase 1965 : 361).

3.5.2.4 L'inclusion et l'exclusion

La préposition courante en français standard pour exprimer un rapport d'inclusion, *avec*, se trouve aussi en acadien. La seule particularité est sa réduc-

---

[326] On trouve également la conjonction causale *par rapport que* dans le corpus de l'Isle Madame et dans celui de Wiesmath (2006a) pour le Nouveau-Brunswick.

tion phonétique sporadique à *ac*, variante bien connue surtout à Terre-Neuve (cf. Brasseur 2001 : s. v. *ac*) :

[708] j'ai travaillé **ac** un groupe de music/ de musiciens, mais j'ai pas de musique dans moi (ILM, texte 7)
[709] j'ai commencé à faire l'entraînement **ac** ton fils et pis zeux dans BASEBALL (ILM, texte 7)
[710] j'ai de la parenté **ac** ces Saindoux là BECAUSE i y a / ce Saindoux-là a marié ma cousine pis ses enfants est touT des parents **ac** moi. (ILM, texte 4)

Outre la préposition standard *sans*, le rapport d'exclusion peut également être exprimé par *avec pas de* en acadien :

[711] Elle appelle ça des accouche… des accouchements **avec** un… oui…**pas de** docteur. (ILM, texte 1)
[712] Oui, pis i / i les chantait touT **avec pas de** livres. I les savait touT. (ILM, texte 4)
[713] Pis j'ai mangé de la soupe un hiver entière **avec pas de** navets. (ILM, texte 8)
[714] Al l'a vue hier **avec pas** un cheveu sus la tête. (ILM, corpus oral)

Selon Wiesmath (2006b : 243), la forme *avec pas* devrait plutôt être interprétée comme un calque de la préposition anglaise *without.* Sa présence à l'Isle Madame pourrait être due à l'infiltration de l'anglais. Même si Brasseur considère cette préposition comme « typiquement canadien[ne] » (Brasseur 2001 : s. v. *pas*), sa fréquence semble varier d'une région à l'autre. Sans exclure une interférence avec la préposition anglaise, *without*, très similaire du point de vue de la structure, ces équivalents français et anglais « participeraient plutôt d'un phénomène universel, car sur le plan cognitif, il y a interdépendance de la relation d'inclusion et d'exclusion, cette dernière se définissant par rapport à la première » (Wiesmath 2006b : 243 et sq.[327]).

La préposition *sauf*, dont j'ai repéré trois occurrences dans le corpus, ne présente pas d'écarts par rapport au standard. Néanmoins, il y a deux variantes acadiennes qui peuvent la remplacer, *excepté* et *à part que* :

[715] [À propos des heures d'ouverture des magasins en Nouvelle-Écosse] asteure i sont permis de rouvrir **excepté** la REMEMBRANCE DAY (ILM, corpus oral)
[716] les messes sont françaises **à part que** une dimanche matin, à neuf heures. (ILM, texte 9)
[717] On a des céleris. T'as touT **à part que** ça là. (ILM, corpus oral)
[718] On peut y aller n'importe quand la semaine prochaine **à part que** le vendredi. (ILM, corpus oral)
[719] Donc t'as touT **à part que** ça là. (ILM, corpus oral)

327 Dans ce paragraphe, Wiesmath se réfère à Raible (1992 : 134, note) qui a relevé le même phénomène pour l'allemand.

La forme *à part que* est plutôt surprenante, l'ajout de *que* étant limité aux conjonctions[328] ainsi qu'aux pronoms interrogatifs et relatifs. L'emploi sporadique de *avant que* et *après que* en tant que prépositions peut s'expliquer par l'existence de ces conjonctions, il pourrait donc s'agir d'une confusion des deux. Pourtant, il arrive plus fréquemment que les prépositions (*avant* et *après*) soient employées comme conjonctions.[329] La forme *à part que* semble être répandue au-delà de l'Isle Madame, elle est également attestée dans le corpus de Wiesmath (2006a) pour le Sud-Est du Nouveau-Brunswick.[330] La forme *à part de* existe également, surtout sous la forme adverbialisée *à part de ça* :

[720] **À part de** six mois. J'ai fait six mois à Guelph en Ontario pour apprendre un peu notre culture. (ILM, texte 3)
[721] Mais **à part de** ça, je le quitte pas aller touT seul. (ILM, texte 4)
[722] **À part de ça**, tu… Non ! Tu voyais pas tes parents. (ILM, texte 9)

Selon Péronnet / Kasparian (2000 : 116), le taux de régionalisation de cette locution prépositive dans des situations de communication formelle reste très élevé au Nouveau-Brunswick, ce qui veut dire que les informateurs choisissent presque sans exception la variante *à part de*. Dans leur corpus, les auteures n'ont trouvé aucune attestation de *à part*, la variante standard. *À part de* est connue au Québec. Quant à la France hexagonale, cette locution prépositive n'est que rarement employée en français commun, mais se trouve en poitevin (cf. Gérin / Gérin 1979 : 96).

L'exclusion peut aussi être exprimée par la locution prépositive *autre que* : dans le Sud-Ouest de la Nouvelle-Écosse, cette forme a la fonction d'une préposition avec le sens de « sauf » (cf. Gesner 1979a : 90, cf. Starets 1986 : 27) :

[723] (Tout était en anglais à l'école ?) **Autre que** le livre de français ; c'était en français, ça. (Gesner 1979a : 90)
[724] J'sais pas quoi c'est que des chansons acadiennes **autre que** « c'teur-là » […], tu sais. (Gesner 1979a : 90)
[725] on avait pas peur. I y avait personne qu'allait nous attaquer **autre que** les / les Anglais… (BSM, texte 19)

À l'Isle Madame, seule la variante adverbialisée *autre que ça*, au sens de « sinon, autrement », se trouve dans le corpus :

[726] Mais **autre que ça** ça changerait absolument rien. (ILM, texte 3)

---

328 On trouve *à part que* en tant que conjonction en français familier et populaire au sens de « sauf que » (c. p. d'Emmanuel Faure).

329 [] Pa après ça, à quatre heures et demie dans l'après-midi, une demie heure **avant** tu manges, j'en prends dix de TORONTO pis **avant que** je me couche, j'en prenrai une autre dix de NPH. (ILM, texte 2)
[] J'ai / j'ai commencé à faire la pêche juste **après** j'ai fini l'école, oui. (PUB, texte 21)

330 Cf. corpus Wiesmath (2006a) – texte 5, C178.

[727] A s'en va le sept. Ça fait **autre que ça** on arait eu été. (ILM, texte 7)
[728] Parce que **autre que ça** là, on restait pas à la maison. (ILM, texte 9)

Au Nouveau-Brunswick, la forme *autre que* n'est attestée qu'en tant que conjonction exprimant un rapport d'exception « sauf que » (cf. Wiesmath 2006b : 126). Avec *à part que*, *autre que* est la seule locution prépositive de mon corpus finissant par *que*.

3.5.3 Rôle des prépositions empruntées à l'anglais

Le contact de langues fait progresser le changement linguistique. On peut donc se demander quel rôle les emprunts à l'anglais jouent dans le système prépositionnel de l'acadien. King remarque que « [...] Acadian, Québécois and Ontario French all borrow verbs, but only certain Acadian varieties have borrowed prepositions » (King 1991a : 40). Les tableaux 6 et 7 montrent la répartition par « types » (et non par occurrences) des mots anglais dans mon corpus selon leur nature grammaticale. La catégorie qui est de loin la plus étendue est celle des noms (68 %) suivie des verbes (15 %)[331], des adjectifs (6 %)[332] et des adverbes (5 %)[333] :

[331] Parmi les verbes empruntés à l'anglais, 78 % sont intégrés morphologiquement de manière visible, dans un cas sur cinq une possible intégration ne s'entend pas sans ambiguïté et seulement dans 2 % des attestations, on ne trouve pas d'intégration morphologique. L'intégration morphologique des verbes anglais est considérée comme un critère distinctif séparant l'acadien du français louisianais. Ce dernier intègre les verbes sans adaptation morphologique quelconque.

[332] Parmi les adjectifs d'origine anglaise utilisés à l'Isle Madame figurent *busy* (5 attestations), *cute* (3), *early* (1), *good* (11), *happy* (2), *heavy* (2), *loose* (2), *next* (1), *nice* (9), *own* (4), *phonetic* (1), *relaxed* (1), *rough* (1), *Scottish* (1), *smart* (4), *Spanish* (2), *tricky* (1) et *tough* (3).

[333] Les adverbes et locutions adverbiales suivants ont été relevés dans le corpus : *a lot, all right, at first, back, especially, even, exactly, next door, of course, off, often, on, one time, out, pretty* (= « très, vraiment »), *really, regardless, still, that way, too, usually*.

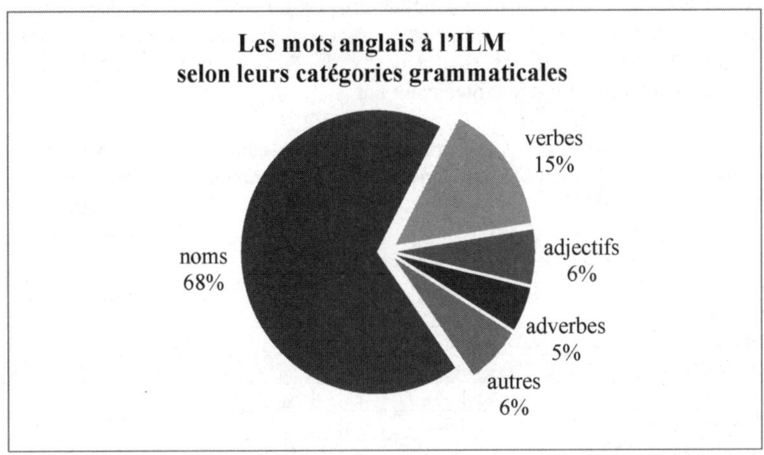

Figure 6 : Emprunts à l'anglais dans le corpus de l'Isle Madame selon les catégories grammaticales, 1ère partie (figure : J. Hennemann).

La fréquence des mots fonctionnels (y compris les prépositions) empruntés à langlais est relativement basse (cf. figure 6 ci-dessus). Ils figurent seulement dans la catégorie « autres ». Une analyse plus détaillée de ce groupe donne la répartition suivante :

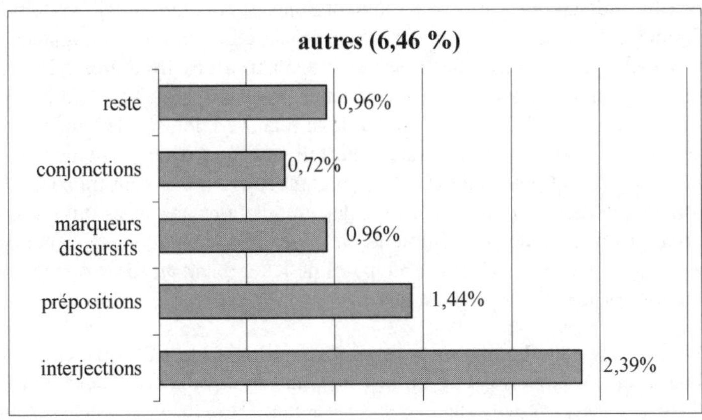

Figure 7 : Emprunts à l'anglais dans le corpus de l'Isle Madame selon les catégories grammaticales, 2e partie (figure : J. Hennemann).

Les prépositions ne représentent donc qu'un pourcentage minime de 1,44 % parmi tous les lexèmes empruntés à l'anglais. En mettant en relation les résultats de mon analyse avec ceux de Flikeid pour une communauté du Sud-Ouest (Pubnico) et une autre du Nord-Est (Chéticamp), on constate que les pourcentages pour l'appartenance aux différentes catégories sont presque constants à travers la province. Si l'on ajoute les pourcentages de Poplack et al. pour la région d'Ottawa-Hull, on obtient le tableau suivant :

communauté (auteur)	**Pubnico (Flikeid 1989b)**	**Chéticamp (Flikeid 1989b)**	**Isle Madame (Hennemann 2014)**	**Ottawa-Hull (Poplack / Sankoff, D. / Miller 1988)**
Noms	61 %	67 %	68 %	64 %
Verbes	19 %	18 %	15 %	14 %
Adjectifs	9 %	9 %	6 %	8 %
Adverbes	6 %	2 %	5 %	<1 %
Prépositions	1,5 %	<1 %	1,4 %	<1 %
Pronoms	1 %	<1 %	<1 %	<1 %
Conjonctions	1 %	<1 %	<1 %	1,5 %
Interjections	2,5 %	3,5 %	2,4 %	12 %

Tableau 32 : Fréquence des emprunts à l'anglais à l'Isle Madame en comparaison avec les résultats de Flikeid (1989b : 196) pour Pubnico et Chéticamp et de Poplack / Sankoff, D. / Miller (1988 : 63) pour Ottawa-Hull.

Au-delà de l'aspect diatopique, il est intéressant de voir que même sur une période de plus de 20 ans, les chiffres des différents îlots francophones de Nouvelle-Écosse se ressemblent fortement. Les légers écarts peuvent être dus entre autres aux différences des corpus. Mais on voit que partout, le pourcentage des prépositions anglaises est très bas. On peut donc en conclure que le système prépositionnel est un des systèmes les plus résistants à l'influence anglaise. Cela pourrait inciter à conclure que le système acadien a des frontières très stables, même s'il apparaît assez réceptif aux variantes lexicales anglaises dont le nombre est souvent très élevé. Une autre raison de la relative faiblesse de l'influence anglaise sur le système prépositionnel pourrait être que d'un point de vue syntaxique, les prépositions anglaises ne se prêtent souvent pas à un transfert. S'il y a – notamment dans d'autres variétés – des prépositions anglaises qui ont envahi le parler acadien, celles-ci semblent entraîner des changements syntaxiques. C'est du moins l'une des thèses principales de King quant au fonctionnement des prépositions orphelines :

> We argue that the borrowing of English prepositions has led to the reanalysis of French prepositions resulting in their now having a particular syntactic property; there are head governors and may license a trace. Thus there is a change in lexical specification of French prepositions under the influence of English. (King 1991a : 42)

Un autre effet syntaxique pourrait se trouver dans l'expression analytique de certains verbes, comme *marcher à travers la rue* (cf. angl. *to go across the street*) au lieu de *traverser la rue*.

L'emprunt lexical peut donc avoir des effets syntaxiques sur la langue qui emprunte. Mais la seule présence d'éléments fonctionnels anglais – tels que des prépositions – est déjà un indice du contact assez intense d'un parler avec l'anglais (cf. King 2005 : 104). Voici quelques exemples de mon corpus :

[729] était assis **ACROSS** la table de moi, son troisième mari. (ILM, texte 4)
[730] Ces Marchand-là, d'iyoù-ce ça m'nait ? Ça m'nait-i **FROM** / de Louisdale ? (ILM, texte 4)
[731] Le couvent était drouète là, **NEXT de** où-ce que le / les curés / le curé demeurait. (ILM, texte 4)
[732] Ça vient **THROUGH** le département / la section française, hein ? (ILM, texte 4)
[733] S'i faut je dis, s'il faut je dis ça j'ai passé **THROUGH** a va / a va pas / a va rester icitte toute la nuiT. (ILM, texte 1)
[734] Parce qu'il ont jamais, il ont jamais été **THROUGH** IT. Il ont jamais été **THROUGH** IT. (ILM, texte 1)
[735] Et pis, c'tait enregistré **THROUGH** LAW, hein ? (ILM, texte 4)

Malgré ces attestations, il y a toutefois des restrictions à signaler quant à l'emploi des lexèmes anglais : parfois les prépositions anglaises ne sont pas de vrais emprunts, elles se rencontrent plutôt à l'intérieur d'une alternance de code [734, 735]. En 730, le locuteur se reprend immédiatement et remplace *FROM* par son équivalent français *de*. Dans le cas de *ACROSS* [729], qui pourrait avoir le sens « en face de », la structure de l'énoncé est quelque peu étonnante. Néanmoins, *ACROSS de* est également attesté comme emprunt à l'anglais avec la même signification dans le langage enfantin de Pubnico (cf. Starets 1986 : 5). Les deux prépositions anglaises les plus ancrées dans l'acadien de l'Isle Madame sont certainement *THROUGH* [732] qui apparaît en premier lieu dans des phrases subordonnées avec le verbe *passer* [733] ainsi que les variantes de *NEXT* / *NEXT DOOR* [731] qui – dans la langue donneuse – n'ont même pas la fonction d'une préposition ou d'une locution prépositive.[334]

Ajoutons encore que pour la préposition anglaise *ABOUT*, je n'ai pas relevé d'attestation où il s'agirait d'un emprunt. Je n'exclus toutefois pas son existence à l'Isle Madame. En effet, Ph. Comeau cite l'exemple d'un locuteur de la Baie Sainte Marie pour lequel *ABOUT* a tout à fait gardé sa fonctionnalité, l'item n'ayant subi aucun changement de nature sémantique ni syntaxique (cf. Comeau 2005 : [3]) :

[736] Bien il m'a toute radoté **about** une fois que sa femme l'a quitté. 'Well, he talked all about the time his wife had left him.' (Speaker 1, GC-5 dans Comeau 2005 : [3])

Pour l'Île-du-Prince-Édouard, King relève une phrase interrogative dans laquelle *ABOUT* est même utilisé en tant que préposition orpheline :

---

[334] Cf. à ce sujet également le champ sémantique « à côté de » à partir de la page 234.

[737] Quoi ce-qu'ils parlont **about** ? (King 2000 : 136)

3.5.4 Résumé

Après cette analyse des prépositions et locutions prépositives en acadien, on peut résumer les caractéristiques les plus évidentes :

1) Le système prépositionnel comporte une variabilité notable en ce qui concerne le nombre de variantes. Même l'usage des prépositions les plus courantes comme *à*, *dans*, *sur*, *de* et *pour* connaît un flottement important.
2) Les causes de cette variation considérable sont multiples. On trouve des cas non-résolus depuis le français classique, où des hésitations persistent, et aussi des variantes archaïques, désuètes ou régionales en français de France. S'y ajoutent des innovations dues au changement linguistique.
3) Avec l'influence de l'anglais, les cas d'interférence et de convergence augmentent, mais le système prépositionnel acadien semble résister en grande partie à l'emprunt direct de prépositions anglaises. Toutefois, il semble calquer l'emploi de certaines prépositions (IN, ON, ACROSS, OVER etc.).
4) Quant aux tendances majeures du système, on constate en premier lieu un changement qui va dans le sens d'une extension du corps phonétique de quelques prépositions. Deuxièmement, on observe que certaines prépositions sont peu à peu vidées de sens, ce qui « permet toutes sortes d'approximations » (cf. Brasseur 2005 : 249).
5) Les écarts syntaxiques sont rares, ils se manifestent avant tout dans le contexte des prépositions orphelines et dans la rection de quelques verbes. L'ajout de *que* dans les cas de *à part que*, *avant que* et *après que* semble avoir des fondements plutôt lexicaux que syntaxiques.
6) En général, le système des prépositions témoigne d'une certaine instabilité qui – cependant – ne nuit aucunement à son fonctionnement.

3.6 Les structures interrogatives

Comme en français de référence, le système des structures interrogatives de l'acadien est très complexe. Pour plusieurs raisons, l'étude de cet acte illocutoire semble intéressante : tout d'abord, il s'avère difficile de trouver des analyses morphosyntaxiques approfondies sur ce thème pour les parlers acadiens.[335] La

[335] La nécessité d'une telle analyse pour le français parlé est formulée par exemple par Blanche-Benveniste : « Il reste pourtant de grands secteurs de la syntaxe française pour lesquels nous ignorons ce que sont les usages parlés les plus courants. C'est me semble-t-il le cas, pour certains domaines que les grammairiens n'ont pas aimé traiter, comme certaines formes de questions. » (Blanche-Benveniste 1997 : 127 ; cf. aussi Blanche-Benveniste 2010)

seule étude assez exhaustive pour une région acadienne de Nouvelle-Écosse a été menée par Gesner (1984/85). Il est donc pertinent de voir dans quelle mesure on peut constater des changements plus d'une vingtaine d'années plus tard. De plus, cette recherche de Gesner se limite à la Baie Sainte-Marie, région considérée comme la plus conservatrice de la province. Et comme on a déjà pu le constater ci-dessus, il y a souvent des différences importantes, en fonction de l'environnement sociolinguistique, qui varie considérablement d'une région à l'autre. En outre, Gesner s'est basé sur un corpus écrit, à savoir les scénarios de quelques films tournés à la Baie Sainte-Marie, qui ne reflètent pas forcément un usage authentique. Mon étude, par contre, s'appuie uniquement sur les données recueillies sur place lors des interviews.

Certes, il reste à déterminer si les données linguistiques collectées par mes propres soins sont vraiment aptes à fournir des informations suffisantes sur le système interrogatif. En général, les structures interrogatives sont en effet avant tout analysées à partir d'un questionnaire où les informateurs sont tenus de poser des questions l'une après l'autre. L'analyse à partir d'un corpus se composant d'interviews est plutôt rare, la nature d'un tel corpus étant précisément qu'un enquêteur pose des questions, alors que son interlocuteur « se contente » de répondre. Ainsi, la fréquence de formes interrogatives dans le parler à étudier est généralement très basse. Les facteurs qui permettent de compenser ces déficits dans mon corpus sont surtout la présence d'une locutrice autochtone lors de la plupart des entretiens et par conséquent, le caractère interactif des situations qui s'est affirmé au bout de quelques minutes déjà, mais aussi la curiosité des informateurs concernant une personne venant de l'étranger. Tout cela a contribué à ce que mon corpus compte environ 350 interrogations directes et une trentaine d'interrogations indirectes. Même si ces chiffres n'atteignent pas encore ceux des grandes analyses, comme celle de Terry (1970) pour le français européen ou de Fox (1989) pour le français québécois, cette étude apporte un nombre considérable d'exemples à la discussion.

Dans l'analyse qui va suivre, on présentera les différentes formes de l'interrogation totale et partielle dans le parler de l'Isle Madame. Le but est de détecter des facteurs engendrant l'emploi des structures respectives. Il s'ensuivra une comparaison de la fréquence respective de chaque forme avec les résultats obtenus pour le français parlé au Québec et en France, avant de proposer un essai d'interprétation des différences éventuelles.[336]

Pour ce qui est de l'interrogation en français acadien, Melkersson (1979) déplorant à son époque le manque de matériau linguistique accessible sur l'acadien, du moins en Scandinavie, se base en conséquence dans son étude de huit pages sur un corpus assez restreint se composant de trois ouvrages littéraires de l'écrivaine néo-brunswickoise Antonine Maillet. L'étude de Gesner (1984/85) pour la Baie Sainte-Marie a déjà été mentionnée ci-dessus (cf. p. 46 et 246). King

336 Remarquons que – tout comme dans les analyses précédentes – l'intérêt principal se concentre sur l'aspect morphosyntaxique, tandis que les aspects phonétiques comme l'intonation ou la prosodie seront négligés.

(1991b) analyse les constructions interrogatives avec en toile de fond les emprunts de mots en WH[337] anglais. Enfin, Arrighi a fait un état des lieux des différentes formes interrogatives dans son corpus (pour les détails cf. p. 42 du présent ouvrage) lors d'une communication présentée à Innsbruck en 2007.

Pour ce qui est du français québécois, les études sont – en partie – plus récentes : Fox (1989) avait rédigé sa thèse de doctorat sur la variation syntaxique et les structures interrogatives en québécois. Ensuite, on trouve deux études qui éclairent le rôle de *-ti* / *-tu* au Québec : Picard (1992) analyse les aspects synchroniques et diachroniques de cette particule, tandis que Maury (1990) en précise le statut acoustique. Une quinzaine d'années plus tard, on dispose de la communication d'Elsig, lors du colloque « Les français d'ici », organisé à Ottawa en 2008, ainsi que d'un article d'Elsig / Poplack (2006), qui examinent la formation de l'interrogation en français québécois.

En ce qui concerne la langue parlée en France, on s'appuiera sur cinq analyses basées sur des corpus assez hétérogènes couvrant la période entre 1965 et 2002 : Pohl (1965), Terry (1970), Ashby (1977), Söll (1983) ainsi que Coveney (2002). Ce dernier analyse les structures interrogatives (p. 91–122), les fonctions communicatives des phrases interrogatives (p. 123–175) ainsi que les contraintes exercées sur celles-ci (p. 176–244). Dans le cadre du projet CREDIF *Enquête sur le langage de l'enfant* français réalisé en 1964/65, Söll (1983) procède à l'analyse des enregistrements de 79 enfants à Paris, en banlieue et en province. Ceux-ci avaient tous environ neuf ans et fréquentaient l'école primaire (cf. Söll 1983 : 46). Chez Ashby (1977), l'accent est mis sur le français parisien, il utilise un corpus enregistré par Malécot en 1972 qui regroupe les témoignages de 35 informateurs d'âge moyen et habitant à Paris. Faute de sources primaires, Terry (1970) s'appuie sur 25 pièces de théâtre qui lui paraissent adéquates. Selon lui, on y retrouve la langue de la conversation standard ; néanmoins, l'influence du facteur « littéraire » reste difficile à déterminer (cf. Söll 1983 : 46). Comme dans d'autres cas, les pièces de théâtre ne font que refléter la perception que se font les auteurs de la langue parlée (cf. Coveney 2002 : 106). Enfin, Pohl (1965) s'est servi en partie de données du projet sur le Français Fondamental. Il a classifié les informateurs selon leur degré d'éducation ; de plus, il s'appuie également sur l'observation de ses parents qui sont de nationalité belge (cf. Coveney 2002 : 105).

[337] La définition de « mots en WH » « est courante dans la linguistique américaine et couvre tous les pronoms et adverbes en WH : who, whom, what, etc. Elle nous permet donc d'englober sous [cette] étiquette les pronoms relatifs et interrogatifs ainsi que la série des adverbes interrogatifs – pourquoi, comment, quand, etc. » (Niéger / Paradis 1975 : 116, note)

3.6.1 Interrogations totales

Par interrogation totale, j'entends par la suite toute question qui appelle une réponse du type « oui », « non » ou « peut-être ».[338] L'objectif est d'identifier les différents types d'interrogation totale rencontrés dans le corpus de l'Isle Madame, d'en expliquer les particularités respectives et de préciser leurs conditions d'emploi. On s'intéressera ensuite à la fréquence des diverses structures, également en comparaison avec des études réalisées antérieurement sur le français québécois et européen. Sur la base de ces résultats, on pourra esquisser quelques tendances générales du système interrogatif acadien.

Concernant l'interrogation totale en français moderne en général, Greive évoque la grande diversité morphologique du système (cf. Greive 1974 : 4). En français de référence, on trouve trois types principaux : l'interrogation par intonation, l'interrogation périphrastique formée avec *est-ce que* et l'interrogation par inversion (où l'on distingue inversion simple et complexe). On rencontre ces trois formes aussi dans le corpus de l'Isle Madame. En ce qui concerne leur fréquence, on verra ci-dessus quelques différences frappantes par rapport aux études précédentes. À ces trois types s'ajoute une forme caractéristique du français canadien en général, mais qu'on trouve également dans la langue populaire en France, à savoir la formation de l'interrogation totale à l'aide de la particule *-ti* ou *-tu*. Au total, on trouve donc quatre formes différentes pour formuler une interrogation totale en acadien.[339]

À la recherche de questions dans un corpus oral, plusieurs problèmes se posent : comment procéder en cas de phrases incomplètes ? Je me réfère à la réponse donnée par Maury pour son corpus du français ontarien :

> Dans ces enregistrements, nous avons retenu comme interrogations les phrases complètes ou non, impliquant selon les termes de Damourette et Pichon [...] une 'attitude interrogative' par laquelle 'le locuteur passe à l'allocutaire la faculté de juger ou d'ordonner' – quel que soit le degré de cette attitude – l'existence d'une réponse étant le critère en quelque sorte rétroactif de l'interrogation. (Maury 1973b : 304)

Donc dans les questions incomplètes, il faut que soient présentes une certaine « attitude interrogative » ainsi que la possibilité pour l'interlocuteur de donner une réponse. En voici un exemple :

> [738] **As-tu jamais enten/ ?** Rudolph, a est-ti folle, cette-là ? (ILM, texte 1)

---

[338] Parfois, les chercheurs emploient aussi d'autres termes comme « interrogation globale » ou « interrogation générale » (cf. Riegel / Pellat / Rioul 2004 : 391).

[339] On n'inclura pas dans l'étude les interrogations totales elliptiques sans verbe conjugué comme « Nous-autres à la maison ? » (ILM, texte 1). Le statut d'une autre catégorie, ce qu'on appelle les « interrogations par formule postposée », reste à définir ci-dessous.

La première question en 738 n'a pas été terminée et pourtant elle sera comptée dans l'analyse de fréquence. Si la locutrice était allée jusqu'au bout, elle aurait probablement dit (en acadien) : « As-tu jamais entendu pareil / ça / de quoi de même ? » L'informatrice voulait savoir si son interlocutrice avait déjà fait des expériences similaires. Et celle-ci aurait pu répondre par oui ou par non. Les deux critères de Maury sont donc remplis.

Une deuxième difficulté est présentée par la reprise ou bien la reformulation d'une question :

[739] **E. L.** : Pis **i est-ti** encore / **i est-ti** malaisé à comprendre quanT qu'il parle ?
A. F. : Non ! **Pas en touT**[340]. (ILM, texte 2)

Comme ce cas est très similaire au premier, on le traite de la même façon. En 739, on comptabilise donc deux questions en *-ti*. L'analyse se complique aussi quand plusieurs marques d'interrogation apparaissent dans un même énoncé :

[740] **Tu / as-tu / tu / t'as joué** au HOPSCOTCH ? (ILM, texte 1)

Dans ces situations, je me suis décidée à prendre en compte toute partie de l'énoncé qui contient un verbe conjugué et un sujet (peu importe qu'il soit nominal ou pronominal). En l'occurrence, on a donc affaire à une interrogation par inversion (« as-tu / ») ainsi qu'à une interrogation par intonation montante (« t'as joué au HOPSCOTCH ? »). Enfin, il faudrait s'attendre – même dans une situation communicative assez spontanée – à des questions plus ou moins rhétoriques. On s'abstiendra de juger si l'une ou l'autre question avait une intention explicitement rhétorique, d'autant plus qu'il n'y a pas uniquement deux pôles, « rhétorique » et « non-rhétorique », mais tout un continuum. Il serait alors presque impossible de fixer la limite. En fin de compte, bien souvent, seul le locuteur lui-même (et encore, pas toujours) pourrait expliquer son intention interrogative.

3.6.1.1 L'inversion

L'interrogation par inversion du pronom sujet, c'est-à-dire l'inversion simple, ne joue plus un grand rôle dans le français parlé de l'Hexagone (cf. tableau 38, p. 271). La structure en est simple : le sujet de la phrase – sous la forme d'un pronom personnel – est placé après le verbe conjugué, soit un verbe à forme simple (c'est-à-dire non-composée) [741], soit un auxiliaire qui peut – entre autres – servir à former un temps composé [742] :

[741] **Crois-tu** pas toi ? (ILM, texte 1)
[742] **As-tu** pris ta piqûre pour la FLU ? (ILM, texte 1)

---

340 Il s'agit d'ailleurs de la seule attestation de *pas en tout* dans mon corpus bien que cette forme soit « largement répandu[e] au Canada » (Brasseur 2001 : s. v. *pas*), surtout sous la forme *pantoute* en québécois.

L'ordre « verbe-sujet » est un signal assez ancien de l'interrogation, il est déjà bien établi dans le français du XIIe siècle (cf. Foulet 1921 : 245). Le but de cette construction est aisé à discerner : la mise en relief de l'élément décisif sur lequel porte la question totale, c'est-à-dire le verbe qui est placé en première position (cf. Foulet 1921 : 244). Dans le parler acadien de l'Isle Madame, c'est aujourd'hui le type interrogatif qui est de loin le plus fréquent. Au total, j'en ai relevé 131 exemples, qui seront analysés par la suite. Le premier résultat, en dépouillant les attestations en fonction des personnes sur lesquelles porte la question, est net : l'interrogation par inversion simple est sans exception à la 2e personne, soit du singulier soit du pluriel. Elle a donc toujours la forme « *verbe conjugué*-tu… » ou « *verbe conjugué*-vous… » dans l'acadien de l'Isle Madame :

[743] Eum, Julia, **as-tu** ta machine ON ? (ILM, texte 4)
[744] Euh / **joues-tu** au BINGO ? (ILM, texte 1)
[745] **aimez-vous** ça ici ? (ILM, texte 1)
[746] Pis l'**avez-vous** encore c't catin[341]-là ? (ILM, texte 11)

Cette observation est tout à fait en accord avec les résultats de Gesner pour la Baie Sainte-Marie (cf. Gesner 1984/85 : 131) et d'Arrighi pour son corpus panacadien (cf. Arrighi 2007 : 50). Partout en Acadie, l'inversion se limite aux deuxièmes personnes *tu* et *vous*.[342]

Concernant la répartition des verbes dans l'interrogation en auxiliaires, verbes modaux et verbes à sens plein, le résultat se présente comme suit pour le corpus de l'Isle Madame :

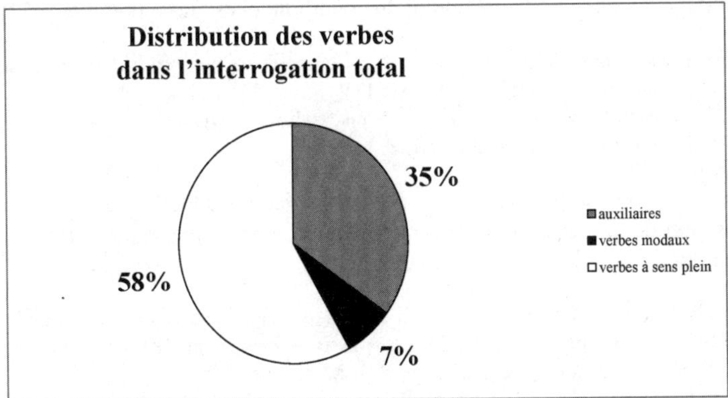

Figure 8 : Distribution des verbes dans l'interrogation totale (figure : J. Hennemann).

341 *Un catin* = « une poupée » (cf. Cormier 1999, s. v. *catin*).

342 Néanmoins, il faut aussi constater que les interrogations totales concernent déjà, par leur nature communicative, presque exclusivement les deuxièmes personnes.

Sur toutes les occurrences, plus de la moitié des verbes (76 sur 131) sont des verbes à sens plein. Les lexèmes sont les suivants : *aimer, aller, avoir, comprendre, connaître, croire, éventer*[343], *faire, jouer, mettre, parler, penser, prendre, savoir, se souvenir, venir, voir, vouloir* :

[747] Me **comprends-tu** là ? (ILM, texte 1)
[748] La **connais-tu** ? (ILM, texte 1)
[749] Ça sentait le foin brûlé. Pis Charlie a dit / a dit : **éventes-tu pas** ? (ILM, texte 4)

Ce résultat est plutôt inattendu : même si la notion de « verbes auxiliaires et opérateurs » est plus large chez Gesner[344], son pourcentage de 84,5 % (cf. Gesner 1984/85 : 131) est beaucoup plus élevé que le nôtre qui s'élève à 42 % (35 % d'auxiliaires et 7 % de verbes modaux). On peut donc retenir d'une part qu'à l'Isle Madame, la possibilité de former des interrogations inversées avec des verbes sémantiquement pleins pourrait être plus développée que ce que laissent entrevoir les données de comparaison du Sud-Ouest de la Nouvelle-Écosse. D'autre part, ce résultat pourrait aussi signifier que lors de la rédaction des scénarios de films à la Baie Sainte-Marie (dont Gesner s'était servi pour son étude), la faculté des verbes pleins à apparaître dans des inversions a été sous-estimée, la structure n'étant pas perçue comme si productive.

Pourtant, il faut mentionner que du point de vue de la prononciation, tous les verbes impliqués se composent seulement d'une (74 %) ou de deux (26 %) syllabes. Les temps utilisés dans l'interrogation inversée sont essentiellement le présent et le passé composé. Mais on peut également trouver des imparfaits [750] et des futurs composés [751]. L'emploi du conditionnel est aussi possible [752] :

[750] **Étiez-vous** pluS heureux dans c' temps-là qu'aujourd'hui ou quoi-ce que vous pourriez dire ? (ILM, texte 11)
[751] **Vas-tu** te mettre un maquse[345] et pis / euh / … ? (ILM, texte 1)
[752] me **ferais-tu** une faveur ? (ILM, texte 4)

En outre, même la présence d'un pronom objet ou adverbial n'empêche pas l'utilisation de la question par inversion. Ce pronom se place – comme en français de référence – devant le verbe conjugué :

[753] A dit : **la vois-tu** des fois ? Ah, j'y dis : je l'appelle souvent. (ILM, texte 1)
[754] ton grand-père et ta grand-mère, **l'as-tu** jamais vu sus le bord à ton père pis à ta mère ? **Les as-tu** jamais vus ? (ILM, texte 4)
[755] **Y as-tu** parlé ? (avec un certain étonnement) (ILM, texte 8)

---

343 *Éventer* = « sentir, percevoir par l'odorat ».

344 Dans la classe des « verbes auxiliaires et opérateurs », Gesner compte les verbes suivants : *avoir* (auxiliaire et verbe « plein »), *être* (verbe « plein »), *vouloir, aller, pouvoir, savoir, croire, voir* (cf. Gesner 1984/85 : 131).

345 *Un maquse* = « un masque ».

[756] **y vas-tu** ? (ILM, corpus oral)

Utilisé dans l'interrogation inversée, le verbe *avoir* présente une particularité morphologique à l'Isle Madame : au lieu de dire *avez-vous* (ce qu'on peut d'ailleurs aussi entendre), quelques locuteurs préfèrent la forme contractée *a'vous* :

[757] **A'vous** des portraits ? (ILM, texte 1)
[758] **a'vous** ça en Allemagne ? (ILM, texte 4)

Brasseur considère cette forme comme bien connue des parlers acadiens, et elle est également signalée au Québec (cf. Brasseur 2007 : 167). Concernant l'aspect diachronique de *a'vous* et de *all'ous* (< *allez-vous*[346]), il signale que

> [c]es deux formes sont issues des parlers dialectaux du nord-ouest du domaine d'oïl (*FEW* 14, 634 VOS, Brasseur 1995 : 328-329 et 344, Chauveau 1984 : 192). Il s'agit de formes figées à TN (comme aussi dans le reste du Canada), alors qu'elles sont en usage aujourd'hui encore et restent bien vivantes en Basse-Normandie, où elles sont potentiellement utilisables avec tous les verbes. Nous pensons que *av'ous ?* et *all'ous ?* pourraient avoir été réactivées avec l'arrivée des derniers immigrants pêcheurs de morues originaires de la Baie du Mont-Saint-Michel, au début du 20e siècle. Le maintien de ces particularités montre le peu de poids de la norme standard jusqu'à nos jours, à Terre-Neuve. (Brasseur 2007 : 167 et sq.)

On a montré que l'inversion est un moyen tout à fait courant pour poser une question totale à l'Isle Madame. Dans le Nord-Est comme dans le Sud-Ouest de la Nouvelle-Écosse, elle est pourtant limitée à la deuxième personne du singulier et du pluriel. Gesner souligne que l'interrogation inversée constitue donc « un des traits caractéristiques de l'interrogation dans les divers français régionaux canadiens » (Gesner 1984/85 : 132). Ce constat vaut également pour le français québécois, pour lequel Szmidt avait mis en relief le rôle prépondérant de l'inversion (cf. Szmidt 1969 : 192).

Un coup d'œil sur les données linguistiques en France montre que l'interrogation par inversion est beaucoup moins fréquente que l'interrogation avec *est-ce que* : selon Behnstedt, l'inversion peut être considérée comme abandonnée dans la langue populaire, mis à part les formes figées comme *vois-tu*, *voyez-vous* et *penses-tu* (cf. Behnstedt 1973 : 21). Dans la langue familière, l'ordre « verbe-sujet » dans la question n'est également que sporadique ; s'il apparaît, il concerne presque uniquement des auxiliaires et des verbes modaux (cf. Behnstedt 1973 : 52). En outre, Schlyter, qui analyse la langue parlée telle qu'elle est représentée dans les œuvres littéraires, donne à l'inversion un caractère non-affectif et formel (cf. Schlyter 1957 : 113 et sq.). Cet aspect est complètement négligeable pour le parler acadien.

[346] Cette forme n'est pas attestée à l'Isle Madame.

Pour le français québécois, Auger (1994 : 67 et sq.) est d'avis que l'inversion simple se trouve uniquement à la 2e personne. Fattier constate pour le créole haïtien d'aujourd'hui l'absence complète de l'interrogation totale par inversion, même s'il est sûr qu'elle existait encore au début de la société de plantation. Mais peu à peu, cette structure s'est effacée (cf. Fattier 2005 : 43). Ce fait est quelque peu surprenant, étant donné la fréquence élevée de cette construction en acadien.

Il faut encore mentionner que l'interrogation par inversion avec un sujet nominal est absente de mon corpus. Je n'en ai trouvé aucune attestation, pas même dans la vie quotidienne sur l'île.[347] Même si l'on trouve encore cette inversion complexe dans la langue ordinaire de certaines régions de la francophonie européenne, la Normandie et la Wallonie (cf. Grevisse / Goosse 2008 : § 394), elle est habituellement absente de la langue parlée et considérée comme une tournure plutôt littéraire.

3.6.1.2 L'intonation montante

Quant à l'intonation montante[348], on en trouve 67 attestations dans le corpus, donc à peu près moitié moins que pour l'interrogation inversée. Mais, outre la différence de fréquence, on constate également un écart dans l'intention du locuteur, surtout en opposant l'interrogation mélodique et l'interrogation par inversion simple. J'ai réparti des exemples qui me paraissent révélateurs dans le contexte en trois catégories :

[759] **E. L.** : Oui, i y a / i y a c'te pain noir ici pis c'est tout des grains. Pis al l'achète.
I. S. : Du pain noir ?
E. L. : Du pain noir. Pis c'est tout des grains.
I. S. : Où t'achètes ça ?
E. L. : J'achetons ça sus SOBEYS. Ça fait l'autre jour, al a m'nu pis al a dit qu'al en avait acheté. Ça fait je l'ai goûté. Mais j'ai yienque pris la moitié d'une tranche pace que c'est beaucoup / euh / beaucoup / euh / euh / HEAVY.

---

347 Signalons qu'Arrighi en rapporte trois exemples pour son corpus (cf. Arrighi 2007 : 50).

348 Notons que l'intonation montante peut aussi apparaître dans d'autres types de question comme marque redondante de l'interrogation. On ne prendra pas en considération ce double marquage.
De plus, il n'est pas toujours facile de trancher entre les interrogations par intonation montante et les exclamations qui se servent aussi de l'intonantion montante. Morel explique une caractéristique à l'aide de laquelle on peut différencier les deux types : « La montée sur la syllabe finale est souvent doublée d'un allongement. C'est du reste cette durée insolite sur la dernière syllabe qui différencie l'exclamation 'c'est bon::::' de l'interrogation totale 'c'est bon ?' » (Morel 1995 : 65)

I. S. : YA.
E. L. : Tu sais. Mais il est bon !
I. S. : **I est touT noir ?**
E. L. : TouT noir ! Pis c'est tout des grains.

[760] **I. S.** : Hier à soir, j'ai té au BINGO. Ben j'ai pas gagné. J'étais *setté* FOR B8, FOR THE JAR, FOR THE COOKIE JAR, A HUNDRED AND FIFTY DOLLARS.
E. L. : **Pis t'as pas gagné ?**

[761] Une soirée, j'avais té à la danse avec lui. Pis i dit sais-tu ce-que j'ai marché aujourd'hui, IDA ? I dit : j'ai marché là-bas, à BLACK RIVER. Savais qu'i y avait tchaque affaire de WRONG avec. J'y dis : **t'as marché là-bas BLACK RIVER ?** J'y dit ça à STEVE. STEVE dit : ça me prend deux heures pour aller en CAR. (ILM, texte 1)

Dans le premier groupe, j'ai rassemblé trois passages qui contiennent tous une **interrogation par intonation montante** (cf. passages imprimés en gras). Ici, l'interrogation ne sert pas à exiger une réponse quelconque, elle semble avoir plutôt un caractère purement rhétorique, voire une notion tout à fait assertive. On reprend une information qui a déjà été donnée avant pour la répéter, pour la confirmer (cf. Greive 1974 : 6 et sq.).

La deuxième catégorie est encore plus explicite et montre bien la différence entre l'interrogation inversée (cf. passages soulignés deux fois) et **l'interrogation mélodique** (cf. passages imprimés en gras) :

[762] **E. L.** : J'ons été priés pour y aller nous-autres.
I. S. : Y allez-vous ?
E. L. : Je crois pas.
I. S. : **Tu y vas pas ?**
E. L. : J'avons té / j'avons...
I. S. : I y un souper.
E. L. : Oui, mais j'avons été à la salle à / au Petit de Grat que je crois ça va faire. (ILM, texte 1)

En 762, il est question d'une invitation à une soirée de personnes âgées. I. S. demande à E. L. si elle et son mari ont l'intention d'y aller : *Y allez-vous ?* Elle se sert de l'inversion parce qu'elle attend une réponse concrète et probablement ouverte. Après la réponse (*Je crois pas.*), elle répète l'information en utilisant une interrogation mélodique : *Tu y vas pas ?* Ce qui suit n'est pas une réponse à cette question mais une explication du pourquoi.

[763] **I. S.** : T'en souviens-tu de l'année...
[**E. L.** : Pis / pis i coupaient ça pis on faisait de la soupe avec ça.]
I. S. : T'en souviens-tu...
[**E. L.** : C'tait bon !]
I. S. : ...de l'année qu'on aviez eu un tremblement de terre ?

E. L. : Oui.
I. S. : **Tu t'en souviens ?** T'en souviens / euh / je t'ai conté ça, hein ? (ILM, texte 1)

En 763, la situation linguistique est comparable à l'exemple précédent : en utilisant l'interrogation inversée (*T'en souviens-tu de l'année... ?*), I. S. attend une réponse claire qui suit immédiatement (*oui*). Ensuite, elle emploie l'interrogation mélodique qui sert de confirmation, I. S. est maintenant sûre qu'E. L. se souvient de cet événement historique.[349]

[764] **E. L.** : Auparavant on faisait des pommes étouffées d'un...
I. S. : Oui, oui, oui.
E. L. : ...plat là, tu sais. Avec du / eum...
I. S. : Ben moi je le fais encore. J'en ai iunne dans mon MICROWAVE de même.
E. L. : Le mets-tu dans...
I. S. : Oui.
E. L. : ...ton micro ?
I. S. : Je de/ je défais touT le / le fait là.
E. L. : Oui.
I. S. : Je fais du CINNAMON dedans, un p'tit brin de sucre.
E. L. : Oui. **Pis tu le fais dans ton micro ?** Mets-tu de l'eau dedans ?
I. S. : Non, pas du tout.
E. L. : Pas d'eau du tout.
I. S. : Je le *microwave* demain / de même. (ILM, texte 1)

En 764, une conversation sur la préparation de « pommes étouffées » au four à micro-ondes est engagée. *Le mets-tu dans ton micro ?* requiert une réponse par « oui » ou « non ». Après la réponse affirmative, les paroles qui viennent d'être entendues sont confirmées par l'interrogation mélodique (*Pis tu le fais dans ton micro ?*). Ensuite, une nouvelle demande d'information est formulée (*Mets-tu de l'eau dedans ?*), présentée sous forme de l'inversion simple.

Troisième groupe :

[765] Tu / as-tu / tu / **t'as joué** au HOPSCOTCH ? (ILM, texte 2)
[766] As-tu pas / **t'as pas été** à Rome et ça ? (ILM, texte 12)

Dans les deux cas, les locutrices commencent l'énoncé par une question inversée, l'interrompent et continuent finalement par une interrogation par intonation montante. À mon avis, cela se produit pour des raisons illocutoires. En 765, la locutrice veut exprimer par ce changement qu'elle s'attend à ce que son interlocutrice ait joué à la marelle quand celle-ci était petite. Ce type d'interrogation manifeste donc sa quasi-conviction. Il est clair que la locutrice ne fait que demander la confirmation de ce qu'elle sait déjà avec plus ou moins de certitude. En 766, l'inversion (as-tu pas été à Rome ?) pourrait paraître trop directe, même un peu

349 Le tremblement de terre à l'Isle Madame a eu lieu en 1929.

impolie. C'est probablement pour cette raison que la locutrice s'est encore corrigée par la suite. L'interrogation mélodique sert donc à atténuer une question.

À la suite de ces réflexions, on peut hésiter à considérer l'intonation comme une technique véritablement interrogative en acadien. Certes, il y a des cas où une réponse directe peut suivre mais en règle générale, cette forme semble plutôt posséder une force phatique qui consiste à maintenir le contact entre les locuteurs : des informations sont reprises, souvent confirmées, parfois l'interrogation mélodique sert de signal de prise de parole pour donner la parole à l'interlocuteur. De toute façon, la fonction en acadien semble presque diamétralement opposée à celle de l'interrogation mélodique en français courant pour lequel Schlyter explique le rôle de la manière suivante : « Le type tu viens ? appelle toujours une réponse ; il ne figure donc pas dans le monologue ou dans les questions de pure rhétorique » (Schlyter 1957 : 113). Même si cette affirmation de Schlyter semble un peu trop catégorique et qu'en français parlé, la question par intonation peut aussi correspondre à une demande de confirmation (« Tu viens ? »), la fonction de ce type de question est différente en acadien et en français parlé de France.

Ce qui paraît par ailleurs intéressant est le fait que plusieurs des interrogations tonales contiennent une négation. Sur 67 interrogations mélodiques, c'est le cas de 12 questions (≙ 18 %). Par contre, on trouve une seule interrogation négative avec *-ti* (≙ 2 %) ainsi que onze inversions simples négatives (≙ 8 %). Ce pourcentage élevé de questions négatives dans l'intonation peut également être dû à la fonction de l'intonation : la confirmation d'un fait déjà nié avant. Cette observation est d'ailleurs compatible avec celle d'Elsig / Poplack (2006 : 80), selon qui les Québécois préfèrent presque toujours l'intonation en cas de polarité négative (cf. Elsig / Poplack 2006 : 80).

En conclusion, l'interrogation par intonation est donc loin d'avoir le statut important qui est le sien dans la langue parlée en France (cf. Riegel / Pellat / Rioul 2004 : 392 ; cf. Gadet 1997 : 112 ; voir aussi tableau 38). Toutefois, les chiffres obtenus par Gesner pour la Baie Sainte-Marie, selon lesquels 38,9 % de l'ensemble des interrogations totales sont des interrogations mélodiques (cf. Gesner 1984/85 : 130), sont supérieurs aux 26 % du corpus de l'Isle Madame.

3.6.1.3 Les particules interrogatives -ti / -y / -tu

L'interrogation au moyen des particules *-ti* ou (moins fréquemment) *-tu* joue un rôle considérable dans le système interrogatif acadien. Bien que *-ti* soit également connu dans la langue populaire, il convient de remarquer la relative rareté, très peu de langues dans le monde connaissant l'emploi de particules dans l'interrogation.[350]

[350] À part les formes *-ne* et *-num* du latin classique (qui n'ont d'ailleurs survécu dans aucune des langues romanes) et *ka* en japonais (cf. Szmidt 1969 : 199), on trouve les particules interrogatives avant tout dans les langues baltes et slaves : en litua-

En ce qui concerne la genèse morphologique de *-ti*[351], il s'agit d'une réanalyse du pronom clitique *-t-i(l)* ajouté à un verbe conjugué (cf. Detges 2001 ; Léard 1996 : 112). Lors du bouleversement syntaxique de la langue française vers 1500, ce sont les formes interrogatives « sans déplacement » comme *est-ce que* et *-ti* qui sont désormais favorisées : « Ce type d'interrogation a été favorisé par le recul de l'interrogation avec simple inversion d'un sujet lexical, lequel était remplacé par un type sans inversion mais avec un pronom de rappel postposé [...] » (Léard 1996 : 112).

Le développement de *-il* en *-ti* a commencé au cours du XVIe siècle : un *t* de liaison euphonique ([vjɛ̃dratil]) s'était généralisé dans l'inversion entre le verbe se terminant par une voyelle et les pronoms de la 3e personne *il(s)* ou *elle(s)* – par analogie avec l'image phonétique de liaison entre des verbes conjugués se terminant en *t* et le pronom ([pøtil] ; cf. Riegel / Pellat / Rioul 2004 : 393). Ainsi, *viendra-il* devient *viendra-t-il* selon le modèle de *peut-il*. Ce *t* intercalé existait au moins dans la prononciation alors que l'orthographe a longtemps ignoré cette consonne de liaison. De plus, le pronom personnel *il* s'était abrégé – déjà bien avant le XVIe siècle – en *i*, au moins devant les consonnes et les pauses (cf. Foulet 1921 : 269).

Telle est du moins l'hypothèse traditionnelle. Pourtant, Léard est plus prudent, la chronologie qu'il a pu établir l'incite à inverser la supposition : « [...] la généralisation de /t/ n'a peut-être pas précédé la perception de l'existence de la particule *-ti*. L'émergence de la particule a pu favoriser celle de /t/, ce qui est l'inverse de l'hypothèse habituelle » (Léard 1996 : 113).

En fin de compte, dans les interrogations par inversion complexe, seul *-ti* faisait la différence entre l'interrogation et la phrase assertive : « *Ti* devenait donc par la force des choses une particule interrogative » (Foulet 1921 : 269). La forme *-tel*, issu de *-t-elle(s)*, se rencontrait également, mais du fait de sa fréquence inférieure à celle de *-ti*, c'est ce dernier qui l'emporte finalement. Dès le XVIe siècle, on trouve des exemples où *-ti* est employé avec des sujets nominaux féminins (cf. Harris 1978 : 33).[352] Il a donc perdu sa fonction anaphorique initiale. C'est définitivement à partir du début du XVIIe que *-ti* est bien présent dans la langue parlée (cf. Léard 1995 : 220) – et ce à toutes les personnes (cf. Brunot / Bruneau 1949 : 531) – alors que dans le français de référence, c'est *est-ce que* qui s'est imposé. Le succès de cette forme périphrastique est probablement dû à la pression normative exercée par les grammairiens français qui favorisaient *est-ce que* (cf. Foulet 1921 : 271). Foulet résume la rivalité entre les deux structures de la manière suivante :

---

nien (*ar*), en polonais (*czy*) et en russe (ЛИ = *li*) (cf. Finke 1983 : 10). En finnois, on trouve *-ko* ou *-kö* ; en hongrois, on ajoute *-e* dans l'interrogation indirecte (c. p. d'Emmanuel Faure).

351 Les variations graphiques de [ti] sont nombreuses : outre *-ti*, on trouve *ty, t'y, t-y, t'i, t'il, t-il* (cf. Price 1971 : 268 ; cf. Grevisse / Goosse 2008 : § 395).

352 Price affirme pourtant que cela n'a été le cas qu'au XVIIe siècle (cf. Price 1971 : 268 ; cf. Coveney 2002 : 101).

> *Ti* est donc venu trop tard. Au XVIIe siècle il avait contre lui son origine trop transparente, et la langue cultivée réserva toutes ses faveurs à un autre nouveau venu, *est-ce que*, qui donnait la double illusion d'être plus logique et plus ancien. Créés deux cents ans plus tôt, *ti* et *est-ce que* fussent entrés dans la langue au même titre, eussent lutté l'un contre l'autre à armes égales, et bien avisé qui pourrait dire auquel serait restée la victoire. Au siècle de Vaugelas, il y a une élite sociale qui aspire à se distinguer du reste de la nation même par son parler, et *ti* n'est plus qu'un parent pauvre qu'on abandonne à la langue populaire. (Foulet 1921 : 271 et sq.)

Selon les analyses de Léard, *-ti* est même arrivé à faire irruption dans la langue soignée en France entre le XVIIIe et le début du XXe siècle, mais sans y être vraiment accepté, à cause de sa connotation fautive (cf. Léard 1995 : 221).

Dans l'acadien de la Nouvelle-Écosse, *-ti* interrogatif continue à être bien vivant. Tout comme pour la langue populaire en France, on peut également considérer que *-ti*, en acadien, a abandonné sa fonction initiale de clitique pour devenir une particule interrogative.[353] Il est toutefois difficile d'établir si l'évolution de *-ti* vers un marqueur interrogatif était déjà achevée avant l'arrivée des premiers colons en Nouvelle-France. Étant donné l'emploi contemporain de *-ti* en tant que particule interrogative dans les variétés de France, cela paraît possible. En examinant de plus près les exemples de *-ti* dans mon corpus, on voit que ceux-ci se concentrent sur les troisièmes personnes du singulier et du pluriel[354] :

[767] Le TV est-**ti** fermé là ? (ILM, texte 1)
[768] Kenneth était-**ti** à La Picasse aujourd'hui ? (ILM, corpus oral)
[769] ton père pis ta mère, i ont-**ti** été élevés / euh / par ici ? (ILM, texte 2)
[770] Pis i reste-**ti** avec MARGARET ? (ILM, texte 1)

L'interrogation avec la particule *-ti* est notamment fréquente avec les pronoms neutres *ce* et *ça* (cf. aussi Melkersson 1979 : 172 pour le Nouveau-Brunswick) ainsi qu'avec le présentatif *il y a* :

[771] C'est-**ti** le plus vieux, lui, Martin ? (ILM, texte 4)
[772] C'était-**ti** dans la mer ici là qu'i pêchait ? (ILM, texte 11)
[773] Mais quanT ça *stoppe*-**ti** au complet ? (ILM, texte 4)

---

353 Le débat sur le statut historique et actuel de *-ti* est retracé dans l'article de Léard (1996).

354 Pourquoi ne pas considérer qu'il s'agit d'une inversion complexe ? Cela pourrait bien être le cas des exemples 767 et 768, en prenant en considération la réduction du pronom personnel *il* en *i*. Toutefois, même si je ne peux pas complètement exclure cette hypothèse, elle me semble très peu probable. Comme on le verra par la suite, l'inversion complexe ne joue aucun rôle dans la formation orale d'une interrogation dans toutes les variétés acadiennes. De plus, on trouve également *-ti* après des sujets pronominaux comme en 769 et 770. S'il s'agissait également de questions par inversion, on attendrait certainement un pronom personnel disjoint au début de l'énoncé comme : *Eux-autres, ont-i été élevés par ici ?* ou *Pis lui, reste-t-i avec MARGARET ?*

[774] I y a-**ti** un CURFEW c't année ? (ILM, texte 4)[355]

Comme dans la langue populaire de la France, *-ti* a complètement perdu son caractère de pronom personnel – on l'a déjà mentionné au début de ce chapitre –, et on le trouve donc également avec des sujets féminins :

[775] Wanda *teache*-**ti** encore l'école ? (ILM, corpus oral)
[776] Al est-**ti** folle ou quoi ? (ILM, texte 1)
[777] ben sa femme est-**ti** pas dans l'hôpital Sainte-Anne ? (ILM, texte 1)
[778] Euh / EVELYN y était-**ti** ? (ILM, texte 2)
[779] Ta soupe va-**ti** brûler ? (ILM, texte 2)

Comme dans toutes les sources orales, les questions totales qui concernent la 1ère personne du singulier ou du pluriel sont rares, j'en relève seulement trois dans mon corpus. Toutes les trois sont formées avec *-ti* :

[780] Je peux-**ti** avoir du thé, s'il vous plaît ? (ILM, corpus oral)
[781] On va-**ti** aller ? (ILM, texte 1)[356]
[782] J'allons-**ti** acheter eune OIL BASE ? (ILM, corpus oral)

Par contre, on ne découvre aucune occurrence de *-ti* à la 2e personne du singulier ou du pluriel ; Melkersson attribue l'absence de *-ti* à la 2e personne du singulier à « l'effet cacophonique que produirait une phrase comme *Tu viens-ti ?* » (Melkersson 1979 : 172). Il se demande ensuite s'il s'agit peut-être ici d'une tendance générale du parler acadien. Pourtant, faute d'une plus grande quantité de données, il ne se risque pas à décider s'il pourrait s'agir d'une préférence individuelle de l'auteure, Antonine Maillet.[357]

Jusqu'à présent, on a laissé de côté la variante phonétique de *-ti*, à savoir *-tu*[358] qui – au sein des variétés francophones d'Amérique du Nord – est de nos

355 Comme ci-dessus, il pourrait également s'agir d'une question par inversion du style *y a-t-i*. Pourtant, deux éléments suggèrent la première possibilité, celle de l'ajout de *-ti* : la première raison est le parallèle avec les autres présentatifs, *c'est* et *c'était*, où il s'agit sans nul doute de la particule *-ti*. La deuxième raison est phonétique : dans les enregistrements, on entend [ija'ti] et non pas [ja'ti], ce qui signale un pronom personnel au début de l'énoncé. On a probablement affaire à un mélange des deux types de question.

356 *On* remplace ici *nous*, ou *je* à la 1ère personne du pluriel.

357 Sur la base des données linguistiques dont je dispose moi-même pour la Nouvelle-Écosse, je peux esquisser une réponse : dans l'ensemble du corpus je n'ai pas trouvé d'exemples tels que **T'étais-ti à Halifax ?* ou **Vous voulez-ti une tasse de thé ?* Ces structures me semblent – selon l'ensemble de mes observations personnelles – grammaticalement incorrectes dans le parler acadien de l'Isle Madame.

358 Même si la différence entre *-ti* et *-tu* est parfois difficile à discerner, je suis convaincue d'avoir toujours retranscrit la bonne variante.

jours considéré comme la forme québécoise[359] alors que la première est dite acadienne (cf. Pavel 2005 : 51). Ainsi, l'emploi de *-tu* dans des parlers acadiens est vu comme un « trait emprunté au québécois » (Péronnet / Kasparian 1998a : 95). Voici mes attestations de *-tu* (peu nombreuses d'ailleurs en comparaison avec *-ti*) en fonction de particule interrogative (dont une aussi pour la Baie Sainte-Marie) :

[783] t'as-**tu** té à Halifax aussi ? (ILM, texte 4)
[784] Étais-tu / quand-ce t'as arrivé, t'étais-**tu** ici ? (BSM, texte 19)

On constate ainsi qu'à l'aide de la variante phonétique *-tu*, les interrogations avec une particule interrogative deviennent également possibles à la 2e personne – au moins pour celle du singulier[360]. Cette observation a aussi été faite par King pour l'Île-du-Prince-Édouard (cf. King 2000 : 70, note). Pourtant l'inversion et *-tu* semblent plutôt y être aussi fréquentes l'une que l'autre à la 2e personne du singulier, alors qu'à l'Isle Madame, les deux occurrences de *-tu* se voient opposées à 118 occurrences d'interrogations inversées. La seule attestation de *-tu* à la 3e personne du singulier a tout de suite mené à un malentendu, du moins pour moi qui suis étrangère à la communauté acadienne : alors que je répondais au téléphone, une femme m'a demandé :

[785] [Au téléphone] Edna est-**tu** là ? (ILM, corpus oral)

Et moi de répondre : « Non, je ne suis pas Edna… ».

Je crois être en mesure de supposer que l'emprunt de *-tu* au québécois a été facilité par l'omniprésence de l'inversion dans les interrogations totales de la deuxième personne du singulier en acadien. Cela signifie que *-tu* était déjà présent dans ces questions, mais alors que dans l'inversion (*donnes-tu ?*), il remplit encore sa fonction de clitique, dans les exemples comme 785, il doit déjà être considéré comme une particule interrogative. Pourtant, la grande différence entre le *-tu* en québécois et le *-tu* de mon corpus se maintient : alors qu'au Québec, *-tu*

359 La forme *-ti* était présente au Québec jusqu'au milieu du XXe siècle. Après son déclin dans les années 1940–50, elle est remplacée par *-tu*. Léard explique cela par un simple relâchement phonétique dû à la la proximité de *-ti* et de *-tu*. En outre, il mentionne que la question qu'on pose porte très souvent sur la personne avec qui on parle, et donc une deuxième personne (cf. Léard 1995 : 221 ; cf. Léard 1996 : 113). Au-delà du français québécois, des exemples de *-tu* interrogatif sont aussi attestés dans un corpus littéraire du chiac (cf. Pavel 2005 : 51 qui analyse « La Mariecomo » de Régis Brun), aux 2e et 3e personnes du singulier (aussi avec *ce* et *ça*) dans le corpus de Toronto de Szmidt (1969 : 199) et à toutes les personnes dans le parler français des Métis de l'Ouest canadien (cf. Papen 1998 : 158).

360 Quant à la répartition de *-tu* en français québécois, les opinions des chercheurs divergent : ainsi, Picard (1992) soutient que *-tu* ne se trouve pas à la 2e personne alors que Maury (1990) et Vecchiato (2000) confirment sa présence pour cette même personne (cf. résumé de Ph. Comeau sur http://munlinguistics.blogspot.com, 21/08/2011 ; communication du 22 juillet 2009).

peut être employé indépendamment de la personne (sauf aux 1ère et 2e du pluriel) (cf. Lagueux 2005 : 59), en acadien, *-tu* paraît encore lié à la deuxième personne du singulier. Mais si cette particule interrogative s'imposait à la 2e personne au détriment de l'inversion, on aurait alors un système interrogatif homogène basé sur des particules interrogatives postposées au verbe conjugué.

Après cette parenthèse à propos de *-tu*, revenons à l'emploi de *-ti* dans le corpus : à la différence des questions par intonation, les questions en *-ti* requièrent – tout comme les interrogations inversées – une vraie réponse par « oui » ou « non ».

Sur la base du dépouillement des données pour l'Isle Madame, on peut constater que *-ti* semble se combiner avec *je* (singulier et pluriel) – bien que ces personnes ne soient pas très fréquentes dans l'interrogation en général –, *on* (1ère personne du pluriel) ainsi que la 3e personne du singulier et du pluriel. *-tu*, par contre, se rencontre presque uniquement – dans quelques rares cas – après la 2e personne du singulier. Voilà donc le paradigme de l'interrogation totale au présent pour l'Isle Madame à l'exemple du verbe modal *pouvoir* :

	singulier	**pluriel**
1ère personne	*je peux-ti*	*je pouvons-ti*
2e personne	*peux-tu* [*tu peux-tu*]	*pouvez-vous*
3e personne	*i peut-ti* *a peut-ti*	*i pouvont-ti*

Tableau 33 : Paradigme de l'interrogation totale au présent (Isle Madame) (tableau : J. Hennemann).

On perçoit aisément que le contenu de ce tableau est quasiment identique à celui que Geddes a dressé pour Chéticamp (cf. Geddes 1908 : 136), le bastion fortement acadien du Nord-Est de la Nouvelle-Écosse, mais aussi à celui de la Baie-des-Chaleurs (cf. Geddes 1908 : 135). Selon l'interprétation de Geddes, ce tableau reflète la force considérable avec laquelle l'analogie a œuvré au Canada (cf. Geddes 1908 : 134).

L'interrogation totale de part et d'autre de l'Atlantique a donc développé des préférences très diversifiées quant au choix des structures respectives. Alors que Bauche prédisait en 1928 que la particule interrogative *-ti* « deviendra[it] peut-être un jour la marque régulière de l'interrogation » (Bauche 1928 : 134) en français », la réalité est tout autre : en français ordinaire, la particule *-ti* semble être tombée en désuétude (cf. Gadet 1997 : 109 ; cf. Behnstedt 1973 : 32), limitée à quelques usages régionaux comme en Bretagne ou en Normandie[361] (cf. Gadet 1997 : 109). En ce qui concerne son emploi dans la langue populaire, les opinions scientifiques du siècle dernier – tout en admettant une évolution diachronique – sont très divisées : cela va d'« une particule en voie de disparition » (cf.

[361] Dans son étude sur le français régional de Picardie, Coveney ne note qu'une seule phrase (*Ça va-ti ?*), qu'il a entendue auprès de personnes âgées et rurales (cf. Coveney 2002 : 104).

Dauzat 1939 : 92), d'une « pénétration dans la langue cultivée » (cf. Blinkenberg 1958 : 151), à une « extension considérable et successive » (cf. Renchon 1967, II : 83) ou un tour « en recul » (Grevisse / Goosse 2008 : § 395). L'importance de *-ti* dans le langage populaire reste donc contestée, et il semble en fait être une marque plutôt diatopique que diastratique en France, tout comme cela semble être le cas pour l'ensemble du continent nord-américain.

Le marqueur postverbal *-ti* est également courant dans l'interrogation totale au Nouveau-Brunswick, où l'on trouve cependant aussi *-tu*, même à des personnes autres que la deuxième du singulier et du pluriel (cf. corpus Wiesmath 2006a). Il en est de même à l'Île-du-Prince-Édouard, à ceci près que King souligne que *-tu* n'apparaît que rarement et apparemment seulement à la 2e personne du singulier (cf. King 2000 : 79). Des exemples de *-ti* interrogatif sont relevés pour Terre-Neuve (cf. Brasseur 2001 : s. v. *ti*) et pour la Louisiane, où l'on trouve non seulement des sources anciennes (cf. Ditchy 1932 : 201 ; cf. Brandon 1955 : 486) mais aussi des attestations contemporaines (cf. Papen / Rottet 1997 : 106 ; cf. Valdman et al. 2010 : s. v. *ti*^{1}). Toutefois, ni dans le corpus de Valdman (2003) ni dans celui de Stäbler (1995a), on ne relève d'occurrences.[362] Dans l'Ouest du Canada, le marqueur postverbal *-tu* sert également à la formation de l'interrogation, sa variante phonétique n'y est pas relevée pour le franco-manitobain, seulement pour le franco-albertain et le mitchif (cf. Hallion Bres 2006 : 118, 127, note).

Une nette différence entre le français de France et le français canadien se manifeste donc : tandis que les Français préfèrent la prédétermination de l'interrogation (cf. *est-ce que*), les Canadiens francophones sont plus enclins à la postdétermination (cf. *-ti* / *-tu* et – dans une certaine mesure – aussi l'inversion) (cf. aussi Barbaud 1998 : 28). Comme l'atteste la fréquence élevée de *-ti* / *-tu* au Canada, le marqueur n'est de loin pas aussi stigmatisé socialement qu'en France.

Avec la prudence requise, on peut aussi esquisser une certaine tendance à la postdétermination en acadien pour deux autres fonctions de *-ti* relevées dans le corpus, dont sa valeur exclamative. Du fait de quelques ressemblances structurelles et lexicales entre l'interrogation et l'exclamation[363], il n'est pas surprenant de constater que les changements dans la syntaxe interrogative, surtout l'emploi de particules, ont eu des effets sur la structure de l'exclamation (cf. Léard 1995 : 224). Ainsi un *-ti* invariable est ajouté, tout comme dans une phrase interrogative, au verbe conjugué de la phrase exclamative :

[786] L'arbre jaune. Et pis faisiont bouillir ça pis moi / pis du sapin. Coumment de fois j'en / j'en ai-**ti** bu du sapin ! (ILM, texte 1)

[787] Mon Dieu, i dit, c'tes enfants là sont-**ti** jolis ! I aimait beaucoup les enfants, c'est-ti. (ILM, texte 4)

362 Sauf trois occurrences de *quand même-ti* chez Stäbler (1995a) où *-ti* se trouve dans un contexte concessif (cf. fonctions de *-ti* ci-dessous).

363 Cf. par exemple l'identité des déterminants interrogatifs et exclamatifs : *quelle rue ?* vs *quelle chaleur !*

[788] I y-avait-**ti** ri ! I avait ri ! AMOS, i se roulait. (ILM, texte 4)
[789] Pis j'a/ j'avais vu eune / eune catin[364]. Al était dans* une boîte. Et j'arais-**ti** aimé d'avoir c'te affaire-là. (ILM, texte 11)

En Louisiane cette construction n'est pas inconnue, mais elle est fort peu fréquente. Pourtant, cette valeur ne semble pas être une innovation acadienne non plus. Cet emploi est sans doute un archaïsme. Des occurrences de *-ti* dans des phrases exclamatives sont déjà attestées pour le XVIIe siècle (cf. Léard 1995 : 224). Léard affirme toutefois que « [s]eules les exclamatives portant sur la quantité ou l'intensité acceptent *-ti* / *-tu* » (Léard 1996 : 118).

Enfin, on observe également des attestations de *-ti* dans un contexte concessif, fonction qui – du moins dans mon corpus – semble liée uniquement à la conjonction concessive de subordination *quand même-ti* (exemple de la Baie Sainte-Marie) :

[790] Pis tu peux dire / euh / **quand même-ti** tu les connais pas très bien, Tu sais, i t/ le monde / sont erconnus par ici que le monde va se / s'aidera. (BSM, texte 15)

Pour l'Isle Madame, il n'y a pas d'attestation. Wiesmath a trouvé la variante *quand même-ti que* au Nouveau-Brunswick (cf. Wiesmath 2006b : 157), Gérin note la forme *combien même-ti* qui a le même sens que *quand même-ti* à la Baie Sainte-Marie (cf. Gérin 1982b : 48). Melkersson, par contre, constate pour son corpus écrit du Nouveau-Brunswick la valeur concessive de *-ti* seul (cf. Melkersson 1979 : 172 et sq.).

3.6.1.4 La construction est-ce que

La formation de l'interrogation par *est-ce que* ne joue pratiquement aucun rôle dans la partie des entrevues considérées comme représentant l'acadien traditionnel. Dans les cas où l'on rencontre ce type de question périphrastique, c'est avant tout dans des entrevues avec des Acadiens qui sont régulièrement en contact avec le français standard, 48 occurrences au total. Cette observation est confirmée par King pour l'Île-du-Prince-Édouard (cf. King 1991b : 70). À part ces occurrences, on a pu relever seulement sept attestations de *est-ce que* :

[791] Et pis / eum / yoù sont tes sœurs pis tes frères maintenant ? Qu'i / yoù-ce qu'i sont ? **Est-ce qu'**i sont touT, i sont… ? (ILM, texte 4)
[792] **Est-ce que** vous avez été visiter l'école Beauport ? (ILM, texte 5)
[793] Comme parent, moi, **est-ce que** j'ai / euh / t'sais / le / le droit de demander pour changer de médecin ? (ILM, texte 5)
[794] **Est-ce que** / **est-ce que** tu as un / une chose avec ton courrier ? (ILM, texte 5)

[364] Cf. note 341.

[795] **E. L.** : **Est-ce que** vous avez marié un gars de L'Ardoèse ?
E. M. : À l'éco/ à l'é/... ?
E. L. : Avez-vous marié‗un homme de l'Ardoèse ?
E. M. : Non, non. I est / i appartit / il était icitte de Rockdale. (ILM, texte 11)

[796] Mais frère André dit, oui, i dit, vous êtes en bas des escaliers, i dit, **est-ce que** vous pouvez monter les escaliers ? (ILM, texte 9)

Les explications de l'emploi de *est-ce que* sont diverses et peuvent se superposer selon les cas : souvent les occurrences apparaissent au début de l'entrevue où un locuteur essaie d'imiter « le bon français » [791, 795] de l'enquêteuse, qui – extérieure à la communauté acadienne – usait régulièrement de cette périphrase dans les interrogations totales. On voit bien en 795 que – vu les difficultés apparentes de E. M. à saisir le sens de la question périphrastique – E. L. change tout de suite de système et se sert (comme il s'agit de la 2e personne du pluriel) de l'interrogation par inversion (*Avez-vous marié... ?*). En 796, la raison d'emploi de *est-ce que* pourrait aussi dépendre de la citation d'un religieux dans la bouche duquel on met une forme qu'on considère comme appartenant à la langue cultivée. Je peux donc me joindre à Gesner, selon qui « le morphème spécial est-ce que n'est pas à inclure dans le répertoire des structures interrogatives de l'acadien » (Gesner 1984/85 : 133). Pourtant il faut mentionner que quelques rares situations existent dans lesquelles un facteur ou un autre déclenche son emploi. Au Nouveau-Brunswick par contre, l'emploi de *est-ce que* semble être devenu plus fréquent (cf. Arrighi 2007 : 51). Ce phénomène est également attribué à l'influence récente du français standard (cf. Wiesmath 2006b : 182).

On peut se demander pourquoi la périphrase *est-ce que* a eu tant de succès en français moderne alors qu'elle est – pour ainsi dire – absente du parler acadien. Après des bouleversements syntaxiques considérables dans le système interrogatif, il y avait depuis le début du XVIe siècle trois possibilités pour former l'interrogation totale : l'inversion, *-ti* et *est-ce que*. Ce dernier tour périphrastique était donc bien connu lors du départ des premiers colons pour la Nouvelle-France. Mais alors qu'en France, *est-ce que* a bénéficié du soutien massif des grammairiens, qui a mené à son extension progressive, la situation en Nouvelle-Écosse laissait libre cours aux variantes.

Selon Riegel et al., *est-ce que* « présente le double avantage de fournir, dès le début de la phrase, une marque de l'interrogation et de permettre le maintien de l'ordre canonique sujet-verbe, évitant ainsi le recours à l'inversion, pas toujours commode » (Riegel / Pellat / Rioul 2004 : 393). Quant au premier atout, on peut constater que dans quelques situations syntaxiques, l'acadien semble préférer la postdétermination, surtout lors du marquage des différents types de phrase (exclamation, impératif) et formes de phrase (négation). Ainsi, la généralisation de *est-ce que* aurait été contradictoire à cette tendance. Deuxièmement, l'importance de l'ordre canonique sujet-verbe semble moins grande, comme l'atteste le succès de l'interrogation inversée. Pourtant l'argument de Guiraud selon lequel *est-ce que* devrait entres autres son succès à son intensité (cf. Guiraud 1986 : 50) n'a pas perdu d'actualité dans d'autres domaines de l'acadien (cf.

3.6.2.1 quant aux différents tours périphrastiques dans l'interrogation partielle). Mais apparemment, *est-ce que* n'a pas pu s'imposer par rapport aux autres structures.

Quoique *est-ce que* ne fasse pas partie du système interrogatif acadien, on pourrait assister au développement d'une nouvelle formule périphrastique : à la fin des années soixante-dix, Melkersson a observé le phénomène suivant pour son corpus littéraire du Nouveau-Brunswick : « L'acadien possède pourtant une autre périphrase *c'est-i' que* qui se retrouve également dans certains parlers populaires de la France » (Melkersson 1979 : 173). Il cite les exemples suivants, tirés *Mariaagélas* d'Antonine Maillet, pour étayer son hypothèse :

[797] **C'est-i' que** j'arions de l'orage ? (Maillet 1973 : 166)
[798] **C'est-i' que** vous voulez dire que la veuve à Calixte est ensorcellée [sic] ? (Maillet 1973 : 182)
[799] **C'est-i' que** tu comptes pêcher pareil, Fardinand ? (Maillet 1973 : 188)

Melkersson mentionne déjà que *c'est-ti (que)* n'est pas encore tout à fait grammaticalisé car il y a encore, par exemple, des formes de conditionnel [800–802]. De plus, on trouve aussi l'adverbe *ben* qui peut modifier cette formule :

[800] **Ça serait-i' que** le douanier ferait sa petite provision des Fêtes à même les saisies des côtes ? (Maillet 1973 : 87)
[801] **Ça serait-i' que** le grand Vital se croyit le seul acheteux au pays ? (Maillet 1973 : 198)
[802] **Ça serait-i' ben que** le Vital, il arait des remords ? (Maillet 1973 : 239)

C'est-i que n'est donc pas encore devenu une simple marque interrogative. En outre, Melkersson suppose que cette formule confère certaines nuances à l'interrogation mais il n'est pas en mesure de les nommer ou de les décrire (cf. Melkersson 1979 : 173). Selon Foulet, il s'agit du calque populaire de *est-ce que* en France,

> mais il est loin d'avoir pris la même extension que son modèle. Ce n'est pas une forme vide, une simple particule interrogative. Le verbe *être* y conserve une partie de son sens, et la locution comporte presque toujours une nuance de raillerie ou de désappointement grognon […]. Il n'y [sic] donc pas là une concurrence à l'emploi ordinaire de *ti*. (Foulet 1921 : 280)

Ce constat de Foulet s'applique également en ce qui concerne le parler acadien : dans mon corpus de l'Isle Madame, cette formule ne s'est pas transformée en marque interrogative ; on trouve un seul exemple où *c'est-ti* remplit cette fonction, et ce dans une interrogation partielle :

[803] Donc **combien c'est-ti** je te dois ? (ILM, texte 7)

Ailleurs, *c'est-ti* apparaît souvent postposé à une proposition déclarative et semble similaire au *question tag* de l'anglais (cf. paragraphe 3.6.1.5).

3.6.1.5 Les formules postposées

Les formules postposées représentent un aspect plutôt marginal de l'interrogation en acadien. Ici, selon la conception de Riegel et al., c'est la pragmatique de l'interrogation qui est concernée : la forme grammaticale renvoie au genre de l'interrogation alors que l'énoncé n'a pas une valeur de question ou d'ordre, mais plutôt une valeur déclarative (cf. Riegel / Pellat / Rioul 2004 : 401). Une des formules particulièrement fréquente dans mon corpus est *hein ?* :

[804] Pis pensez : un docteur mient te mander pour un FAVOR, tu vas pas dire non, **hein** ? (ILM, texte 1)
[805] SHE'S A GOOD COOK, **hein** ? (ILM, texte 1)
[806] mon mari était là, Charlie était là, **hein** ? (ILM, texte 2)

Tout comme Maury, qui a consacré tout un article à *hein ?*, je constate que cette interjection joue dans la plupart des cas un rôle de renforcement à la fin d'une phrase assertive (cf. Müller-Hauser 1943 : 145). Il fonctionne donc très souvent comme un signal de prise de parole. Maury signale la similitude entre *hein ?* – qui est également très fréquent dans son corpus ontarien – et le fameux *eh !* de l'anglais canadien : *hein* connaît – au moins en ce qui concerne le français ontarien – des prononciations semblables à *eh*, ce qui pourrait suggérer une certaine convergence linguistique en l'occurrence. Pourtant Maury reste réservée quant à des conclusions précipitées : ce seraient des « suppositions délicates concernant les interférences de l'anglais et du français », surtout si on prend en considération la longue histoire de *hein ?* en français (cf. Maury 1973a : 153). En France, *hein ?* est toujours courant (cf. Le Nouveau Petit Robert 2007 : s. v. *hein*).

À côté de *hein ?*, on relève encore les formules postposées suivantes pour le corpus de l'Isle Madame : *j'ais pas ?*, *vois-tu ?*, *tu sais ?* et – à ma connaissance – une expression qui n'a pas encore été signalée ailleurs, *c'est-ti ?,* ou sa forme amalgamée *ç-ti*[365] *?* :

[807] Eh, tu faisais le ménage avec ta mère, **j'ais pas** ? (ILM, texte 1)
[808] pis tu / tu *outlinais* touT ta fleur là coumme ça là, **vois-tu** ? (ILM, texte 2)
[809] Pis quand j'uis là, Lucile a dit : ah mon Dieu, a dit, un belle mi-carême, al a de la manière d'un beau chapeau de paille, a dit, vas-tu faire du foin ? **Tu sais** ? (ILM, texte 4)
[810] I y-aviont pas d'enfants, **c'est-ti** ? (ILM, texte 2)
[811] non, al a descendu la / la dernière long week-end, c'tait dans quoi, dans / dans septembre, **c'est-ti** ? (ILM, texte 4)
[812] I m'nait de Dartmouth de / de v/ euh / visiter son garçon, **ç-ti** ? (ILM, texte 4)
[813] T'étais saoûle là, **ç-ti** ? (ILM, texte 1)

---

365 J'ai choisi la transcription *ç-ti* (avec trait d'union) pour cette formule postposée pour la distinguer du pronom démonstratif *ç'ti*, bien courant en Nouvelle-Écosse : [] Asteure, Rémis, **ç'ti** s'en va, lui, à / à SOUTH DAKOTA. (ILM, texte 4)

Voyez-vous ?, *vous savez ?* ainsi que *n'est-ce pas ?* trouvés par Gesner à la Baie Sainte-Marie (cf. Gesner 1984/85 : 135) sont absents de mon corpus. Or, la fonction de ces formules dépasse de loin celle d'une simple « formule interrogative postposée ». Léard note que « la pause (plus ou moins forte), le changement d'intonation et la place dans l'énoncé en font plutôt des marqueurs discursifs argumentatifs ou interactifs et non des particules » (Léard 1996 : 122). Comme leur fonction première n'est pas d'exiger une réponse précise mais plutôt de donner à l'interlocuteur l'obligation de réagir, j'en resterai là de mon examen. De plus, à la différence de Gesner (1984/85), je ne compte pas les interrogations à formules postposées parmi l'interrogation mélodique. Cette façon de procéder est en accord avec celle de Coveney qui, lui non plus, ne compte pas ce type parmi les questions à proprement parler (cf. Coveney 2002 : 91 et sq.).

3.6.1.6 Fréquence et distribution

Pour l'analyse de la fréquence des différentes formes de l'interrogation totale en acadien, on prend comme points de comparaison le français québécois, les diverses études à propos de la langue parlée en France ainsi que deux autres parlers acadiens, celui de la Baie Sainte-Marie dans le Sud-Ouest de la Nouvelle-Écosse et celui du Sud-Est du Nouveau-Brunswick. Tout d'abord, voici les pourcentages calculés à partir des attestations d'interrogations totales dans le corpus de l'Isle Madame :

Français acadien de l'Isle Madame		
	chiffres absolus[366]	pourcentage
intonation	67	26 %
-ti / -tu	51	20 %
inversion	131	51 %
est-ce que	7	3 %
inversion complexe	0	0 %
Total	256	100 %

Tableau 34 : Distribution des différentes formes d'interrogation totale dans le corpus de l'Isle Madame (tableau : J. Hennemann).

On voit donc très clairement que l'inversion simple est de loin la structure la plus utilisée pour former une question totale à l'Isle Madame, elle atteint une majorité absolue de 51 %. Suivent l'intonation ainsi que les particules *-ti / -tu* avec respec-

[366] Pour l'inversion, les marqueurs discursifs comme *sais-tu* ou *vois-tu* n'ont pas été pris en compte. Les attestations de *est-ce que* ont seulement été calculées pour les locuteurs de l'acadien traditionnel. L'inversion complexe est absente de la langue parlée (cf. Schlyter 1957 : 107 ; cf. Melkersson 1979 : 171).

tivement 26 % et 20 %. Les sept occurrences de *est-ce que* sont à considérer comme une influence récente du français standard et peuvent en conséquence être négligées.

Résultats de Gesner (1984/85) pour la Baie Sainte-Marie						
	CA (corpus oral)	CA pourcentage	CB (corpus écrit)	CB pourcentage	total	pourcentage total
intonation	13	37 %	24	30 %	37	32 %
-ti	2	6 %	17	21 %	19	16 %
inversion simple	20	57 %	38	47 %	58	50 %
est-ce que	0	0 %	2	2 %	2	2 %
inversion complexe	0	0 %	0	0 %	0	0 %
Total	35		81		116	100 %

Tableau 35 : Résultats de l'étude de Gesner (1984/85) pour la Baie Sainte-Marie. [Les pourcentages sont calculés à partir des chiffres donnés par Gesner (1984/85 : 137), tableau 4.]

Les analyses de Gesner datent d'il y a un quart de siècle et ont été réalisées dans la région acadienne considérée comme la plus conservatrice, la Baie Sainte-Marie. Elles se basent sur le dépouillement d'un corpus oral (CA) recueilli en 1975 et 1976 dans la région ainsi que sur l'étude du scénario des « Gossipeuses » de Phil Comeau (corpus CB). Bien qu'il faille bien sûr prendre en compte le nombre peu élevé d'interrogations totales dans les deux corpus (respectivement 35 et 81), on peut constater que *-ti* n'atteint qu'une fréquence presque négligeable dans le corpus oral, alors que dans le scénario, 21 % des interrogations totales contiennent un *-ti*. Pourtant il faut se garder des conclusions précipitées : l'inversion simple pourrait devoir son pourcentage élevé (57 %) à un moindre emploi de *-ti* dans la langue parlée de la Baie Sainte-Marie, constat qui serait aussi en accord avec les analyses de mon corpus non-publié de cette région. Mais pour vérifier cette hypothèse, des recherches beaucoup plus amples seraient nécessaires. Finalement il faut encore mentionner « l'absence quasi-totale du morphème est-ce que » (Gesner 1984/85 : 136).

Les premières informations dont on dispose pour le Nouveau-Brunswick d'un point de vue chronologique viennent de l'étude de Melkersson, qui résume ainsi son analyse de son corpus littéraire :

> Dans notre corpus acadien, l'interrogation mélodique occupe une position importante sans pour autant l'emporter sur les autres constructions […]. Les interrogations inversives existent mais elles ne sont pas très nombreuses. Dans les textes dépouillés, l'inversion simple ne s'emploie qu'avec la deuxième personne, au singulier et au pluriel […]. Il y a quelques rares occurrences de l'inversion com-

plexe mais seulement dans les parties du texte où sont exprimées ce que j'ai appelé plus haut les réflexions populaires anonymes. (Melkersson 1979 : 171)

Ces observations s'éloignent tout de même beaucoup des miennes. Mais j'ai déjà mentionné la difficulté qu'il semble y avoir à dépouiller des textes littéraires de style populaire. Afin de savoir comment positionner mes résultats de la variété parlée dans le continuum panacadien de l'interrogation totale, j'ai consulté en outre le corpus de Wiesmath (2006a) et rassemblé les résultats dans un tableau similaire au mien :

Français acadien du Sud-Est du Nouveau-Brunswick (Wiesmath 2006a)		
	chiffres absolus	pourcentage
intonation	38	19 %
-ti* / *-tu	43	22 %
inversion	111	56 %
est-ce que	5	3 %
inversion complexe	0	0 %
Total	197	100 %

Tableau 36 : Distribution des différentes formes d'interrogation dans le corpus du Sud-Est du Nouveau-Brunswick (corpus Wiesmath 2006a).

La totalité des occurrences prises en compte dans le corpus néo-brunswickois est inférieure de 20 % à celles de l'Isle Madame (197 vs 256 occurrences). Pourtant, les pourcentages sont presque les mêmes qu'à l'Isle Madame. Au Nouveau-Brunswick, l'inversion simple domine également, alors que l'intonation et *-ti* ne représentent que des moyens secondaires (avec environ 20 % chacun) pour poser une question. *Est-ce que* – qui se retrouve avant tout dans des situations de conversation plus formelle (radio et université, textes 9 à 13 du corpus de Wiesmath 2006a) – n'est employé que dans 3 % des cas dans l'acadien plutôt traditionnel. On peut donc conclure que bien que le parler acadien du Nouveau-Brunswick soit considéré comme la variété la moins conservatrice, les différences s'estompent en ce qui concerne la distribution des formes dans l'interrogation totale.

Voici le récapitulatif des résultats pour les différentes régions acadiennes analysées ci-dessus :

Les parlers acadiens	Nouvelle-Écosse		Nouveau-Brunswick
	Gesner (1984/85)	**Hennemann (2014)**	**Wiesmath (2006a)**
intonation	32 %	26 %	19 %
***-ti* / (*-tu*)**	16 %	20 %	22 %
inversion	50 %	51 %	56 %
est-ce que	2 %	3 %	3 %
inversion complexe	0 %	0 %	0 %
Total	116	256	197

Tableau 37 : L'interrogation totale dans divers parlers acadiens (tableau : J. Hennemann).

On constate donc un relatif parallélisme dans la répartition des types d'interrogation totale en Acadie. On pourra comparer ces résultats au tableau, un peu modifié, d'Elsig / Poplack (2006), qui offrent une vue d'ensemble des résultats des études les plus importantes sur la fréquence de l'interrogation totale en France et au Québec :

	Français québécois		**Français européen**				
Études	Fox (1989)	Elsig / Poplack (2006)	Pohl (1965)	Terry (1970)	Ashby (1977)	Söll (1983)	Coveney (2002)
Informations à propos des corpus				25 pièces de théâtre (1957–1964)	35 informateurs parisiens d'âge moyen	corpus enfantin (~ 9 ans)	jeunes adultes du département de la Somme
	%	%	%	%	%	%	%
intonation	36	35	86	86	80	91	79
-tu	34	33	-	-	-	-	-
inversion simple	29	26	-	11	9	1	-
est-ce que	1	6	14	3	11	8	21
inversion complexe	-	-	-	-	-	-	-
Total	871	776	816	3 016	130	452	180

Tableau 38 : Distribution des différentes formes d'interrogation totale en français québécois et en français européen.
[Tableau (en partie modifié) d'Elsig / Poplack 2006 : 79]

Un coup d'œil sur deux structures, l'intonation et la particule interrogative *-tu*, montre qu'elles sont réparties de manière assez égale en français québécois ; elles représentent chacune environ un tiers du total dans les études de Fox (1989) et d'Elsig / Poplack (2006). L'inversion simple a une fréquence un peu moins élevée avec respectivement 29 % et 26 %.[367] Pourquoi l'inversion simple est-elle moins fréquente en français québécois qu'en acadien ? L'étude détaillée d'Elsig / Poplack apporte des renseignements : pour le français québécois, l'inversion simple est limitée à la 2e personne (du singulier et du pluriel). Toutefois la réciproque (dans les interrogations sur la 2e personne, seule l'inversion simple est employée) n'est pas vraie. Dans l'ensemble des interrogations en *-tu*, 36 % concernent la 2e personne (cf. Elsig / Poplack 2006 : 82, tableau 3). Cela voudrait dire qu'en français québécois, il y a deux structures interrogatives pour les deuxièmes personnes, à savoir la particule *-tu* ainsi que l'inversion simple, alors que celle-ci est la seule structure pour la 2e personne en acadien (en plus de l'intonation, bien sûr).

On trouve donc trois types d'interrogation en français québécois, dont aucun n'est vraiment dominant ; *est-ce que*, par contre, n'est attesté que de manière sporadique. Comme le font remarquer Elsig / Poplack, il s'agit d'un résultat plutôt surprenant :

> As a result, the Canadian system of question formation appears structurally more complex than that of its source, the opposite of what is expected of transplanted dialects (e.g. Britain 2004). (Elsig / Poplack 2006 : 78)

Dans tous les corpus de France, l'intonation obtient un taux d'au moins 79 % (cf. l'étude de Coveney 2002), allant même jusqu'à 91 % (cf. l'étude de Söll 1983 ; cf. aussi Behnstedt 1973 : 207). Pour le français ordinaire, Gadet indique même un pourcentage s'élevant à 95 % (cf. Gadet 1997 : 107). À part cela, c'est l'interrogation avec *est-ce que*, présente partout, qui – sauf dans l'analyse de 25 pièces de théâtre de Terry (1970) – occupe toujours la deuxième place par ordre d'importance. Terry (1970) affirme que ce sont avant tout les implications sémantiques suivantes qui déclenchent l'emploi de la formule *est-ce que* : surprise ou étonnement, intensité interrogative, reproche, doute, un vif désir de savoir la réponse, impatience (traduction de Söll 1983 : 47). Söll est en désaccord : selon lui, une différenciation aussi poussée n'est pas possible. Mais il souligne l'intensité interrogative comme étant un facteur important car *est-ce que* se trouve souvent au début d'une unité conversationnelle. Il ajoute encore que les questions négatives sont toujours mélodiques et jamais formées avec *est-ce que* (cf. Söll 1983 : 48)[368].

L'inversion, par contre, a quasiment disparu. Coveney commente ainsi le résultat des différentes études : « [...] it is clear that middle-class adults use rather

---

367 Lagueux arrive à une conclusion différente : selon lui, *-tu* « s'emploie à l'oral, dans la conversation courante, beaucoup plus fréquemment, que l'interrogation par inversion du pronom [...] » (Lagueux 2005 : 59). Pourtant, il ne donne pas de chiffres pour étayer son hypothèse.

368 Ce constat semble cependant un peu trop catégorique car une question comme *Est-ce qu'on (ne) pourrait pas ouvrir la fenêtre ?* est possible (c. p. d'Emmanuel Faure).

more inversion than do children and working-class adults. In several groups of speakers, the productive use of inversion (ie apart from formulae and quotations) is minimal » (Coveney 2002 : 108). Söll, par exemple, a constaté pour son corpus enfantin qu'à part les citations de scènes d'un film, l'inversion était inexistante dans la langue parlée des enfants (cf. Söll 1983 : 48). Bauche avait déjà remarqué au milieu du XXe siècle que l'inversion était « de moins en moins employée » (Bauche 1951 : 116) en français populaire.

La figure suivante récapitule tous les résultats pour la France, le Québec et l'Acadie :

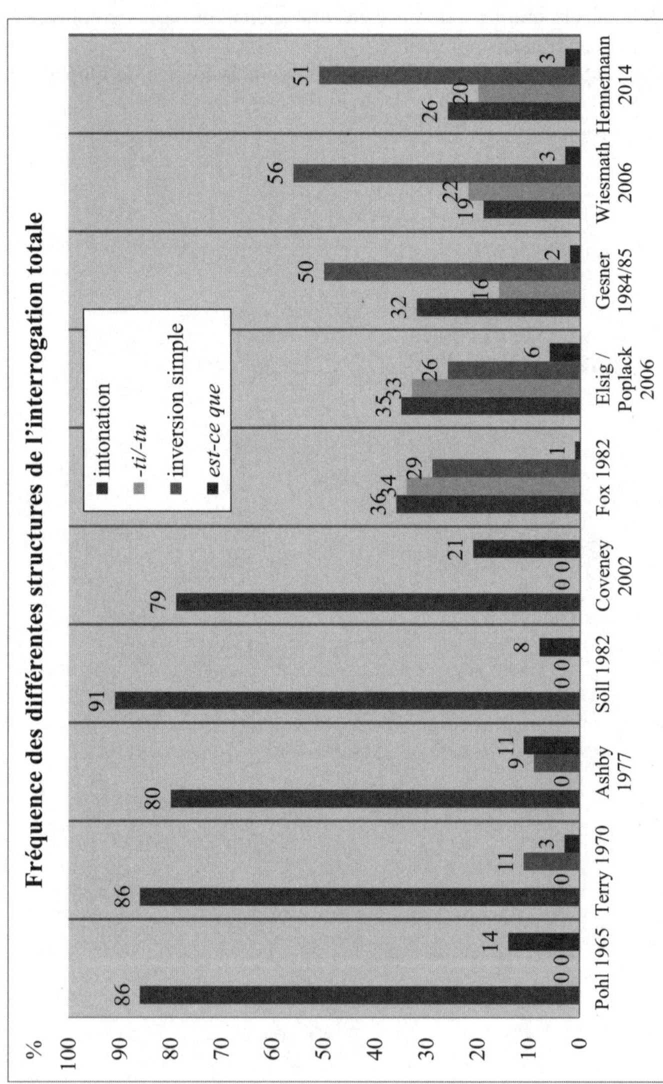

Figure 9 : Fréquence des différentes structures d'interrogation totale (figure : J. Hennemann).

Quant aux tendances générales de l'acadien, on peut déduire les résultats suivants à partir de la nature de son système interrogatif : on observe une nette propension à la postdétermination : la formule *est-ce que*, qui continue tout de même à occuper le deuxième rang dans le français parlé en France, ne s'est pas imposée en acadien. On a vu que *est-ce que* était sans aucun doute déjà présent lors du départ des premiers colons pour la Nouvelle-France. Même ces dernières décennies où la formule est plus présente à cause de l'influence grandissante du français standard, *est-ce que* n'a pas pu gagner de terrain dans l'acadien dit traditionnel. Si l'on laisse de côté l'interrogation mélodique qui sert avant tout à des fins illocutoires, les questions qui demandent vraiment une réponse – peu importe que celle-ci soit positive ou négative – sont post-déterminées : les deuxièmes personnes sont suivies du pronom personnel *-tu* ou (beaucoup moins souvent) de *-vous* inversé, les autres personnes sont accompagnées de la particule *-ti* après le verbe.

La prédiction d'un parallélisme des paradigmes de l'affirmation, de la négation et de l'interrogation (*il vient ø / il vient pas / il vient-ti*) a souvent été faite pour le français populaire, voire ordinaire mais ne s'est jamais réalisée (cf. Gadet 1997 : 109). En français acadien par contre, elle est devenue réalité ; s'y ajoute même le marqueur de l'impératif, *voir*, pour compléter le système : *tu viens ø / tu viens pas / viens-tu / viens voir*.

À côté de cela, une autre tendance se déroule comme un fil rouge à travers toute l'histoire de la langue française, le rétablissement de l'ordre « sujet – verbe » même dans les phrases interrogatives :

> L'histoire des formules interrogatives est particulièrement intéressante parce qu'on peut y dégager *une tendance de la langue à donner au sujet, par rapport au verbe, une place fixe*. La langue populaire, toujours en avance sur la langue littéraire, a complètement résolu le problème : le sujet, nom ou pronom, garde toujours sa place normale, grâce à l'emploi de l'outil interrogatif *-ti*. La langue littéraire, à côté de : '*mon père* part-*il* ?' '*Est-ce que mon père* part ?', conserve, quand le sujet du verbe est un pronom, un type de phrase archaïque, avec inversion du pronom sujet : 'part-*il* ?', qui est le type du plus ancien français. (Brunot / Bruneau 1949 : 531)

Malgré cette tendance à garder l'ordre « sujet – verbe », l'inversion continue à jouer un rôle essentiel en acadien. L'influence de cette tendance y semble donc moins grande. Au Québec, les structures interrogatives donnent un peu plus d'importance à cette « exigence ». Pour le français ontarien, Maury constate également qu'il y a une préférence pour les types de question qui maintiennent l'ordre « sujet – verbe » (cf. Maury 1973b : 308).[369]

---

369 Ainsi, on y constate beaucoup moins d'inversion qu'au Québec, l'emploi de *est-ce que* est assez fréquent ; pourtant l'intonation n'y joue de loin pas le rôle qui lui revient en français de France (entre 12 % et 27 % selon l'informateur) (cf. Maury 1973b : 308).

3.6.2 Interrogations partielles

L'interrogation partielle est une interrogation particulière qui « porte sur une partie de la phrase, sur un de ses constituants, qu'elle appelle en réponse » (Riegel / Pellat / Rioul 2004 : 391). Ces constituants peuvent être le sujet, l'attribut, l'objet, un complément non-circonstanciel ou un des circonstants (cf. Riegel / Pellat / Rioul 2004 : 394–397). L'interrogation partielle contient alors un pronom, un déterminant ou un adverbe interrogatif (cf. Riegel / Pellat / Rioul 2004 : 394). Mais tandis que pour l'analyse de l'interrogation totale, on avait affaire à un nombre plus ou moins limité de quatre variantes différentes, la panoplie des types d'interrogation partielle est beaucoup plus large en français standard :

> Pour ce qui est des interrogations partielles en français standard, la polymorphie potentielle est tout à fait extraordinaire, selon que l'on interroge sur un objet animé ou non-animé, selon que cet objet animé ou non-animé est sujet de l'énoncé ou non, selon qu'on fait appel ou non à l'inversion ou à des tournures périphrastiques, et ainsi de suite. (Gesner 1984/85 : 137)

Selon Coveney, il y a cinq variantes structurales possibles de l'interrogation partielle :

	formule	**exemple**
intonation	SVQ	tu as fait quoi ?
inversion	QV-CL QV NP	comment fait-il ? que font les élèves ?
	QSV	où on va ?
avec périphrase	QESV	comment est-ce qu'il se comporte ?

Tableau 39 : Principales structures de l'interrogation partielle (cf. Coveney 2002 : 93).
Abréviations : S = clitique ou phrase nominale sujet, CL = clitique sujet, NP = phrase nominale sujet, V = verbe, E = *est-ce que/qui*, Q = mot ou expression interrogatifs.

Au niveau de la variation structurale, il y a cinq structures principales qui ressemblent à celles de l'interrogation totale. À part pour la forme intonative, le mot interrogatif se place toujours en début de phrase.[370] On verra plus tard que c'est surtout la catégorie périphrastique qui devient très complexe en acadien.

Dans mon corpus, je définis comme interrogation partielle tout énoncé comportant un interrogatif, un sujet (sauf dans le cas où l'interrogation elle-même porte déjà sur le sujet) ainsi qu'un prédicat. À partir du moment où ces trois éléments sont présents dans une phrase principale, la question est comptée comme telle. Par conséquent, j'exclus du calcul de fréquence toutes les interrogations partielles elliptiques comme

370 Sauf pour les constructions « clivées » telles que *C'est qui qui t'a emporté ça ?* ou *C'est quoi qu'il fait ?* (cf. Lefebvre 1982a : 47 et sq.).

[814] **E. L.** : Oui, oui, oui. Pis garde icitte. Al est RELAXING.
I. S. : **Éyoù ça** ? (ILM, texte 1),
[815] **Tcheu** EVELYN ? (ILM, texte 2),
[816] Je dis à RAYMOND : **quoi**[371] faire ? (ILM, texte 1).

Par contre, il est possible de se référer à un tel type de question lors de l'analyse plus détaillée de certaines particularités (par exemple *ça* qui suit le mot interrogatif en 814). De plus, on ne traitera pas de manière séparée les constructions « clivées » (qui sont d'ailleurs très rares dans le corpus), car le clivage n'est pas une stratégie propre à l'interrogation. En voici un exemple :

[817] **C'est qui qu'**on veut là ? (ILM, texte 3)

3.6.2.1 Remarques préliminaires à propos des formes périphrastiques

Dans l'interrogation partielle, les formes périphrastiques sont nettement plus fréquentes en acadien que les formes simples : il y a un grand nombre d'adverbes, de pronoms et (en dehors du contexte interrogatif) de conjonctions qui possèdent différentes formes en combinaison avec *ce* [818], *que* [819], *ce que* [820], *c'est que* [821], quelques formes surpériphrastiques (parfois avec réduplication)[372] ou des formations hybrides (cf. Holder / Starets 1982 : 117, 126) :

[818] J'y dis : CLETUS, **quoi-ce** tu veux dire ? (ILM, texte 1)
[819] Il y a encore deux autres qui manquent. **Pourquoi qu'**i fermont ? (ILM, texte 4)
[820] Pour l'amour, **coumment-ce qu'**il ont pu élever ça ? (ILM, texte 1)
[821] **Quoi c'est que** je t'ai dit qu'i chantait ? (ILM, texte 1)

Mais ces formes apparaissent seulement à condition que les mots interrogatifs soient placés en tête de l'énoncé. Les mots interrogatifs *in situ* ne possèdent pas de telles formes périphrastiques. Quant à l'origine et au développement morphologique des structures périphrastiques, il existe différentes hypothèses dans la littérature. À propos de l'origine de [skə], il y a, selon King (1991b : 69), trois explications différentes (1–3), Maury (1991 : 143) en ajoute une quatrième (4) :
(1) il pourrait s'agir de la forme phonologiquement réduite de *est-ce que*, courante en français standard ;
(2) le [s] de [skə] pourrait être une réalisation de *ce* qui s'attache à des mots interrogatifs sur la base d'une règle lexicale ;
(3) derrière [skə] se cache *ce que*, variante morphologique de *que* ;
(4) c'est à partir du présentatif *c'est que* que la périphrase [skə] s'est développée.

---

371 [tʃwa].

372 Ex : [] Qui ce que c'est que c'est que t'as vu ? (cf. King 1991b : 72)

Pour le français standard, la première hypothèse semble la plus naturelle. Néanmoins Lefebvre la rejette – sur la base de ses données pour le français montréalais. Outre deux objections phonétiques[373], il y a aussi un aspect diatopique qui va à l'encontre de cette première supposition : la combinaison « mot en WH + skə » existe aussi dans des régions qui ne connaissent pas de *est-ce que* (Lefebvre 1982b : 90 et sq.).[374] Sur la base de ces arguments, l'hypothèse est également rejetée par King (1991b : 70). La deuxième hypothèse, avancée d'abord par Remacle (1960 : 203–205), dit qu'une règle lexicale ajoute *ce* [s] à des mots en WH simples pour former des unités plus complexes ; ceci est infirmé par Lefebvre (1982b) car en français montréalais, les éléments *ce* et *que*/*qui* ne peuvent pas être séparés par un constituant quelconque (cf. King 1991b : 71). Dans la troisième hypothèse, Lefebvre adopte une supposition de Morin (1985) selon qui *ce que* est un allomorphe de *que* en français moderne.[375] Ce dernier rappelle aussi la réanalyse historique de *par*, *puis* et *lors* + *que* qui forment aujourd'hui des unités (*parce que*, *puisque*, *lorsque*). D'après Lefebvre (1982b), les mots interrogatifs ont également subi une réanalyse en français montréalais et sont ainsi des formes interrogatives complexes dans le lexique (cf. King 1991b : 72). Sa preuve est qu'on ne peut rien insérer entre l'interrogatif et *-ce que* ; pourtant King continue à plaider pour un statut indépendant : « Evidence that *quoi ce que*, etc., are not single units formed in the lexicon in PEIAF [Prince Edward Island Acadian French ; JH] will come from the analysis of WH-words of English origin » (King 1991b : 73). Maury évoque une quatrième thèse : selon l'analyse de Gesner, *ce que* s'est développé à partir du présentatif *c'est que*. Pour confirmer cette hypothèse, Maury fait allusion à l'ouvrage d'Antonine Maillet, « La Sagouine », où cette dernière n'utilise que *où c'est que*, au moins sur les cinquante premières pages (cf. Maury 1991 : 143).

Coveney (2002 : 101) résume les attestations historiques des mots interrogatifs combinés avec *que* : selon Price, cette structure est apparue dans le français populaire du XIXe siècle (cf. Price 1971 : 270) ; pour ce dernier, il n'y a pas d'attestations avant cette date ; quelques-uns ont prédit que le *que* périphrastique gagnerait du terrain (cf. par ex. Harris 1978 : 35). Pour Gadet, l'emploi des interrogations partielles avec *que* ainsi que de toutes sortes de formes surpériphrastiques marque même la « frontière » entre le français familier et le français populaire (cf. Gadet 1997 : 108). Behnstedt (1973 : 36) affirme qu'au XXe siècle, ce phénomène est plus fréquent dans les dialectes du Nord que dans ceux du Sud de

373 Pour plus de détails, cf. King (1991b : 70).

374 Néanmoins il faut constater que du fait de la mondialisation, l'influence de la langue standard via la télévision, l'Internet et d'autres moyens de communication ne peut plus être exclue nulle part. En acadien non plus, la périphrase ne fait pas partie des structures traditionnelles.

375 King cite à titre d'exemple des phrases comme *Je m'attends **à ce que** tu viennes* (cf. King 1991b : 71). Toutefois, il est vrai que – la construction classique étant *Je m'attends **que** tu viennes* – ce n'est pas *ce que* mais *à ce que* (ou dans d'autres cas *de ce que*) qui représente un allomorphe de *que* (c. p. d'Emmanuel Faure).

la France.[376] En ce qui concerne l'origine du *que* périphrastique, on trouve différentes hypothèses dans la littérature :

(1) Selon Riegel / Pellat / Rioul (2004 : 399), cette structure serait issue d'une abréviation de la formule standard *est-ce que*, une supposition qu'on a infirmée pour l'origine de [skə] (cf. p. 278) ;

(2) il pourrait s'agir d'une généralisation de *que* comme simple marque de subordination ;

(3) la structure du type *où que tu es ?* s'est développée à partir de la tournure exigeant le subjonctif *où que tu sois*.

Söll se prononce pour la première thèse sur le plan diachronique mais ne rejette pas non plus la deuxième d'un point de vue synchronique :

> Deux raisons étayent l'explication historico-génétique [de *que* périphrastique ; JH] à partir de *est-ce que* : l'autre forme de réduction *quand ce vous partez ?* et le rattachement des adverbes interrogatifs aux conjonctions, par ex. *quand : lorsque, parce que*, etc. → *quand que* (conj.) → *quand que ?* → *pourquoi que ?*, etc. Sur le plan synchronique, la théorie de la 'cheville', c'est-à-dire la fusion ou la transformation de la réduction *que* en un corrélatif générique *que*'[377] [...], peut néanmoins être parfaitement adéquate. (Söll 1983 : 50 et sq.)

Le point crucial de la première thèse serait alors la datation de l'émergence et de la régularisation de *est-ce que* dans les interrogations partielles. Alors qu'il n'y avait pas de trace de *est-ce que* dans les interrogations totales jusqu'au XVe siècle, Foulet affirme qu'après des mots interrogatifs, *est-ce que* est déjà attesté à partir du XVIe siècle (cf. Foulet 1921 : 265 ; cf. aussi p. 265) : « Au XVIIe siècle toutes les formes nouvelles d'interrogation – *qui est ce que* comme *ou* [sic] *est ce que* – ont reçu droit de cité dans la langue » (Foulet 1921 : 258). Au début, ces formes étaient répandues dans la seule langue populaire, mais au milieu du XVIIe la langue cultivée les avait acceptées (cf. Foulet 1921 : 257 et sq.). Si l'on en croit ces observations, il est – d'un point de vue chronologique – au moins possible que la périphrase *que* soit issue de *est-ce que*. Ce ne serait pourtant pas une preuve.

Pourtant il y a aussi des doutes par rapport à cette première thèse : Tobler (1912) croit la question du type *Où que tu vas ?* plus ancienne que celle du type *Où est-ce que tu vas ?* Par conséquent, « il faudrait voir dans *que* une simple marque de subordination » (Schlyter 1957 : 105, note). L'antériorité de *où que* par rapport à *où est-ce que* est aussi confirmée par Dauzat qui décrit un processus d'intensification successive de l'interrogation qui aurait commencé avant la période du moyen français : la langue populaire aurait d'abord renforcé *où*, *comment*, etc. en *où que*, *comment que*, etc. Ensuite, *est-ce que* serait une création du

---

[376] Price affirme que la structure avec *que* est vue comme vulgaire et qu'elle est pour cela souvent évitée ; et ceci dans une plus grande mesure que par exemple l'interrogation du type *Quand vous venez ?* (cf. Price 1971 : 269).

[377] Söll renvoie ici à Guiraud (1965 : 48 et sq.).

moyen français, avant que – de nos jours – les moyens d'intensification par superposition de différentes particules ne se soient multipliés (cf. Dauzat 1950 : 226).

Beaulieu favorise cette hypothèse 2 en insérant ce phénomène dans un contexte grammatical plus large :

> Certains grammairiens [...] signalent que, en français populaire, la tendance est de régulariser le paradigme des expressions en tête de ces propositions enchâssées en ajoutant le morphème *que* après l'expression Q, c'est-à-dire l'élément interrogatif ou relative [sic] et *si*. (Beaulieu 1996 : 91)

On aurait donc affaire à deux tendances contraires en acadien : alors que la conjonction de subordination *que* seule est de plus en plus omise dans les propositions relatives et complétives[378] – probablement un anglicisme syntaxique –, un *que* explétif est très fréquemment ajouté à des conjonctions, prépositions, etc. (cf. Wiesmath 2002 : 393 ; cf. Holder / Starets 1982 : 127 ; cf. p. 241). Dans le corpus de Wiesmath (2006a), ce dernier phénomène s'observe dans des contextes syntaxiques et surtout phonétiques précis (cf. p. 285) ; il en est d'ailleurs de même en français québécois.[379]

C'est Foulet qui ajoute à la discussion une troisième thèse selon laquelle *que* trouverait son origine dans des expressions telles que *où que tu sois* (cf. Foulet 1921 : 273). Cette affirmation semble très improbable car la tournure citée appartient plutôt au langage littéraire. En outre, *où que tu sois* n'est pas un interrogatif, son sens étant plutôt concessif. Enfin, l'emploi d'autres interrogatifs comme **quand que tu viennes* n'est pas possible.

L'origine de l'interrogation avec *c'est que* – classée comme familière par Riegel et al. dans le français métropolitain (Riegel / Pellat / Rioul 2004 : 398) – ne semble pas contestée : « [...] au lieu d'adopter la forme avec inversion *est-ce*, la langue populaire a préféré la forme normale *c'est* qu'elle a sans doute empruntée à l'interrogation indirecte [...] » (Foulet 1921 : 283). À l'époque de Vaugelas, *c'est que* était très souvent utilisé de manière redondante. De plus, cette désinversion comportait encore une valeur emphatique certaine (exprimant une curiosité plus vive). Quant à sa fonction dans la phrase, les structures avec *c'est que* apparaissent – en français populaire – surtout avec des mots interrogatifs d'une syllabe, trop brefs pour porter un accent d'insistance ; *c'est que* leur confère ainsi une plus grande importance phonétique (cf. Foulet 1921 : 283 et sq.). Mais ces structures ont souvent été soumises à l'usure, si bien qu'elles sont fréquemment devenues une simple formule sans garder leur sémantique originale.

---

378 Par ex. [] Ben je crois ben ø c'tait bon (ILM, texte 1).

379 Par ailleurs, l'absence du subordonnant ne semble pas produire de malentendus car, dans la langue parlée, sa fonction est compensée par la courbe intonative (cf. Wiesmath 2002 : 401).

Signalons ici encore un dernier type de périphrase, celui en *ouère*, qui ne se trouve que très sporadiquement dans la littérature. J'ai trouvé *c'est ouère que* dans l'œuvre « Mariaagélas » d'Antonine Maillet :

[822]**Quand c'est ouère qu'**ils l'avont largué, le Bidoche ? (Maillet 1973 : 100)
[823]**Pourquoi c'est ouère qu'**ils l'avont gardé toute la nuit […] ? (Maillet 1973 : 100)
[824]Ben **quoi c'est ouère qui** le regarde, d'abôrd ? (Maillet 1973 : 141)
[825]Ben **qui c'est ouère**, d'abord, **qui** l'a libéré, le Bidoche ? (Maillet 1973 : 101)

Cette périphrase a suscité mon intérêt car l'élément *ouère* ressemble phonétiquement à la forme *voir* relevée dans les phrases impératives (cf. p. 158). Cette observation pourrait constituer un nouveau lien entre les interrogations et les propositions impératives.

3.6.2.2 Interrogation partielle sur le sujet

Dans ce chapitre seront traitées toutes les interrogations sur le sujet : celui-ci peut être soit animé, soit inanimé : dans le premier cas, le pronom interrogatif est *qui*, identique au français standard, si ce n'est qu'il possède une variante phonétique en acadien, la forme palatalisée [tʃi]. Dans mon corpus, elle est identifiable à la transcription *tchi*. On montrera plus loin pourquoi cette variante joue un rôle important en acadien (cf. p. 282). Les possibilités d'interrogation partielle sur le sujet sont donc :

Interrogation partielle sur le sujet animé
qui
tchi
qui-ce qui
qui-ce qu'
qui c'est qui

Tableau 40 : Interrogation partielle – liste des variantes relevées avec un sujet animé dans le corpus de l'Isle Madame (tableau : J. Hennemann).

On peut donc constater que dans le présent corpus, l'interrogation sur un sujet animé se fait à l'aide du pronom interrogatif *qui* seul ou bien au moyen de sa variante phonétique *tchi*. De plus, on trouve également les formes périphrastiques *qui-ce qui*[380] et *qui c'est qui*. Voici quelques occurrences d'interrogations partielles sur un sujet animé :

[380] On trouve aussi un exemple dans lequel *qui* est redoublé : [] **Qui-ce qui qui** fermait là ? (ILM, texte 1) Cette forme semble être un hapax. En outre, il pourrait s'agir d'un phénomène d'hésitation, la locutrice essayant de gagner du temps dans la formulation de la phrase en répétant le deuxième *qui*, pronom relatif. Même si des formes similaires (avec deux *qui*) comme *qui qui* ou *c'est qui qui* sont attestées

[826] **Qui** *rente* la maison ? (ILM, texte 4)
[827] **I. S.** : Çacitte c'est ((elle s'éclaircit la voix)) quand j'ai eu ma BIRTHDAY là / l'année passée, chouse pouvait pas m'nir...
E. L. : **Tchi** ? (ILM, texte 1)
[828] Mais **qui-ce qui** te l'a dit,... ? (ILM, texte 4)
[829] **Qui-ce qu'**est l'inspecteur ? (ILM, texte 4)
[830] YA. Ça fait **qui c'est qui** / qui y-aide à / à Collie ? (ILM, texte 2)
[831] **Qui c'est qui** reste à la maison qu'il est là maintenant ? (ILM, texte 4)

Quant à la forme *qui-ce qui*, Brasseur en donne plusieurs attestations au Canada ainsi qu'en Louisiane (cf. Brasseur 2001 : s. v. *qui-ce qui*). En ce qui concerne *qui-ce qu'* – une forme qui ne serait pas possible en français standard pour une interrogation sur le sujet –, elle semble être la variante combinatoire de *qui-ce qui* devant voyelles. Cette observation coïncide avec celle de King pour l'Île-du-Prince-Édouard (cf. King 1991b : 68).

En ce qui concerne l'emploi attributif, on relève deux possibilités, à savoir les structures « qui + c'est » ainsi que « qui-ce que + c'est » :

[832] **Qui** c'est ça ? (ILM, texte 1)
[833] **Qui** c'est cette-là ? (ILM, corpus oral)
[834] **I. S.** : i y a une fille de par chez nous, al a / s'avait trouvé un BOYFRIEND sus l'INTERNET.
E. L. : **Tchi-ce que** c'est ? (ILM, texte 1)

Dans la littérature, il est parfois affirmé que *qui-ce qui* serait la variante lexicalisée de *qui* interrogatif sujet. L'énoncé suivant semble aller à l'encontre de cette hypothèse :

[835] Oui, écoute voir ben **qui-ce** tu dis **qu'**a est ? (ILM, texte 1)

L'insertion d'un *tu dis* entre *qui-ce* et *que* est unique jusqu'à présent. Ce pourrait être là un indice du fait que, dans la conscience de la locutrice au moins, l'expression n'est peut-être pas encore tout à fait lexicalisée. Pourtant, cette interprétation n'est pas la seule possible.

Quant à *qui* et à sa variante palatalisée *tchi*, on a déjà signalé qu'il ne s'agit peut-être pas de variantes libres. La palatalisation pourrait remplir une fonction distinctive ; voici le résultat présenté par Flikeid[381] :

> Une étude exhaustive d'un corpus acadien de la Nouvelle-Ecosse confirme que la palatalisation du /k/ est caractéristique des 'qui' interrogatives [sic], alors que les 'qui' relatives [sic] ne présentent pas de palatalisation, à l'exception de certaines expressions lexicalisées telles que 'l'année qui vient'. (Maury 1991 : 159)

---

entre autres dans le français montréalais ou en français populaire (cf. l'article de Lefebvre 1982a : « Qui qui vient ? » : 47), une telle forme avec trois *qui* est unique dans mon corpus.

381 Il s'agit d'une intervention de Flikeid après un exposé de Maury.

Maury défend ensuite la thèse selon laquelle – dans le cas présent – la palatalisation constitue « le trait pertinent qui opposerait pronom interrogatif et pronom relatif » (Maury 1991 : 159). Dans le parler acadien de l'Isle Madame, on constate que la forme *tchi* n'est utilisée qu'en fonction de pronom interrogatif [827, 834]. Pourtant la conclusion inverse n'est pas valable : il n'est pas obligatoire de prononcer le pronom interrogatif [tʃi], tout au contraire : cette variante du pronom interrogatif est minoritaire dans le corpus de l'Isle Madame.

Dans d'autres régions, la gamme des tours périphrastiques est encore plus vaste : ainsi, Lefebvre énumère les formes suivantes, relevées pour le français montréalais : *qui, qui qui, /kiski/* (transcription phonémique), *c'est qui qui, qui c'est qui, c'est qui c'est qui* ainsi que *c'est qui c'est que c'est qui* (cf. Lefebvre 1982a : 47 et sq.). Pour le français populaire de France, Brunot / Bruneau (1949 : 530) nomment les formes *qui est-ce que, qui est-ce, qui c'est que* et *qui c'est* ; *c'est qui qui* et *qui c'est qui* y existent également (c. p. d'Emmanuel Faure).

Pour l'interrogation partielle portant sur un sujet non-animé, j'ai également trouvé plusieurs possibilités de formulation dans mon corpus. Bien qu'en règle générale, on considère *quoi* comme le pronom interrogatif par excellence dans les questions partielles de ce type (cf. Gesner 1984/85 : 141 ; cf. Rottet 2006 : 177), d'autres formes périphrastiques avec *que* se rencontrent également. Néanmoins celles-ci se limitent avant tout à la partie plus formelle de mon corpus. Le *qui* « inanimé », que l'on peut trouver dans les paroisses louisianaises de Terrebonne, Lafourche, Avoyelles et Évangéline (cf. Rottet 2004 : 174), est absent du parler acadien (cf. Gesner 1984/85 : 140) :

Interrogation partielle sur le sujet non-animé
quoi
quoi-ce qui / quoi-ce qu' *quoi [c'est] que*
qu'est-ce qui *qu'est-ce qu'* *qu'est-ce que c'est qui*

Tableau 41 : Interrogation partielle – liste des variantes relevées avec un sujet non-animé dans le corpus de l'Isle Madame (tableau : J. Hennemann).

Dans le cas présent, les formes sans périphrases sont très rares. On les rencontre uniquement en combinaison avec le verbe *être*, dans un usage prédicatif :

[836] **J. H.** : I y avait les maths, les / euh / la lecture ?
I. S. : **Quoi** c'est ?
E. L. : Quoi-ce que t'as appris à l'école ? MATHS ? (ILM, texte 1)

[837] Le lende/ le lendemain matin quand papa fut dans la grange, i dit : **quoi** c'est **que** ça ? (ILM, texte 1)

[838] Alors, c'est **quoi** une culture francophone ? (ILM, texte 3)

[839] **Qu'est-ce que c'est qui** se passait là. En Acadie autrefois. (ILM, texte 13)

Le parler traditionnel admet l'antéposition de *quoi*, la phrase qui en résulte est *quoi c'est ?* [836]. À part cette construction, on trouve aussi la postposition de *quoi* (type *c'est quoi*, [838]), qui est tout à fait courante en français parlé de France.

La forme la plus utilisée est sans aucun doute *quoi-ce qui*.[382] Devant des verbes commençant par une voyelle, cette forme peut être raccourcie à *quoi-ce qu'* :

[840] Pis quelqu'un m'y a dit : ben, **quoi-ce qui** se passe ? (ILM, texte 5)
[841] c'est ALRIGHT pour zeux mais **quoi-ce qu'**arrive pour les enfants ? (ILM, texte 4)

C'est surtout dans l'interrogation indirecte qu'on trouve bon nombre d'attestations pour ces deux formes [cf. 964, 965]. La forme *quoi-ce* est quasiment inexistante en tant que pronom interrogatif sujet[383], on en a relevé un seul exemple pour le Sud-Ouest de la Nouvelle-Écosse :

[842] Et pis nous-autres je gardions pis disions : ben, **quoi-ce** n'y a ensuite ? (PUB, texte 20)

Pourtant, on verra ci-dessous que *quoi-ce* est tout à fait commun pour poser la question sur un objet inanimé. À mon avis, l'absence de *quoi-ce* en tant que pronom sujet a surtout des raisons euphoniques. Apparemment, la structure traditionnelle avec *quoi-ce qui* constitue une variante plus ou moins stigmatisée, dont tous les locuteurs qui se rapprochent du standard sont conscients et qu'ils essaient d'éviter par la suite :

[843] **Qu'est-ce qu'**est plus acadien : avoir les Boudreau, avoir un Québécois de Québec qui va venir chanter en français ? **Qu'est-ce que c'est qui** est plus… **qu'est-ce qui** est partie de la culture ? (ILM, texte 3)[384]
[844] **qu'est-ce qu'**était l'autre ? (ILM, texte 3)
[845] **qu'est-ce qui** t'amène ici dans la région ? (ILM, texte 7)

Néanmoins, l'omission du *i* (*qui* > *qu'*) devant des voyelles est également possible dans le cas de *qu'est-ce qui* [843, 844].

---

382 Selon les résultats de Gesner pour la Baie Sainte-Marie, *quoi-ce qui* (transcrit *quoi c'qui*) semble être la seule forme :
[] **Quoi c'qui** se passe ? (Gesner 1984/85 : 141)
[] **Quoi c'qui** t'ammeune icitte ? (Gesner 1984/85 : 141)

383 Il en est d'ailleurs de même pour tous les autres corpus analysés des provinces maritimes.

384 On fait donc face à une variation extrême, même dans le registre plus formel.

3.6.2.3 Interrogation partielle sur l'objet

En ce qui concerne l'interrogation sur un objet animé, mon corpus n'en contient que trois occurrences, toutes en contexte prépositionnel :

[846] C'est ça je m'ai demandé. **Pour qui qu'**on travaille là ? (ILM, texte 3)
[847] à qui là, **à qui est-ce qu'**on doit être conforme ? (ILM, texte 3)
[848] **E. L.** : c'te fille icitte, al é/ al était mariée / c'est une fille à C. S.
I. S. : **À tchi** ? (ILM, texte 1)

Apparemment, il s'agit d'un type de question qui n'était pas favorisé par les circonstances de mes entrevues. C'est pourquoi je m'abstiens ici de procéder à une analyse plus détaillée.

Les questions partielles directes sur l'inanimé-objet direct sont par contre particulièrement fréquentes. Voici toutes les variantes rencontrées à l'Isle Madame :

Interrogation partielle sur l'objet non-animé
quoi-ce
quoi-ce que / quou-ce que
quoi c'est que
quoi-ce que c'est que
quoi c'est que ça que
qu'est-ce
qu'est-ce que

Tableau 42 : Interrogation partielle – liste des variantes relevées avec un objet inanimé dans le corpus de l'Isle Madame (tableau : J. Hennemann).

La construction qui prévaut pour poser la question sur un objet inanimé est la construction avec « *quoi* + périphrase », la dernière pouvant devenir assez complexe :

[849] J'y dis : CLETUS, **quoi-ce** tu veux dire ? (ILM, texte 1)
[850] **Quoi-ce qu'**i a fait de sa maison qu'i a acheté ? (ILM, texte 1)
[851] **Quoi c'est que** je t'ai dit qu'i chantait ? (ILM, texte 1)
[852] **Quoi-ce que c'est qu'**al avait, ielle là ? (ILM, texte 4)
[853] Pis dis à RAYMOND j'ai dit : **quoi c'est que ça que** / que / que je vois là en haut de là ? (ILM, texte 1)

Dans des analyses antérieures, la forme *quoi-ce* est considérée comme apparaissant surtout devant le pronom personnel *tu* ou sa forme apostrophée *t'*[385] (cf.

[385] Coveney remarque à propos de *qu'est-ce tu veux ?*, qui correspond probablement à [849]: « In the present study, however, this is considered to be simply an instance of consonant cluster simplification (here resulting in the elision of [k]), triggered by the following plosive [t]. » (Coveney 2002 : 96).

Gesner 1984/85 : 144). En regardant les occurrences de *quoi-ce tu* et *quoi-ce t'* – en regroupant les interrogations directes, les exclamations ainsi que le pronom indéfini *n'importe quoi* –, on en trouve huit, contre une seule où *quoi-ce* n'est pas suivi de *tu*/*t'*. Dans l'interrogation indirecte cependant, il y a deux cas avec *tu*, et trois cas avec des sujets différents. On peut donc certainement constater une certaine affinité de *quoi-ce* envers *tu*, néanmoins la conclusion inverse n'est pas justifiée : on a trouvé douze exemples dans lesquels *tu* est précédé de *quoi-ce que*. Le bilan pour le corpus néo-brunswickois de Wiesmath (2006a) diffère par contre de manière considérable :

	Isle Madame / NÉ	**Sud-Est du NB**
quoi-ce tu...	10 (18 *quoi-ce* au total)	4 (16 *quoi-ce* au total)
quoi-ce que tu...	12 (96 *quoi-ce que* au total)	2 (89 *quoi-ce que* au total)

Tableau 43 : Comparaison de la fréquence de *tu* après *quoi-ce* et *quoi-ce que* en Nouvelle-Écosse (Isle Madame) et au Nouveau-Brunswick (Sud-Est).

En fin de compte, les chiffres obtenus à partir des deux corpus ne donnent pas une image claire de la situation de concurrence entre *quoi-ce* et *quoi-ce que* ni de la tendance de *quoi-ce* à se combiner avec *tu*.

Notons encore brièvement une particularité de prononciation : [kwuskə] se rencontre de temps en temps à l'Isle Madame :

[854] si tu peux pas lire ou écrire, **quou-ce que** ça va donner ? (ILM, texte 5)
[855] Ça fait que j'ai sorti, j'ai dit : ben, **quou-ce que**[386] je vas faire maintenant ? (ILM, texte 5)

Quoi c'est que est une autre variante pour poser une question partielle sur un objet inanimé. Elle est peu fréquente à l'Isle Madame et s'emploie surtout dans des contextes où le pronom interrogatif est accentué de façon particulière :

[856] **Quoi c'est que** tu voudrais savoir ? (ILM, texte 1)
[857] **Quoi c'est que** je t'ai dit qu'i chantait ? LITTLE WHITE LIES, a chantait... (ILM, texte 1)

Dans le parler acadien de la Nouvelle-Écosse, on peut observer un élargissement du sens de *quoi* et de ses variantes. Les acceptions « comment » [858] (cf. Gesner 1984/85 : 145)[387], « combien » [859] et « quel » [860] ont été relevées. Pour la dernière, on ne dispose que d'attestations venant du Sud-Ouest de la province :

En français populaire et familier, *qu'est-ce* est également possible à la 2e personne du pluriel, par ex. *Qu'est-ce vous faites ?* (c. p. d'Emmanuel Faure).

386 [kwuskə].

387 [] Quoi vous appelez ça en français ? « Quoi pourrait être considéré comme un attribut de l'objet direct ça, mais nous y verrons plutôt un Adv? [= adverbe interrogatif ; J. H.] ayant le sens de comment... » (Gesner 1984/85 : 145).

[858] **Qu'est-ce que** t'appelles des MOOSE en français ? (ILM, texte 5)
[859] **Quoi-ce que** c'est ? C'est douze ou quinze pieds d'une bâtisse… en public ? (ILM, texte 4)
[860] Pis les ailes en arrière, ça est appelé du – **quoi c'est que** le mode euh / le mode de – MACARONI. (BSM, texte 15)

Quoi + périphrase tend donc de plus en plus à devenir un adverbe interrogatif passe-partout. Ceci pourrait se faire à cause d'une convergence – au moins partielle – avec l'anglais *what*.

On mentionnera encore une formule particulière, *quoi d'autre que*, relevée uniquement dans le Sud-Ouest de la province :

[861] **quoi d'autre qu'**il ont ? Ben tu peux avoir des SEAFOOD… (BSM, texte 15)
[862] **quoi d'autre qu'**il n'y en ait ? (BSM, texte 15)
[863] **quoi d'autre qu'**i faisont ? (BSM, texte 15)
[864] Pis **quoi d'autre qu'**il n'y aurait ? BICYCLE, BICYCLING, i n'y en a d'zeux qui faisont ça. (BSM, texte 15)

Starets a également retrouvé cette forme pour la Baie Sainte-Marie :

[865] **Quoi d'autre qu'**y avait dans cette maison ? (Starets 1986 : 536)

Pour résumer, on peut dire que les pronoms *qui* et *quoi* jouent un rôle prépondérant dans le système des questions partielles en acadien (cf. Gesner 1984/85 : 155). En particulier, *quoi* doit presque toujours être suivi d'une périphrase, qui peut être relativement complexe.

3.6.2.4 Interrogation partielle avec un adverbe interrogatif

Dans ce paragraphe, on regarde de plus près les équivalents des cinq adverbes interrogatifs *où*, *quand*, *pourquoi*, *comment* et *combien*. Les quatre premiers renvoient tous à une des circonstances de l'action : lieu, temps, cause et manière alors que *combien* interroge sur le nombre, mais peut aussi être utilisé pour former des syntagmes nominaux interrogeant sur le sujet ou l'objet de la phrase (cf. Riegel / Pellat / Rioul 2004 : 397). En acadien traditionnel, on trouve un grand nombre de formes périphrastiques dans l'interrogation, de même que dans le cas des locutions conjonctives de subordination (cf. Wiesmath 2006b : 129). J'essaierai ici de déterminer dans quelle mesure les périphrases repérées pour les différents adverbes sont équivalentes ou si l'on peut déceler une distribution précise – également par rapport aux conjonctions. Remarquons encore que les mots en WH empruntés à l'anglais tels que *WHICH*, *WHAT*, etc., qui existent en fonction de pronoms interrogatifs par exemple dans le parler acadien de l'Île-du-

Prince-Édouard (cf. King 1991b : 75[388]), ne figurent pas dans le cadre de l'interrogation partielle directe à l'Isle Madame.[389]

3.6.2.4.1 Où

Dans quelques régions acadiennes, la panoplie de variantes phonétiques correspondant à « où » peut être considérable.[390] À l'Isle Madame, cette quantité est quelque peu réduite. En prenant en considération toutes les périphrases, on a relevé les formes suivantes dans le corpus :

Interrogation partielle avec les variantes de l'adverbe interrogatif *où*
où
où-ce
où-ce que
où-ce que c'est que
yoù
yoù-ce que
yoù-ce que c'est que
d'ijoù
éyoù
éyoù-ce que
Ø ce que

Tableau 44 : Interrogation partielle – liste des variantes de « où » relevées dans le corpus de l'Isle Madame (tableau : J. Hennemann).

La distribution des variantes à l'Isle Madame est la suivante : outre la forme standard, j'ai encore trouvé des attestations de *yoù* et de *éyoù*. Enfin, l'omission complète de l'adverbe interrogatif est également possible. Dans ces cas, seule la périphrase introduit la question. En ce qui concerne les périphrases ajoutées souvent aux différentes variantes, on remarque que *-ce* est pour ainsi dire obligatoire, les formes *où que*, *yoù que* et *éyoù que* n'ont pas été repérées dans le corpus. Par la suite, on donnera des exemples du corpus de l'Isle Madame pour les

388 [] **Which one que** tu veux ? (King 1991b : 75)

389 Tout comme à la Baie Sainte-Marie et à Pubnico, les deux seuls mots relevés sont WHATEVER et WHATSOEVER. On ne peut ainsi pas confirmer l'observation de Flikeid selon laquelle toute une gamme de mots en WH anglais existeraient dans les régions néo-écossaises particulièrement exposées au contact avec l'anglais (cf. King 1991b : 73, note).

390 Pour la seule aire francophone de Terre-Neuve, Brasseur a repertorié sept formes différentes : *où*, *you*, *ayou*, *éyou*, *yu*, *ayu*, *u*, *ce* (cf. Brasseur 2001 : s. v. *où*). Cf. également Maury (1991 : 141 et sq.) pour l'ensemble du Canada.

variantes présentées ci-dessus, dont quelques-unes seront commentées de manière plus détaillée :

[866] **Où** t'achètes ça ? (ILM, texte 1)

[867] QuanT RAYMOND venut, j'y contis ça. Ben i dit : **où-ce** tu vas les mettre ? (ILM, texte 1)

[868] **I. S.** : **où-ce** ça a té pris ça ?
E. L. : Euh / sais pas où-ce que ça a té pris. (ILM, texte 1)

[869] Oui, c'est vraiment beau. **Où-ce que** c'était dépeindu ça ? Ici ? Non, c'était pas icitte. Ce que t'étais là ? (ILM, texte 1)

[870] **D. O.** : Et al a été à / **où-ce que c'est que** t'as été ?
E. L. : Nous-autres, la réunion des Landry / euh…
D. O. : Était à Wedgeport ?
E. L. : À Windsor. (ILM, texte 5)

Le premier cas [866] est rare du point de vue de sa structure « adverbe interrogatif + sujet + verbe », ceci vaut non seulement dans la combinaison avec *où* mais aussi avec les autres adverbes d'interrogation. Au niveau diatopique, il semble en être de même en France : « Quant à la forme 'où tu vas' en Normandie d'après l'*ALF*, il s'agit d'une attestation quasi exceptionnelle (1 sur 33) » (Maury 1991 : 143). Néanmoins, cette structure gagne du terrain dans le français populaire.

La variante *où-ce que* est classée comme un « nouveau trait acadien »[391] par Péronnet / Kasparian (1998a : 94) parce que la forme traditionnelle serait *yoù-ce que* ; « en utilisant *où ce que*, le locuteur a le sentiment d'utiliser la forme standard » (Péronnet / Kasparian 1998a : 94 et sq.). La forme *où-ce que c'est que* [870] est rare comme adverbe interrogatif ; dans les quelques cas attestés, elle acquiert parfois le caractère emphatique que les formes périphrastiques courantes ont perdu (cf. Foulet 1921 : 276 et sq. pour le français populaire). La périphrase est plus fréquente en acadien en combinaison avec des pronoms relatifs (par ex. après *où* relatif ou après *tout*)[392] :

[871] **A. F.** : Mon père pis ma mère / euh / ma mère a té née à Gros Nez.
E. L. : À Gros Nez là. **Yoù-ce que c'est qu'**on te l'a montré la grosse roche là qu'avec des / faiT comme un nez. (ILM, texte 2)

[872] Oui, pis c'est trois / c'est quatre heures de chauffage quasiment **ø ce que c'est qu'**i faut qu'on alle. (ILM, texte 4)

[873] Maman a lisait dans la BIBLE pis **tout-ce que c'est que** maman dit ça sarait… (ILM, texte 1)

---

391 Néanmoins, *où ce que* est déjà attesté par Gesner pour la Baie Sainte-Marie il y a 25 ans (cf. Gesner 1984/85 : 149).

392 Dans les subordonnées, les périphrases sont également attestées en France : « L'emploi abusif de la périphrase interrogative dans différentes catégories de propositions subordonnées ne représente pas un phénomène inconnu dans le français populaire européen. Cet usage qui était même assez courant, semble-t-il, dans la langue parlée du XVIIe siècle fut condamné sans appel par Vaugelas (voir Renchon 1967, p. 197). » (Melkersson 1979 : 177)

Selon les données dans Maury (1991 : 142), la forme *où-ce que c'est que* n'est relevée pour le Canada que par Bergeron (1980). Voici d'autres formes repérées dans mon corpus :

[874] ANYWAY… Ça fait t'as été énée **yoù** ? (ILM, texte 1)
[875] Et pis / eum / **yoù** sont tes sœurs pis tes frères maintenant ? (ILM, texte 4)
[876] C'tés Marchand-là, **d'iyoù** ça m'nait ? Ça m'nait-ti FROM / de Louisdale ? (ILM, texte 4)
[877] Dans ce temps-là / **yoù-ce qu'**on allait dans ce temps-là ? (ILM, texte 1)
[878] **Yoù-ce que** c'est ça ? (ILM, texte 1)
[879] Pis **yoù-ce que c'est qu'**i vient lui ? (ILM, texte 1)

C'est seulement après *yoù* qu'on a pu repérer l'inversion « verbe + sujet » [875]. Mais l'utilisation de cette structure dans l'exemple semble due au fait qu'il s'agit du verbe *être* et que le sujet est relativement long. Même si les exemples de *yoù/ijou* à l'Isle Madame ne sont pas si nombreux, on peut constater grâce aux entrevues du Sud-Ouest de la Nouvelle-Écosse que *où-ce* et *yoù-ce* sont très souvent employés devant *tu.* Ceci présente un parallèle avec mes résultats sur l'environnement phonétique de *quoi-ce* (cf. p. 285).

La forme simple *éyoù* semble suivre la règle établie par Maury pour [iju] dans deux communes voisines en Basse-Normandie : « cette dernière semble avoir la préférence dans le cas du mot isolé et après préposition se terminant par une consonne (ex. : [par iju] 'par où') » (Maury 1991 : 139) :

[880] On m'a envoyée **n'importe éyoù** là. (ILM, texte 9)
[881] **E. L.** : Pis garde icitte. Al est RELAXING.
I. S. : **Éyoù** ça ? (ILM, texte 1)
[882] **E. L.** : J'ai gagné le TAKE HALF.
I. S. : **Éyoù** ça ?
E. L. : Au p'tit CLUB (ILM, texte 1).
[883] **E. L.** : Pis demain i faut que j'alle au club demain.
I. S. : **Éyoù** ?
E. L. : Que j'alle au CLUB demain…
I. S. : Oh YA, tu décores au CLUB demain. (ILM, texte 1)

L'*é* antéposé à *yoù* semble donc ajouté soit pour faciliter la prononciation [880] soit pour renforcer le corps phonétique faible de *où* / *yoù* [881–883] en position isolée. En syntaxe complète par contre, l'analyse de Maury n'a pu déceler de facteurs décisifs pour l'emploi de *yoù* (cf. Maury 1991 : 139). L'emploi de la forme *éyoù* comme variante unique en contexte elliptique (isolé ou devant pause) est confirmé pour la Baie-des-Chaleurs (Geddes 1908). En Louisiane, les exemples relevés dans le corpus de Valdman (2003) et de Stäbler (1995a) sont employés dans des interrogations indirectes sans périphrase.

Il arrive même que l'adverbe interrogatif *où* soit complètement omis et que ce soit la seule périphrase *ce que* qui indique la question. Ce phénomène s'observe uniquement avec des interrogations sur le lieu :

[884] Mon père disait quanT qu'i était / i était un ptit brin vieux, hein ? I disait / i disait : **ce que** t'as té aujourd'hui, Edna ? J'y dis : ben j'étais sus le docteur pour mon CHECK-UP. (ILM, texte 1)

[885] **I. S.** : Ah i y a pas d'enfants. Mais sa fille, **ce qu'**al est, sa fille ?
E. L. : Ben sa fille, è / elle / al avait une fille pis je crois qu'al est à ArichaT icitte à tchèque part. (ILM, texte 1)

[886] Oui, c'est vraiment beau. Où-ce que c'était dépeindu ça ? Ici ? Non, c'était pas icitte. **Ce que** t'étais là ? (ILM, texte 1)

Il s'agit donc probablement d'une réduction phonétique de [usk] en [sk]. Seutin atteste la forme [s] « où » pour son corpus, donc aussi une variante sans interrogatif. Il le met au même niveau que *où-ce*, les deux s'employant uniquement devant le pronom personnel sujet *tu* (cf. Seutin 1975 : 210).

En conclusion de ce chapitre sur les diverses formes de « où », on peut dire que parmi les formes relevées, trois (*où-ce*, *yoù-ce* et *éyoù*) semblent être des variantes combinatoires. Parmi les variantes considérées comme libres, ce sont *où-ce que* et la variante traditionnelle acadienne *yoù-ce que* qui l'emportent du point de vue de la fréquence. L'observation de Bauche pour le français populaire, selon qui l'emploi des différentes périphrases « n'est pas une question de syntaxe, mais plutôt de vocabulaire » (cf. Bauche 1928 : 136), n'est donc que partiellement valable pour l'acadien.

3.6.2.4.2 Quand

Contrairement à tous les autres types de question, l'interrogation partielle avec *quand* est assez rare dans mon corpus. On peut en repérer quatre attestations, dont trois fois *quand ça que* et une fois – en contexte elliptique – *quand ça* :

Interrogation partielle avec les variantes de l'adverbe interrogatif *quand*
quand ça
quand ça que

Tableau 45 : Interrogation partielle – liste des variantes de « quand » relevées dans le corpus de l'Isle Madame (tableau : J. Hennemann).

[887] Oui, ça fait / et pis là vous avez vaincu[393] dans votre maison jusqu'à, **quand ça** ? L'année passée, l'année d'avant ? (ILM, texte 2)

[888] Ça fait Lubin, tu t'en vas / **quand ça que** t'as dit tu t'en all/… ? (ILM, texte 9)

[889] [Quelqu'un a enregistré son père chantant une chanson de son vivant et a distribué la cassette aux membres de la famille après la mort de celui-ci.] Écoute ceci. Ben i a touT pris c'tés TAPES-là. Pis i y a / i y a touT dounné iun à ses

393 *Vaincu* = « vécu » (probablement hapax).

sœurs pis ses frères, touT de même. Pis après qu'i ieux a touT dounné ça pour un souvenir. Les enfants des enfants braillaient, ça. Et i-y-ont dit : faut que vo/ voutre père ou voutre mère ou WHATSOEVER que seye […] sont obligés de les faire parce i dit j'ai juste pu / eu le temps d'en faire assez. Bon / des / pis touT i disiont touT leus frères pis ses sœurs, i disiont : mais **quand ça que** t'as pris ça ? **Quand ça que** t'as été chez nous prendre ça ? I étiont touT étounnés de voir […] la TAPE. C'était touT un beau souvenir. (ILM, texte 4)

Vu le nombre minime d'attestations, la distribution des variantes peut être due au hasard. *Ça* en tant qu'élément d'insistance se trouve aussi après d'autres adverbes interrogatifs [895 : *comment ça*] dans mon corpus. Cette façon de renforcer le mot interrogatif par *ça* est rapportée par Gadet pour le français populaire (cf. Gadet 1997 : 106). Grevisse / Goosse signalent encore une sémantique supplémentaire de *ça* : cette particule renvoie à la ou les phrase(s) précédente(s) (cf. Grevisse / Goosse 2008 : § 392 c et § 698 e). Ceci se voit très bien en 887, où une phrase déclarative est interrompue et se transforme en question. Il en est de même pour l'exemple 888 où le fait rapporté qu'un certain Lubin voudrait s'en aller, est repris par *ça* en demandant une précision sur la date du départ. *Ça* ne semble donc pas complètement vidé de sa sémantique, la fonction anaphorique du pronom démonstratif pouvant encore être activée. En 889 par contre, cette relation à une phrase précédente n'existe pas. *Ça* joue de nouveau le rôle d'un élément intensificateur soulignant l'étonnement des membres de la famille.

Les adverbes périphrastiques *quand ce que* et *quand c'est que* – présentés dans l'analyse du système interrogatif de la Baie Sainte-Marie (cf. Gesner 1984/85 : 149, 151) – sont absents de mon corpus : le dernier l'est complètement, *quand ce que* existe seulement avec une fonction de conjonction – en tant que variante périphrastique de *quand* temporel (« lorsque »).

À partir des observations pour le corpus de l'Isle Madame, on pourrait formuler l'hypothèse suivante qui – vu le nombre peu élevé de *quand* interrogatifs dans mon corpus – ne peut pas encore être confirmée : il serait imaginable qu'une certaine différenciation se soit développée en acadien entre le *quand* interrogatif et la conjonction temporelle, et ce, à l'aide des tournures périphrastiques.[394] Jusqu'à présent, cette supposition peut être confirmée pour l'Isle Madame et toute la province de Nouvelle-Écosse ainsi que pour les corpus de la Louisiane (cf. Ditchy 1932 : 173) : de cette façon, les variantes *quand* (sans péri-

394 En Louisiane, on pourrait supposer qu'une différenciation se fait à partir du préfixe *é*. En voici l'exemple pour un pronom interrogatif : **Equand** tu vas les montrer à parler en français ? (Rottet 1995 : 122) ; cf. aussi Guilbeau (1950 : 246) pour *équand*.
La raison pour laquelle il ne s'agit probablement pas de *et quand* est la présence de [e'kɑ̃] dans des positions autres qu'au début de la phrase (cf. aussi corpus Valdman 2003).

phrase) et *quand que* ne se trouvent qu'en tant que conjonctions dans le sens de « lorsque »[395], *quand ça que* n'est attesté que pour introduire une interrogation.

3.6.2.4.3 Comment / combien

Illustration 6 : Panneau de bienvenue intitulé « Comment ça fly? » dans le couloir d'une maison acadienne à Petit de Grat (photo : J. Hennemann).

Dans le cas de *comment* / *coumment* « comment », le nombre d'attestations et aussi la quantité de variantes périphrastiques sont plus élevés que dans le cas précédent de *quand*. Voici une synthèse des formes relevées :

[395] Un dépouillement de mon corpus donne les tendances suivantes pour la distribution des variantes périphrastiques de *quand* temporel : les formes *quand* et *quand-ce* semblent être des variantes combinatoires dépendant du milieu phonétique. Elles s'emploient dans 95 % (137 sur 144 occurrences) respectivement 100 % (15 sur 15) devant des mots commençant par une consonne. Parmi les consonnes, *t* et *l* semblent favoriser *quand-ce* (12 sur 15). *Quand-ce que*, *quand que* et *quanT que* par contre apparaissent en contexte vocalique même si les chiffres ne sont pas aussi évidents : *quand-ce que* (83 % : 34 sur 41 devant voyelle), *quand que* (70 % : 16 sur 23) et *quanT que* (65 % : 45 sur 69).

Interrogation partielle avec les variantes de l'adverbe interrogatif *comment*
comment / coumment
coumment-ce
comment que
comment-ce que / coumment-ce que
coumment-ce que c'est que
comment ça que
[coumment c'est que]

Tableau 46 : Interrogation partielle – liste des variantes de l'adverbe interrogatif « comment » relevées dans le corpus de l'Isle Madame (tableau : J. Hennemann).

Voici quelques exemples :

[890] **Coumment** t'as venu à connaître, toi ? (ILM, texte 1)
[891] Pis si / euh / ma mère si on / on attrapait des mals de gorge là, al allait dans le bois pis al app/ apportait du / **coumment-ce** t'appelais ça ? (ILM, texte 1)
[892] J'ai dit à RAYMOND, mon homme : **comment que** je pouvais faire pour brocher ? (ILM, texte 1)
[893] Pour l'amour, **coumment-ce qu'**il ont pu élever ça ? (ILM, texte 1)
[894] A s'émoie de tré/ de toi. **Coumment-ce qu'**est IDA ? (ILM, texte 1)
[895] J'tais pauvre. **Comment ça que** t'as… ? (ILM, texte 1)
[896] **coumment-ce que c'est que** ça s'appelait avec les cartes ? (ILM, texte 2)

[897] des souliers de / de RUBBER qu'il appeliont là, tu sais. **Coumment c'est que** ça s'appelle, le… ? (corpus SHAIM, JB, 73)

Dans le cas de *comment*, on ne peut pas distinguer de préférence des locuteurs pour l'une ou l'autre variante. Par contre, les observations déjà faites pour *où* et *quand* se confirment – au moins partiellement : si l'adverbe interrogatif est suivi d'un mot commençant par une voyelle, le choix opéré est dans la plupart des cas une périphrase terminée par *que*, de manière à pouvoir procéder à une élision [893, 894]. Cependant la réciproque n'est pas possible : après une périphrase se terminant par *que*, une consonne à l'initiale du mot suivant est bel et bien possible [cf. entre autres 892 et 896]. Une fois de plus, on peut constater que devant le pronom personnel sujet *tu*, les locuteurs ont une nette inclination à employer la périphrase *-ce* [cf. ex. 891 ; cf. aussi p. 285 pour *quoi-ce* et p. 290 pour *où-ce* et *yoù-ce*]. La périphrase *c'est que* en combinaison avec *comment* n'est relevée qu'une seule fois et ce, dans le corpus dit « ancien ». Cela montre déjà une première tendance, à savoir que *c'est que* est presque absent dans le corpus contemporain.

Gesner a relevé quatre fois le mot interrogatif *combien* avec la prononciation [kõbɛ̃] respectivement [kɔbɛ̃] pour la Baie Sainte-Marie (cf. Gesner 1984/85 : 149 et sq.) ; ces formes se trouvent aussi à l'Isle Madame. Pourtant une autre me semble plus intéressante, à savoir *co(u)mment* dans le sens de « combien » :

[898] **E. L.** : Pis il a mouri / **coumment** ? Deux ans, trois ans ?
I. S. : Ah oui, deux ans de ça qu'i a mouri. (ILM, texte 1)
[899] Ça fait / ça fait **coumment** – cinq ans qu'il est mort ? (ILM, texte 2)
[900] moi ma mère était d'eune famille de **coumment** ? (ILM, texte 2)
[901] C'était **coumment**, oui ? (ILM, texte 2)
[902] I étiont **coumment** ? – Douze ? – Treize ? (ILM, texte 4)

Le bon usage cite les deux exemples de ce mot interrogatif pour le français québécois ; leur constat « Le fr. pop. du Québec substitue ***comment*** à *combien* » (Grevisse / Goosse 2008 : § 728 R4) laisse entrevoir que cela est valable pour tous les cas. À l'Isle Madame par contre, *co(u)mment* (dans le sens de « combien ») et *combien* semblent être sur un pied d'égalité en ce qui concerne leur distribution. Il convient de remarquer que dans les exemples ci-dessus, [898–902], *co(u)mment* se place toujours vers la fin de l'énoncé. Dans une telle structure, l'ordre canonique de la phrase est conservé ; de plus, l'adverbe accentué est placé après le verbe, sur le modèle de *-ti* (cf. Guiraud 1986 : 52).

3.6.2.4.4 L'expression de quantité « combien de + nom »

On a déjà montré que pour interroger sur la quantité, l'acadien se sert soit de *combien* (également sous la forme *coumbien* ou *coubien*) soit de *co(u)mment* (cf. ci-dessus). Il en est de même si un substantif suit. Voici la synthèse des structures rencontrées dans le corpus :

Interrogation partielle avec les variantes de l'adverbe interrogatif *combien de*
combien de
combien de + subst. + *que*
coumbien de + subst. + *que*
coubien de + subst. + *que*
coumment de
coumment de + subst. + *que*

Tableau 47 : Interrogation partielle – liste des variantes de « combien de » relevées dans le corpus de l'Isle Madame (tableau : J. Hennemann).

Les variantes sans *que* sans plutôt rares :

[903] Pis, t'avais **coumment d'enfants** ? (ILM, texte 1)
[904] **coumment d'enfants** vous étiez à la maison ? (ILM, texte 1)
[905] Pis **combien de sœurs pis de frères** vous aviez ? (ILM, texte 2)

La structure la plus courante en acadien est « *coumment de* + substantif + *que* + sujet + verbe » :

[906] Mais **coumment d'enfants qu'**i a, GERALD ? (ILM, texte 1)

[907] Pis **coumment d'années que** t'es ici ? (ILM, texte 1)
[908] Asteure, dans la famille de ton père, **combien d'enfants qu'**il y avait ? (ILM, texte 4)
[909] Pis **coumbien de fois que** du sucre là / du sucre t'avais là pis t'avais juste une livre de sucre dessus la faît. On buvait notre thé, on avait pas de sucre. (ILM, texte 11)
[910] Pis **coubien d'enfants que** vous aviez ? (ILM, texte 2)

Un phénomène déjà relevé ailleurs dans d'autres domaines grammaticaux se rencontre ici aussi, la discontinuité (cf. p. 136). L'exemple suivant montre que le complément quantitatif n'a pas l'obligation de suivre directement le *coumment* :

[911] Pis tu sais coumment là / on la ga/ la salle / la salle **coumment-ce qu'**a tchient **de monde**, la salle ? (ILM, texte 4)

Dans ce cas, il en serait d'ailleurs de même en français de France, où l'on peut dire ***Combien** elle contient **de monde**, la salle ?* (cf. Grevisse / Goosse 2008 : § 402b). C'est sans doute la périphrase qui provoque cette discontinuité, car une phrase comme *Coumment-ce que de monde a tchient, la salle ?* me semble impossible.

La structure *combien de temps* est par ailleurs exprimée par *combien/coumment longtemps* dans le parler de l'Isle Madame :

[912] **Combien longtemps que** vous êtes ici encore ? (ILM, texte 5)
[913] Pis **coumment longtemps** tu mets ton MICROWAVE ? (ILM, texte 1)

On pourrait penser qu'il s'agit d'une traduction littérale de l'anglais *how long*. Les deux expressions se trouvent également en Louisiane (cf. corpus Valdman 2003 ; cf. Valdman et al. 2010 : s. v. *longtemps*) avec une préférence pour *combien longtemps*.

3.6.2.4.5 Pourquoi

Voici enfin le tableau des variantes relevées pour *pourquoi* :

Interrogation partielle avec les variantes de l'adverbe interrogatif *pourquoi*
pourquoi
pourquoi-ce
pourquoi que
pourquoi-ce que

Tableau 48 : Interrogation partielle – liste des variantes de « pourquoi » relevées dans le corpus de l'Isle Madame (tableau : J. Hennemann).

Le nombre de variantes de *pourquoi* présentes dans mon corpus est plus restreint que par exemple pour *co(u)mment*[396] :

[914] **Pourquoi** ils fermont ? (ILM, texte 4)
[915] Pis j'ai dit ben je disais tout temps à mon garçon : mais **pourquoi-ce** tu y vas pas avec les / tes CHUM ? (ILM, texte 4)
[916] Il y a encore deux autres qui manquent. **Pourquoi qu'**i fermont ? (ILM, texte 4)
[917] pis j'y disais tout le temps : ben touT tes filles-FRIENDS y est, **pourquoi-ce que** tu y vas pas ? (ILM, texte 4)
[918] **Pourquoi-ce qu'**on aurait écouté les nouvelles de / de NEW CARLILE. **Pourquoi-ce qu'**on aurait écouté le / la météo de NEW CARLILE. (ILM, texte 10)
[919] **pourquoi-ce que** tu veux inviter tout le monde du gouvernement, tu veux qu'il y a des observateurs à la chicane ? ((rires)) (ILM, texte 3)

Les deux derniers exemples montrent que la périphrase *-ce que* n'est apparemment pas perçue comme un trait acadien car on l'a trouvée dans l'entrevue de deux locuteurs très proches du standard [918, 919]. Cela est peut-être dû à sa proximité phonétique avec *est-ce que*. Un exemple qui paraît intéressant dans ce contexte émane d'un de ces locuteurs standardisants :

[920] Et puis je lui ai demandé : mais **c'est pourquoi-ce** tu faisais ça ? (ILM, texte 10)

Pourrait-il s'agir d'un essai d'hypercorrection ? Le français familier / populaire attendrait « c'est pourquoi que tu faisais cela ? », le *que* complétant la mise en relief de l'adverbe interrogatif. Dans ce cas, peut-être, le locuteur l'a-t-il évité consciemment pour ne pas se servir d'un trait grammatical prétendument acadien, à savoir *pourquoi que*. L'omission de *que* pourrait alors être déclenchée par des contraintes phonétiques.

« Pourquoi » possède encore une variante lexicale paraphrastique relevée dans le corpus de l'Isle Madame, *coumment ça se fait que*[397] :

[921] **Coumment ça se fait qu'**i faisiont ça ? (ILM, texte 1)
[922] Pis, **comment ça se fait qu'**i y-avont mis / i y-ont *turné* ça en basque ? (ILM, texte 4)

---

396 Ni la variante structurale *pourquoi c'est ouère que* relevée par Melkersson (1979 : 176) dans l'œuvre d'Antonine Maillet ni la variante lexicale *à cause* (« pourquoi ») relevée par King (1991b : 67) pour l'Île-du-Prince-Édouard ne se trouvent dans mon corpus.

397 En français familier, on utilise la tournure *comment ça se fait que* + IND./SUBJ., en français écrit / formel, on trouve *comment se fait-il que* + SUBJ. ... (c. p. d'Emmanuel Faure).

Ici, il s'agit d'une des tournures plutôt rares qui préservent encore l'ordre « sujet – verbe » après un adverbe interrogatif. Dans le corpus de Valdman (2003), on trouve la même structure sans *que* à la fin.[398] Mais à part cette tournure, il n'existe pas de formes analytiques se substituant aux adverbes interrogatifs en acadien.

3.6.2.4.6 *Avec le mot interrogatif* quel

L'acadien dispose également de l'adjectif interrogatif *quel* mais sa prononciation varie : à côté de la forme standard [kɛl], j'ai relevé [tʃɛl] et [tʃøl] ; [tʃø] tel que relevé – parmi d'autres variantes – par Gesner (1984/85 : 152) à la Baie Sainte-Marie existe, mais il est plutôt rare à l'Isle Madame :

Interrogation partielle avec les variantes du déterminant interrogatif *quel* **(emploi épithète)**
quel + subst.
quel + subst. + *que*
tchel [tʃɛl] + subst. + *que*
tcheu(x) [tʃø] + subst.
tcheul [tʃøl] + subst.

Tableau 49 : Interrogation partielle – liste des variantes de « quel » (emploi épithète) relevées dans le corpus de l'Isle Madame (tableau : J. Hennemann).

Pour le déterminant, il y a donc cinq possibilités, dont la troisième, *tchel* [tʃɛl] + subst. + *que*, est la plus courante :

[923] **Quelle partie** de GERMANY t'as été ? (ILM, texte 1)
[924] Pis **quel grade avais-tu** quand t'as laissé l'école ? (ILM, texte 2)
[925] **Quelle heure que** les enfants passent les maisons ? (ILM, texte 4)
[926] **Tchelle année que** t'as énée ? (ILM, texte 1)
[927] Pis **dans tchelle année que** vous avez té née ? (ILM, texte 2)
[928] **Jusqu'à tchelle heure qu'**a travaille ? (ILM, texte 3)
[929] **Tcheux jeux** vous jouiez quand vous étiez à l'école ? (ILM, texte 11)
[930] **Tcheulle sorte** de JOKE ? (ILM, texte 1)

On peut constater que le déterminant interrogatif *quel* (et ses variantes phonétiques) + substantif est très souvent combiné avec le complémenteur *que* ; ce constat est valable pour toutes les variétés acadiennes du Canada (cf. Gesner 1984/85 : 152), et aussi pour le parler français des Métis dans l'Ouest du Canada

[398] En créole haïtien, une des formes possibles pour exprimer le sens de « pourquoi » est *koman fè* : *Koman fè e li menm ki pa vini ?* « comment (ça) se fait que c'est lui qui n'est pas venu ? » (Fattier 2005 : 53)

(cf. Papen 1998 : 158). Selon Gadet, qui atteste cette construction en français populaire, ce *que* mène à une espèce de clivage et établit un rapport entre interrogation et thématisation (cf. Gadet 1997 : 109). Ainsi, l'ordre traditionnel « sujet + verbe » est maintenu. Il n'y a qu'un seul cas [924] où une locutrice se sert d'une inversion.

Enfin, Brasseur et Chaudenson auraient trouvé *qui* au lieu de *quel* / *quelle* comme déterminant interrogatif au Canada, en Louisiane ainsi que dans quelques dialectes de l'Ouest de la France (cf. Fattier 2005 : 45). Pour mon corpus de la Nouvelle-Écosse, cette variante n'est pas attestée.

Pour l'emploi attributif, par contre, les formes de *quel* sont toujours remplacées par celles du pronom interrogatif *que* :

Interrogation partielle avec les variantes du pronom interrogatif *quel* (emploi attributif)
qu'est-ce que
quoi-ce que
quoi-ce que c'est que

Tableau 50 : Interrogation partielle – liste des variantes de « quel » (emploi attributif) relevées dans le corpus de l'Isle Madame (tableau : J. Hennemann).

[931] SO, Julia, **qu'est-ce qu'**est la première question ? (ILM, texte 4)
[932] Oui, **quoi-ce que c'est qu'**est le projet ? (ILM, texte 4)
[933] ah mon Dieu, **quoi-ce qu'**est son nom ? (ILM, texte 4)

Gesner confirme l'emploi de cette construction pour la Baie Sainte-Marie (cf. Gesner 1984/85 : 152) ; dans mon corpus la forme relevée y est toujours *quoi c'est que* :

[934] Pis les ailes en arrière, ça est appelé du – **quoi c'est que** le mode euh / le mode de – MACARONI. Ça r'semble – un BUTTERFLY ? (BSM, texte 15)
[935] (À propos de « BOILED DINNER ») : j'ai oublié comment ça s'appelle dans France, ah **quoi c'est que** le nom qu'i avont ? (PUB, texte 20)

Remarquons que le pronom interrogatif correspondant, *lequel*, est inexistant en acadien (cf. aussi Gesner 1984/85 : 153). Dans les rares cas où cette structure est appliquée, la forme de « lequel » est remplacée par la forme correspondante de *quel* :

[936] **E. L.** : Le frère à Charlie a té administré hier soir.
I. S. : **Tchel** des zeux ? (ILM, texte 1)

3.6.2.5 Fréquence et distribution

Pourrait-il y avoir par ailleurs un aspect pragmatique dans la distribution des différentes périphrases ? Maury se demande si les éléments périphrastiques fonctionnent peut-être comme des « adoucisseurs de requête » (Maury 1991 : 146). Il est vrai que les interrogations avec mot interrogatif en tête sans périphrase paraissent très saccadées et très directes. Ces occurrences [866, 890, 914, etc.] sont très rares. Maury évoque une autre étude sur ce sujet, de laquelle il découle que « le nombre d'éléments que comporte un acte de requête à une personne en autorité, s'accroît avec l'importance de cette personne » (cf. Saint-Pierre / Desautels 1988 : 55). Ainsi, plus le nombre d'éléments d'une périphrase serait élevé, plus l'interrogation serait atténuée ? À mon avis, cet aspect ne joue pas un rôle important dans mes entrevues, les surpériphrases apparaissent sans qu'il y ait de hiérarchies tangibles entre les locuteurs participants. Bien plutôt, l'envergure de la périphrase pourrait dépendre du degré d'hésitation ou du degré de certitude qui accompagne l'interrogation respective.

Voici pour terminer un tableau récapitulatif des occurrences des différentes périphrases utilisées dans les interrogations partielles (avec pronoms, adverbes et déterminants interrogatifs[399]) de mon corpus :

	sans péri-phrase	***-ce***	***-ce que / (qui)***	***que***	***-ce que c'est que***	***c'est que / (qui)***	***ça que***	***c'est-ti***
qui	7	-	4	-	-	2	-	-
que / quoi	-	4	5	5	2	2	-	-
combien (quantité)	5	-	-	-	-	-	-	1
combien longtemps	1	-	-	1	-	-	-	-
comment (manière)	2	6	8	2	1	-	1	-
où	1	2	4	-	1	-	-	-
yoù, iyoù	3	2	3	-	1	-	-	-
éyoù	-	-	1	-	-	-	-	-
∅	-	-	4	-	-	-	-	-
pourquoi	1	2	6	1	-	-	-	-
quand	-	-	-	-	-	-	3	-
quelle + subst.	3	-	-	8	-	-	-	-
combien de + subst. / *comment de* + subst.	3	-	1	6	-	-	-	-
Résumé	**26**	**16**	**36**	**23**	**5**	**4**	**4**	**1**

Tableau 51 : Récapitulatif de la fréquence des périphrases après les pronoms, adverbes et déterminants interrogatifs dans le corpus de l'Isle Madame (tableau : J. Hennemann).

En conclusion, on peut retenir les points suivants :

399 Les variantes phonétiques des adverbes et déterminants interrogatifs énumérées ci-dessus sont bien sûr incluses dans le calcul.

- Dans les cas où aucune périphrase n'est utilisée dans l'interrogation, le mot interrogatif est souvent postposé, souvent dans le but de le souligner (par ex. dans les interrogations sur la quantité avec *comment*).
- Des différentes périphrases, c'est *-ce que* qui l'emporte à l'Isle Madame.
- *-ce* seul apparaît comme une variante combinatoire devant le pronom personnel *tu* (ou sa variante phonétique *t'*).
- La variante avec « *que* intensif » n'est pas considérée comme un emploi spécifiquement acadien (cf. Gérin / Gérin 1979 : 103). La faible attestation dans mon corpus confirme cette observation. À l'Isle Madame, *que* peut être considéré comme une variante individuelle de certains locuteurs après les adverbes interrogatifs – au lieu de *-ce que*. Après des expressions contenant *quel* ou *combien/comment de* suivis d'un substantif, *que* s'est plus ou moins généralisé à l'Isle Madame. Pour King (1991b : 69), il paraît incontestable que l'alternance *que / ce que* est due à la terminaison phonétique du mot interrogatif qui précède (terminaison vocalique + *ce que* / terminaison consonantique + *que*). Même si cette règle me semble très probable, je ne peux pas la confirmer pour l'Isle Madame.
- Parmi les périphrases plus complexes, seul *-ce que c'est que* a été relevé dans le corpus. Avec cinq attestations sur un total de 115 interrogations partielles, elle ne joue qu'un rôle marginal.
- *C'est que* est presque inexistant dans mon corpus ; dans les autres parlers acadiens, on en trouve des attestations sporadiques – selon Melkersson cette formule prédominerait même dans son corpus littéraire du Nouveau-Brunswick (cf. Melkersson 1979 : 174 et sq.). Cependant cette périphrase n'est pas importante pour la formation d'interrogations partielles.
- Il est difficile de dire si *ça que* est une périphrase séparée ou s'il s'agit plutôt de la périphrase *que* renforcée par *ça*. Je tends malgré tout vers la première hypothèse car j'ai pu relever des exemples où *ça* n'a pas cette fonction de renforcement renvoyant à un élément précédent. De plus c'est la seule périphrase relevée après le mot interrogatif *quand*. C'est pourquoi je la considère comme une périphrase ayant sa propre valeur.
- En ce qui concerne *-ti*, on peut dire que, malgré son succès dans l'interrogation totale en acadien (cf. 3.6.1.3), il est quasiment absent des structures interrogatives partielles. Dans le seul exemple relevé, *-ti* est précédé de *c'est*, il s'agit donc d'une sorte de périphrase (cf. p. 266) qui n'a pourtant pas pu s'imposer face aux autres périphrases. Une seule fois, on trouve dans la littérature scientifique sur les parlers acadiens l'attestation de telles formes, qualifiées d'« hybrides » par Melkersson (1979 : 177).[400] La raison de l'absence de formes interrogatives hybrides

[400] Ces formes dites « hybrides » réunissent en même temps un mot interrogatif (suivi d'une périphrase) et un autre outil interrogatif, *-ti* en l'occurrence. Gérin / Gérin les ont trouvées dans la langue de Marichette :
[] T'es bin chanceux, toi ; mais **comment-ce** tu t'y prend **ti** ? (Lettre du 22 octobre 1896) (Gérin / Gérin 1979 : 103 et sq. ; c'est moi qui souligne)

semble évidente : un interrogatif est déjà un marqueur sans ambiguïté de la question, contrairement aux interrogations totales où *-ti* fait – dans la plupart des cas – la différence entre la phrase déclarative et la proposition interrogative. Ainsi, un marqueur venant s'ajouter au mot interrogatif précédant le verbe ne ferait qu'alourdir la construction. Il s'agirait d'une simple complication. Bien que la langue ne soit certainement pas exempte de ces redondances, elle y renonce ici. La situation est ainsi la même qu'en France métropolitaine où *-ti* est très rare dans l'interrogation partielle (cf. Coveney 2002 : 95). Ailleurs au Canada, *-ti* peut jouer ce rôle, plusieurs exemples sont attestés dans Patterson (1972 : 29) ; néanmoins il ne joue qu'un rôle secondaire.

Étant donné que plus de la moitié des questions totales sont formées à l'aide de l'inversion simple, il est surprenant que l'inversion ne joue aucun rôle dans l'interrogation partielle.[401] On n'a relevé que deux exemples [875, 924] dans le Nord-Est, Gesner en rapporte un pour la Baie Sainte-Marie.[402] Selon lui, on éviterait de telles structures en français acadien (cf. Gesner 1984/85 : 147). En comparaison, quelle est la situation en français de France ? Selon Terry (1970 : 83), qui analyse des pièces de théâtre, environ 50 % des interrogations partielles sont formées avec l'inversion, alors que selon Behnstedt (1973 : 33, 56) elle ne représente que 10 % dans la langue populaire (un pourcentage qu'il juge encore trop élevé) et 30 % dans la langue familière et ceci surtout après *comment* et *où* (cf. Melkersson 1979 : 173).

En acadien, la structure « WH-in situ » (cf. King 1991b : 66), appelée également « [i]nterrogation avec un terme interrogatif occupant la place du constituant concerné » (Riegel / Pellat / Rioul 2004 : 398) est limitée.[403] De telles formes ne se rencontrent que de temps en temps et – mis à part un seul exemple [937] – toujours avec *coumment* [938–941] :

[937] ANYWAY… Ça fait t'as été énée **yoù** ? (ILM, texte 1)
[938] Ça fait / ça fait **coumment** – cinq ans qu'il est mort ? (ILM, texte 2)
[939] moi ma mère était d'eune famille de **coumment** ? (ILM, texte 2)
[940] C'était **coumment**, oui ? (ILM, texte 2)
[941] I étiont **coumment** ? – Douze ? – Treize ? (ILM, texte 4)

Pourtant, je suppose qu'il ne s'agit pas toujours de « vraies » questions, mais plutôt de phrases déclaratives qui ne peuvent pas être finies parce qu'il manque une information, et qui se transforment ainsi en interrogation [937, 938, 939]. Tout comme pour les formes interrogatives avec périphrases, l'ordre canonique « sujet – verbe » y est conservé ; de plus, l'adverbe est placé après le verbe, sur le modèle de *-ti* dans l'interrogation totale (cf. Guiraud 1986 : 52).

401 Il va sans dire que je n'ai relevé aucune attestation non plus de l'inversion complexe dans l'interrogation partielle (cf. aussi Gesner 1984/85 : 142, 146).

402 [] **À quoi** veux-tu en venir ? (Gesner 1984/85 : 147)

403 King (1991b : 66) fait le même constat pour l'anglais.

Pour conclure, voici la fréquence des différentes structures (intonation, inversion, périphrases) dans mon corpus :

Hennemann (2014) – l'interrogation partielle à l'Isle Madame	**Exemple**	**Pourcentage**
inversion	*Quand avais-tu fait ça ?*	2 %
périphrastique	*Quoi-ce tu as fait ?*	82 %
ordre direct (intonation)	*Tu as fait quoi ?*	16 %
total		115 (100 %)

Tableau 52 : Résultats pour l'interrogation partielle (adverbes et pronoms interrogatifs) à l'ILM. Distribution selon les types d'interrogation (tableau : J. Hennemann).

Le tableau montre clairement que les formes périphrastiques sont prépondérantes par rapport aux formes sans périphrase. Pour l'inversion on n'a relevé que deux exemples [875, 924]. Elle est donc presque absente de l'interrogation partielle.

3.6.3 Interrogations indirectes

L'interrogation indirecte est un territoire de recherche plus difficile d'un point de vue théorique que l'interrogation directe. C'est avant tout dans l'article de Niéger / Paradis (1975) sur l'interrogation indirecte en français québécois que ces difficultés analytiques sont décrites. La première difficulté est propre à un corpus oral, à savoir le problème de distinguer entre une interrogation directe et une interrogation indirecte : alors qu'à l'écrit la segmentation paraît claire, elle est parfois très difficile à l'oral (cf. Gadet 1997 : 113). Voici un exemple du corpus de Gesner :

[942] Non, parce qu'i' te demandont **quoi ce** t'as dit. (Gesner 1984/85 : 159)

En analysant la phrase écrite, tout semble net, il s'agit bien d'une question indirecte. À l'oral par contre, le locuteur avait peut-être l'intention d'employer une phrase introductrice (« …parce qu'i' te demandont : ») suivie d'une question directe (« Quoi ce t'as dit ? »). Bien sûr, il y a souvent des moyens prosodiques employés par le locuteur, grâce auxquels on obtient des indices pour privilégier l'une ou l'autre variante. Pourtant, on ne peut pas toujours exclure tout doute. Maury va même jusqu'à se demander s'il y a des différences de prononciation entre adverbes et pronoms selon qu'ils sont utilisés dans le discours direct ou indirect (cf. Maury 1991 : 153).

Certains chercheurs – surtout des pragmaticiens tels que Berrendonner (1981) – remettent même complètement en cause la distinction bien établie entre interrogations directes et indirectes. Selon ce dernier,

> il n'existe pas de questions directes, mais seulement des questions indirectes. Ou encore, [...] les questions directes [...] ne sont qu'un cas particulier de structures interrogatives 'indirectes', où 'manque' (...) une principale à verbe performatif. [...] (Berrendonner 1981 : 59)

La deuxième difficulté analytique sera de distinguer une subordonnée relative sans antécédent d'une interrogation indirecte. Les « responsables » de cette confusion peuvent être les verbes introducteurs, surtout quand il ne s'agit pas d'un verbe de sens interrogatif :

> Le support de l'interrogation indirecte peut être un verbe [...] de sens nettement interrogatif, comme *demander*, mais ce n'est pas toujours le cas.
>
> Si le verbe support implique l'incertitude par son sens (*ignorer*) ou par sa construction négative ou interrogative, ou si le verbe support est à l'impératif ou au futur, il s'agit de quelque chose qu'on ignore et dont on s'enquiert ; la nuance interrogative est donc perceptible :
>
> *J'ignore* ou *Je ne sais s'il viendra* (ou... *quand il viendra*). – *Il ne m'a pas dit s'il venait.* – *Savez-vous s'il viendra ?* – *Dites-moi s'il viendra.* – *Il vous dira s'il viendra.* (Comp. : *Il m'a dit qu'il venait.*)
>
> La nuance interrogative est peu sensible quand les conditions données ci-dessus sont absentes (voir aussi § 1162, notamment *b*, 6°). C'est seulement la présence d'un mot interrogatif qui permet de reconnaître une interrogation indirecte : *Je sais* QUELLE *est la réponse. Je vous dirai* QUAND *il partira,* S'*il partira.* – Mais certains mots peuvent être interrogatifs ou relatifs : *Il m'a dit* OÙ *il allait.* (Comp. : *Il va* OÙ *il veut.*) (Grevisse / Goosse 2008 : § 1161 a)

Dans le dernier paragraphe de la citation, Grevisse / Goosse abordent un autre fait auquel peut être due la confusion, l'identité des pronoms relatifs et interrogatifs qui introduisent la subordonnée. Il en donne l'explication suivante :

> Il n'est pas toujours aisé de distinguer une interrogation indirecte d'une proposition relative : J'aime qui m'aime et Je me demande qui m'aime, par ex., d'autant plus que l'interrogation indirecte est souvent amenée par des verbes dont la valeur interrogative ne saute pas aux yeux (cf. § 1161). (Grevisse / Goosse 2008 : § 420 N. B.)

Comme ceci est un problème propre aux interrogations partielles, je renvoie ici au chapitre 3.6.3.2, *Interrogations indirectes partielles*.

3.6.3.1 Interrogations indirectes totales

Un troisième aspect, qui ne peut pas vraiment être considéré comme une difficulté, est la différenciation entre les interrogatives totales indirectes et les propositions conditionnelles (cf. Niéger / Paradis 1975 : 91). Les deux critères de différenciation sont les suivants : premièrement, comme le *si* interrogatif indirect est disjonctif, il est possible de former une phrase où *si* apparaît plus d'une fois, cette paraphrase n'étant pas possible avec le *si* conditionnel.[404] De plus, le *si* de l'interrogation indirecte « ne peut jamais occuper la position initiale et être inversé par rapport à son prédicat » (Niéger / Paradis 1975 : 92).[405]

Voici plusieurs attestations d'énoncés contenant des interrogations totales indirectes de mon corpus :

[943] C'est / voulais-tu savoir **si** j'allais marier encore ? (ILM, texte 1)
[944] pis sais pas **si** al est folle ou pas. (ILM, texte 1)
[945] quand je vas me coucher le soir, je me parle tout seule, je me dis : I WONDER **si** suis icitte demain matin (ILM, texte 1)
[946] I WONDER **s'**a va encore avec lui. (ILM, texte 1)
[947] Mais je sais pas **si qu'**i sont dehors asteure ici. (ILM, texte 9)

Contrairement au français de référence, la conjonction *si* peut être réduite à *s'* devant des pronoms personnels sujets féminins de la 3e personne [946]. Mais cela ne semble pas obligatoire [944]. *Si que* est également présent dans les questions indirectes de mon corpus tout comme au Nouveau-Brunswick (cf. Wiesmath 2006b : 182).[406] On ne peut pas constater de différenciation entre *si* (qui introduirait une question indirecte) et *si que* (censé introduire une conditionnelle).

Il y a encore des combinaisons intéressantes de *si* et *si que* avec *pour* et *voir* qui semblent toutes avoir valeur de conjonction (cf. Boudreau, É. 1988 : 241) :

[948] je m'ai émoyé moi **voir si** elle était là parce qu'asteure, tu sais, a coummence à être âgée là (ILM, texte 2)
[949] Parce que je vais parler à mon patron **voir si que** je pourrais pas t'inviter comme observatrice. (ILM, texte 3)
[950] Pis a me *callit* **pour si** j'y / si j'y irais avec ielle quand qu'elle ara son bébé. (ILM, texte 1)

Dans les exemples précédents, *voir* ne semble pas encore complètement vide de sens. Il est plus ou moins synonyme de « s'informer », même si l'omission de la conjonction *pour* paraît déjà un peu étrange. Ainsi, la phrase 949 pourrait être reformulée de la façon suivante : *Parce que je vais parler à mon patron pour savoir/demander si je ne pourrais pas t'inviter comme observatrice.* Cependant, l'exemple suivant donne à réfléchir :

---

404 Niéger / Paradis (1975 : 92) expliquent cela par les exemples suivants :
1) *si* interrogatif : *Je ne sais pas s'il viendra.* → (possible) *Je ne sais pas s'il viendra ou s'il ne viendra pas.*
2) *si* conditionnel : *Je saurai s'il vient, qu'il n'est pas fâché.* → (impossible) *Je saurai s'il vient ou s'il ne vient pas, qu'il n'est pas fâché.*

405 Voici les exemples présentés par Niéger / Paradis (1975 : 92) :
1) *si* conditionnel : (possible) *S'il vient, je saurai qu'il est fâché.*
2) *si* interrogatif : (impossible) *S'il vient, je saurai.*

406 On ne trouve que deux attestations de *si que* dans le corpus de Valdman (2003) pour la Louisiane, les deux dans l'expression *comme si que*.

[951] Je me demandais **voir s'**i connaissiont, i ont / lui a dit qu'i counnai/ qu'i counnaiss/ i counnaissait… (ILM, texte 7)

Vue la perte évidente de sémantique, *voir* semble avoir franchi une étape supplémentaire en direction d'une grammaticalisation en tant que conjonction de subordination, en l'occurrence pour introduire une question indirecte. Voici des attestations provenant d'une autre variété :

[952]ouais . asteure je sais pas **voir si**/ voir si ça va durer ou pas hein (corpus Wiesmath 2006a – texte 3, D415)

[953]c'est/ c'est euh je sais pas **voir si** c'éta i t euh . <je peux pas dire coumment ce que c'était là> (corpus Wiesmath 2006a – texte 3, D490)

Pour le moment, on pourrait supposer qu'il s'agit éventuellement d'une façon d'éviter la confusion entre *si* conditionnel et *si* interrogatif, différenciation qui se produit aussi dans d'autres domaines de la grammaire.

Mis à part ces phénomènes concernant la conjonction, il n'y a pas de particularité syntaxique dans les interrogations indirectes totales par rapport au français de référence (cf. aussi Gesner 1984/85 : 158 ; cf. Niéger / Paradis 1975 : 111).

3.6.3.2 Interrogations indirectes partielles

Comme on l'a mentionné dans l'introduction, les interrogatives indirectes « en WH » présentent un problème. Il n'est pas toujours facile de les distinguer des relatives sans antécédent à cause de l'identité de quelques pronoms relatifs et interrogatifs. Selon Niéger / Paradis (1975 : 93), ce problème – qui n'est d'ailleurs pas propre au français, et se retrouve aussi dans d'autres langues[407] – a été mis en lumière par plusieurs auteurs.

Quant aux pronoms interrogatifs, il y a deux cas d'ambiguïté syntaxique en français : premièrement quand un verbe est suivi d'un *qui*, deuxièmement quand il est suivi par *ce qui* / *ce que* (cf. Niéger / Paradis 1975 : 93–94). Grevisse / Goosse proposent la « solution » suivante sur la base de leurs deux phrases d'exemple *J'aime qui m'aime* et *Je me demande qui m'aime* (cf. introduction au chapitre 3.6.3 *Interrogations indirectes*) :

> On considèrera que l'on a une interrogation indirecte si le verbe introducteur accepte la construction avec si : Je me demande s'il m'aime est possible, mais non *J'aime s'il m'aime (ou le sens serait autre) ; – ou la construction avec quel : Je me demande quel homme m'aime, mais non *J'aime quel homme m'aime (§ 1161). (Grevisse / Goosse 2008 : § 420 N. B.)

[407] Ainsi, on rencontre également l'identité entre pronoms interrogatifs et relatifs en allemand :
*Ich frage mich, **was** ihm gefällt.* (*was* étant un pronom interrogatif) vs
*Ich habe etwas gesehen, **was** mir gefällt.* (*was* étant un pronom relatif)

Cette différenciation par substitution semble tout à fait opérable pour les besoins de mon étude. Mentionnons néanmoins la possibilité d'une analyse plus approfondie selon les cinq critères de différenciation sélectionnés par Niéger / Paradis (1975 : 94–98) sur la base d'un catalogue de 13 conditions élaboré par Baker (1968) pour l'anglais.

Pour les sujets animés, on ne relève que les formes *qui-ce qui* et *qui c'est qui*, la première étant de loin la plus fréquente :

[954] J'ai mandé à Norma s'a savait **qui-ce qui** était l'inspecteur parce c'était pas ieunne de l'Isle Madame. (ILM, texte 4)
[955] Euh, j'ai dit pas sais pas **qui-ce qui** était le garçon, mais tu viens de la Pointe. (ILM, texte 4)
[956] On a su le lendemain **qui c'est qui** l'avait pris. (ILM, texte 9)

Quant à l'objet animé, c'est également une forme périphrastique, *qui-ce qu(e)*, qui est la plus souvent employée :

[957] Pis cette-là là qu'a m'nu souvent, a m'a pas connu, a dit : suis a/ suis après parler avec toi mais sais pas **tchi-ce que** je parle. (ILM, texte 1)
[958] tu sais **avec qui-ce qu'**a reste ? (ILM, texte 1)

Tout comme dans le langage populaire en France (cf. Haase 1965 : 92), la périphrase a aussi fait son entrée dans l'interrogation indirecte partielle en acadien. Cette observation vaut aussi pour l'objet inanimé, mais il y a d'autres formes qui concurrencent les structures périphrastiques :

[959] T'sais **qu'**on appelle les écopeaux ? C'est les affaires qu'on enlève sus les / ça timbe de sus les / les arbres là. (ILM, texte 8)
[960] Tu sais **que** je veux dire ? (ILM, texte 1) (*que* remplace ici le pronom interrogatif indirect *ce que*)
[961] A dit : « As-tu regardé **que** ça ressemble ? (ILM, texte 9) (*que* remplace ici le pronom interrogatif indirect *ce que* (acadien) ou *à quoi* (FS))
[962] Crois-tu que les enfants vient écouter **ça que** le monde dit ? (ILM, texte 1)
[963] Pa a disait dans la BIBLE / a disait **ça que** tu allais avoir avant la fin du monde pis… (ILM, texte 1)
[964] Pis i m'a dit l'autre jour / sais-tu **quoi-ce** i m'a dit l'autre jour ? (ILM, texte 1)
[965] Elle a la peine à marcher. Sais pas **quoi-ce qu'**al a. Al a tchaque affaire dans ses KIDNEYS. (ILM, texte 1)

À côté des formes périphrastiques *quoi-ce* et *quoi-ce que*, on a donc relevé *que* seul et une variante plus expressive, *ça que*, comme pronom dans l'interrogation indirecte. Ce dernier se trouve entre autres dans le corpus de Gesner pour la Baie Sainte-Marie (cf. Gesner 1984/85 : 160). D'un point de vue synchronique, c'est aussi le cas de l'objet inanimé qui est soumis à de nombreuses variations diatopiques en France. Par contre, c'est *qu'est-ce que* qui y est employé majoritairement, les formes en *quoi* étant moins fréquentes (cf. Koopman 1982 : 137). D'un point de vue diachronique, de telles constructions périphrastiques étaient déjà employées en français littéraire au XVIIe siècle (cf. Mougeon 1985 : 169).

Pour les adverbes interrogatifs, on n'a que des attestations avec *où* et *comment / combien*. Avec *où / d'où*, le nombre d'omissions du pronom interrogatif lui-même est frappant [966–969]. On en a déjà présenté des exemples dans l'interrogation directe [cf. 884, 885, 886], mais l'omission de *où* semble encore plus fréquente dans l'interrogation indirecte :

[966] Asteure ceci c'est une congrégation mais le couvent était drouète à côté. Le monument est là, i ont mis une monument. Tu sais ∅ **ce qu'**était le couvent ? T'as vu le monument de roche. (ILM, texte 4)
[967] J'avais sept ans. Et pis nous a envoyé dehors. Pis quand j'ons rentré BACK, on entendait un bébé pleurer. Et pis j'ons mandé ∅ **ce que** le bébé m'nait. Ben, i ont dit, c'est / c'est un / une PLANE qu'a *landé* ça sus les / euh la / les STEP de / les FRONTSTEP. Hein ? À / à l'autre porte. (ILM, texte 4)
[968] Tu sais ∅ **ce qu'**i restait par de la Pointe des Fougère. (ILM, texte 4)
[969] Pis sais-tu ∅ **ce qu'**était le mariage ? À l'auberge à Arichat. (ILM, texte 4)
[970] sais-tu **où-ce que** ça a té pris ça ? (ILM, texte 1)
[971] T'as vu **où-ce qu'**était son / son marceau de terre là ? (ILM, texte 4)

Outre la périphrase seule, il n'y a que *où-ce que* qui soit attesté. Aucune variation morphologique de *où* (*yoù*, *éyoù*) ni de combinaisons avec les autres périphrases n'apparaissent dans mon corpus ; *éyoù-ce que* est par contre attesté chez Gesner (cf. Gesner 1984/85 : 150).

Avec *comment*, l'étendue de la variation est presque aussi grande que pour l'interrogation directe (cf. p. 293) :

[972] Sais-tu **comment** j'avions nettoyé ça ? (ILM, texte 1)
[973] Sais-tu **coumment-ce** le docteur me dounnait pour sougner les femmes ? (ILM, texte 1)
[974] Ben je me mandais **comment ça qu'**i voulait pas y aller avec zeux. Pis je disais ça à mon mari. (ILM, texte 4)
[975] il ont un / j'ais pas **comment de** dire ça : un / un / une crise d'identité (ILM, texte 3)

L'exemple 975 est intéressant car un locuteur proche du standard y emploie une construction infinitive tout en ajoutant la préposition *de* après l'adverbe interrogatif.

La formation des questions avec *combien longtemps* et « *quel* + substantif » semblent être en règle générale très constante : dans l'interrogation indirecte, c'est également la périphrase *que* qui prédomine :

[976] Pis j'ai demandé s'i pouvait me dire **combien longtemps qu'**on avait besoin pour aller / euh / sur l'avion. (ILM, texte 5)
[977] pis disait **tchelle carte que** c'tait. (ILM, texte 4)

On peut retenir pour l'acadien ainsi que pour le québécois la pénétration des formes périphrastiques du discours direct dans l'interrogation partielle indirecte. Nombre de chercheurs ont constaté que la diversité des variantes était la même dans le discours indirect (cf. Maury 1991 : 152). Mais en dépit de l'augmentation des formes susceptibles d'être employées dans l'interrogation partielle indirecte dans le Canada francophone, ce phénomène entraîne aussi une certaine simplification du système, puisque les mêmes structures sont utilisées dans les interrogatives directes et indirectes (cf. Niéger / Paradis 1975 : 106).

Pour le québécois, la tendance évolutive apparaît plus claire : Niéger / Paradis (1975 : 107) y voyaient deux tendances opposées œuvrant à une généralisation du système : premièrement l'adoption des formes inversées (*est-ce que*), ancrées historiquement dans l'interrogation directe, dans le discours indirect ; et inversement le transfert de formes non-inversées (*c'est que*) du discours indirect dans l'interrogation directe.

Il est frappant qu'on trouve les formes inversées parallèlement dans l'interrogation indirecte et dans les phrases relatives :

> Il est remarquable et même tout à fait étonnant que la variation synchronique et le changement historique affectent presque simultanément les questions indirectes et les relatives libres, et on peut se poser la question de savoir ce que les questions indirectes et les relatives libres ont en commun [...]. (Koopman 1982 : 137 et sq.)

Selon Koopman (1982 : 167 et sq., note), le phénomène selon lequel les pronoms des interrogatives indirectes et des relatives libres affichent un comportement similaire, est déjà prévisible en regardant la forme de surface des deux types de phrases dans plusieurs langues. Un coup d'œil à deux exemples de relatives périphrastiques en provenance du Nouveau-Brunswick et de Louisiane illustre ce phénomène :

[978] Asseyons pas de changer **qui ce qu'**on est . pour sembler à quelqu'un d'autre pis paraître mieux (corpus Wiesmath 2006a – texte 10, X28)

[979] ils/ ils ont jamais trouvé **qui c'est qui** l'avait tué (LOU – Stäbler 1995b : 135)

Toutefois, il faut apporter deux restrictions à cette observation : bien que de tels exemples existent, les pronoms relatifs périphrastiques ne sont pas la règle dans l'acadien de l'Isle Madame ni dans les autres variétés du français en Amérique du Nord, bien au contraire. Deuxièmement, il faut retenir la constatation de Niéger / Paradis (1975 : 108) : l'emploi de pronoms relatifs périphrastiques n'est possible qu'en cas de relatives sans antécédent. Et c'est exactement le cas auquel nous avons affaire dans les deux exemples cités ci-dessus [978, 979]. Dans un énoncé tel que

[980] Si j'avais vu Dominique, **celui-là qui** est le propriétaire de la maison, j'ai travaillé pour son père pis... (ILM, texte 4),

l'emploi d'un pronom relatif périphrastique serait difficilement imaginable. Il serait donc prématuré de parler de tendances de relexification, comme on l'entend parfois dire, pour les formes périphrastiques de l'interrogation.

3.6.3.3 Résumé de l'interrogation indirecte

En gros, l'interrogation indirecte fonctionne en acadien de la même manière que dans l'Hexagone. Les différences se trouvent plutôt dans les détails. On peut constater des phénomènes ainsi que des processus qui se sont déjà manifestés dans d'autres points de la grammaire. Ainsi, la variabilité des locutions conjonctives équivalent à « si » dans les interrogatives indirectes totales est assez élevée. Il en est de même pour les périphrases qui s'ajoutent au pronom ou à l'adverbe dans l'interrogation indirecte partielle. Néanmoins, le nombre absolu de ces périphrases est plus limité que dans les interrogations partielles directes, les formes - *ce que* et *c'est que* étant les plus courantes.

La réduction de la conjonction *si* en *s'* peut s'observer également devant les pronoms personnels féminins au singulier et au pluriel (*a, al, elle, elles*). Cette simplification du système devient possible car on ne s'attend pas à une confusion avec le pronom démonstratif *celle*, exprimé en acadien par *cette* ou *c'telle*. À nouveau, on trouve des *que* passe-partout qui peuvent remplacer seuls des pronoms et adverbes interrogatifs. Le mot *voir*, qu'on a déjà trouvé dans les phrases impératives, se retrouve aussi dans l'interrogation indirecte totale. Même s'il semble parfois vide de sens, il y a encore beaucoup d'exemples dans lesquels on peut l'interpréter comme synonyme de *demander / informer*.

Niéger / Paradis (1975 : 111) ont conclu pour le système des interrogations au Québec qu'il avait un caractère assez instable :

> Des tendances assez contradictoires semblent s'opposer. On peut interpréter comme un phénomène de généralisation le remplacement des ce qui, ce que par qu'est-ce qui, qu'est-ce que et l'extension de ces formes à certaines relatives ou circonstancielles. mais [sic] ces phénomènes ne représentent qu'une partie du système, l'utilisation des formes en c'est que représentant également un phénomène courant. (Niéger / Paradis 1975 : 111)

Même si je peux confirmer certains phénomènes aussi pour l'Isle Madame, je ne considère pas le système interrogatif comme instable. Certes, il y a plusieurs changements en cours et tout n'est pas résolu. Néanmoins l'opposition entre les interrogatives directes et indirectes n'est pas très grande. De plus, en analysant les différentes périphrases de plus près, on en retire des indices précieux quant à leur distribution concrète.

4 Conclusion : le statut de l'Isle Madame au sein des variétés néo-écossaises de l'acadien

Du point de vue de la situation sociolinguistique, les isolats acadiens en Amérique du Nord se ressemblent ou se distinguent plus ou moins selon le facteur pris en considération. Tout d'abord, le développement socio-historique, y compris les événements liés au Grand Dérangement, jouent un rôle primordial dans la façon dont la situation linguistique se présente aujourd'hui. Comme l'océan entourant l'Isle Madame a depuis toujours favorisé la pêche et l'échange de biens en général, les premiers Acadiens qui, établis durablement sur l'île, étaient confrontés à des francophones de France ainsi qu'à des anglophones venus de partout, ce qui a provoqué un certain nivellement linguistique au début du XVIIIe siècle. Malgré un isolement relatif, les habitants de l'Isle Madame avaient plus de contacts avec l'extérieur que les Acadiens du Sud-Ouest de la province.

Mais depuis leur relocalisation après la Déportation, les Acadiens de l'Isle Madame ont vécu plutôt dispersés, contrairement aux installations le long de la Baie Sainte-Marie. Cette dispersion a alors créé des îlots francophones et anglophones les uns à côté des autres, et cette mosaïque se retrouve encore en visitant l'île aujourd'hui. Même à l'intérieur de la Nouvelle-Écosse, la donne sociolinguistique diffère considérablement d'une région à l'autre. Les lignes de séparation ne sont pas toujours les mêmes.

Quant au statut de l'acadien à l'Isle Madame, on peut supposer une baisse du prestige aux yeux des Acadiens eux-mêmes depuis le milieu du XXe siècle. Surtout avec l'arrivée de la télévision et des chaînes anglophones, le nombre de mots empruntés à l'anglais a augmenté considérablement. Ce fait est souvent une source de honte. De plus, le déclin du secteur économique et l'exode de main-d'œuvre ont causé un plus grand contact avec d'autres variétés du français, surtout le québécois. Ainsi, les « émigrés » qui reviennent transmettent souvent un sentiment d'infériorité aux Acadiens, dont le français n'est pas considéré comme du bon français. Même si ces expériences provoquent parfois une fierté accrue chez les Acadiens, une certaine insécurité subsiste malgré tout.

En me basant sur les résultats de l'analyse des variables du modèle de Bourhis / Lepicq (2004) (cf. p. 78), je tire les conclusions suivantes quant aux chances de survie de l'acadien à l'Isle Madame :

Il y a une différence entre les chances de survie de l'acadien et celles de la langue française en général sur l'île. En effet, la majorité des mesures visant à revitaliser la langue minoritaire ont pour but de propager un français standardisé – que ce soit ce qu'on considère comme le standard du Québec ou bien celui de la France métropolitaine. Ainsi, elles contribuent indirectement à la disparition de l'acadien traditionnel. Ceci est notamment le cas de l'institutionnalisation de mesures, comme l'instauration d'un cursus entièrement francophone dans l'enseignement depuis une dizaine d'années ou bien la construction d'un centre culturel. Plus de telles institutions deviennent la source unique de la langue minoritaire, plus le nivellement linguistique progresse.

Certains facteurs importants ne sont guère modifiables. De tels facteurs sont entre autres la baisse du taux de natalité, l'assimilation des Acadiens à cause des mariages mixtes, l'omniprésence de la langue anglaise, ainsi qu'une région moins propice au développement du tourisme en raison de sa situation géographique. Avec les changements du mode de vie dans le monde moderne, comme la mobilité accrue des gens, les effets négatifs de ces facteurs sont devenus plus palpables. La contrainte de parler français à certains endroits (école, centre culturel) semble une conséquence incontournable pour éduquer les gens, pour les inciter à oser parler le français. Pourtant d'un point de vue psychologique, une obligation ne contribuera pas nécessairement à changer l'attitude des locuteurs à long terme.

La seule institutionnalisation de la sauvegarde de la langue ne pourra pas assurer la revitalisation et donc la survie à long terme de l'acadien. Même si des institutions comme les écoles francophones et le centre culturel ont sans aucun doute des répercussions positives, elles ne sont pas à même de remplacer ou de compenser un manque de vie communautaire dynamique francophone. Le noyau « foyer-famille-voisinage-communauté » devrait être revitalisé en même temps, ce qui n'est guère facile, étant donné la dispersion croissante et l'exode rural de la population acadienne.

Ce sont avant tout les locuteurs eux-mêmes qui sont en voie de disparition. Avec la hausse constante de l'âge moyen, la dénatalité et l'exode des jeunes, ce n'est pas uniquement la langue qui se perd, mais la langue perd ses locuteurs. Et comme ceci est un processus progressif depuis des décennies, il est peu probable que le scénario s'inverse à l'avenir. Bien qu'on ait pris des mesures qui ralentissent ce processus, elles ne seront pas à même de l'arrêter. Cette hypothèse inclut aussi l'aspect interne de la langue : fait-on face à un étiolement linguistique, peut-on constater des phénomènes d'érosion à l'intérieur de la langue même ? Cet aspect a été pris en considération dans la troisième partie de ce travail, la partie morphosyntaxique.

J'en tire donc la conclusion que les progrès réalisés dans certains domaines pendant les dernières années ont certainement entraîné une prise de conscience non seulement de la part des Acadiens, mais aussi de la majorité anglophone de la Nouvelle-Écosse. Mais en raison du grand nombre de facteurs peu propices à la revitalisation de l'acadien à l'Isle Madame, sa disparition n'a fait que se ralentir. Dans deux générations au maximum, il n'y aura plus de parler acadien sur l'île, ce qui n'exclut pas pour autant la survie (d'une partie) de la culture. Par comparaison avec l'évolution de la situation linguistique à Chezzetcook, à Pomquet et autour de L'Ardoise, on peut esquisser un scénario similaire pour l'Isle Madame. Par ailleurs, j'irais même jusqu'à dire que dans des zones de concentration urbaine comme Halifax et Dartmouth, le français (mais pas l'acadien !)

s'enracinera peu à peu et que de plus en plus de « secteurs francophones » se formeront autour des centres scolaires francophones. C'est l'atout démographique et économique qui entrera alors en jeu et qui consolidera probablement dans le futur un bilinguisme de type additif français / anglais.

Quant aux particularités concrètes de la morphosyntaxe, cette étude a donné des explications détaillées. Parmi les tendances lourdes du système grammatical, on peut compter les processus du changement linguistique réduisant la complexité du système afin d'aboutir à certaines simplifications. Ainsi, on constate une régularisation horizontale pour les terminaisons des verbes au présent et à l'imparfait ainsi qu'une régularisation verticale pour certains verbes où le nombre d'allomorphes du radical verbal se réduit de plus en plus. Mais ce qui paraît, à première vue, comme une simple simplification du système, se révèle souvent important pour remédier aux faiblesses de ce dernier. Souvent, une réduction des formes est suivie par une nouvelle différenciation de la fonction, comme la différence entre singulier et pluriel dans le paradigme verbal au présent et à l'imparfait. L'affaiblissement du subjonctif est également vu comme le résultat du changement linguistique ; néanmoins il faut reconnaître que le subjonctif reste assez stable dans les quelques domaines où il se maintient encore : après trois lexèmes précis, à savoir *falloir*, *vouloir* et *pour (pas) (que)*. Peut-être le subjonctif imparfait a-t-il même créé une nouvelle fonction, celle de l'indication du temps. Le système prépositionnel se caractérise avant tout par sa très grande variabilité morphologique. Des emplois archaïques, des innovations, des formes du français standard ainsi que celles empruntées à l'anglais s'y superposent. À la lecture des résultats obtenus pour la régularisation du paradigme verbal, la négation, l'impératif et l'interrogation, on pourrait aussi constater une certaine tendance de l'acadien à la postdétermination.

Sur la base des données morphosyntaxiques, on ne peut pas constater d'indices évidents d'érosion linguistique. Tous les traits analysés contribuent à sauvegarder le fonctionnement du système entier. Malgré des instabilités internes ainsi que la pression grandissante de l'anglais et du français standard, le parler acadien de l'Isle Madame ne semble pas menacé par une érosion interne. Ce sont les conditions sociolinguistiques qui ne favorisent pas vraiment la continuité de ce parler acadien. Flikeid avance la thèse suivante : « Language death in Acadian communities is often abrupt, and can be pinpointed to a specific generation, without a lengthy transition and the symptomatic reductions in linguistic form and function. » (Flikeid 1997 : 274). C'est ce qui pourrait arriver aux Acadiens de l'Isle Madame dans les décennies à venir. Même si l'on souligne souvent l'esprit combatif et la ténacité des Acadiens démontrer la possibilité de la survie de l'acadien, y compris à l'Isle Madame, il faut néanmoins constater que cette fois-ci, il n'y a pas d'« ennemi » habituel et tangible. Le processus de perte de locuteurs avance lentement et sans bruit.

Pour ce qui est de la question d'un continuum interlectal sur lequel on puisse localiser les différentes variétés acadiennes en Nouvelle-Écosse ou – plus largement encore – en Amérique du Nord, je reste réticente. Bien sûr, le caractère d'un tel modèle serait simplificateur. Un continuum peut donc servir à une approche générale des traits caractéristiques des variétés acadiennes, comme c'est le cas pour le tableau de Flikeid (cf. extrait p. 114). Mais pour prendre en compte la réalité complexe d'une variété, il faudrait plutôt créer un espace pluridimensionnel dans lequel on puisse situer les parlers. Plus un tel espace serait détaillé, plus il serait à même de refléter la réalité linguistique.

En même temps, il faudrait décider à quelles variables on a recours. S'agirait-il plutôt d'une approche quantitative ou qualitative ? On pourrait prendre comme point de départ une « aire linguistique ». Mais comme on vient de voir, même à l'intérieur d'une telle aire linguistique, les variables peuvent adopter différentes valeurs (cf. Isle Madame vs L'Ardoise vs Rivière-Bourgeois). De plus, il faudrait trouver une solution pour représenter l'aspect diachronique (toutes les attestations ne datent pas de la même année), l'âge des informateurs etc. Pour réduire cette complexité, je propose d'établir des continuums pour différents traits morphosyntaxiques qui manifestent des écarts apparents (cf. continuum du passé simple à l'intérieur de la Nouvelle-Écosse, p. 130). Certes, dans cette ébauche, tous les facteurs ne sont pas pris en considération, mais cela pourrait constituer un point de départ pour des recherches ultérieures.

5 Liste des symboles, signes conventionnels et abréviations

[]	=	encadre une transcription phonétique ou le numéro d'un exemple
/ /	=	encadre une transcription phonématique
*	=	indique la non-liaison
‿	=	indique la liaison
ac.	=	acadien
BSM	=	Baie Sainte-Marie
CHÉ	=	Chéticamp
c. p.	=	communication personnelle
ex.	=	exemple(s)
fr. pop.	=	français populaire
fr. st.	=	français standard
i. e.	=	id est (« c'est-à-dire »)
ILM	=	Isle Madame
ÎPÉ	=	Île-du-Prince-Édouard
LOU	=	Louisiane
NB	=	Nouveau-Brunswick
NÉ	=	Nouvelle-Écosse
par ex.	=	par exemple
pers.	=	personne(s)
PUB	=	Pubnico
SHAIM	=	Société historique acadienne de l'Isle Madame
SPM	=	Saint-Pierre-et-Miquelon
s. v.	=	sub verbo (« au mot »)
TN	=	Terre-Neuve

6 Table des cartes, figures, illustrations et tableaux

6.1 Liste des cartes

6.2 Liste des figures

6.3 Liste des illustrations

6.4 Liste des tableaux

6.4 Liste des tableaux

7 Bibliographie

7.1 Corpus consultés

Maillet, Antonine (1973) : *Mariaagélas.* Ottawa : Éditions Leméac.

Stäbler, Cynthia K. (1995a) : *La vie dans le temps et asteur. Ein Korpus von Gesprächen mit Cadiens in Louisiana.* Tübingen : Narr Verlag.

Thibodeau, Félix E. (1976) : *Dans note temps avec Marc et Philippe.* Yarmouth : L'imprimerie Lescarbot Ltée.

Thibodeau, Félix E. (1978) : *Dans note temps avec Mélonie et Philomène.* Yarmouth : L'imprimerie Lescarbot Ltée.

Valdman, Albert (2003) : *A la découverte du français cadien à travers la parole. Discovering Cajun French through the spoken word.* Bloomington : Indiana University.

Wiesmath, Raphaële (2006a) : *Le français acadien.* Paris : L'Harmattan.

7.2 Bibliographie générale

Achterberg, Jörn (2005) : *Zur Vitatlität slavischer Idiome in Deutschland.* Munich : Verlag Otto Sagner.

Allard, Réal / Landry, Rodrigue / Deveau, Kenneth (2006) : « La vitalité ethnolinguistique et l'étude du développement bilingue des minorités acadiennes et francophones du Canada Atlantique » dans André Magord (éd.) : 85–104.

Allard, Réal / Landry, Rodrigue / Deveau, Kenneth (2003) : « Profils sociolangagiers d'élèves francophones et acadiens de trois régions de la Nouvelle-Écosse » dans *Port Acadie, 4,* 89–124.

Ammon, Ulrich / Dittmar, Norbert / Mattheier, Klaus J. / Trudgill, Peter (éds.) (2004) : *Sociolinguistics. An International Handbook of the Science of Language and Society.* Berlin : Walter de Gruyter.

Arrighi, Laurence (2002) : « L'usage de la particule *là* dans le discours en français acadien » dans *Études canadiennes. Canadian Studies, 53,* 17–31.

Arrighi, Laurence (2005a) : *Étude morphosyntaxique du français parlé en Acadie – Une approche de la variation et du changement linguistique en français.* Thèse de doctorat, Avignon : Université d'Avignon.

Arrighi, Laurence (2005b) : « Des prépositions dans un corpus acadien : Évolution du système linguistique français, archaïsmes et/ou calques de l'anglais ? » dans Patrice Brasseur / Anika Falkert (éds.) : 249–262.

ARRIGHI, LAURENCE (2007) : « L'interrogation dans un corpus de français parlé en Acadie. Formes de la question et visées de l'interrogation » dans *LINX, n°57, (Études de syntaxe : français parlé, français hors de France, créoles),* 47–56.

ASHBY, WILLIAM (1976) : « The loss of the negative morpheme *ne* in Parisian French" dans *Lingua, 39,* 119–137.

ASHBY, WILLIAM (1977) : « Interrogative Forms in Parisian French » dans *Semasia, 4,* 35–52.

ASHBY, WILLIAM (1988) : « Français du Canada/français de France : divergence et convergence » dans *French Review, 62,* 693–702.

AUGER, JULIE (1990) : *Les structures impersonnelles et l'alternance des modes en subordonnée dans le français parlé de Québec.* Québec : CIRAL.

AUGER, JULIE (1994) : *Pronominal Clitics in Québec Colloquial French : A Morphological Analysis.* Ph.D. dissertation. Philadelphie : University of Pennsylvania.

BADIOU-MONFERRAN, CLAIRE (2004) : « Négation et coordination en français classique : le morphème *ni* dans tous ses états », dans *Langue française, 143, septembre 2004 : La négation en français classique,* 69–92.

BAGOLA, BEATRICE (ÉD.) (2009) : *Français du Canada – Français de France. Actes du 8e Colloque international de Trèves, du 12 au 15 avril 2007.* Tübingen : Niemeyer.

BAKER, C. LEROY (1968) : *Indirect Questions in English.* Thèse miméographiée. Chicago : Université de l'Illinois.

BARBAUD, PHILIPPE (1984) : *Le choc des patois en Nouvelle-France. Essai sur l'histoire de la francisation au Canada.* Québec : Presses de l'Université du Québec.

BARBAUD, PHILIPPE (1998) : « Tendances lourdes du français québécois » dans Patrice Brasseur (éd.) : 17–36.

BARONIAN, LUC (2006) : « Les français d'Amérique : état des faits, état de la recherche, perspectives futures » dans *Les variétés de français en Amérique du Nord. Évolution, innovation et description. Revue canadienne de linguistique appliquée, 9.2 / Revue de l'Université de Moncton, 37,2,* 9–20.

BASQUE, MAURICE / BARRIEAU, NICOLE / CÔTÉ, STÉPHANIE (1999) : *L'Acadie de l'Atlantique.* Univerisité de Moncton : Société Nationale Acadienne.

BAUCHE, HENRI (1928 / 1951) : *Le langage populaire. Grammaire, syntaxe et dictionnaire du français tel qu'on le parle dans le peuple de Paris.* Paris : Payot.

BEAULIEU, LOUISE (1996) : « 'Qui se ressemble s'assemble' et à s'assembler on finit par se ressembler : une analyse sociolinguistique de la variable si / si que en français acadien du nord-est du Nouveau-Brunswick » dans Lise Dubois / Annette Boudreau (éds.) : 91–111.

BEAULIEU, LOUISE / CICHOCKI, WLADYSLAW (2005) : « Facteurs internes dans deux changements linguistiques affectant l'accord sujet-verbe dans une variété de français acadien » dans Patrice Brasseur / Anika Falkert (éds.) : 171–186.

Bédard, Édith / Maurais, Jacques (éds) (1983) : *La norme linguistique. Textes colligés et présentés par Édith Bédard et Jacques Maurais.* Québec : Gouvernement du Québec.

Behnstedt, Peter (1973) : *Viens-tu ? Est-ce que tu viens ? Tu viens ? Formen und Strukturen des direkten Fragesatzes im Französischen.* (Tübinger Beiträge zur Linguistik, 41). Tübingen : TBL.

Bergeron, Léandre (1980) : *Dictionnaire de la langue québécoise.* Montréal : V. L. B.

Berrendonner, Alain (1981) : « Zéro pour la question, syntaxe et sémantique des interrogations indirectes » dans *Cahiers de linguistique, Université de Genève, 2,* 41–69.

Bilger, Mireille / van den Eynde, Karel / Gadet, Françoise (éds.) (1998) : *Analyse linguistique et approches de l'oral.* Recueil d'études offert en hommage à Claire Blanche-Benveniste. Louvain / Paris : Peeters.

Blanche-Benveniste, Claire (1997) : « À propos de *qu'est-ce que c'est* et *c'est quoi* » dans *Recherches sur le français parlé, n° 14,* 127–146.

Blanche-Benveniste, Claire (2010) : *Approches de la langue parlée en français.* Paris : Ophrys.

Blinkenberg, Andreas (1958) : *L'ordre des mots en français moderne, 2 volumes.* Copenhague : 1958.

Boivin, Aurélien / Trépanier, Cécyle / Verreault, Claude (éds.) (1991) : *Langue, espace, société. Les variétés du français en Amérique du Nord.* Sainte-Foy : Les Presses de l'Université Laval.

Bollée, Annegret / Neumann-Holzschuh, Ingrid (1998) : « Français marginaux et créoles » dans Patrice Brasseur (éd.) : 181–203.

Bollée, Annegret / Neumann-Holzschuh, Ingrid (2002) : « La créolisation linguistique : un processus complexe » dans Albert Valdman (éd.) : 87–103.

Born, Joachim (éd.) (2001) : *Mehrsprachigkeit in der Romania. Französisch im Kontakt und in der Konkurrenz zu anderen Sprachen.* Vienne : Éditions Praesens.

Bossuat, Robert (1933) : *Bérinus : roman en prose du XIVe siècle*, tome 2. Paris : Société des anciens textes français.

Boudreau, Annette (2005) : « Le français en Acadie : maintien et revitalisation du français dans les provinces Maritimes » dans Albert Valdman / Julie Auger / Deborah Piston-Hatlen (éds.) : 439–454.

Boudreau, Annette / Dubois, Lise (1992) : « Insécurité linguistique et diglossie : étude comparative de deux régions de l'Acadie du Nouveau-Brunswick » dans *Revue de l'Université de Moncton, vol. 25, n°s 1–2,* 3–22.

Boudreau, Annette / Dubois, Lise (éds.) (1996) : *Les Acadiens et leur(s) langue(s) : quand le français est minoritaire. Actes du colloque.* Moncton : Les Éditions d'Acadie.

Boudreau, Annette / Dubois, Lise (éds.) (1998) : *Le français, langue maternelle, dans les collèges et les universités en milieu minoritaire.* Moncton : Éditions d'Acadie.

Boudreau, Éphrem (1988) : *Glossaire du vieux parler acadien.* Mots et expression recueillis à Rivière-Bourgeois (Cap-Breton). Montréal : Éditions du Fleuve.

Boudrot, Donald (2004a) : *« The Days of Wooden Ship and Iron Men » : A Brief History of Ile Madame.* Arichat : Isle Madame Historical Society.

Boudrot, Donald (2004b) : *A Chronological History of Isle Madame.* Arichat : N. N.

Bougy, Catherine (1995) : « Quelques remarques sur le passé simple en -i dans les verbes du type I (de l'ancien français au français moderne et aux parlers locaux de Normandie) » dans Marie-Rose Simoni-Aurembou (éd.) : 353–372.

Bourhis, Richard Y. / Lepicq, Dominique (2004) : *La vitalité des communautés francophone et anglophone au Québec : Bilan et perspectives depuis la loi 101.* Montréal : Chaire Concordia – UAQM en études ethniques.

Bouvier, Jean-Claude (éd.) (1981) : *Actes du XVIIème Congrès International de Linguistique et Philologie Romanes. (vol. 5 : Sociolinguistique des langues romanes).* Aix-en-Provence : Université de Provence et al.

Brandon, Elizabeth (1955) : *Mœurs et langue de la Paroisse Vermillon en Louisiane.* Thèse de doctorat, Québec : Université Laval.

Brasseur, Patrice (1996) : « Changements vocaliques initiaux dans le français de Terre-Neuve. » dans Thomas Lavoie (éd.) : 295–305.

Brasseur, Patrice (1997) : « Créoles à base lexicale française et français marginaux d'Amérique du Nord : quelques points de comparaison » dans Marie-Christine Hazaël-Massieux / Didier de Robillard (éds.) : 141–166.

Brasseur, Patrice (éd.) (1998) : *Français d'Amérique. Variation, créolisation, normalisation.* Actes du colloque : « Les français d'Amérique du Nord en situation minoritaire » (Université d'Avignon, 8–11 octobre 1996). Université d'Avignon : Centre d'Études Canadiennes (CECAV).

Brasseur, Patrice (2001) : *Dictionnaire des régionalismes du français de Terre-Neuve.* (Canadiana Romanica ; vol. 15). Tübingen : Max Niemeyer Verlag.

Brasseur, Patrice (2005) : « La préposition *en* dans quelques variétés de français d'Amérique » dans Patrice Brasseur / Anika Falkert (éds.) : 249–262.

Brasseur, Patrice (2007) : « Formes verbales du franco-terre-neuvien : quelques cas singuliers » dans Patrice Brasseur / Georges Daniel Véronique (éds.) : 163–171.

Brasseur, Patrice / Chauveau, Jean-Paul (1990) : *Dictionnaire des régionalismes de Saint-Pierre et Miquelon.* Tübingen : Max Niemeyer Verlag.

Brasseur, Patrice / Falkert, Anika (éds.) (2005) : *Français d'Amérique : approches morphosyntaxiques. Actes du colloque international* Grammaire comparée des variétés de français d'Amérique (Université d'Avignon, 17–20 mai 2004). Paris : L'Harmattan.

Brasseur, Patrice / Véronique, Georges Daniel (éds.) (2007) : *Mondes créoles et francophones.* Mélanges offerts à Robert Chaudenson. Paris : L'Harmattan.

Brenzinger, Matthias (éd.) (1992) : *Language Death. Factual and Theoretical Explorations with Special References to East Africa.* Berlin : Mouton.

Britain, David (2004) : « Geolinguistic Diffusion of Language » dans Ulrich Ammon / Norbert Dittmar / Klaus J. Mattheier / Peter Trudgill (éds.) : 34–48.

Brunot, Ferdinand (1906–1972) : *Histoire de la langue française des origines à 1900.* Paris : Armand Colin. 13 vol.

Brunot, Ferdinand (1926) : *La pensée et la langue.* Paris : Masson et Cie.

Brunot, Ferdinand / Bruneau, Charles (1949) : *Précis de grammaire historique de la langue française.* Paris : Masson et Cie.

Buridant, Claude (2000) : *Grammaire nouvelle de l'ancien français.* Paris : SEDES.

Bußmann, Hadumod (2002) : *Lexikon der Sprachwissenschaft.* Stuttgart: Alfred Kröner Verlag.

Calvet, Jean-Louis (2000) : « Les mutations du français. Une approche écolinguistique » dans *Le français moderne, 68/1,* 63–78.

Camproux, Charles (1958) : *Étude syntaxique des parlers gévaudanais.* Paris : Presses Universitaires de France.

Casagrande, Jean / Saciuk, Bohdan (1972) : *Generative Studies in Romance Languages.* Rowley : Newbury House Publishers.

Catalani, Luigi (2001) : *Die Negation im Mittelfranzösischen.* Francfort (Main) et al. : Peter Lang.

Cazaux, Yves (1992) : *L'Acadie. Histoire des Acadiens. Du XVIIe siècle à nos jours.* Paris : Albin Michel.

Chambers, Jack K. (1995) : *Sociolinguistic Theory.* Oxford / Cambridge : Blackwell.

Chambers, Jack K. / Trudgill, Peter / Schilling-Estes, Natalie (éds.) (2002) : *The Handbook of Language Variation and Change.* Malden, Mass. et al : Blackwell.

Charpentier, Jean-Michel (1991) : « Le substrat poitevin et les variantes régionales acadiennes actuelles » dans Aurélien Boivin / Cécyle Trépanier / Claude Verreault (éds.) : 41–67.

Chaudenson, Robert (1973) : « Pour une étude comparée des créoles et parlers français d'outre-mer : Survivance et innovation » dans *Revue de Linguistique Romane, 37,* 76–90.

Chaudenson, Robert (1984) : « Français avancé, français zéro, créoles » dans Jean-Claude Bouvier (éd.) : 163–180.

Chaudenson, Robert (1989) : *Créoles et enseignement du français.* Paris : L'Harmattan.

Chaudenson, Robert (1998) : « Variation, koïnèisation, créolisation » dans Patrice Brasseur (éd.) : 163–179.

Chaudenson, Robert (2001) : *Creolization of language and culture.* Revised in collaboration with Salikoko S. Mufwene. Londres : Routledge.

Chaudenson, Robert (2002) : « Une théorie de la créolisation : le cas des créoles français » dans *Études Créoles XXV/1,* 25–44.

Chaudenson, Robert (2003) : *La créolisation : Théorie, applications, implications.* Paris : L'Harmattan.

Chaudenson, Robert (2005a) : « Français d'Amériques et créoles français : origines et structures » dans Albert Valdman / Julie Auger / Deborah Piston-Hatlen (éds.) : 505–516.

Chaudenson, Robert (2005b) : « Français marginaux et théorie de la créolisation : le cas des marques personnelles » dans Patrice Brasseur / Anika Falkert (éds.) : 15–25.

Chaudenson, Robert / Mougeon, Raymond / Beniak, Édouard (1993) : *Vers une approche panlectale de la variation du français.* Paris : Didier.

Chauveau, Jean-Paul (1998) : « La disparition du subjonctif à Terre-Neuve, Saint-Pierre et Miquelon et en Bretagne : propagation ou récurrence ? » dans Patrice Brasseur (éd.) : 105–119.

Chauveau, Jean-Paul (2009) : « Le verbe acadien, concordances européennes » dans Beatrice Bagola (éds.) : 35–56.

Clements, J. Clancy / Klingler, Thomas A. / Piston-Hatlen, Deborah / Rottet, Kevin J. (éds.) (2006) : *History, Society and Variation. In honor of Albert Valdman.* Creole Language Library 28. Amsterdam et al. : Benjamins.

Cohen, Marcel (1965) : *Le subjonctif en français contemporain.* Paris : SEDES.

Comeau, Philip (2005) : « The integration of words of English origin in Baie Sainte-Marie Acadian French » dans *Actes du congrès annuel de l'Association canadienne de linguistique 2005. Proceedings of the 2005 annual conference of the Canadian Linguistic Association*, [1–8].

Comeau, Philip (2006) : « Innovations in Baie Sainte-Marie Acadian French : A Situation of Language Contact », communication lors du « NWAV », The Ohio State University Department of Linguistics, 9–12 novembre 2006.

Comeau, Philip (2008) : « L'emploi de *-ti* comme marqueur d'interrogation en français acadien », communication lors du colloque « Les français d'ici », Ottawa, 23 mai 2008.

Comeau, Philip (2011) : *A Window on the Past, A Move Toward the Future : Sociolinguistic and formal perspectives on variation in Acadian French.* Dissertation, Toronto : York University.

Comeau, Philip / King, Ruth / Butler, Gary R. (2012) : « New insights on an old rivalry : The *passé simple* and the *passé composé* in spoken Acadian French » dans *Journal of French Language Studies, 22,* 315–343.

Confais, Jean-Paul (2000) : *Grammaire explicative. Schwerpunkte der französischen Grammatik für Leistungskurs und Studium.* Munich : Hueber.

Conwell, Marilyn J. / Juilland, Alphonse (1963) : *Louisiana French Grammar.* La Haye : Mouton.

Cormier, Yves (1999) : *Dictionnaire du français acadien.* Montréal : Fides.

Cornips, Leonie / Corrigan, Karen P. (éds.) (2005) : *Reconciling the Biological and the Social.* Amsterdam : Benjamins.

COVENEY, AIDAN (2002) : *Variability in Spoken French. A Sociolinguistic Study of Interrogation and Negation.* Bristol / Portland : Elm Blank.

D'ENTREMONT, CLARENCE-JOSEPH (2000) : *Brève histoire de Pubnico.* Pubnico-Ouest : La Société historique acadienne.

D'ENTREMONT, VERONICA (2004) : *Quand on n'ose plus se servir de sa langue.* L'insécurité linguistique et l'enseignement en milieu minoritaire. Le cas des Acadiens de la région d'Argyle en Nouvelle-Écosse. Mémoire de maîtrise en français, Moncton : université.

DAIGLE, JEAN (1980) : *Les Acadiens des Maritimes : études thématiques.* Moncton : Centre d'études acadiennes.

DAIGLE, JEAN (ÉD.) (1993a) : *L'Acadie des Maritimes.* Moncton : Chaire d'Études Acadiennes, Université de Moncton.

DAIGLE, JEAN (1993b) : « L'Acadie de 1604 à 1763, synthèse historique » dans Jean Daigle (éd.) : 1–43.

DAIGLE, JEAN (1993c) : « Introduction » dans Jean Daigle (éd.) : i–iii.

DAMOISEAU, ROBERT / GESNER, JEAN-PAUL (2002) : *J'apprends le créole haïtien : ann' aprann pale kreyòl.* Paris : Karthala.

DAMOURETTE, JACQUES / PICHON, ÉDOUARD (1911–1949) : *Des mots à la pensée : essai de grammaire de la langue française.* Paris : D'Artrey. 7 volumes.

DAUZAT, ALBERT (1939) : *Compte rendu de :* FROMAIGEAT, ÉMILE (1938) : *Les formes de l'interrogation en français moderne : leur emploi, leurs significations et leur valeur stylistique. Paru dans : Le Français moderne, 7,* 91–93.

DAUZAT, ALBERT (1950) : *Phonétique et grammaire historiques de la langue française.* Paris : Larousse.

DETGES, ULRICH (2001) : *Grammatikalisierung. Eine kognitiv-pragmatische Theorie, dargestellt am Beispiel romanischer und anderer Sprachen.* Thèse d'habilitation, Tübingen : université.

DEVEAU, KENNETH / CLARKE, PAUL / LANDRY, RODRIGUE (2004) : « Écoles secondaires de langue française en Nouvelle-Écosse : des opinions divergentes » dans *Francophonies d'Amérique, 18,* 93–105.

DITCHY, JAY K. (1932) : *Les Acadiens louisianais et leur parler.* Montréal : Comeau & Nadeau.

DOSTIE, GAÉTANE (2004) : *Pragmaticalisation et marqueurs discursif : Analyse sémantique et traitement lexicographique.* Bruxelles : Éditions Duculot.

DRESCHER, MARTINA / NEUMANN-HOLZSCHUH, INGRID (ÉDS.) (2010a) : *Syntaxe de l'oral dans les variétés non-hexagonales du français.* Tübingen : Stauffenburg.

DRESCHER, MARTINA / NEUMANN-HOLZSCHUH, INGRID (2010b) : « Les variétés non-hexagonales du français et la syntaxe de l'oral. Première approche » dans Martina Drescher / Ingrid Neumann-Holzschuh (éds.) : 9–35.

DRIEDGER, LEO / CHURCH, GLENN (1974) : « Residential Segregation and Institutional Completeness : A Comparison of Ethnic Minorities » dans *The Canadian Review of Sociology and Anthropology, 11,1,* 30–52.

DUBOIS, LISE (2005) : « Le français en Acadie des Maritimes » dans Albert Valdman / Julie Auger / Deborah Piston-Hatlen (éds.) : 81–98.

DUBOIS, SYLVIE / KING, RUTH / NADASDI, TERRY (sous presse) : « Third Person Plural Marking in Acadian and Cajun French » dans *Papers from the Annual Meeting of the Atlantic Provinces Linguistic Association (Charlottetown : University of Prince Edward Island),* n. n.

DUBOIS, SYLVIE / NOETZEL, SIBYLLE (2005) : « Intergenerational pattern of interference and internally-motivated changes in Cajun French » dans *Bilingualism: Language and Cognition, 8,* 131–143.

DUBOIS, SYLVIE / NOETZEL, SIBYLLE / SALMON, CAROLE (2005) : « Les innovations en français cadien : interférences ou changements motivés de façon interne au système » dans Patrice Brasseur / Anika Falkert (éds.) : 27–38.

DULONG, GASTON (1961) : « Chéticamp, îlot linguistique du Cap-Breton » dans *Bulletin du Musée national d'Ottawa, 173,* 11–42.

EDWARDS, JANE A. / LAMPERT, MARTIN D. (ÉDS.) (1993) : *Talking data : transcription and coding in discourse research.* Hillsdale : Lawrence Erlbaum Associates.

EHLICH, KONRAD (1993) : « HIAT : A Transcription System for Discourse Data » dans Jane A. Edwards / Martin D. Lampert : 123–148.

ELSIG, MARTIN / POPLACK, SHANA (2006) : « Transplanted dialects and language change : question formation in Québec » dans *U. Penn Working Papers in Linguistics, 12,2,* 77–90.

ERFURT, JÜRGEN (ÉD.) (1996) : *De la polyphonie à la symphonie. Méthodes, théories et faits de la recherche pluridisciplinaire sur le français au Canada.* Leipzig : Leipziger Universitätsverlag.

FALK, LILIAN / HENRY, MARGARET (ÉDS.) (1999) : *The English language in Nova Scotia.* Lockeport : Roseway.

FALKERT, ANIKA (2005) : « Quelques spécificités du français acadien des Îles-de-la-Madeleine » dans Patrice Brasseur / Anika Falkert (éds.) : 71–82.

FALKERT, ANIKA (2010) : *Le français acadien des Îles-de-la-Madeleine : étude de la variation phonétique.* Paris : L'Harmattan.

FATTIER, DOMINIQUE (2005) : « Remarques sur l'interrogation en créole haïtien » dans *La linguistique, Revue de la Société Internationale de Linguistique Fonctionnelle (Journal of the International Society for Functional Linguistics) « Les créoles », volume 41, 2005–1, puf,* 41–55.

FÉDÉRATION DES COMMUNAUTÉS FRANCOPHONES ET ACADIENNE (FCFA) DU CANADA (2000) : *Profil de la communauté acadienne et francophone de Terre-Neuve et du Labrador.* Ottawa : Tyrelle Press.

FERGUSON, CHARLES (1959) : « Diglossia » dans *Word, 15,* 325–340.

FINKE, ANNEROSE (1983) : *Untersuchungen zu Formen und Funktionen der Satzfrage im Theater des 17. und 18. Jahrhunderts.* (Kölner Romanistische Arbeiten, Neue Folge – Heft 61). Genève : Librairie Droz S.A.

FISHMAN, JOSHUA A. (1967) : « Bilingualism with and without diglossia ; diglossia with or without bilingualism » dans *Journal of Social Issues, 23 (2),* 29–38.

Fishman, Joshua A. (1977) : « Language and Ethnicity » dans Howard Giles (éd.) : 15–57.

Flikeid, Karin (1984) : *La variation phonétique dans le parler acadien du nord-est du Nouveau-Brunswick : étude sociolinguistique.* New York : Peter Lang.

Flikeid, Karin (1989a) : « Recherches sociolinguistiques sur les parlers acadiens du Nouveau-Brunswick et de la Nouvelle-Écosse » dans Raymond Mougeon / Édouard Beniak (éds.) : 183–199.

Flikeid, Karin (1989b) : « 'Moitié anglais, moitié français' ? Emprunts et alternance de langues dans les communautés acadiennes de la Nouvelle-Écosse » dans *Revue québécoise de linguistique théorique et appliquée 8,* 177–228.

Flikeid, Karin (1991) : « Les parlers acadiens de la Nouvelle-Écosse (Canada) : diversification ou origines diverses ? » dans Brigitte Horiot (éd.) : 195–214.

Flikeid, Karin (1992) : « The Geography of Language Variation : Issues in Acadian Sociolinguistics » dans *Journal of the Canadian Association of applied Linguistics / Revue de l'Association canadienne de linguistique appliquée. Actes du colloque annuel tenu à l'Université de Moncton à Moncton 23,* 7–26.

Flikeid, Karin (1994) : « Origines et évolution du français acadien à la lumière de la diversité contemporaine » dans Raymond Mougeon / Édouard Beniak (éds.) : 275–326.

Flikeid, Karin (1996) : « Exploitation d'un corpus sociolinguistique acadien à des fins de recherches lexicales » dans Thomas Lavoie (éd.) : 307–320.

Flikeid, Karin (1997) : « Structural Aspects and Current Sociolinguistic Situation of Acadian French » dans Albert Valdman (éd.) : 255–286.

Flikeid, Karin (1999) : « Incorporations from English into Nova Scotia Acadian French » dans Lilian Falk / Margaret Harry (éds.) : 160–182.

Flikeid, Karin / Péronnet, Louise (1989) : « 'N'est-ce pas vrai qu'il faut dire : j'avons été?'. Divergences régionales en acadien » dans *Le français moderne 57,* 219–242.

Fouché, Pierre (1967) : *Le verbe français. Étude morphologique.* Paris : Éditions Klincksieck.

Foulet, Lucien (1921) : « Comment ont évolué les formes de l'interrogation ? » dans *Romania 47,* 243–348.

Foulet, Lucien (1967) : *Petite syntaxe de l'ancien français.* Paris : Librairie Honoré Champion.

Fox, Cynthia (1989) : *Syntactic Variation and Interrogative Structures in Québécois.* Ph.D. dissertation, Bloomington : Indiana University.

Frei, Henri (1929) : *La grammaire des fautes.* Paris : Geuthner et al.

Gaatone, David (1971) : *Étude descriptive du système de la négation en français contemporain.* (Publications romanes et françaises – CXIV). Genève : Librairie Droz.

Gadet, Françoise ([1]1992) : *Le français populaire* (Que sais-je, n° 1172). Paris : Presses Universitaires de France.

Gadet, Françoise ([2]1997) : *Le français ordinaire.* Paris : Armand Colin.

Gadet, Françoise (1998) : « Le 'français avancé' à l'épreuve de ses données » dans Mireille Bilger / Karel van den Eynde / Françoise Gadet (éds.), 59–68.

Gadet, Françoise (2007) : « La variation de tous les français » dans *LINX, n° 57, (Études de syntaxe : français parlé, français hors de France, créoles),* 155–164.

Gadet, Françoise / Jones, Mari C. (2008) : « Variation, contact and convergence in French spoken outside France » dans *Journal of Language Contact* – THEMA II : 238–248.

Gallant, Melvin (éd.) (1986) : *Langues et littératures au Nouveau-Brunswick.* Moncton : Les Éditions d'Acadie.

Garner, John E. (1952) : *A descriptive study of the phonology of Acadian French.* Thèse de doctorat, Austin / Texas : Université du Texas.

Gauthier, Pierre / Lavoie, Thomas (éds.) (1995) : *Français de France et français du Canada. Les parlers de l'Ouest de la France, du Québec et de l'Acadie.* Lyon : Centre d'études linguistiques Jacques Goudet.

Geddes, James (1908) : *Study of an Acadian-French Dialect spoken on the North Shore of the Baie-des-Chaleurs.* Halle : Max Niemeyer.

Gérin, Pierre (1979) : « Remarques sur le mode de certaines propositions subordonnées complétives introduites par *que* dans l'usance franco-acadienne » dans *Papers from the Annual Meeting of the Atlantic Provinces Linguistic Association, vol. 3,* 154–167.

Gérin, Pierre (1982a) : « *Je suis fier que tu as pu venir.* Remarques sur le mode, dans l'usance franco-acadienne, des propositions subordonnées introduites par *que* complétant des verbes ou locutions exprimant un sentiment » dans *Si que 5,* 25–41.

Gérin, Pierre (1982b) : « L'expression de la concession dans les parlers franco-acadiens : étude de l'utilisation des locutions conjonctives » dans *Si que 5,* 43–55.

Gérin, Pierre (1982c) : « Constructions transitives et passives apparemment aberrantes en usage dans le français d'Acadie » dans *Papers from the Annual Meeting of the Atlantic Provinces Linguistic Association, vol. 6,* 124–133.

Gérin, Pierre / Gérin, Pierre M. (1979) : « Eléments de la morphologie d'un parler franco-acadien » dans *Si que 4, Automne 79,* 79–110.

Gesner, B. Edward (1979a) : *Étude morphosyntaxique du parler acadien de la baie Sainte-Marie, Nouvelle-Écosse (Canada).* Québec : Centre international de recherche sur le bilinguisme, Série B, n° 85.

Gesner, B. Edward (1979b) : « L'emploi du passé simple dans le français acadien de la Baie-Sainte-Marie, Nouvelle-Écosse » dans *Cahier de linguistique 9,* 123–130.

Gesner, B. Edward (1982a) : « Observations sur le comportement morphosyntaxique de *tout* en acadien » dans *Papers from the Annual Meeting of the Atlantic Provinces Linguistic Association, vol. 5,* 78–98.

Gesner, B. Edward (1982b) : « Remarques sur les thèmes verbaux du parler acadien de la Baie Sainte-Marie, Nouvelle-Écosse » dans *Si que 5,* 5–23.

Gesner, B. Edward (1984/85) : « Les Structures interrogatives dans le parler acadien de la Baie Sainte-Marie (Nouvelle-Ecosse) » dans *Journal of the Atlantic Provinces Linguistic Association 6/7,* 124–171.

Gesner, B. Edward (1985) : *Description de la morphologie verbale du parler acadien de Pubnico (Nouvelle-Ecosse) et comparaison avec le français standard.* Québec : CIRB.

Gesner, B. Edward (1989) : « Recherches sur les parlers franco-acadiens de la Nouvelle-Écosse : état de la question » dans Raymond Mougeon / Édouard Beniak (éds.) : 171–182.

Gesner, B. Edward / Richard, Ginette (1991) : « Les pronoms personnels sujets de la première personne dans deux parlers acadiens de la Nouvelle-Ecosse et comparaison avec les parlers de l'Ouest de la France » dans Brigitte Horiot (éd.) : 173–193.

Giles, Howard (éd.) (1977) : *Language, Ethnicity and Intergroup Relations.* London : Academic Press.

Giles, Howard / Bourhis, Richard Y. / Taylor, Donald M. (1977) : « Towards a Theory of Language in Ethnic Group Relations » dans Howard Giles (éd.) : 307–348.

Gougenheim, Georges / Rivenc, Paul / Michéa, René / Sauvageot, Aurélien (1967) : L'élaboration du français fondamental (1er degré). Paris : Didier.

Gougenheim, Georges (1974) : *Grammaire de la langue française du seizième siècle.* Paris : Éditions A. & J. Picard.

Greive, Artur (1974) : *Neufranzösische Formen der Satzfrage im Kontext.* Mainz : Akademie der Wissenschaften und der Literatur.

Grevisse, Maurice / Goosse, André (2008) : *Le bon usage. Grammaire française.* Bruxelles : Éditions De Boeck.

Gueunier, Nicole / Genouvrier, Émile / Khomsi, Abdelhamid (1983) : « Les Français devant la norme » dans Édith Bédard / Jacques Maurais : 763–787.

Guilbeau, John (1950) : *The French spoken in Lafourche Parish, Louisiana.* Ph.D. thesis, University of North Carolina (Chapel Hill).

Guiraud, Pierre (1965 / 1986) : *Le français populaire* (Que sais-je ?, n° 1172). Paris : Presses Universitaires de France.

Guiraud, Pierre ([6]1980) : *La syntaxe du français.* (Que sais-je ?, n° 984). Paris : Presses Universitaires de France.

Haase, Albert (1965) : *Syntaxe française du XVIIe siècle.* Paris : Delagrave.

Haden, Ernest F. (1948) : « La petite Cendrillouse, version acadienne de Cendrillon : étude linguistique » dans *Archives de folklore, 3,* 21–34.

Haeberli, Eric / Laenzlinger, Christopher (éds.) (2000) : *Generative Grammar in Geneva,* 1, Genève : Département de Linguistique de l'Université de Genève.

Hallion, Sandrine (2000) : *Étude du français parlé au Manitoba.* Thèse de doctorat, Aix-en-Provence : Université de Provence.

Hallion Bres, Sandrine (2006) : « Similarités morphosyntaxiques des parlers français de l'Ouest canadien » dans *Les variétés de français en Amérique du Nord. Évolution, innovation et description. Revue canadienne de linguistique appliquée, 9.2 / Revue de l'Université de Moncton, 37,2,* 111–131.

Harris, Martin B. (1978) : *The evolution of French syntax : a comparative approach.* Londres : Longman.

Harvey, Fernand (éd.) (1992) : *Médias francophones hors Québec et identité. Analyses, essais et témoignages.* Québec : Institut québécois de recherche sur la culture.

Haspelmath, Martin (1998) : « Does grammaticalization need reanalysis ? » dans *Studies in Language, 22,2,* 315–351.

Hausmann, Franz Josef (éd.) (1983) : *Études de grammaire française descriptive,* Heidelberg : Groos.

Hazaël-Massieux, Marie-Christine / de Robillard, Didier (éds.) (1997) : *Contacts de langues, contacts de cultures, créolisation : mélanges offerts à Robert Chaudenson à l'occasion de son soixantième anniversaire.* Paris : L'Harmattan.

Hennemann, Julia (2007) : « Remarques à propos du système prépositionnel de l'acadien en Nouvelle-Ecosse » dans *LINX, n° 57, (Études de syntaxe : français parlé, français hors de France, créoles),* 79–90.

Hennemann, Julia (2011) : « ‚Oubliez pas votre langue !' Die akadischen Regionen Neuschottlands – ein Überblick » dans *Zeitschrift für Kanadastudien,* 31. Jahrgang / Heft 1, 56–75.

Henry, Alison (2002) : « Variation and Syntactic Theory » dans Jack K. Chambers / Peter Trudgill / Natalie Schilling-Estes (éds.) : 267–282.

Hewson, John (1997) : *The Cognitive System of the French Verb.* Amsterdam : John Benjamins.

Holder, Maurice / Starets, Moshe (1982) : « Étude sur les formes simples et les formes composées du type si / si que, quand / quand que, quand ce / quand ce que, etc. dans le parler acadien de Clare, Nouvelle-Écosse » dans *Si que 5,* 117–128.

Hopper, Paul J. / Traugott, Elizabeth C. (1993) : *Grammaticalization.* Cambridge : Cambridge University Press.

Horiot, Brigitte (éd.) (1991) : *Français du Canada – Français de France. Actes du 2e Colloque international de Cognac du 27 au 30 septembre 1988.* Tübingen : Niemeyer.

Horiot, Brigitte (éd.) (2008) : *Français du Canada – Français de France. Actes du septième Colloque international de Lyon, du 16 au 18 juin 2003.* Tübingen : Niemeyer.

House, Anthony B. (1979) : « The place-name Acadie reconsidered » dans *Actes du troisième colloque annuel de l'Association de linguistique des provinces atlantiques,* 93–95.

Hull, Alexander (1974) « Evidence for the Original Unity of North American French Dialects » dans *Revue de Louisiane, 3, 1 (été),* 59–70.

Husband, Charles / Saifulla Khan, Verity (1982) : « The viability of ethnolinguistic vitality : some creative doubts » dans *Journal of Multilingual and Multicultural Development, 3,* 193–205.

Imbs, Paul (1953) : *Le subjonctif en français moderne : essai de grammaire descriptive.* Mayence : Institut français.

Imbs, Paul (1960) : *L'emploi des temps verbaux en français moderne. Essai de grammaire descriptive.* Paris : Klincksieck.

Jagueneau, Liliane (1991) : « Les prépositions dans le français parlé au Canada et en poitevin-saintongeais » dans Brigitte Horiot (éd.) : 125–136.

Jaubert, Hippolyte François (1970) : *Glossaire du centre de la France.* Genève : Slatkine Repr.

Jespersen, Otto (1917) : *Negation in English and other languages.* Copenhague : Høst.

Johnston, A. John B. (2004) : *Storied Shores: Isle Madame, Isle Madame, Chapel Island in the 17th and 18th centuries.* Sydney : Cape Breton University Press.

Joyce, Billy (2005) : *Profil communautaire 2005. Communauté acadienne et francophone de la région de l'Isle Madame, Richmond.* Publié par *Le Conseil de Développement économique de la Nouvelle-Écosse*, en mars 2005.

Joyce, Billy (2009) : *Plan de ressources humaines, Région du Cap-Breton, Isle Madame.* Publié par *Le Conseil de Développement économique de la Nouvelle-Écosse*, le 31 mars 2009, http://www.cdene.ns.ca/Portals/0/cdene/Planressourceshumaines2009_IsleMadame.pdf.

King, Ruth (1989) : « Le français terre-neuvien : aperçu général » dans Raymond Mougeon / Édouard Beniak (éds.) : 227–244.

King, Ruth (1991a) : « Acadian French and Linguistic Theory » dans *Journal of the Atlantic Provinces Linguistic Association 13,* 35–46.

King, Ruth (1991b) : « WH-Words, WH-Questions and Relative Clauses in Prince Edward Island Acadian French » dans *Canadian Journal of Linguistics / Revue canadienne de Linguistique 36(1), March/mars 1991,* 65–85.

King, Ruth (1994) : « Subject-Verb agreement in Newfoundland French » dans *Language Variation and Change 6,* 239–253.

King, Ruth (2000) : *The lexical basis of grammatical borrowing : a Prince Edward Island French case study.* Amsterdam : Benjamins.

King, Ruth (2005) : « Morphosyntactic variation and theory. Subject-verb agreement in Acadian French » dans Leonie Cornips / Karen P. Corrigan (éds.) : 199–229.

King, Ruth (2013) : *Acadian French in Time and Space : A Study in Morphosyntax and Comparative Sociolinguistics.* Durham : Duke University Press Books.

King, Ruth / Nadasdi, Terry (2000) : « How Auxiliaries Be/Have in Acadian French » dans *Papers from the Annual Meeting of the Atlantic Provinces Linguistic Association, 24*, 61–72.

KING, RUTH / NADASDI, TERRY / BUTLER, GARY (2004) : « First-person plural in Prince Edward Island Acadian French: The fate of the vernacular variant *je…ons* » dans *Language Variation and Change 16-3,* 237–255.

KLINGLER, THOMAS A. (2009) : « How Much Acadian is There in Cajun? » dans Ursula Mathis-Moser / Günter Bischof (éds.) : 91–103.

KOCH, PETER / OESTERREICHER, WULF (1990) : *Gesprochene Sprache in der Romania: Französisch, Italienisch, Spanisch.* Tübingen : Max Niemeyer Verlag.

KOLBOOM, INGO (2005) : « Die Akadier – Frankreichs vergessene Kinder. Der lange Weg zu einer Nation ohne Grenzen » dans Ingo Kolboom / Roberto Mann (éds.) : 5–322.

KOLBOOM, INGO / MANN, ROBERTO (ÉDS.) (2005) : *Akadien : ein französischer Traum in Amerika. Vier Jahrhunderte Geschichte und Literatur der Akadier.* Heidelberg : SYNCHRON – Wissenschaftsverlag der Autoren.

KOOPMAN, HILDA (1982) : « Quelques problèmes concernant *que / quoi, ce que* et *qu'est-ce que* » dans Claire Lefebvre (éd.) : 135–170.

KRIEGEL, SIBYLLE (ÉD.) (2003a) : *Grammaticalisation et réanalyse. Approches de la variation créole et française.* Paris : CNRS Éditions.

KRIEGEL, SIBYLLE (2003b) : « Introduction : Vers une interprétation multicausale du changement linguistique » dans Sibylle Kriegel (éd.) : 3–21.

LABOV, WILLIAM (1982) : « Building on empirical foundations » dans Winfred P. Lehmann / Yakov Malkiel (éds.) : 17–92.

LAGUEUX, PAUL-ANDRÉ (2005) : « Caractéristiques morpho-syntaxiques du français québécois » dans Patrice Brasseur / Anika Falkert (éds.) : 57–69.

LAKA, ITZIAR MURGAZA (1990) : *Negation in Syntax : On the Nature of Functional Categories and Projections.* Ph. D., Cambridge : Massachusetts Institute of Technology.

LAMBERT, WALLACE E. (1975) : « Culture and language as factors in learning and education » dans Alfred Wolfgang (éd.) : 233–261.

LANDRY, FRANCIS (1982) : « La diphtongaison des nasales à la Baie Sainte-Marie : Le cas de Petit-Ruisseau » dans *Actes des réunions annuelles de l'Association de linguistique des provinces atlantiques, 5,* 145–160.

LANDRY, NICOLAS / LANG, NICOLE (2001) : *Histoire de l'Acadie.* Sillery : Les éditions du Septentrion.

LANDRY, RICHARD (1992) : « Évolution historique et contemporaine des médias francophones en Nouvelle-Écosse » dans Fernand Harvey (éd.) : 219–228.

LANDRY, RODRIGUE / ALLARD, RÉAL (1989) : « Vitalité ethnolinguistique et diglossie » dans *Revue québécoise de linguistique théorique et appliquée (revue de l'association québécoise de linguistique), volume 8, n° 2, avril 1989,* 73–101.

LANDRY, RODRIGUE / ALLARD, RÉAL (1996) : « Vitalité ethnolinguistique : une perspective dans l'étude de la francophonie canadienne » dans Jürgen Erfurt (éd.) : 61–87.

Landry, Rodrigue / Deveau, Kenneth / Allard, Réal (2006) : « Au-delà de la résistance : principes de la revitalisation ethnolangagière » dans *Francophonies d'Amérique, n° 22,* 37–56.

Landry, Rodrigue / Rousselle, Serge (2003) : *Éducation et droits collectifs. Au-delà de l'article 23 de la Charte.* Moncton : Éditions de la Francophonie.

Lang, Jürgen / Neumann-Holzschuh, Ingrid (1999) : « Reanalyse und Grammatikalisierung. Zur Einführung in diesen Band » dans Jürgen Lang / Ingrid Neumann-Holzschuh (éds.) : 1–17.

Lang, Jürgen / Neumann-Holzschuh, Ingrid (éds.) (1999) : *Reanalyse und Grammatikalisierung in den romanischen Sprachen.* Tübingen : Niemeyer.

Laurier, Michel (1989) : « Le subjonctif dans le parler franco-ontarien : un mode en voie de disparition » dans Raymond Mougeon / Édouard Beniak (éds.) : 105–126.

Lavoie, Thomas (1995) : « Le français québécois » dans Pierre Gauthier / Thomas Lavoie (éds) : 245–298.

Lavoie, Thomas (éd.) (1996) : *Français du Canada – français de France. Actes du quatrième colloque international de Chicoutimi.* Tübingen : Niemeyer.

Le Bidois, Georges / Le Bidois Robert (1935/38) : *Syntaxe du français moderne. Ses fondements historiques et psychologiques, 2 volumes.* Paris : Picard.

Léard, Jean-Marcel (1995) : *Grammaire québécoise d'aujourd'hui : comprendre les québécismes.* Montréal : Guérin universitaire.

Léard, Jean-Marcel (1996) : « *Ti / -tu, est-ce que, qu'est-ce que, ce que, hé que, don* : Des particules de modalisation en français ? » dans *Revue québécoise de linguistique 24, n° 2,* 107–124.

Lefebvre, Claire (1982a) : « *Qui qui vient ?* ou *Qui vient ?*: Voilà la question » dans Claire Lefebvre (éd.) : 47–101.

Lefebvre, Claire (1982b) : « Le répertoire des mots WH en français vernaculaire et leur insertion dans la grammaire du français » dans Claire Lefebvre (éd.) : 73–125.

Lefebvre, Claire (éd.) (1982) : *La syntaxe comparée du français standard et populaire : approches formelle et fonctionnelle.* Québec : Éditeur officiel du Québec, tome 1.

Lehmann, Winfred P. / Malkiel, Yakov (éds.) (1982) : *Perspectives on historical linguistics.* Amsterdam / Philadelphie : John Benjamins.

Lemieux, Monique (1985) : « Pas rien » dans Monique Lemieux / Henrietta J. Cedergren (éds.) : 91–139.

Lemieux, Monique / Cedergren, Henrietta J. (éds.) (1985) : *Les tendances dynamiques du français parlé à Montréal.* Tome 2. Québec : Gouvernement du Québec.

Léon, Pierre (éd.) (1969) : *Recherches sur la structure phonique du canadien.* Paris : Didier.

Lepelley, René (1974) : *Le parler normand du Val de Saire (Manche).* Thèse de doctorat, Caen : Musée de Normandie.

Lerond, Alain (1968) : « L'enquête dialectologique en territoire gallo-roman » dans *Langages, 11, septembre 1968,* 84–100.

Lodge, R. Anthony (2004) : *A sociolinguistic history of Parisian French.* Cambridge : University Press.

Lucci, Vincent (1973) : *Phonologie de l'acadien.* Montréal : Didier.

Magord, André (1992) : *Une minorité francophone hors Québec : les Franco-Terre-Neuviens.* Thèse de doctorat, Paris : Université de la Sorbonne nouvelle, Paris III.

Magord, André (éd.) (2003) : *L'Acadie plurielle. Dynamiques identitaires collectives et développement au sein des réalités acadiennes.* Moncton : Centre d'études acadiennes.

Magord, André (éd.) (2006) : *Adaptation et innovation : expériences acadiennes contemporaines.* Bruxelles : Éditions Peter Lang.

Mair, Walter N. (1992) : *Expressivität und Sprachwandel : Studie zur Rolle der Subjektivität in der Entwicklung der romanischen Sprachen.* Francfort (Main) et al. : Peter Lang.

Marchello-Nizia, Christiane (1979) : *Histoire de la langue française aux XIVe et XVe siècles.* Paris : Bordas.

Martin, Robert (1966) : *Le mot « rien » et ses concurrents en français (du XIVe siècle à l'époque contemporaine).* Paris : Klincksieck.

Martin, Robert (1971) : *Temps et aspect.* Paris : Klincksieck.

Martin, Robert / Wilmet, Marc (1980) : *Manuel du français du Moyen-Âge, t. 2, Syntaxe du moyen français.* Bordeaux : Sobodi / éditions Bière.

Martineau, France / Déprez, Viviane (2004) : « *Pas rien/Pas aucun* en français classique : variation dialectale et historique » dans *Langue française 143, septembre 2004 : La négation en français classique,* 33–47.

Massignon, Geneviève (1949) : « Le traitement des voyelles nasales finales dans les parlers français du Sud de la Nouvelle-Écosse (Canada) » dans *Bulletin de la Société linguistique de Paris, 45,* 129–134.

Massignon, Geneviève (1962) : *Les parlers français d'Acadie. Tomes I et II.* Paris : Klincksieck.

Mathis-Moser, Ursula / Bischof, Günter (2009) : *Acadians and Cajuns, the politics and culture of French minorities in North America : Acadiens et Cajuns, politique et culture de minorités francophones en Amérique du Nord* Innsbruck : Innsbruck Univ. Press.

Maury, Nicole (1973a) : « Forme et fonction de *-hein* ? D'après un corpus de français ontarien » dans *Revue canadienne de linguistique 18.2,* 146–156.

Maury, Nicole (1973b) : « Observations sur les formes syntaxiques et mélodiques de l'interrogation dite totale » dans *French Review 47.1,* 302–311.

Maury, Nicole (1990) : « Questions totales en français du Québec : le statut acoustique des morphèmes *-tu* et *-ti* » dans *Revue québécoise de linguistique, vol. 19, nº 2,* 111–134.

MAURY, NICOLE (1991) : « De l'interrogation en Normandie et au Canada francophone » dans Brigitte Horiot (éd.) : 137–159.

MAURY, NICOLE / TESSIER, JULES (1991) : *À l'écoute des francophones d'Amérique. Exploitation de documents sonores.* Montréal : Centre éducatif et culturel.

MCMAHON, APRIL M. S. (1994) : *Understanding language change.* Cambridge : Cambridge University Press.

MEILLET, ANTOINE (1948) : *Linguistique historique et linguistique générale.* Paris : Champion.

MELIS, LUDO (2003) : *La préposition en français.* Paris : Éditions Ophrys.

MELKERSSON, ANDERS (1979) : « Quelques remarques sur les constructions interrogatives en français acadien » dans *Moderna Språk 73,* 169–178.

MICHAELIS, SUSANNE (2008) : *Roots of Creole Structures : Weighing the Contribution of Substrates and Superstrates.* Amsterdam / Philadelphie : John Benjamins B. V.

MOREAU, MARIE-LOUISE (ÉD.) (1997) : *Sociolinguistique. Concepts de base.* Sprimont : Mardaga.

MOREL, MARY-ANNICK (1995) : « L'intonation exclamative dans l'oral spontané » dans *Faits de langages n° 6, septembre 1995,* 63–70.

MORIN, YVES-CHARLES (1985) : « On the Two French Subjectless Verbs *voici* and *voilà* » dans *Language 61,* 777–820.

MOUGEON, RAYMOND (1984) : « Le maintien du français et les jeunes Franco-Ontariens » dans *Langue et Société, 13,* 17–20.

MOUGEON, RAYMOND (1985) : *J'ai à cœur le français* (Livre du Maître). Montréal : Guérin.

MOUGEON, RAYMOND / BENIAK, ÉDOUARD (ÉDS.) (1989) : *Le français canadien parlé hors Québec, aperçu sociolinguistique.* Québec : Les Presses de l'Université Laval.

MOUGEON, RAYMOND / BENIAK, ÉDOUARD (ÉDS.) (1994) : *Les origines du français québécois.* Québec : Les Presses de l'Université Laval.

MOUGEON, RAYMOND / BENIAK, ÉDOUARD (1995) : « Le non-accord en nombre entre sujet et verbe en français ontarien : un cas de simplification ? » dans *Présence francophone, n° 46,* 53–65.

MOUGEON, RAYMOND / BENIAK, ÉDOUARD / CÔTÉ, NORMAND (1981) : « Variation géographique en français ontarien : rôle du maintien de la langue maternelle » dans *Revue de l'Association de linguistique des provinces atlantiques n° 3,* 64–82.

MULLER, CLAUDE (1991) : *La négation en français : syntaxe, sémantique et éléments de comparaison avec les autres langues romanes.* Genève : Droz.

MÜLLER-HAUSER, MARIE-LOUISE (1943) : *La mise en relief d'une idée en français moderne. (Romanica Helvetica, 21)* Tübingen : Narr Verlag.

N. N. (ÉD.) (1996) : *Le Congrès mondial acadien. L'Acadie en 1994, Actes des conférences et des tables rondes.* Moncton : Les Éditions d'Acadie.

NEUMANN, INGRID (1985) : *Le créole de Breaux Bridge, Louisiane.* Étude morphosyntaxique – textes – vocabulaire. Hambourg : Buske.

Neumann-Holzschuh, Ingrid (2000) : « 'Nous-autres on parle peut-être pas bien français, ... mais...' – Untersuchungen zur Morphosyntax des français québécois parlé » dans Peter Stein (éd.) : 251–274.

Neumann-Holzschuh, Ingrid (2003) : « Les formes verbales invariables en créole : un cas de réanalyse » dans Sibylle Kriegel (éd.) : 69–86.

Neumann-Holzschuh, Ingrid (2005a) : « Si la langue disparaît... – Das akadische Französisch in Kanada und Louisiana » dans Ingo Kolboom / Roberto Mann (éds.) : 795–821.

Neumann-Holzschuh, Ingrid (2005b) (en collaboration avec Raphaële Wiesmath et Patrice Brasseur) : « Le français acadien au Canada et en Louisiane : affinités et divergences » dans Albert Valdman / Julie Auger / Deborah Piston-Hatlen (éds.) : 479–503.

Neumann-Holzschuh, Ingrid (2005c) : « Le subjonctif en acadien » dans Patrice Brasseur / Anika Falkert (éds.) : 125–144.

Neumann-Holzschuh, Ingrid (2008) : « À la recherche du 'superstrat' : What North-American French can and cannot tell us about the input to creolization » dans Susanne Michaelis (éd.) : 357–383.

Neumann-Holzschuh, Ingrid (2009a) : « Les marqueurs discursifs 'redoublés' dans les variétés du français acadien » dans Beatrice Bagola : 137–156.

Neumann-Holzschuh, Ingrid (2009b) : « Contact-induced change in Acadian and Louisiana French. Mechanisms and motivations » dans *Langage & Société, n° 29,* 47–68.

Neumann-Holzschuh, Ingrid (2009c) : « Les Études canadiennes en linguistique – état de la recherche » dans Klaus-Dieter Ertler / Hartmut Lutz (éds.) 19–36.

Neumann-Holzschuh, Ingrid (2009d) : « La diaspora acadienne dans une perspective linguistique » dans Ursula Mathis-Moser / Günter Bischof (éds.) : 107–122.

Neumann-Holzschuh, Ingrid / Hennemann, Julia (2010) : « Les particules *voir* et *-ti* dans le français acadien et louisianais », communication lors du colloque international sur la situation du français en Acadie en hommage à Louise Péronnet, Moncton : le 24 septembre 2010.

Neumann-Holzschuh, Ingrid / Wiesmath, Raphaële (2006) : « Les parlers acadiens : un continuum discontinu » dans *Les variétés de français en Amérique du Nord. Évolution, innovation et description. Revue canadienne de linguistique appliquée, 9.2 / Revue de l'Université de Moncton, 37,2,* 233–249.

Niederehe, Hans-Josef (1991) : « Quelques aspects de la morphologie du franco-terre-neuvien » dans Brigitte Horiot (éd.) : 215–233.

Niéger, Monique / Paradis, Monique (1975) : « L'interrogation indirecte » dans *Recherches linguistiques à Montréal, 4,* 91–116.

Nouveau Petit Robert, dictionnaire alphabétique et analogique de la langue française (2003 / 2007), Paris : Dictionnaires Le Robert.

Nyrop, Kristoffer (1903) : *Grammaire historique de la langue française. Tome 2 : Morphologie.* Copenhague et al : Gyldendal et al.

Papen, Robert A. (1998) : « Le parler français des Métis de l'Ouest canadien » dans Patrice Brasseur (éd.) : 147–161.

Papen, Robert A. / Rottet, Kevin (1996) : « Le français cadjin du bassin Lafourche : sa situation sociolinguistique et son système pronominal » dans Annette Boudreau / Lise Dubois (éds) : 233–252.

Papen, Robert A. / Rottet, Kevin (1997) : « A structural sketch of the Cajun French spoken in Lafourche and Terrebonne Parishes » dans Albert Valdman (éd.) : 71–108.

Patterson, George (1972) : « French Interrogatives : A Diachronic Problem » dans Jean Casagrande / Bohdan Saciuk (éds.) : 23–35.

Patterson, George (1975) : « Aspects d'un parler acadien », communication présentée au 43e congrès annuel de l'ACFAS, Moncton, mai 1975.

Pavel, Maria (2005) : « Régionalismes grammaticaux en 'chiac' » dans Patrice Brasseur / Anika Falkert (éds.) : 49–55.

Péronnet, Louise (1982) : « Les prépositions dans le parler acadien du sud-est du Nouveau Brunswick » dans *Si que 5,* 57–81.

Péronnet, Louise (1986) : « Les parlers acadiens » dans Melvin Gallant (éd.) : 69–93.

Péronnet, Louise (1995) : « Le français acadien » dans Pierre Gauthier / Lavoie, Thomas (éds.) : 399–439.

Péronnet, Louise (1996a) : « Qu'est-ce qui distingue le parler français acadien des autres parlers français (de France, du Québec) ? » dans N. N. (éd.) : 197–205.

Péronnet, Louise (1996b) : « Nouvelles variétés de français parlé en Acadie » dans Lise Dubois / Annette Boudreau (éds.) : 121–135.

Péronnet, Louise / Kasparian, Sylvia (1998a) : « Le français standard acadien : proposition d'une norme régionale pour le français parlé en Acadie » dans Annette Boudreau / Lise Dubois (éds.) : 89–105.

Péronnet Louise / Kasparian, Sylvia (1998b) : « Vers une description du 'français standard acadien' : Analyse des traits morphosyntaxiques » dans Patrice Brasseur (éd.) : 249–259.

Péronnet, Louise / Kasparian, Sylvia (2000) : « Description du processus de standardisation d'une langue régionale : le cas de la préposition *de* dans le français standard acadien » dans *Papers from the Annual Meeting of the Atlantic Provinces Linguistic Association 24,* 109–118.

Péronnet, Louise / Kasparian, Sylvia (2008) : « Le français standard acadien (à l'oral). Analyse des prépositions : procédés de variation » dans Brigitte Horiot (éd.) : 199–207.

Picard, Marc (1992) : « Aspects synchroniques et diachroniques de *tu* interrogatif en québécois » dans *Revue québécoise de linguistique, vol. 21, n° 2,* 65–75.

Pignon, Jacques (1960) : *La gente poitevinrie.* Recueil de textes en patois poitevin du XVIe siècle. Édition avec Introduction, Notes et Glossaire. Paris : Éditions D'Artrey.

POHL, JACQUES (1965) : « Observations sur les formes d'interrogation dans la langue parlée et dans la langue écrite non-littéraire » dans Georges Straka (éd) : 501–513.

POIRIER, CLAUDE (1985) : *Compte rendu de :* BARBAUD, PHILIPPE (1984) : *Le choc des patois en Nouvelle-France. Essai sur l'histoire de la francisation au Canada. Paru dans : Revue d'histoire de l'Amérique française, 39, 1,* 93–95.

POIRIER, CLAUDE (1994) : « Les causes de la variation géolinguistique du français en Amérique du Nord. L'éclairage de l'approche comparative » dans Claude Poirier et al. (éds.) : 69–95.

POIRIER, CLAUDE / BOISVERT, LIONEL / MASSICOTTE, MICHELINE / (1985) : *Dictionnaire du français québécois.* Volume de présentation. Québec : Presses de l'Université Laval.

POIRIER, CLAUDE ET AL. (ÉDS.) (1994) : *Langue, espace, société. Les variétés du français en Amérique du Nord.* Sainte-Foy : Les Presses de l'Université Laval.

POIRIER, PASCAL (1928) : *Le parler franco-acadien et ses origines.* Québec : Imprimerie franciscaine missionnaire.

POIRIER, PASCAL [1925] (1993) : *Le glossaire acadien,* édition critique établie par Pierre M. Gérin. Moncton : Les Éditions d'Acadie.

PÖLL, BERNHARD (2001) : *Francophonies périphériques. Histoire, statut et profil des principales variétés du français hors de France.* Paris : L'Harmattan.

POPE, MILDRED KATHARINE (1952) : *From Latin to Modern French with especial consideration of Anglo-Norman. Phonology and Morphology.* Manchester : Manchester University Press.

POPLACK, SHANA / SANKOFF, DAVID / MILLER, CHRISTOPHER (1988) : « The social correlates and linguistic processes of lexical borrowing » dans *Linguistics, 26 (1),* 47–104.

PRICE, GLANVILLE (1971) : *The French language : present and past.* Londres : Edward Arnold.

PUSCH, CLAUS D. / RAIBLE, WOLFGANG (ÉDS.) (2002) : *Romanistische Korpuslinguistik. Romance Corpus Linguistics. Korpora der gesprochenen Sprache. Corpora and Spoken Language.* Tübingen : Narr.

RAIBLE, WOLFGANG (1992) : *Junktion. Eine Dimension der Sprache und ihre Realisierungsformen zwischen Aggregation und Integration.* Heidelberg : Winter.

REMACLE, LOUIS (1960) : *Syntaxe du parler wallon, tome 2.*. Paris : Les belles lettres.

RENCHON, HECTOR (1967) : *Études de syntaxe descriptive. II, La syntaxe de l'interrogation.* Bruxelles : Palais des Académies.

RIEGEL, MARTIN / PELLAT, JEAN-CHRISTOPHE / RIOUL, RENÉ (2004) : *Grammaire méthodique du français.* Paris : Presses Universitaire de France.

RIVARD, ADJUTOR (1914) : *Études sur les parlers de France au Canada.* Québec : Garneau.

Romaine, Suzanne (éd.) (1982) : *Sociolinguistic variation in speech communities.* Londres : Edward Arnold.

Ross, Sally (2001) : *Les écoles acadiennes en Nouvelle-Écosse 1758–2000.* Moncton : Centre d'études acadiennes, Université de Moncton.

Ross, Sally / Deveau, J. Alphonse (2001) : *Les Acadiens de la Nouvelle-Écosse hier et aujourd'hui.* Halifax : Nimbus.

Rottet, Kevin (1995) : *Language Shift and Language Death in the Cajun French speaking Communities of Terrebonne and Lafourche Parishes, Louisiana,* Ph.D., Bloomington : Indiana University.

Rottet, Kevin (2004) : « Inanimate interrogatives and settlement patterns in Francophone Louisiana » dans *Journal of French Language Studies*, 14,2, 169–188.

Rottet, Kevin (2006) : « Évolution différente de deux traits de contact interdialectal en français louisianais : les cas de *quoi* et *j'avons* » dans Joint issue of the *Revue canadienne de linguistique appliquée / Canadian Journal of Applied Linguistics*, vol. 9,2, and of the *Revue de l'Université de Moncton*, vol. 37,2, 173–192.

Rouayrenc-Vigneau, Catherine (1990) : « Recherches sur le langage populaire et argotique dans le roman français de 1914 à 1939 » dans *Information Grammaticale, 47,* 44–46.

Roy, Michel (1981) : *L'Acadie des origines à nos jours. Essai de synthèse historique.* Montréal : Éditions Québec/Amérique.

Roy, Muriel K. (1993) : « Démographie et démolinguistique en Acadie, 1871-1991 » dans Jean Daigle (éd.) : 141–206.

Ryan, Robert (1981) : *Une analyse phonologique d'un parler acadien de la Nouvelle-Ecosse (Canada) (Région de la Baie Sainte-Marie).* Québec : Centre international de recherche sur le bilinguisme.

Ryan, Robert (1982) : « Une analyse phonologique du système des voyelles nasales du parler acadien de la région de Meteghan (Nouvelle-Écosse) » dans *Si que, 5,* 83–98.

Ryan, Robert (1982) : *Analyse morphologique du groupe verbal du parler franco-acadien de la région de la baie Sainte-Marie, Nouvelle-Écosse (Canada).* Québec : Centre international de recherche sur le bilinguisme, Série B, n° 106.

Ryan, Robert (1989) : « Économie, régularité et différenciation formelles : cas des pronoms personnels sujets acadiens » dans Raymond Mougeon / Édouard Beniak (éds.) : 201–212.

Ryan, Robert (1998) : « La place de la langue et de la culture acadiennes dans les programmes de français, langue maternelle, de la Nouvelle-Écosse (Canada) » dans *Études canadiennes / Canadian Studies, n° 45,* 223–237.

Saint-Pierre, Madeleine / Desautels, Clau (1980) : « Les actes de requête accomplis par les énoncés de formes impérative et interrogative en français de Montréal » dans *Recherches linguistiques à Montréal. Montréal Working Papers in Linguistics,* 45–57.

Samson, Ben (1990) : *Petit-de-Grat.* Non-publié.

Samson, Lois et al. ([n. n.]) : *J'écris l'Acadie. Petit de Grat.* Non-publié.

SAMSON, YVON / LOUNIS, RÉDA (2006) : *Plan de développement global de la communauté acadienne et francophone de la Nouvelle-Écosse 2006–2009.* Publié par *Le Conseil de Développement économique de la Nouvelle-Écosse*, en mars 2006, http://www.societeculturelleregionaleleschutes.ca/media uploads/pdf/4569.pdf.

SANKOFF, GILLIAN (ÉD.) (1980) : *The Social Life of Language*. Philadelphie : University of Pennsylvania Press.

SANKOFF, GILLIAN / VINCENT, DIANE (1977) : « L'emploi productif du *ne* dans le français parlé à Montréal » dans *Le français moderne 45, n° 3,* 243–254.

SANKOFF, GILLIAN / VINCENT, DIANE (1980) : « The Productive Use of *ne* in Spoken Montréal French » dans Gillian Sankoff (éd.) : 295–310.

SCHLYTER, BÖRJE (1957) : « Les types interrogatifs en français moderne » dans *Moderna språk, t. LI, n° 1,* 99–115.

SCHWEGLER, ARMIN (1988) : « Word-order changes in predicate negation strategies in Romance languages » dans *Diachronica, 5,* 21–58.

SEGUIN, JEAN-PIERRE (1972) : *La langue française au XVIIIe siècle.* Paris : Bordas.

SEUTIN, ÉMILE (1975) : *Description grammaticale du parler de l'Île-aux-Coudres, Québec.* Montréal : Presses de l'Université de Montréal.

SIMONI-AUREMBOU, MARIE-ROSE (ÉD.) (1995) : *Dialectologie et littérature du domaine d'oïl occidental, Lexique des plantes, Morphosyntaxe. Actes du cinquième colloque tenu à Blois-Seillac du 5 au 7 mai 1993.* Fontaine-lès-Dijon : ABDO.

SMITH, PHILIP M. / TUCKER, G. RICHARD / TAYLOR, DONALD M. (1977) : « Language, Ethnic Identity and Intergroup Relations : One Immigrant Group's Reactions to Language Planning in Québec » dans Giles (éd) : 283–306.

SÖLL, LUDWIG (1983) : « L'interrogation directe dans un corpus de langage enfantin » dans Franz Josef Hausmann (éd.) : 45–54.

STAAF, ERIK (1924) : « Sur le développement de quelques mots atones en français. Articles, pronoms, possessifs » dans *Studier i modern Språkvetenskap,* 227–241.

STÄBLER, CYNTHIA (1995b) : *Entwicklung mündlicher romanischer Syntax. Das 'français cadien' in Louisiana.* Tübingen : Narr Verlag.

STARETS, MOSHE (1986) : *Description des écarts lexicaux, morphologiques et syntaxiques entre le français acadien des enfants acadiens néo-écossais et le français standard.* Québec : International Center for Research on Bilingualism.

STARETS, MOSHE / GESNER, B. EDWARD / RYAN, ROBERT / PATTERSON, GEORGE. / HOLDER, MAURICE (1982) : *Étude lexicale comparée du français acadien néo-écossais et du français standard.* Québec : Centre international de recherche sur le bilinguisme.

STEIN, PETER (ÉD.) (2000) : *Frankophone Sprachvarietäten, Variétés linguistiques francophones.* Tübingen : Stauffenburg-Verlag.

Straka, Georges (éd.) (1965) : *Linguistique et philologie romanes. Actes du Xe Congrès International de Linguistique et Philologie Romanes, tome 1.* Paris : Klincksieck.

Szlezák, Edith (2010) : *Franco-Americans in Massachusetts. « No French no mo' 'round here ».* Tübingen : Narr Verlag.

Szmidt, Yvette (1969) : « Étude de la phrase interrogative en français canadien et en français standard » dans Pierre Léon (éd.) : 192–209.

Taylor, Donald M. / Meynard, Roch / Rheault, Elizabeth (1977) : « Threat to Ethnic Identity and Second-Language Learning » dans Giles (éd) : 99–118.

Terry, Robert Meredith (1970) : *Contemporary French Interrogative Structures.* Montréal : Éditions Cosmos.

Thelander, Mats (1982) : « A qualitative approach to the quantitative data of speech variation » dans Suzanne Romaine (éd.) : 65–83.

Thériault, Léon (1993) : « L'Acadie de 1763 à 1990, synthèse historique » dans Jean Daigle (éd.) : 45–91.

Thibault, André (2006) : *compte rendu de :* Valdman, Albert / Auger, Julie / Piston-Hatlen, Deborah (éds.) (2005) : *Le français en Amérique du Nord – état présent.* Québec : Les Presses de l'Université Laval. *Paru dans : Revue de linguistique romane* 70, 238–250.

Thibodeau, Félix E. (1988) : *Le parler de la Baie Sainte-Marie (Nouvelle-Ecosse).* Yarmouth : Les Éditions Lescarbot.

Thurot, Charles (1881) : *De la prononciation française depuis le commencement du XVIe siècle, d'après les témoignages des grammairiens, 2 volumes.* Genève : Slatkine.

Tobler, Adolf (1912) : *Vermischte Beiträge zur französischen Grammatik, fünfte Reihe.* Leipzig : Hirzel.

Tourneux, Henry / Barbotin, Maurice (1990) : *Dictionnaire pratique du créole de Guadeloupe (Marie-Galante) suivi d'un index français-créole.* Paris : Karthala et al.

Vaillancourt, Françoise / Lemay, Dominique / Vaillancourt, Luc (2007) : « Le français plus payant : L'évolution du statut socio-économique des francophones au Québec » dans *Bulletin de recherche, n° 103*, Institut C. D. Howe, Toronto.

Valdman, Albert (éd.) (1997) : *French and Creole in Louisiana.* New York, Londres : Plenum Press.

Valdman, Albert (éd.) (2002) : *La créolisation : à chacun sa vérité.* Paris : L'Harmattan.

Valdman, Albert / Auger, Julie / Piston-Hatlen, Deborah (2005) : « Introduction » dans Albert Valdman / Julie Auger / Deborah Piston-Hatlen (éds.) : 1–35.

Valdman, Albert / Auger, Julie / Piston-Hatlen, Deborah (éds.) (2005) : *Le français en Amérique du Nord – état présent.* Québec : Les Presses de l'Université Laval.

Valdman, Albert et al. (2010) : *Dictionary of Louisiana French : As spoken in Cajun, Creole, and American Indian Communities.* Jackson : University Press of Mississippi.

Vecchiato, Sara (2000) : « The TI/TU Interrogative Morpheme in Québec French » dans Eric Haeberli / Christopher Laenzlinger (éds.) : 141–163.

Wartburg, Walther von (1928 et suiv.) : *Französisches etymologisches Wörterbuch.* Bâle : Zbinden.

Weinreich, Uriel / Labov, William / Herzog, Marvin I. (1968) : « Empirical Foundations for a Theory of Language Change » dans Winfred P. Lehmann / Yakov Malkiel (éds.) : 95–195.

Wessman, Lars (2002) : « La co-occurrence des temps verbaux : Comment utiliser les occurrences du passé simple pour résoudre l'ambiguïté du passé composé » dans *Proceedings of the Annual Meeting of the Atlantic Provinces Linguistic Association, vol. 26,* 275–292.

White, Chantal (2006) : *L'affirmation ou la négation de la différence : pratiques et représentations linguistiques de Francophones de Chéticamp dans le contexte du tourisme patrimonial.* Thèse de maîtrise, Moncton : Université de Moncton.

White, Chantal / Boudreau, Annette (2004) : « Turning the Tide in Acadian Nova Scotia : How Heritage Tourism is Changing Language Practices and Representations of Language » dans *Canadian Journal of Linguistics 2004, 49 (3–4),* 327–352.

Wiesmath, Raphaële (2001) : « *Français acadien traditionnel, chiac* und *français cadien* in Neubraunschweig und Louisiana: drei Spielarten des akadisch-englischen Sprachkontakts » dans Joachim Born (éd.) : 151–173.

Wiesmath, Raphaële (2002) : « *Présence et absence du relatif et conjonctif* que *dans le français acadien : tendances contradictoires ?* » dans Claus D. Pusch / Wolfgang Raible (éds.) : 393–408.

Wiesmath, Raphaële (2005) : « Les périphrases verbales en français acadien » dans Patrice Brasseur / Anika Falkert (éds.) : 145–158.

Wiesmath, Raphaële (2006b) : *Le français acadien. Analyse syntaxique d'un corpus oral recueilli au Nouveau-Brunswick / Canada.* Paris et al. : L'Harmattan.

Wiesmath, Raphaële (2008) : « Le parler acadien de Chéticamp / Nouvelle-Écosse » exemplier distribué lors du colloque « Québec 1608–2008. Sprachwissenschaftliche Kanadistik im deutschsprachigen Raum. Zum Stand der Forschung », Université de Ratisbonne, 22 novembre 2008.

Wolfgang, Alfred (éd.) (1975) : *Education of Immigration Students.* Toronto : Ontario Institute for Studies in Education.

Wrenn, Phyllis (1981) : « Allophonic variation of /4/ and its morphologization in an Acadian dialect of Nova Scotia » dans *Language and Speech, 24(4),* 327–347.

Wrenn, Phyllis (1985) : « Word Stress, Sentence Stress and Syllable Prominence in Nova Scotia Acadian French » dans *Canadian Journal of Linguistics 1985, 30 (1),* 47–76.

7.3 Sites Internet

Acadian & French Canadian Ancestral Home : www.acadian-home.org[408]
Aménagement linguistique dans le monde : www.tlfq.ulaval.ca/axl/
Bureau du commissaire aux langues du Nunavut : http://langcom.nu.ca
Canadian Encyclopedia : www.thecanadianencyclopedia.com
Centre communautaire culturel La Picasse : www.lapicasse.ca
Conseil de développement économique de la Nouvelle-Écosse : www.cdene.ns.ca
Conseil scolaire acadien provincial : http://csap.ednet.ns.ca
Diocese of Antigonish : www.antigonishdiocese.com
École Beau-Port (Arichat) : http://beau-port.ednet.ns.ca
Encyclopédie du patrimoine culturel de l'Amérique française : www.ameriquefrancaise.org
Fédération acadienne de la Nouvelle-Écosse : www.fane.ns.ca
Fédération des parents francophones de Colombie-Britannique : www.fpfcb.bc.ca
Histoire acadienne, au bout des doigts : www.cyberacadie.com
Isle Madame : www.islemadame.com
Le Trésor de la Langue Française informatisé : http://atilf.atilf.fr
Memorial Linguistics Department : http://munlinguistics.blogspot.com
Merriam Webster : www.marriam-webster.com [sic]
Multicultural Trails of Nova Scotia : www.multiculturaltrails.ca
Nova Scotia : www.novascotia.com
Nova Scotia Geographical Names : www.nsplacenames.ca
Parcs Canada : www.pc.gc.ca
Patrimoine acadien de la Nouvelle-Écosse : http://patrimoineacadiendelanouvelleecosse.ca
Radio communautaire Richmond : www.geocities.com/radiorichmond/but.html
Société historique de l'Isle Madame : www.arichat.com/imhs/index.htm
Statistique Canada : www.statcan.gc.ca

[408] Toutes les dates de consultation des sites Internet se trouvent dans le texte à l'endroit respectif où le site est cité.